번암집

한국고전번역원 한국문집번역총서

번암집 10

樊巖集

채제공 지음
蔡濟恭

김정기 옮김

일러두기

1. 이 책의 번역 대본은 한국고전번역원에서 간행한 한국문집총간 235～236집 소재 《번암집(樊巖集)》으로 하였다. 번역 대본의 원문 텍스트와 원문 이미지는 한국고전종합DB(http://db.itkc.or.kr)에서 확인할 수 있다.
2. 역주는 내용이 간단하면 간주(間註)로, 길면 각주(脚註)로 처리하였다.
3. 한자는 필요한 경우 이해를 돕기 위하여 넣었으며, 운문(韻文)은 원문을 병기하였다.
4. 문장 부호는 '한글 맞춤법'에 규정된 용법을 따랐으며, 그 밖에 새로 만들거나 용법을 달리하여 사용한 부호는 다음과 같다.

   「 」: ' ' 안의 재인용을 나타낼 때 사용한다.

   『 』: 「 」 안의 재인용을 나타낼 때 사용한다.

   《 》: 책명 및 각주의 전거(典據)를 나타낼 때 사용한다.

   〈 〉: 편명, 작품명, 논문 제목을 나타낼 때 사용한다.

   …… : 번역문에서 원문의 '云云'을 처리할 때, 각주에서 긴 인용문을 처리할 때, 각주의 표제어가 네 어절 이상일 경우 생략되는 말을 처리할 때 사용한다.

   – – : 본문에서 소자(小字) 원문 주(註)의 처음과 끝에 사용한다.

차례

번암집 제37권

제문 祭文

번암집 제38권

제문 祭文

번암집 제39권

번암집 제40권

번암집

제37권

제문 祭文

영의정 문익공 이덕형[1]의 부조[2]에 대한 치제문

領議政文翼公李德馨不祧致祭文

왕은 이르노라	王若曰
아, 빛나는 우리 조정에서	於赫我朝
명상신을 두루 꼽아 보건대	歷選名相
경 한 사람만은	卿爲一人
아녀자도 모두 우러렀네	婦孺皆仰
크고 넉넉하도다	優優大哉
덕업과 문장이여	德業文章
만년에 인륜을 밝혀	晩年明彝
청사에 환히 빛났네[3]	靑史耿光
우주의 큰일을	宇宙大事
경이 실로 담당하였네	卿實幹當
애도와 영광에 무엇이 서운하랴만	哀榮何憾
나라의 전례는 오히려 부족하였네	邦典猶缺

1 이덕형(李德馨) : 1561～1613. 본관은 광주(廣州), 자는 명보(明甫), 호는 한음(漢陰)·쌍송(雙松)·포옹산인(抱雍散人), 시호는 문익(文翼)이다. 영창대군(永昌大君)의 처형과 폐모론에 극력 반대하였다.

2 부조(不祧) : 나라에 큰 공훈이 있는 사람의 신주(神主)를 영구히 사당(祠堂)에서 제사 지내게 하는 것을 말한다.

3 만년에……빛났네 : 1613년(광해군5) 이이첨(李爾瞻) 등이 영창대군의 처형과 폐모론을 들고 나오자 이덕형이 이항복(李恒福)과 함께 이를 극력 반대한 일을 말한다.

옛날 임진년에	昔歲在辰
섬 오랑캐가 날뛰자	島夷猋發
휘황하게 빛나던 종묘사직이	煌煌宗祏
호흡하는 사이에 곤경에 처했네	呼吸顚蹶
사람들은 제 목숨을 아끼어	人愛厥軀
공경들이 수풀 사이에서 살았는데	草間公卿
경은 홀로 쓴웃음 한번 짓고	卿獨一笑
당당하게 남쪽으로 달려갔네[4]	南赴陽陽
임금이 기성으로 피난 갔을 때	天步箕城
흉한 칼날이 겹겹으로 포위하고	凶鋒圍匝
요망한 추장이 보기를 바랐으니	妖酋願見
이름이 남쪽 오랑캐에 알려졌기 때문이네[5]	名曁蠻貊
창칼이 번쩍번쩍 빛나며	刀矟杲耀
강 중간에서 부딪치는데	磨戛江流
큰 담력 지닌 경의 모습	卿有斗膽
저 외로운 배 위에 완연하였네[6]	宛彼孤舟

4 경은……달려갔네 : 1592년(선조25) 임진왜란 때 왜장 소서행장(小西行長)이 충주에서 이덕형을 만날 것을 요구하므로, 이덕형이 홀로 충주로 달려간 일을 말한다. 그러나 왜적이 통역을 죽이자 이덕형은 서울로 돌아왔다.

5 임금이……때문이네 : 왕이 피난 간 평양이 포위되었을 때 이덕형이 단독으로 왜승 현소(玄蘇)와 적장 평조신(平調信)을 만나 회담한 일을 말하는데, 이것은 이덕형의 인품과 학식이 그전에 일본에 알려졌기 때문이다.

6 창칼이……완연하였네 : 이덕형이 왜적과 회담하기 위해 배를 타고 대동강을 건너갈 때 강 건너편에 번쩍이는 창칼을 들고 왜적들이 줄지어 서 있었으나 이덕형은 조금도

의리를 분별하여 설명하니 剖說理義
늠름한 말씀 가을 서리 같았네 辭凜如秋
때까치 혀[7] 놀리던 입 결국 다물고 鴂舌遂噤
모래 언덕에서 늘어서서 절하였네 羅拜沙頭
계책이 비단 주머니에 있으니 謀在錦囊
하소연할 곳은 하늘이었네 可籲者天
달과 별이 말을 비춰 주어 月星照驂
밤에도 요동으로 달렸네 夜踔遼燕
군문에게 통곡하니 痛哭軍門
황제가 탄식하였네[8] 皇帝曰咨
어떻게 명령을 하였는가 何以命之
십만의 군사를 파병하였네 十萬熊貔
준조 사이에서 조용히 담판을 짓기도 하고[9] 從容樽俎
돌과 화살을 무릅쓰기도 하였네 衝冒矢石
번방을 다시 안정시키니 藩維再奠

동요하지 않고 의연한 자세로 배를 타고 건너간 일을 말한다.

7 때까치 혀 : 남방의 언어를 말하는데, 여기서는 왜적의 언어를 가리킨다. 맹자(孟子)가 "지금 남만의 때까치 혀를 놀리는 사람이 주장하는 것은 선왕의 도가 아니다.〔今也, 南蠻鴂舌之人, 非先王之道.〕"라고 한 데서 온 말이다. 《孟子 滕文公上》

8 군문에게……탄식하였네 : 이덕형이 요동의 순안 어사(巡按御史) 학걸(郝杰)에게 구원병을 급히 파견해 줄 것을 울면서 간청하자, 학걸이 감동하여 황제에게 상주하니, 황제가 탄식하고 구원병을 파견한 일을 말한다.

9 준조(樽俎)……하고 : 준조는 술그릇과 도마를 가리키는 말로, 전하여 연회(宴會)를 뜻한다. 즉 조용히 술자리에서 담소를 나누면서 담판을 지어 적군을 퇴각시키는 등 뛰어난 외교술을 발휘했다는 의미이다.

태조께서 세운 사직이었네　太祖社稷
공적을 헤아려 보건대　課功絜績
누가 경과 맞서랴　孰與卿敵
성조께서 찬탄하고　聖祖嗟賞
기린각을 미리 열었으나　預開麟閣
태산과 황하[10]를　岱岳黃河
경은 지푸라기처럼 보고　卿視一芥
여덟 번의 차자로 사양하며　辭以八箚
몸이 더럽혀질 듯 놀라서　若驚如浼
태연히 소매를 떨치고　拂袖怡然
강호로 물러났네　于江于海
어찌 평소 뜻에 흡족하지 않았으랴만　豈不愜尙
실로 공훈을 갚기에는 부족하여　實歉酬勳
결국 공론으로 하여금　遂令公議
백 년 동안 억울하게 하였네　閼鬱百年
소자는 상론하며　小子尙論
회상하기를 게을리하지 않았으나　懷想不倦
가을달[11]과 연꽃[12] 같은 경을　秋月荷花

10 태산과 황하 : 공신에 녹훈되는 것을 뜻한다. 한 고조(漢高祖) 유방(劉邦)이 개국 공신들을 책봉하면서 "황하가 변하여 끈처럼 되고 태산이 바뀌어 숫돌처럼 될 때까지 그대들의 나라가 영원히 존속되어 후손들에게 전해지도록 할 것을 맹세한다.〔使河如帶, 泰山若礪, 國家永寧, 爰及苗裔.〕"라고 한 고사에서 유래했다. 《史記 高祖功臣侯者年表》

11 가을달 : 얼음으로 만든 호리병에 맑은 가을달이 비친 것같이 깨끗하고 고매한 인격을 가리키는데, 주희(朱熹)가 아버지 주송(朱松)에게 스승 이동(李侗)의 인격을

직접 보지 못함이 한스러웠네	恨不親見
연대가 번갈아 바뀌어	年代迭謝
경의 위패를 조천(祧遷)할 때가 되어	卿廟當遷
원로가 말을 아뢰니[13]	元老陳辭
참으로 상현[14]해야 하고	展也象賢
큰 공훈 있는 사람을 제사 지냄은	大勳則祀
예에 근거가 있네[15]	於禮有考
경을 체천한다면	使卿而祧
보답을 했다고 하리오	曰有酬報
이에 의로써 만들어[16]	於焉義起

칭찬하며 '빙호추월(冰壺秋月)'이라고 한 데서 온 말이다. 《宋史 道學列傳 李侗》

12 연꽃 : 정결한 인품을 비유한다.

13 원로가 말을 아뢰니 : 《영조실록》 34년 4월 11일 기사에, 봉조하(奉朝賀) 김재로(金在魯)가 입시하여, 이덕형에게 부조지전(不祧之典)을 내릴 것을 청한 내용이 보인다.

14 상현(象賢) : 선현을 닮은 어진 후손이 있으면 명하여 제사를 모시게 한다는 뜻이다. 《서경》 〈미자지명(微子之命)〉에 "은나라 왕의 원자야, 옛날을 상고하여 덕이 있는 선왕을 높이고 그 어진 덕을 닮은 후손에게 제사를 받들게 하여 선왕을 계승해서 예악과 문물을 닦아 왕가에 손님이 되게 하노니, 나라와 함께 아름다워 영원토록 무궁하게 하라.〔殷王元子, 惟稽古, 崇德象賢, 統承先王, 修其禮物, 作賓于王家, 與國咸休, 永世無窮.〕"라고 하였다.

15 큰……있네 : 나라에 큰 공훈이 있는 사람의 신주(神主)를 영구히 사당에서 제사 지내게 하던 특전(特典)인 부조지전이 예에 있음을 말한다.

16 의로써 만들어 : 예문(禮文)에 없더라도 이치를 참작하여 새로운 예(禮)를 만든다는 말이다. 《예기(禮記)》 〈예운(禮運)〉에 "예라는 것은 의의 실질이니, 의에 맞추어서 맞으면 예는 비록 선왕 때에 없던 것일지라도 의로써 새로 만들 수 있다.〔禮也者, 義之實也, 協諸義而協, 則禮雖先王未之有, 可以義起.〕"라고 하였다.

특명으로 세제[17]를 윤허하네	特許世祭
백대토록 향기로운 제사	百代芬苾
나라와 함께 변치 않기를	與國毋替
이에 예관에게 명하여	爰命禮官
내 뜻을 펴게 하였네	庸申予臆
영령이여 어둡지 않다면	英靈不昧
이 잔을 흠향하시라	庶歆此爵

17 세제(世祭) : 대를 이어서 제사 지내는 것으로, 여기서는 대대로 계속 제사를 지내는 것을 말한다.

증 이조 판서 행 예조 참판 오광운[18]에 대한 특별 치제문

贈吏曹判書行禮曹參判吳光運別致祭文

왕은 이르노라	王若曰
아, 당쟁의 화여	噫嘻黨禍
참담하도다. 우리나라여	憯我邦國
결탁하는 데 푹 빠지고	沈浸糾結
게다가 역적이 되는데	轉以爲逆
누가 초탈하였는가	有誰超脫
경의 식견 탁월하였네	卿是卓識
지난 무신년에	粤歲之戊
역적의 싹 남몰래 빚어졌네[19]	逆孽潛醞

18 오광운(吳光運) : 1689~1745. 본관은 동복(同福), 자는 영백(永伯), 호는 약산(藥山), 시호는 충장(忠章)이다. 1719년(숙종45) 문과 급제 후 영조의 대군 시절 서연관을 지냈다. 1728년 홍문관의 수찬과 교리를 역임하였는데, 3월 이인좌(李麟佐)의 난이 일어나자 변을 아뢰고 대비하도록 하였다. 영조의 탕평책을 적극 지지하여 청남(淸南)의 지도자가 되었다.

19 지난……빚어졌네 : 무신년(1728, 영조4)에 발생한, 이인좌 등이 반란을 일으킨 사건을 말한다. 경종(景宗)의 갑작스러운 죽음과 왕세제(王世弟) 연잉군(延礽君) 이금(李昑)의 즉위로 인해 정권에서 배제된 이인좌 등 소론의 일부 세력과 남인(南人)의 과격 세력이 공모하여 소현세자(昭顯世子)의 증손인 밀풍군(密豐君) 이탄(李坦)을 추대하고 무력으로 정권 쟁탈을 꾀하였다. 이인좌가 대원수라 자칭하며 1728년 3월 15일 상여에 무기를 싣고 청주(淸州)에 진입하여 충청 병사 이봉상(李鳳祥) 등을 살해하고 청주성을 점령하였으나 후에 관군에 대패하면서 반란군은 진압되었다.

내 귀 막은 듯 빙긋이 웃으며[20] 予聽有褎
불을 놓고 평온하다 하였네[21] 厝火謂穩
역적이 겨드랑이 아래 숨어 있어 戎伏于腋
존망이 호흡하는 사이에 달렸네 呼吸存亡
경이 와서 대궐에서 부르짖고 卿來叫閤
때는 한밤중이 되지 않았는데 時夜未央
지극한 혈성 붉게 끓어올라 腔血沸赤
위태로운 기미 분석하여 설명하였네 劈說危機
비로소 용맹한 군대에 명하니 始命虎旅
단결하여 대궐을 호위하였네 團結宮闈
경의 선견지명이 아니었다면 微卿逆折
누가 남쪽 외성에서 베었으랴[22] 疇馘南郛
한번 웃고 공훈을 버리니[23] 一笑捐功

20 내……웃으며 : 외모는 훌륭하나 간언(諫言)이나 충언(忠言)을 듣지 않음을 의미한다. 《시경》 〈패풍(邶風) 모구(旄丘)〉에 "숙이여, 백이여. 빙긋이 귀 막은 것과 같구나.〔叔兮伯兮, 褎如充耳.〕"라고 하였다. 그 주석에 "유(褎)는 웃음이 많은 모양이고, 충이(充耳)는 귀를 막는다는 뜻이니, 귀 막은 사람은 항상 웃음이 많다."라고 하였다.

21 불을……하였네 : 일상적인 안일에 젖은 나머지 장차 위험이 닥치는 것도 모르는 것을 비유하는 말이다. 불을 놓는다는 것은 불을 장작더미 아래에 놓은 것처럼 큰 위험이 도사리고 있는 처지에 있음을 비유한 말이다.

22 남쪽 외성에서 베었으랴 : 반란을 일으킨 이인좌가 관군과 싸워 안성에서 패하자 도피하였으나 잡혀 서울로 압송되고, 1728년 3월 26일 친국에서 역모의 전모를 공술하고 다음 날 대역죄로 군기시(軍器寺) 앞에서 능지처참된 것을 말한다.

23 공훈을 버리니 : 영조가 이인좌의 난을 평정한 뒤에 오광운의 공적을 높이 사서 가자(加資)하려 하였으나 오광운이 사양한 것을 말한다.

경연의 유신이었네[24] 經幄之儒
나는 괴로운 마음이 있어 予有苦心
조제[25]에 힘썼다네 厥務調劑
토죄하지 못한 것은 아니나 匪不討罪
그 뿌리를 베지 않았더니 未斧其柢
모여 큰 종기 이루어 滙成巨癰
안은 고름 찼으나 밖은 멀쩡하였네 膿內完外
경이 홀로 밝게 보아 卿獨見明
시초가 되고 거북 껍데기가 되어[26] 爲蓍爲蔡
일만 언의 상소를 올리니 萬言拜疏
의리가 높이 드러났네 義理標揭
경을 어떻게 총애하였나 何以寵卿
임금의 친서와 고비[27]로 하였네 宸翰皐比

24 경연(經筵)의 유신(儒臣)이었네 : 영조가 세제(世弟)일 때 오광운이 세제시강원의 서연관(書筵官)을 지낸 것을 말한다.

25 조제(調劑) : 이이(李珥)가 동서분당(東西分黨)의 상황에서 양비론(兩非論)을 내세우며 양당에 다 나름의 시비(是非)가 있으니 이를 조절하여 화합을 이루자는 조제보합(調劑保合)을 제시한 데서 나온 말로, 영조 역시 이러한 맥락에서 탕평책의 시행을 주장하였다. 이런 의미에서 영조의 탕평책을 일명 '조제탕평'이라고 한다.

26 시초(蓍草)가……되어 : 시초와 거북 껍데기는 점을 치는 도구로, 국가의 나아갈 길을 제시해 주는 현인을 비유한다. 시초를 가지고 점을 치는 것을 서(筮)라 하고, 거북 껍데기를 가지고 점을 치는 것을 복(卜)이라 한다.

27 고비(皐比) : 호랑이 가죽을 가리킨다. 송(宋)나라의 장재(張載)가 항상 호랑이 가죽을 깔고 앉아서 《주역》을 강론했는데, 후세에 와서는 강학하는 스승의 자리를 말한다.

경면사와 용미연[28]으로　鏡面龍尾
거리낌 없이 말을 다 하였으니　盡言不忌
어찌 듣지 않았다고 하랴만　豈曰無聽
한스럽게도 온 나라로 따르지 못했네　恨不擧國
경은 깨달음의 길을 보여 주었으나　卿示覺路
사람들은 막힌 길로 여겼네　人猶塗闔
경이 구원으로 떠나간 뒤에　自卿九原
세도를 누구에게 의탁하였나　世道誰托
올해에 이르러서는　逮夫今年
흉악한 놈들 연이어 나왔네　凶豎踵接
상형[29]을 밝게 시행하여　象刑明施
백성의 고질이 비로소 나았네　衆痼始痊
내가 깊이 생각해 보니　昧昧我思
경이 이미 먼저 말했던 것이네　卿已先言
공정하고 공평하여　惟公惟平
미리 알았던 것이네　所以前知
문장은 경학에서 나오고　文章經學

28 경면사(鏡面砂)와 용미연(龍尾硯) : 먹과 벼루로, 곧 문장을 가리킨다. 경면사는 주사(朱砂) 가운데 색이 붉고 선명하며, 질감은 파삭파삭하면서 표면은 거울처럼 빛나는 것을 가리킨다. 용미연은 용미석(龍尾石)으로 만든 벼루인데, 중국 강서성 무원현에서 생산되는 것으로, 벼루 중에 상품으로 일컬어진다.

29 상형(象刑) : 죄인에게 실제로 육형(肉刑)을 가하지 않고 법을 범했다는 표시로 다른 사람들과 복식만을 달리하여 스스로 수욕(羞辱)을 느끼게 하는 형벌을 말하는데, 여기서는 국법을 가리킨다.

명절은 행동으로 드러났네	名節事爲
성실했던 사람을	展如之人
어찌 생각하지 않겠는가만	于何不思
훌륭한 의표 아득히 사라지고	英標冥漠
해는 여러 번 바뀌었네	歲籥屢改
이에 예관을 보내어	玆遣禮官
슬픈 마음을 특별히 전하네	別致愴慨
영령이여 어둡지 않으리니	靈其不昧
나의 술잔을 흠향하시라	庶歆予酹

고 부윤 정간[30]에 대한 치제문

故府尹鄭榦致祭文

남을 대신하여 짓다.

왕세자는 이르노라	王世子若曰
우뚝한 저 큰 산맥	巘彼鉅嶺
나라에서 드높네	磅礴王國
영기를 길러 빼어난 인물 낳으니	毓靈產秀
늘 이름난 석학 있었네	往往名碩
경이 무더운 변방에서 떨쳐 일어나	卿奮炎陬
지푸라기 줍듯 황갑을 취하였네[31]	芥取黃甲
전경 전강[32]에서	講值專經

30 정간(鄭榦) : 1692~1757. 자는 도중(道中), 호는 명고(鳴皐)이고, 초명은 정권(鄭權)이다. 1725년(영조1) 문과에 급제하여 보령 현감, 동래 부사, 경주 부윤을 거쳐 승지에 제수되었으나 곧 사망하였다.

31 지푸라기……취하였네 : 과거에 쉽게 급제하였다는 말이다. 《삼국지(三國志)》 〈위지(魏志) 고당륭전(高堂隆傳)〉에 "고관(高官)의 지위를 얻는 것이 마치 땅에 떨어진 지푸라기를 줍는 것처럼 쉬울 것이다.〔其取靑紫, 如俯拾地芥耳.〕"라는 말이 나온다. 황갑(黃甲)은 황색 종이에 쓴 과거 갑과(甲科) 급제자의 명단으로, 문과에 급제하는 것을 가리킨다.

32 전경 전강(專經殿講) : 여기서는 문신 전경 전강(文臣專經殿講)을 말한다. 전경은 선비를 뽑는 방법으로 시험 범위가 오직 경서(經書)만으로 한정되는데, 성균관의 유생과 문신에게 경학을 권장하기 위하여 수시로 3, 4명씩 선발하여 정전(正殿)에 불러들여 임금 임석(臨席)하에 행하던 강경 시험이다. 사서(四書), 오경(五經) 중에서 한

《춘추》를 읽었는데	春秋是挾
쇄례[33] 방식을 널리 펴서	鋪演殺禮
흉년을 구휼하자고 답하였네	恤荒爲策
본원으로 돌아가서	歸諸本原
《사전》[34]으로 권면하니	思傳以勖
성군께서 훌륭하다 하시고	聖后曰都
은혜롭게 말을 하사하셨네[35]	錫馬之渥
사헌부로 승진하여	陞于柏府
종묘의 축식을 논하였네[36]	論及廟祝

대목을 추첨하여 시험하고, 성적은 통(通), 약(略), 조(粗)로 매겨, 유생은 과거 시험 성적에 합산하고, 문신은 승진에 반영하였다.

33 쇄례(殺禮) : 예의(禮儀)를 덜어서 줄이는 것이다.

34 사전(思傳) : 공자의 손자 자사(子思)가 지은 책이라는 뜻으로 《중용》을 말한다.

35 전경……하사하셨네 : 1731년 흉년이 크게 들었을 때, 문신 전경 전강에서 정간이 《춘추》 양공 24년 기사를 읽은 일을 말한다. 고시관의 질문에 대하여, 정간은 《주례》와 《예기》에서 예의를 줄인 용례를 들어 대답하였다. 영조가 "요순은 백성에게 은혜를 널리 베풀지 못하는 것을 고통으로 여겼는데, 이른바 '홍수와 가뭄이 들어도 백성에게 굶주린 기색이 없었다.' 한 것은 호씨(胡氏)의 말이 너무 지나치지 않은가?"라고 묻자, 정간은 "신은 청컨대 우선 이 문제는 거론하지 말고 그냥 놔두고, 근본을 탐구하여 아뢰어도 되겠습니까? 대저 《춘추》에서 재이(災異)를 신중히 여겨 비록 작은 것이라도 반드시 기록한 것은 성인의 뜻이 대개 임금이 공구(恐懼)하고 수성(修省)하여 '그 망하게 될까.' 하는 경계를 늘 보존하기를 바란 것입니다. 가령 하늘에 응하여 재앙을 그치게 하는 것은 역시 정령과 시책에서만 구해서는 안 됩니다. 그 요체는 마음 위에서 공을 더 들이는 것입니다."라고 하고, 이어서 《중용》의 '계신공구(戒愼恐懼)'와 '중화위육(中和位育)'의 공부를 구절마다 부연하여 아뢰었다. 영조는 더 이야기를 나누어 보고 말을 하사하였다. 《樊巖集 卷51 通政大夫承政院左承旨兼經筵參贊官春秋館修撰官知製敎鳴皐鄭公墓碣銘》

누차 충청도의 고을을 맡으니 累綰湖符
조정에서의 명예 더욱 쌓였네 廷譽彌積
화살처럼 곧고 얼음처럼 맑아 矢直氷淸
운용은 간략하나 널리 베풀어졌네 操約施博
이 여덟 글자의 상등 평가는 八字之最
옛날에도 보기 드물었네 於古罕覯
은혜 베풀어 살려 주고 設施賑活
굶어 죽을 우리를 살찌게 해 줬네 肉我捐瘠
바닷가에서 집집마다 노래 부르니 海濱戶歌
그 업적 휘황찬란하였네 焜燿厥績
암행 어사가 칭찬하기를 繡衣之褒
참으로 제일이라 하였네 允矣第一
가상하다는 특별 윤음 내리니 特綸嘉乃
비옥의 품계로 뛰어올랐네[37] 緋玉超秩

36 사헌부로……논하였네 : 1744년 정간이 사헌부 지평에 제수되자, 상소하여 종묘의 축식(祝式)을 논한 일을 말한다.

37 누차……뛰어올랐네 : 1737년 정간이 청양 현감에 제수되었으나 1년도 되기 전에 어떤 일 때문에 관직을 버리고 고향으로 돌아갔다. 이에 관찰사가 급히 장계하여 "정권(鄭權)의 청렴하고 검약하는 지조는 온 도내에 알려졌으니, 그가 영영 떠나가는 것을 윤허해서는 안 됩니다." 하니, 영조가, 정간이 있는 곳의 관아에 명하여 그를 엄히 신칙해서 길을 떠나게 하여, 정간이 다시 부임하였다. 1747년 정간이 보령 현감을 맡았을 적에는 관찰사가 행정 평가에서 "화살처럼 곧고 얼음처럼 맑으며, 운용은 간략하나 혜택은 널리 베풀어졌다.〔矢直氷淸, 操約施博.〕"라고 하였다. 충청도 암행 어사도 그를 치행제일(治行第一)이라고 상주하였다. 이에 영조가 가상하게 여기고 통정대부의 품계로 승진시키고 승정원 동부승지에 제수하였다. 정권은 정간의 초명이다.

이미 승정원에 나아갔다가	旣晉銀臺
경주 부윤에 발탁되었네	東尹是擢
나라에 동래부가 있는데	國有萊府
누가 그 관문을 감당하랴	孰堪鎖鑰
모름지기 경이 한번 다스려야 한다고	須卿一莅
원보가 아뢰었네	元輔攸白
행정을 예율에 기초하니	治基禮律
교활한 풍속도 복종하였네	狡俗猶服
오며 가며 맑은 바람 불었다고	來去淸風
오랑캐 비석에 빛나고 빛났네[38]	蠻碑赫赫
어찌 이반[39]에 들 재능 없었으랴	豈無邇班
백성의 일을 급하게 여겼네	民事是急
영남에서 관서에서	于嶺于關
한결같이 심력을 다하였네[40]	壹是殫竭
마음에 들지 않는 것이 있어서	有不可意

38 오며……빛났네 : 정간이 동래 부사의 임기를 마치고 돌아올 때, 왜인들이 나무에 새겨 비를 세우기를 "올 때도 맑은 바람, 갈 때도 맑은 바람. 오며 가며 맑은 바람, 만고에 맑은 바람.〔來而淸風, 去而淸風. 來去淸風, 萬古淸風.〕"이라 하였다고 한다.

39 이반(邇班) : 임금 가까이에 있는 신하들의 반열로 내반(內班) 또는 근반(近班)이라고도 한다.

40 영남에서……다하였네 : '영남에서'는 정간이 동래 부사와 경주 부윤을 맡았을 때를 가리키고 '관서에서'는 선천 부사(宣川府使)를 맡았을 때를 가리킨다. 선천 부사로 있을 때에도 백성들의 어렵고 괴로운 일을 묻고 국방을 지키는 병사들을 위무하며 깊이 생각하고 조처하여 진력하였다고 한다.

신발 벗듯 관직을 버렸네[41]	棄若屣脫
몇 해 전 흠위[42]에	頃歲廞衛
경이 참으로 분곡하였네	卿實奔哭
백화를 신지 않은 것은	屨以不靴
경의 깊은 학문 덕분이었네[43]	賴卿邃學
밤낮으로 종사한 지 오래지 않아	夙夜未幾
소매 떨치고 돌아갔네	歸袂已拂
누가 생각했으랴 이 사람을	孰謂斯人
하늘이 서둘러 빼앗아 갈 줄을	天速其奪
경의 평생을 돌이켜 보면	跡卿平生
경술과 문식을 갖추었네	經術文識

41 마음에……버렸네 : 정간이 선천 부사로 있을 적에 도백(道伯)과 사이가 좋지 않았는데, 도백은 당시의 권신(權臣)으로서 부당한 조치를 많이 취하였다. 이에 정간은 강력하게 항의했는데, 결국 도백의 노여움을 사서 파직되어 돌아왔다.

42 몇……흠위(廞衛) : 흠위는 임금이나 왕후의 장례 행렬에 쓰던 기구(器具)를 말하는데, 곧 장례 행렬을 가리킨다. 1757년 중궁전(中宮殿)과 대왕대비전(大王大妃殿)이 이어서 승하한 것을 가리킨다. 중궁전은 영조의 원비(元妃)인 정성왕후(貞聖王后) 서씨(徐氏)이고, 대왕대비는 숙종의 둘째 계비인 인원왕후(仁元王后) 김씨(金氏)이다.

43 몇……덕분이었네 : 1757년 중궁전과 대왕대비전이 이어서 승하하자 정간은 서울로 달려왔는데, 백관이 최복을 입고 백화(白靴)를 신은 것을 보고 글을 올려 예에 맞지 않음을 아뢰고 속히 고칠 것을 청하니, 영조가 따른 일을 말한다. 《홍재전서》〈일득록(日得錄) 9 정사(政事) 4〉에서 정조가 "흑단령(黑團領)에 반드시 흑화(黑靴)를 신고 시복(時服)에는 반드시 백화를 신는 것이 언제 만들어졌는지는 모르겠지만 본래 전례에 실려 있지는 않았다. 그래서 선조(先朝) 때부터 이미 똑같이 흑화를 신도록 하였다."라고 말한 것으로 보아서, 이때 정간의 건의에 따라 백화를 신는 것을 금지한 것으로 보인다.

행동으로 드러난 것이　發以事爲
정민하고 충직하였네　精敏忠直
겨와 쭉정이로 주조한 바이니　糠粃所鑄
고을 다스린 것 말해 무엇 하리오[44]　治郡何說
경의 쓰임을 다하지 못하였으니　莫究厥用
내 마음이 더욱 슬프도다　余心愈怛
추로지향[45]을 돌아보건대　睠言鄒魯
현송을 누구에게 의탁할꼬　絃誦疇托
예관을 시켜 잔을 올리게 하니　伻官奠斝
영령이 어찌 무심하리오　靈豈冥漠
나의 지극한 뜻을 헤아려　諒余至意
강림하여 흠향하시라　庶幾來格

44 겨와……하리오 : 겨와 쭉정이는 미천하고 쓸모없는 물건을 비유하는데, 여기서는 정간의 훌륭한 재능 중 극히 일부분을 가리켜 말한 것이다. 즉 정간이 재주의 일부만으로 군읍을 잘 다스렸다는 말이다. 《장자(莊子)》 〈소요유(逍遙遊)〉에 "그분은 먼지와 때 그리고 쭉정이와 겨 같은 것을 가지고도 요순을 빚어낼 수 있는 분인데, 무엇 때문에 외물을 일삼으려고 하겠는가.〔是其塵垢粃糠, 將猶陶鑄堯舜者也, 孰肯以物爲事?〕"라고 하였다.

45 추로지향(鄒魯之鄕) : 여기서는 영남을 가리킨다.

고 지중추부사 권상일[46]에 대한 치제문

故知中樞府事權相一致祭文

남을 대신하여 짓다.

왕은 이르노라	王若曰
세상이 피폐하고 교화가 쇠하니	世弊敎弛
도술이 어지러이 찢어졌네	道術棼裂
과거 시험과 학문이	科目學問
두 가지로 갈라졌네	岐爲二物
조정에 선치가 없는 것은	朝無善治
오로지 이것 때문이네	職此之故
경은 홀로 이와 달라	卿獨異是
관직에서도 유자의 소양 지켰네	宦籍儒素
처음 호남 고을을 맡았을 때[47]	始佩湖符
마침 무신년(1728, 영조4)의 반란을 만났네	適値戊訌
찡그리고 흘기는 동태를 정밀히 살피고[48]	嚬睆密察

46 권상일(權相一) : 1679~1759. 본관은 안동(安東), 자는 태중(台仲), 호는 청대(淸臺)이다. 1727년(영조3) 만경 현령(萬頃縣令)이 되어 이듬해 일어난 이인좌(李麟佐)의 난을 사전에 탐지하여 영문에 보고하고, 난을 토벌하여 공을 세웠다.

47 처음……때 : 1727년 7월 권상일은 만경 현령에 제수되었다.

48 찡그리고……살피고 : 역적들의 동태를 잘 살핀다는 말이다. 찡그리고 흘긴다는 말은 역적들의 동태를 형용한 것이다. 한유(韓愈)의 〈사도겸시중중서령증태위허국공신도비명(司徒兼侍中中書令贈太尉許國公神道碑銘)〉에 "공은 그 사이에서 임금을 위하

붉은 피 가슴속에서 끓어올라	丹血沸中
재빨리 감영에 가서 보고하고	星赴上營
사리에 맞게 계획하고 안배했네	指畫中窽
돌아와서 어루만지고 타이르니	歸以撫諭
농부들 들에 나가 일하였네	耕桑野遍
정사가 이루어지고 교학이 진보하였다고	政成學進
행정 고과에 실상을 게재하였네[49]	厥考揭實
대성에 몇 년 있었나	臺省幾年
슬프게도 백발 되었네	惜哉華髮
매우 간절하게 올린 글에서	懇懇封章
매번 근심과 사랑을 보았네	每見憂愛
시무 아님이 없었으며	匪不時務
본원을 더욱 경계하였네	本原尤戒
받은 상소문을 궁중에 두고	受言留中
나는 늘 명심하였네	予紳之佩
높은 하늘처럼 희고 깨끗하여	霞表皎皎
나아감은 어렵게 하고 물러남은 쉽게 하였네[50]	難進易退

여 간사한 자들을 책망하고 그들의 찡그리고 신음하거나 흘기는 동태를 살폈다.〔公居其間, 爲帝督姦, 察其嚬呻與其睨眴.〕"라고 한 데서 온 말이다. 《五百家注昌黎文集 卷32》

49 정사가……게재하였네 : 권상일의 행정에 대하여 감사(監司)가 고과(考課)를 최(最)로 매기면서 "글을 읽으며 백성을 다스리니, 정사가 이루어지고 교학이 진보하였다.〔讀書治民, 政成學進.〕"라고 하였다. 《大山集 卷50 知中樞府事淸臺權公行狀》

50 나아감은……하였네 : 벼슬을 사양하며 쉽게 물러나는 것을 가리킨다. 《예기》〈표기(表記)〉에 "임금을 섬길 적에, 나아가기는 어렵게 하고 물러나기는 쉽게 한다면 자리

강연에 참여하게 하였으니	俾參講筵
어찌 일반적인 격례이겠는가	豈伊常格
간간이 영남의 고을을 다스리니	間以嶺治
얼음이요 옥이었네[51]	是氷是玉
특별히 등용할 것을 생각하여	別思晉用
은비[52]에 드디어 발탁했네	銀緋遂擢
후원이 그지없이 맑은 날	喉院淸切
특별히 야대하였네	特賜夜接
청수한 용모 바라보며 기뻐하니	欣瞻癯容
해맑은 매화요 하얀 학이었네	皛梅皓鶴
나는 잡념이 많이 드니	予患浮念
모름지기 경은 약을 처방하라 하였네	須卿投藥
경은, 정기를 모으는 것은	卿曰聚精
눈을 감는 것만 한 것이 없다고 하며	莫若閉眼
경외와 지행을	敬畏知行
차례대로 논변하였네	取次論辨
물러가 심법을 진달하니	退陳心法

에 질서가 잡힐 것이요, 반면에 나아가기는 쉽게 하고 물러나기는 어렵게 한다면 문란해질 것이다. 따라서 군자는 세 번 읍을 한 다음에야 나아가고 한 번 사양하고는 곧바로 물러남으로써 문란해지는 것을 예방한다.〔事君難進而易退, 則位有序; 易進而難退, 則亂也. 故君子三揖而進, 一辭而退, 以遠亂也.〕"라는 말이 나온다.

51 얼음이요 옥이었네 : 지조와 인품이 얼음과 옥처럼 고결함을 뜻한다.

52 은비(銀緋) : 은대(銀臺)의 비옥(緋玉)으로, 곧 승정원 당상관을 가리킨다. 1747년 권상일은 동부승지에 제수되었다.

상소가 바르고 정확하였네	尺疏端確
더욱 보존한 것을 알았으니	益知所存
진실로 학식 있었네	展也學識
말하길, 이미 나이가 찼고	曰已年至
예방은 뛰어넘기 어렵다고 하며	禮防難踰
잇따라 상소 올려 걸해하니	連章乞骸
누가 경의 망아지를 붙잡아 매리오[53]	誰縶厥駒
내가 비록 윤허를 미루더라도	予雖靳許
경이 곧바로 떠나감을 어찌하리오	奈卿便訣
전형을 거친 옥서에서	銓衡玉署
내가 특별히 통달한 이를 뽑았네	予簡特達
드디어 뛰어넘어 덕 있는 이에게 명하니	遂超命德
제수와 고명 서로 이어졌네	除誥相聯
어찌 청요직이 아니리오만	曷不淸要
경은 더욱 굳게 누웠네	卿臥愈堅
짙푸른 고갯길을	蒼蒼嶺棧
쇠 문지방으로 여겼네[54]	視以鐵閾
저 청대[55]에서 즐긴 것은	樂彼淸臺

53 망아지를 붙잡아 매리오 : 현인이 떠나가는 것을 막는다는 말이다. 《시경》 〈소아(小雅) 백구(白駒)〉의 "그대의 흰 망아지가 내 밭의 콩잎을 먹었다 핑계 대고는, 붙잡아 매어 두고 오늘밤 길게 늘여, 저 훌륭한 사람을 나의 좋은 손님이 되게 하련다.〔皎皎白駒, 食我場藿, 縶之維之, 以永今夕, 所謂伊人, 於焉嘉客.〕"라는 말에서 나왔다.

54 쇠 문지방으로 여겼네 : 넘지 못할 한계로 여겼다는 말이다.

55 청대(淸臺) : 권상일이 어려서부터 노닐던 농청대(弄淸臺)이다. 권상일은 1740년

구름 달 소나무 대나무였네	雲月松竹
한 달에 밥은 아홉 번 먹었으나[56]	三旬九食
태연히 근심하지 않았네	恬不爲戚
이치 탐구 더욱 정밀하게 하니	探賾彌精
지조와 품행 더욱 독실하였네	操履彌篤
영재 육성을 즐거워하며	樂在育英
향약을 가르쳐 행하였네	教行鄕約
나는 유념하여 잊지 못하고	予念不置
음식물을 내려 주었네	食物載錫
팔좌에 올리니	陞于八座
기로소에 들어갔네[57]	耆社之帖
하늘은 어찌 남겨 두지 않았나[58]	天何不憖
남쪽 별[59] 갑자기 빛을 잃었네	南宿遽折

그곳에 집을 짓고 '존도서와(尊道書窩)'라고 편액하고, 이곳의 이름을 따 자호를 '청대'라 하였다.

56 한……먹었으나 : 끼니를 잇기 어려울 정도로 매우 가난함을 비유하는 말이다. 진(晉)나라 도잠(陶潛)의 〈의고(擬古)〉에 "동방에 한 선비가 있으니 입은 옷이 항상 완전하지 못하네. 한 달에 밥은 겨우 아홉 번 먹고 갓은 십 년 만에 한 번 쓴다네.〔東方有一士, 被服常不完. 三旬九遇食, 十年著一冠.〕"라고 하였다.

57 팔좌(八座)에……들어갔네 : 권상일이 1758년 80세에 자헌대부(資憲大夫) 지중추부사에 오르고, 기로소에 들어간 일을 말한다. 팔좌는 재신(宰臣)의 반열에 있는 여덟 명의 고위 관료를 이르는 말로, 조선 시대에는 흔히 판서를 가리키는 말로 쓰였는데, 여기서는 지중추부사가 판서와 같은 정2품이기 때문에 쓴 말이다.

58 하늘은……않았나 : 하늘이 국가를 위해서 억지로라도 원로를 남겨 두지 않고 빼앗아 가 버린 것을 한탄한 말이다.

적막한 추로지향	寂寞鄒魯
누구를 표준으로 삼을꼬	標準誰是
조정의 반열을 돌아보니	顧瞻朝班
전형이 떠나갔도다	典刑已矣
어떻게 마음을 표하리오만	何以表心
은혜로운 윤음이 종이에 가득했네	恩綸滿紙
두 글자 청개로	二字淸介
시종 지우를 입었네	始終知遇
멀리서 향을 전하며	遙傳瓣香
이에 예부에 명하였네	爰命禮部
상례를 따르지 않고	匪循常典
특별히 슬픈 마음을 보여 주네	特示嗟惜
영령이 어찌 어두우리오	靈豈其昧
이 술잔을 흠향하시라	庶歆此酌

59 남쪽 별 : 노인성(老人星)을 말한다. 노인성은 남쪽 하늘에 나타나서 밝은 빛을 발하는 별로, 사람의 수명을 관장하기 때문에 수성(壽星)이라고도 한다.

고 대사헌 이세택[60]에 대한 치제문

故大司憲李世澤致祭文

남을 위하여 짓다.

왕은 이르노라	王若曰
옛적 태평성대에는	粤昔盛際
어진 이를 세우되 일정한 방소가 없었네[61]	立賢無方
대령의 모퉁이에	大嶺之陬
명유와 석학이 서로 바라보았네	名碩相望
근래는 옛날만 못하여	近不古若
우리나라 병들었네	瘁我邦國
경은 뒤늦게 태어났으나	卿生于晩
영남의 정기 간직하였네	嶺氣所蓄
선정[62]의 후손으로서	先正爲祖
조용히 예법을 행하였네	從容禮法

60 이세택(李世澤) : 1716～1777. 본관은 진성(眞城), 자는 맹윤(孟潤), 호는 조은(釣隱)이다. 이황(李滉)의 8대손이다. 검열, 교리를 거쳐 1762년(영조38) 우부승지에 오르고 그 이듬해 대사간이 되었다. 1768년 인동 부사(仁同府使)로 있을 적에 살옥(殺獄)을 미연에 방지하지 못하였다고 탄핵을 받고 단양에 유배되었다. 정조가 즉위하자, 대사헌이 되었다.

61 어진……없었네 : 현명한 인물을 높은 자리에 세우는 데는 그 출처와 귀천과 친소(親疎)를 가리지 않는다는 뜻이다. 《맹자》 〈이루 하(離婁下)〉에 "탕은 중도를 잡으시며, 어진 이를 세우시되 일정한 방소가 없으셨다.〔湯執中, 立賢無方.〕"라고 하였다.

62 선정(先正) : 이황을 말한다.

처음엔 음직으로 나아왔으나	始以蔭進
마지막엔 황갑[63]에서 드러났네	卒闡黃甲
영조께서 돌아보시니	英考回眄
하얀 얼굴에 긴 수염이었네	白面鬑鬚
한림원의 선비요	翰苑之彦
경악의 유신이었네	經幄之儒
뇌사[64]에 들어가고	盛之雷肆
동벽[65]에서 드날렸네	敭于東壁
강직한 몸가짐으로	侃侃自持
남 따르지 않고 과격하지 않았네	不隨不激
무엇으로 책난[66]하였나	何以責難
그대 선조가 편찬한 것이었네	乃祖攸纂
초모[67] 매우 아름다우니	貂帽孔嘉
그대의 충성을 표창했네[68]	表乃忠悃

63 황갑(黃甲) : 황색 종이에 쓴 과거 갑과(甲科) 급제자의 명단으로, 문과(文科)에 급제하는 것을 가리킨다.

64 뇌사(雷肆) : 세자시강원(世子侍講院)을 달리 일컫는 말이다.

65 동벽(東壁) : 문운(文運)을 맡은 별로, 여기서는 문장을 주관하는 한림원을 뜻한다.

66 책난(責難) : 하기 어려운 일을 남에게 힘쓰도록 권하는 것을 말한다. 《맹자》 〈이루 상〉에 "하기 어려운 일을 임금에게 권하는 것을 임금을 공경한다고 한다.〔責難於君, 謂之恭.〕"라고 하였다.

67 초모(貂帽) : 털이 붙은 담비 가죽으로 만든 모자를 이른다.

68 무엇으로……표창했네 : 1755년 12월 14일 이세택이 교리로서, 이황이 편찬한 《성현도학연원(聖賢道學淵源)》을 올렸는데, 영조가 포장(褒獎)하여 답하고 이세택에게 초모를 내린 일을 말한다.

그 사이 부죽[69]에 얽매이니　　間縻符竹
저 지방의 작은 고을로 갔네　　于彼下邑
어찌 경을 버렸다고 하리오　　豈曰捨卿
급한 사정을 진달해서라네[70]　　陳情之急
이미 비옥에 뛰어올랐는데　　旣超緋玉
또한 아경에 발탁되었네　　亞卿又擢
화성[71]과 승정원에서　　畫省銀臺
조정 논의에 참으로 부합하였네　　朝議允叶
미원과 백부에서 엄숙하여　　薇柏有儼
장관의 자리에 갈마들었네[72]　　遞都長席
나아감 어렵게 하고 물러남 쉽게 하니　　難進易退
낚시의 즐거움 때문이었네　　漁釣之樂
과인이 처음 교화를 펼 때　　寡昧初服
경은 실로 조정에 나아왔네[73]　　卿實造朝

69 부죽(符竹) : 지방관을 뜻한다. 한(漢)나라 때 지방관이 차던 신부(信符)인 죽사부(竹使符)에서 온 말이다. 죽사부는 대나무로 신부를 만들어서 오른쪽은 경사(京師)에 두고 왼쪽은 수령으로 나가는 사람에게 주었다.

70 그……진달해서라네 : 이세택이 1768년 인동 부사를 지낸 것을 말하는데, 이때 그는 노모를 모시고 있었다.

71 화성(畫省) : 상서성(尙書省)의 별칭으로, 조선에서는 사헌부와 사간원을 뜻한다. 상서성 안에 호분(胡粉)으로 벽을 바르고 옛날 현인과 열사를 그려 놓았기 때문에 붙은 이름이다.

72 미원(薇院)과……갈마들었네 : 이세택이 사간원과 사헌부의 여러 관직을 엄숙하게 수행했으므로 결국 노년에 대사간과 대사헌에 임명된 일을 말한다.

73 과인이……나아왔네 : 정조가 즉위한 1776년 이세택은 대사헌을 지냈다.

못 본 지가 얼마인가	不見幾何
흰 수염 반이나 떨어졌네	霜鬢半凋
고향으로 내려보낸 것은	畀以粤州
경을 쉬게 하기 위해서였는데	爲卿休息
어찌하여 땅속에 묻혔는가	云何九原
몇 달도 안 되어서	曾不數朔
생각하면 내가 춘궁에 있을 적에	憶在春宮
경의 행탁에서 책을 빌렸네	借書卿橐
《근사록》에	近思之錄
선정의 손때 있었네[74]	先正手澤
지난날을 생각하니	追念疇曩
마음이 슬퍼지네	心焉有惻
저 도산서원을 돌아보건대	瞻彼陶山
맑은 기운 적막하네	淸氣寂歷
내가 예관을 보내어	伻我禮郎
경의 영악[75]에 조문하네	弔卿靈幄
경은 강림하여	卿之格思
나의 술잔을 흠향하시라	歆予之酌

74 생각하면……있었네 : 《홍재전서》 권161 〈일득록(日得錄) 1 문학(文學) 1〉에 "상이 이르기를 '《근사록》은 선정 퇴계가 가장 공력을 쏟은 것으로 책머리에 직접 편찬한 차의(箚疑)가 있다. 일찍이 후손 이세택을 통해서 가져다 보니 종이가 낡고 글자가 마모되어 매우 귀한 것이었다.' 하였다."라고 하였다.

75 영악(靈幄) : 영침(靈寢)이나 영좌(靈座)에 둘러치는 휘장이다.

사직 기곡 친제[76]에 올리는 제문

社稷祈穀親祭文

이 이하는 예문관 제학(藝文館提學)[77] 때 지어 올린 것들이다.

크고도 넓도다	皇哉博哉
사직의 덕이여	維社之德
저 백창[78]을 주관하고	尸厥百昌
일역을 크게 안정시켰네	丕奠日域
국가는 덕분에 면면히 이어 오고	國賴以綿
백성은 덕분에 살아왔네	民賴以穀
보잘것없는 나를 돌봐 주지 않아	藐予弗惠
거듭 식량 없는 때에 걸렸네	荐罹無食
지난가을 든 풍년에	昨秋之登
어찌 마음 놓인다고 하리오	曷云心釋
남은 경계가 속에 있어서	餘儆在中
자나 깨나 근심이네	寤寐斯惕
깨끗하게 재계하고 공경하며	齊明翼翼

76 사직(社稷) 기곡 친제(祈穀親祭) : 1월 첫 번째 신일(辛日)에 그해의 농사가 잘되게 해 달라고 왕이 사직에 직접 가서 지내는 제사이다.

77 예문관 제학(藝文館提學) : 번암은 1779년(정조3) 12월 예문관 제학이 되었다.

78 백창(百昌) : 각종 생물을 가리킨다. 《장자(莊子)》 〈재유(在宥)〉에 "지금 저 백창은 모두 흙에서 자라서 흙으로 돌아간다.〔今夫百昌, 皆生於土而反於土.〕" 하였다.

내가 바라는 것을 말씀드리네　　敶我所欲
바라는 것이 무엇인가　　所欲伊何
끝없이 늘 풍년 드는 것이네　　屢豐無斁

이상은 국사(國社)[79]에 대한 제문이다.

대지가 만물을 싣는데　　坤輿載物
신이 그 공을 주관하네　　神枋厥功
저 하늘을 받들어　　承彼圓靈
큰 혜택을 밝게 베푸네　　彰施厖洪
우리 태조대왕으로부터　　自我祖宗
신령한 은혜를 입었네　　神惠是蒙
신의 보살핌이 아니라면　　微神庇庥
과인이 누구를 의탁한단 말인가　　疇托寡躬
나는 백성을 생각하면　　我念民天
근심으로 안절부절못하네　　恤焉憧憧
밤에 일어나 북두성을 보니　　宵興視斗
인방의 북두 자루 높고 크네[80]　　寅杓崇崇

79 국사(國社) : 국사지신(國社之神)을 가리킨다. 조선은 1395년(태조4) 사직단을 세워 대사(大祀)로 제사를 지냈는데, 사단의 정위(正位) 위판은 1431년(세종13) 황희(黃喜) 등의 건의에 따라 '태사지신(太社之神)'에서 '국사지신'으로 명칭을 바꾸었다. 이것은 "천자가 백성을 위해 세운 사(社)를 태사(太社)라고 하고 제후가 백성을 위해 세운 사를 국사라고 한다."라는 《예기(禮記)》 〈제법(祭法)〉을 따른 것이다.

80 인방(寅方)의……크네 : 북쪽을 가리키던 북두칠성 자루가 1월 초저녁에 동북쪽으로 기울어진 것이다.

이렇게 정초가 되니	履玆元鼂
궁궐에 있을 겨를이 없네	不遑在宮
정결히 제사 지내는 나를 살펴보고	監我吉蠲
풍년을 내려 주소서	陳錫以豐

이상은 구룡씨(句龍氏)[81]에 대한 제문이다.

백성이 의탁하는 것은 식량이고	民依者食
식량은 국직[82]에 의지하네	食資於稷
국토가 매우 기름지니	國土孔膴
무엇이 당신의 지극한 덕 아니리오	孰非爾極
작년에 풍년을 고했으나	昨歲告穰
어이 덕에 보답하리오	曷以報德
신이 실로 백성에게 은혜 베풀었으나	神實惠民
나의 정성이 감격하게 한 것 아니네	匪我誠假
더구나 상처를 겪고 나서	若經瘡痍
백성들 겨우 안정되었네	民甫衽席
두려운 마음	心焉凜恐
평소보다 몇 갑절이네	有蓰平昔

81 구룡씨(句龍氏) : 염제(炎帝)의 11세손으로 9주(州)를 평정하고 토지의 성질을 잘 알아 전욱(顓頊)의 토정(土正)이 되었다. 후세에 그를 후토(后土)의 신으로 제사하면서 후토씨로 불렸다.

82 국직(國稷) : 국직지신(國稷之神)을 가리킨다. 직단(稷壇)의 정위 위판이다. 중국은 '태직지신(太稷之神)'인데 조선조에는 '국직지신'이라 하였다. 직단은 국가에서 곡신(穀神)에게 제사를 지내는 제단으로 사직단 안의 서쪽에 있다.

신이 보우하신다면　神若保佑
풍년이 무슨 어려운 일이랴　何有登熟
직단의 촛불이 빛나니　壇燭有煒
나의 기도를 비추소서　照我祈祝

이상은 국직에 대한 축문이다.

하늘은 백성을 낳고　維天生民
신은 백성을 기르나니　維神育民
엄연히 전조가 되어　儼爲田祖
만물에 봄을 내렸네　於萬斯春
진실로 농사를 아뢴다면　苟謁民事
누가 신에게 하지 않으리오　疇不要神
성대한 복장 갖춰 입고　我有盛服
이 상신일[83]에 맞추었네　趁兹上辛
아침저녁 모든 생각은　昕夕一念
저 농토에 있으니　在彼畇畇
조풍[84]이 부는 때에　條風孔時
좋은 술 마련했네　樽醵微粼
근심할 것은 농민이 아니겠으며　可恤非農

83 상신일(上辛日) : 음력 매달 상순(上旬)에 들어 있는 신일(辛日)을 말한다.

84 조풍(條風) : 북동쪽에서 불어오는 바람으로 만물을 출생시키는 일을 주관한다. 곧 봄바람을 뜻한다. 《사기(史記)》 〈율서(律書)〉에 "조의 의미는 만물을 다스려 나게 하는 것이므로 조풍이라고 한다.〔條之言條治萬物而出之, 故曰條風.〕"라고 하였다.

신은 본래 성스럽고 어지니 神本聖仁
바라옵건대 풍년을 내려서 乞賜穰穰
곳간을 가득 채워 주소서 萬億箱囷

이상은 후직씨에 대한 축문이다.

경모궁 작헌례 때의 제문

景慕宮酌獻禮祭文

아스라한 저 궁 안의 나무	曖彼宮樹
바람에 흔들리네	有風搖之
하늘과 땅에 사무치는	盤穹徹壤
종신의 슬픔이네	終身之悲
문에 일첨이라 걸었으나[85]	門揭日瞻
어찌 나의 생각이 위로되랴	曷慰我思
생각이 나면 배알하기를	思至則拜
문침[86] 때같이 하네	如問寢時
전홍의 옛 절기[87]	電虹舊節

85 문에 일첨(日瞻)이라 걸었으나 : 정조가 경모궁의 문에 '일첨문(日瞻門)'이라는 편액을 걸었다는 말이다. 일첨은 날마다 바라본다는 뜻이다. 정조는 경모궁에 참배할 적에 이동할 때의 번거로움을 피하기 위해 홍화문(弘化門) 북쪽 담장을 헐고 문을 만들었는데, 달마다 이 문을 경유하였기 때문에 월근문(月覲門)이라고 이름을 지었다고 하며, 경모궁의 일첨문과 바로 통하도록 했다고 한다.

86 문침(問寢) : 문침시선(問寢視膳)의 준말로, 세자가 왕과 왕비에게 문안을 드리는 일이다. 주 문왕(周文王)이 세자로 있을 적에 아침과 점심과 저녁 등 하루에 세 차례씩 아버지 왕계(王季)에게 문안을 올리고 수라를 살핀 데서 유래하였다. 《禮記 文王世子》

87 전홍(電虹)의 옛 절기 : 장헌세자의 생일을 말한다. 전홍은 전요(電繞)와 홍류(虹流)의 준말로, 임금의 생일을 비유할 때 쓰는 표현이다. 《사기(史記)》 〈오제본기(五帝本紀)〉의 주에, 황제(黃帝)의 모친인 부보(附寶)가 기(祁) 땅 들판에 있을 적에, 번개가 크게 치며 북두칠성의 첫째 별을 휘감는 것을 보고는, 감응하여 잉태한 뒤 24개월이

해마다 기약한 듯이 찾아오네	歲歲如期
봄에 비와 이슬이 내려	春有雨露
나의 뜰과 섬돌을 적시네	濡我庭墀
이 지극한 정을 펴는데	伸玆至情
번잡한 의식 차릴 겨를 없네	未暇繁儀
들보와 평고대를 우러러보니	仰視樑梠
국그릇과 담장에도 보이네[88]	羹斯墻斯
눈자위에서 눈물 흘러내려	于眶有濟
술통과 그릇을 적시네	沾厥樽彝
밝게 강림하시어	昭哉降監
흠향하소서	庶幾歆玆

지나서 황제를 낳았다는 전설이 실려 있다. 또 소호씨(少昊氏)의 모친인 여절(女節)이 무지개처럼 큰 별이 흘러내리는 꿈을 꾸고서 소호씨를 낳았다는 기록이 보인다.

88 국그릇과 담장에도 보이네 : 돌아가신 분을 간절히 흠모하는 마음을 뜻한다. 옛날 요(堯) 임금이 죽은 뒤 순(舜) 임금이 3년 동안 지극히 앙모(仰慕)한 나머지 국그릇에서도 요 임금을 보고 담장에서도 요 임금을 보았다고 한다. 《後漢書 李固列傳》

명릉에 대한 친제문

明陵親祭文

둥그스름한 저 앵봉산　宛彼鸎岑
성인이 묻힌 곳[89]이네　聖人攸葬
회나무에 이슬 솔에 서리 내리면　露檜霜松
두렵기도 하고 슬프기도 하였네　以怵以愴
모열[90]이 조승주[91]와 같아　謨烈照乘
혜택이 사람을 감화시켰네　惠澤熏人
아아, 잊지 못하네　於戲不忘
대동의 백성이여　大東之民
하물며 우리의 가법은　矧我家法
공경히 선조를 봉양하네　奉先惟虔
대보[92]를 받들고부터　自承大寶
자나 깨나 당구에 힘썼네　寤寐堂構
공경히 생각하건대 영조께서는　爽惟英祖

89 둥그스름한……곳 : 앵봉산(鸎峯山)은 서울특별시 은평구와 경기도 고양시의 경계에 있는 산이다. 명릉(明陵)은 앵봉산 서쪽에 있다.

90 모열(謨烈) : 나라를 다스리는 왕의 훌륭한 가르침과 업적을 이른다.

91 조승주(照乘珠) : 광채가 나서 수레 여러 대를 비출 수 있을 만큼 매우 밝은 구슬을 말하는데, 뛰어난 사람의 재덕을 비유할 때 쓰는 말이다.

92 대보(大寶) : 임금의 지위를 가리킨다. 《주역》 〈계사전 하(繫辭傳下)〉에 "성인의 대보를 위(位)라고 한다."라고 하였다.

효성이 우주에서 으뜸이었네 孝冠穹宙
어릴 적 사모하던 마음이 孺子之慕
팔십 세에도 여전하였네 八十如舊
매번 말씀하기를 경자년은 每曰庚子
실로 나의 원수라고 하셨네 寔我之讐
융복전이 저기 있는데 隆福在彼
어디로 참다운 놀이 가셨나[93] 何處眞遊
친히 지난 일을 말하며 親提往事
눈물 줄줄 흘리셨네 玉涕迸流
소자[94]는 곁에서 小子在傍
듣고 마음 아팠네 仰聆俯傷
원릉이 한번 닫히니 元陵一閉
일마다 국그릇과 담장에서 보았네 事事羹墻
세월을 어찌 알리오 日月何知
물처럼 빨리 흘렀네 如水其駛
어느덧 경자년(1780, 정조4) 倏焉庚歲
그 주갑이 이에 이르렀네 其甲載至
이렇게 새해를 맞이하였으나 履玆新籥
날 새도록 잠을 못 이루었네 明發無寐

93 경자년은……가셨나 : 경자년(1720, 숙종46) 6월 8일 숙종이 경덕궁(慶德宮) 융복전(隆福殿)에서 승하한 것을 말한다. 참다운 놀이는 참된 세계로 돌아가는 것을 뜻하는 말로, 여기에서는 임금의 승하를 가리킨다.

94 소자(小子) : 정조(正祖)를 가리킨다.

옛날을 회상하고 오늘을 슬퍼하니 撫故愴今
어떻게 마음을 가누리오 何以爲悰
우러러 선왕의 마음을 생각하며 仰念親心
서쪽 높은 봉우리[95] 바라보네 西望喬峯
일어나 새벽별 바라보며 起視晨星
나의 마구간 말을 멍에 하였네 駕我廐龍
수로[96]의 뜰에서 주선하며 周旋隧庭
신각을 우러러보았네 瞻仰神閣
저 우거진 잣나무 彼柏有菀
영조께서 손수 심으셨네 英祖手植
나무 주위 서성이며 繞樹徊徨
봄날 슬퍼하네 春晝惻惻
흠모하는 두 분 왕후께서 思齊二后
엄연히 나란히 계시네 有儼聯榻
마치 괴어[97] 몰고 오시어 騩馭髣髴
나의 예절 흡족한지 보시는 듯하네 監我禮洽
변두 진설하고 여수[98] 행하니 籩豆既旅

95 서쪽 높은 봉우리 : 명릉을 가리킨다.

96 수로(隧路) : 묘도(墓道)이다.

97 괴어(騩馭) : 여섯 필의 괴마(騩馬)가 끄는 수레라는 말로, 황후의 행차를 말한다. 괴마는 천흑색(淺黑色)의 말이다.

98 여수(旅酬) : 차례에 따라 술을 권하는 것을 가리킨다. 《예기(禮記)》 〈연의(燕義)〉에 "임금은 여를 들어 수를 행하고 경에게 헌작한다. 경은 여를 들어 수를 행하고 대부에게 헌작한다.〔君擧旅行酬而后獻卿, 卿擧旅行酬而后獻大夫.〕"라고 하였다.

술과 단술 때에 맞네	酒醴孔時
정성 다하면 반드시 통하니	誠則必通
강림하소서	庶幾格思

현륭원에 올리는 친제문

顯隆園親祭文

우의정 때 어가를 따라 원소(園所)[99]에 가서 어명을 받들어 지어 올렸다.

소자의 애통함이	小子之痛
천지에 사무치네	穹壤鬱盤
소자의 정성을	小子之誠
신명이 불쌍히 여기네	神祇矜憐
작년에 관의 앞부분[100]	昨歲前和
얼굴인 듯 바라보았네	容光髣髴
어느덧 다시 묻을 때	倏焉閉藏
나의 눈물은 모두 피였네	我淚皆血
마음에 오히려 다행인 것은	心猶有幸
지관이 길하다고 하며	地云其吉
그 경사를 내려 주어	敷錫厥慶
종묘사직 보우하리라고 한 것이네	祐我宗祏
어찌 소자가 한 것이리오	豈小子致

99 원소(園所) : 왕세자나 세자빈 및 왕의 친척 등의 묘소이다. 여기서는 현륭원을 가리킨다.

100 관(棺)의 앞부분 : 이장하기 위하여 무덤을 헐고 관을 꺼내는 것을 뜻한다. 《여씨춘추(呂氏春秋)》 〈개춘(開春)〉에 "옛날 주(周)나라의 왕 계력을 초산의 끝에 장사 지냈는데, 난수가 그 묘를 침식하여 관의 앞부분이 보였다.〔昔王季歷葬于楚山之尾, 欒水齧其基, 見棺之前和.〕"라고 한 데서 온 말이다.

하늘이 예덕을 살펴 주신 것이네 天鑑睿德
울음 삼키며 하직하고 돌아오는데 掩抑辭歸
무언가 잃은 듯 허전하였네 廓然如失
몸은 구중궁궐에 처해 있어도 身處九重
마음은 상설[101]에 가 있었네 心則象設
손꼽아 보며 안절부절못하니 屈指憧憧
탄신일이 다가왔네 誕辰在近
무망의 한 질병[102]에 걸렸으나 无妄一疾
나의 정성 얕아 부끄러웠네 愧我誠淺
운향에서 기다리시느라[103] 雲鄉企待
또한 피로하셨으리라 想亦勞止
이제 병이 조금 나았으나 及玆少愈
날개 떨치지 못해 한스럽네 恨不奮翅
일어나 궁중의 나무 살펴보니 起視宮樹
비와 이슬이 가지에 듣네 雨露泫枝
번잡한 의식 제거하고 剗去繁儀
나의 말을 치달려 我馬載馳
문안을 여쭙고자 庶或覲省

101 상설(象設) : 능 앞에 시설한 석인(石人), 석마(石馬) 등을 말한다.

102 무망(无妄)의 한 질병 : 아무런 까닭 없이 걸린 뜻밖의 병을 말한다.

103 운향(雲鄉)에서 기다리시느라 : 사도세자가 무덤 속에서 아들인 정조가 성묘 오기를 기다린다는 말이다. 운향은 신선이 사는 하늘나라인 백운향(白雲鄉)으로, 저세상을 뜻한다. 《장자(莊子)》 〈천지(天地)〉에 "저 흰 구름을 타고 제향에 이른다.〔乘彼白雲, 至於帝鄉.〕"라고 한 데서 유래하였다.

능원에 왔네	及到冥漠
석수를 새로이 다듬고	石獸新琢
솔과 잣 겨우 심었네	松柏纔植
서성이며 배회하자니	躑躅徊徨
봄날 서글프네	春晝惻惻
생각건대 지극히 인자하신 분께서는	仰惟至慈
나의 속마음을 가엾게 여기시리라	哀我情曲
강림하여 보시고	冀賜臨視
이 형작[104]을 흠향하소서	歆此泂酌

104 형작(泂酌) : 소박하지만 정성껏 차린 제수를 뜻한다. 《시경》 〈대아(大雅) 형작〉에 "저 길가에 괸 물을 멀리 떠다가, 저기서 떠내 여기에 붓는 정성만 지극하다면, 제사에 올릴 밥도 만들 수 있으리라.〔泂酌彼行潦, 挹彼注玆, 可以饙饎.〕"라고 하였다.

비안현 사직단 기우제문

比安縣社稷壇祈雨文

이 글은 아버님[105]이 외직으로 나가서 비안 현감을 지내실 적에 내가 대신 지은 것이다.

고을에 소중한 곳이 있으니	有郡攸重
사와 직이네	維社與稷
무릇 백성이 바라는 것	凡民所欲
신이 아니면 누구에게 고하랴	匪神誰告
욕되이 나라의 근심 나누게 되어[106]	忝分邦憂
이 한발을 당하였네	罹玆旱魃
대지는 타는 듯하고	爐焨大壤
공기는 연기 같네	其氣如爩
불쌍하다 우리의 시든 볏모	哀我悴秧
뿌리가 굳은 쇠판에 꽂혔네	根揷堅鐵
농가는 밤마다 탄식하니	田家夜吁
붉은 달 동쪽에서 솟네	赤月東潑
이달 초순에	粤旬之初
잠시 비 쏟다 곧 해 떴네	乍霈旋旭

105 아버님 : 채응일(蔡膺一, 1686~1765)로, 본관은 평강(平康), 자는 경언(敬彦)이다. 공주 병마첨사 채성윤(蔡成胤)의 아들이다.

106 나라의……되어 : 임금의 근심을 나눠 갖는다는 뜻으로, 지방관이 된 것을 말한다.

쟁기 호미 들고 들에 모였으나	耒鋤野集
몇 방울 물 말라 버렸네	點膏云涸
비유하면 저 포대기의 젖먹이	譬彼襁幼
엄마의 양육 받기 어려운데	艱就母鞠
마른 목을 적실 길 없고	乾喉莫潤
또 젖을 빼앗긴 것과 같네	載奪乳液
끝났도다 보리 흉작인데	已矣麥歉
이 곡식들을 어떡하나	奈此禾穀
우러러 임금의 근심을 생각하면	仰念宸憂
나의 마음 타는 듯하네	賤悰如爍
윤음이 멀리까지 반포되니	絲綸遐頒
온 누리가 감격하여 우네	薄海感泣
허물은 수령에게 있어	僁在守土
자지도 못하고 먹지도 못하네	靡寢靡食
공경과 경계가 부족하나	欽蕆不腆
나의 지극한 정성 아뢰네	嗽我悃愊
은혜롭게 단비를 내리시어	尙惠甘澤
신의 부끄러움을 짓지 마소서	毋作神恧

성자암[107]에 재차 올린 기우제문

聖慈巖再次祈雨文

성인은 널리 베풀 것을 생각하고	聖懷博施
부처는 자비심이 있네	佛有慈悲
이름 돌아보고 뜻 생각하니	顧名思義
참으로 신령한 제단이네	展也靈壝
아, 이 한발이 노하여	吁玆魃奰
민천[108]을 해쳐 쓰러뜨렸네	危蹶民天
성상께서는 야윈 모습으로	重宸貌瘦
몸소 교단[109]을 두루 다니셨네	躳徧郊壇
불쌍하다 우리 뇌봉[110]이여	哀我雷封
물 주린 붕어 신세 된 분양이여[111]	涸鮒羵羊

107 성자암(聖慈巖) : 경북 의성군 비안면 간점산(肝岾山)에 있다.

108 민천(民天) : 백성이 하늘로 삼는 것, 즉 식량이 되는 곡식을 말한다. 《사기(史記)》 〈역이기열전(酈食其列傳)〉의 "다스리는 자는 백성을 하늘로 삼고, 백성은 먹는 것을 하늘로 삼는다.〔王者, 以民人爲天, 而民人以食爲天.〕"라는 말에서 나왔다.

109 교단(郊壇) : 하늘과 땅에 지내는 제사인 교제(郊祭)를 지내기 위해 쌓은 단이다. 교(郊)는 도성에서 50~100리 되는 곳을 말한다.

110 뇌봉(雷封) : 중국에서 현령(縣令)을 일컫던 말인데, 여기서는 비안 현령을 말한다. 보통 사방 100리 정도 되는 고을이 현(縣)인데, 천둥이 치면 그 소리가 100리쯤 진동한다 하여 현령을 가리킨다.

111 물……분양(羵羊)이여 : 비가 안 와서 땅의 정령도 물이 부족한 곤궁한 처지에 놓였다는 말이다. 《장자(莊子)》 〈외물(外物)〉에, 수레바퀴에 패인 웅덩이 속에서 헐떡

고지대 메마른데 하늘이 돕지 않으니　高燥不天
누가 모내기를 시킬 수 있으랴　孰俾栽秧
검은 구름 산악에서 나와　黝雲出嶽
물고기 모이듯 흘러들었으나　滾若鱗集
서쪽에서 갑자기 광풍 불어오자　西颷輒甚
밀려나더니 텅 비었네　褪成寥廓
사에도 직에도　于社于稷
나의 정성 적어 부끄럽네　愧我忱薄
변변찮은 희생으로 호소하니　菲牲控因
신령께서는 강림하시어　所冀靈假
아끼지 말고 흠뻑 비를 내려　無惜霈然
올벼 늦벼 모두 살려 주소서　庶活穜稑

이는 물고기가 한 되나 한 말의 물이라도 우선 얻어, 목숨을 부지하려고 한다는 학철부어(涸轍鮒魚)의 이야기가 나오며, 계환자(季桓子)가 우물을 파다가 속에 양이 들어 있는 질그릇처럼 생긴 물건을 얻고서는 그것이 무엇인지 돌라 사람을 시켜 공자에게 물으니, 공자가 "흙에 사는 괴물을 분양이라 한다."라고 하였다. 《國語 卷5 魯語下》

납성정 기우제문

蠟星井祈雨文

산 아래에서 샘물이 나옴[112]을	山下出泉
공자가 역상[113]에서 찬술하였네	孔讚易象
구름 낀 창문 아래 긴 밤에	雲牕永夜
주자는 백장산에 느꼈네[114]	朱感百丈
내 마음 목이 마른 듯하여	我懷如渴
지극한 정성으로 달려왔네	至誠斯赴
상림에서도 규벽을 모두 바쳤는데[115]	桑林璧卒

112 산……나옴 : 《주역》 〈몽괘(蒙卦)〉의 형상이 산〔艮〕 아래 물〔坎〕이어서 이른 말이다. 〈몽괘 상(象)〉에 "산 아래에서 샘물이 나옴이 몽이니, 군자가 보고서 행실을 과단성 있게 하며 덕을 기른다.〔山下出泉, 蒙, 君子以, 果行育德.〕"라고 한 데서 인용한 것이다.

113 역상(易象) : 《주역》의 괘(卦)와 효(爻)를 해석하는 것이다.

114 구름……느꼈네 : 《회암집(晦庵集)》 권6 〈백장산육영(百丈山六詠)〉에 "구름 낀 창문 아래 잠들었다가, 고요한 밤 홀로 깨어 괴로워하네. 어찌하면 베개 밑 샘물 얻어서, 인간 세상 뿌려 줄 비를 만들꼬?〔借此雲窓眠, 靜夜心獨苦. 安得枕下泉, 去作人間雨.〕"라고 한 것을 말한다.

115 상림(桑林)에서도……바쳤는데 : 임금도 서울 교외에서 기우제를 지내며 정성을 다 바쳤다는 말이다. 상(商)나라 탕왕(湯王)은 7년 동안 가뭄이 들자, 상림의 들판에 나가 스스로 희생(犧牲)이 되어 자신의 여섯 가지 실정(失政)을 자책하였는데, 이에 말이 끝나기도 전에 단비가 수천 리 지방에 내렸다는 고사에서 가져온 말이다. 《十八史略 卷1 殷紀》 규벽(圭璧)은 신에게 예물로 바치는 옥으로 여기서는 기우제를 뜻한다. 《시경》 〈대아(大雅) 운한(雲漢)〉에 "신들에게 제사를 드리지 않음이 없고 이 희생물을 아끼지 않아, 규벽을 이미 다 바쳤거늘 어찌 나의 호소를 들어주시지 않나.〔靡神不擧,

하물며 지방관의 경우에랴	矧在守土
근래 부슬비 내리니	日者之霅
비로소 하늘의 도움 받았네	始賴天佑
고달픈 농부들 좋아서 춤추니	罷甿蹈舞
마치 엄마 본 젖먹이 같네	如見其母
이른 아침 내리다 말다	崇朝斷續
안개처럼 공중을 덮었네	罨空如霧
회화나무 잎 잠시 젖고	槐葉乍漬
기왓고랑 약간 울었네	瓦溝微鳴
어느덧 구름 갈라지니	倏焉雲拆
별이 태청에 떠 있었네	星在太淸
도롱이 입은 농부들	爾襏爾襫
허무하게 우레 기뻐했네	索莫歡雷
하늘이 어찌 이럴 수 있단 말인가	天胡忍此
나는 흰머리 늘었네	我髮添皚
이 콸콸 솟는 샘물을 공경하니	虔玆觱沸
흩날리는 빗물 쏟아 주소서	願瀉飛泓
나의 사사로움 때문이 아니고	匪我之私
우리 임금의 정성 때문이라네	惟我后誠
사람들도 말하기를	人亦有言
삼세번에 득한다[116] 하네	在三而得

靡愛斯牲. 圭璧旣卒, 寧莫我聽.〕"라고 하였다.

116 삼세번에 득한다 : 같은 일을 세 번 시도하면 성취할 수 있다는 옛말이다.

정성 다하고 말 다 하였으니 誠殫辭竭

끝내 이르시길 바라네 冀卒冥格

이씨의 부인으로서 죽은 누이[117]에게 올리는 제문

祭亡妹李氏婦文

병자년(1756, 영조32) 7월 모일 오빠인 나 제공이 이천부(伊川府)의 관아에 있는데,[118] 이씨의 부인으로서 죽은 누이의 장사 지낼 시간이 임박했다는 소식을 들었다. 공직의 격식에 매여서 장지에 달려가 보지 못하고 눈물을 흘리며 애사(哀詞)를 써서 서울로 들여보내어 서숙(庶叔)인 용언(龍彦)으로 하여금 영궤 앞에서 읽고 영결을 고하게 하였다.

아, 우리 부모님이 나의 형제 무릇 10여 남녀를 낳았는데 모두 자라지는 못하였고, 그중에 자라서 어른이 되고 어른이 되어서 시집가고 장가간 이는 그대와 나뿐이다. 딸은 나의 누님[119]과 누이뿐인데 누님은 일찍 과부가 되어 시골에서 살고 있어, 우리 부모님 앞에 있는 이는 오직 나와 누이뿐이다.

누이가 간혹 시댁에 들어가 여러 날 머물며 돌아오지 않아 온 집안이 적막하게 웃음소리와 말소리가 없게 되면 노친께서는 날을 보낼 수 없고 나도 재미가 없어서 번번이 사람을 시켜 돌아오도록 재촉하였다. 누이도 부모 사랑하는 마음이 매우 깊었다. 누이가 부모님 곁을 여러

117 이씨(李氏)의……누이 : 번암의 누이로 이태운(李台運)에게 시집갔다가 전염병에 걸려 죽었다. 이태운은 본관은 함평(咸平), 자가 익경(翼卿)이고, 아들 이유경(李儒慶)은 자가 이선(而善), 호가 청심옹(淸心翁)이다.

118 제공이……있는데 : 1756년 6월 번암은 이천 부사가 되었다.

119 누님 : 심지연(沈祉衍)에게 시집간 번암의 누나를 가리킨다.

해 떠났던 것은 오직 아버님이 외직으로 나가 비안현(比安縣)을 다스릴 때뿐이었고, 아버님이 문득 또 다른 지역으로 가기 전에는 누이는 한 달도 부모님 곁에 있지 않은 적이 없었다. 단지 시댁에 시어머니가 안 계셔서 살림을 꾸려 나가기 어려웠기 때문만이 아니라 참으로 참된 효성 때문에 그랬던 것이다.

누이의 성품은 맑고 시원하고 재주는 신통하였다. 소싯적에《당음(唐音)》수십 구절을 외우고 왕왕 오언시(五言詩)를 지었으나 이윽고 여자가 할 일이 아님을 알고 그 재주를 곧 여공(女紅)에 옮기니, 바느질과 길쌈에 눈썰미로 꿰뚫지 않은 것이 없었다. 그 교묘한 솜씨를 말하자면 노반(魯班)의 연이 3일 동안 날았던 것[120]과 같고, 그 빠른 솜씨를 말하자면 천손(天孫)의 북이 순식간에 한 필을 완성한 것[121]과 같았다.

친척 부녀자들의 평가도 모두 이 시대 최고라고 입을 모았다. 나는 매번 만약 누이가 남자였다면 훗날 가문의 명성을 책임지는 일이 반드시 나에게 맡겨지지만은 않았을 것이라고 생각했는데 그랬다면 부모님의 기쁨이 다시 어떠하겠는가.

그러나 나는 나이가 40에 가까운데[122] 출산이 오히려 늦어졌고, 누이

120 노반(魯班)의……것 : 바느질 솜씨가 뛰어남을 말한다. 노반은 춘추 시대 말기 노(魯)나라 사람으로 공수반(公輸般)이라고도 불리며, 교묘한 솜씨를 지닌 기술자의 대명사로 불린다. 그는 나무 연을 만들어서 그것을 타고 송나라 성을 엿보았다고도 하고, 대와 나무로 까치를 만들어 날렸는데 3일 동안 내려오지 않았다고도 한다.《渚宮舊事》《墨子 魯問》

121 천손(天孫)의……것 : 길쌈 솜씨가 매우 빠름을 말한다. 천손은 전설상 베를 잘 짜던 선녀이다.

는 잇따라 다섯을 낳고 모두 잘 길러 차례로 자랐는데 그중에 사내아이가 셋으로 두각이 모두 우뚝하고 조석으로 우리 부모님의 옆을 둘러쌌으며, 나를 대궐야(大闕爺)라고 불렀는데 대개 내가 금직(禁直)[123]에 많이 있었기 때문이다. 아침마다 대궐에서 물러 나와 집에 돌아오면, 방방 뛰면서 환호하며 맞이하고, 당에 이르자마자 어떤 아이는 관모를 벗기고 어떤 아이는 신발을 벗기고 어떤 아이는 도포와 띠를 벗기며 서로 손을 잡고 앞을 다투며 울고 싸우는 모습이 앞에 가득하니, 나와 우리 부모님이 이 세 병아리를 보는 것이 진실로 어찌 친아들과 친손자와 차이를 두겠으며, 이들이 아니면 어찌 우리 부모님을 웃게 할 수 있으리오. 누이가 이렇게 하여 부모님의 마음을 기쁘게 한 것은 그 효도가 도리어 아들로서 부모를 위하는 나보다 나았던 것이다. 이런 까닭으로 나는 매번 누이에게 말하기를 "부디 가난한 살림을 괴로워하지 말아라. 훗날 누이가 받는 복록은 헤아릴 수 없을 것이다."라고 했는데, 누이가 갑자기 이 지경에 이를 줄을 누가 생각이나 했겠는가.

아, 누이의 열두 살짜리 딸이 가장 큰 아이인데, 누이가 죽은 뒤에 누이의 방을 맴돌며 곡하면서 가슴을 치며 말하기를 "우리 엄마가 창 밖에 낮은 담장을 쌓으라고 명하고, 담장 두르고 달 밝은 밤이 오면 우리랑 뜰아래를 거닐려고 하셨는데, 지금 담장이 완성되고 달빛이 밝은데 우리 엄마는 홀로 어디 가셨나요?"라고 하는데, 그 소리가 기절할 듯하여 이웃들이 귀를 막았다.

둘째 아들은 엄마와 앞뒤로 역병에 걸려 한방에서 같이 신음하다가

122 나는……가까운데 : 이때 번암의 나이가 37세였다.

123 금직(禁直) : 금중(禁中)에 입직하는 것이다.

아이는 살고 그 엄마는 죽으니, 그 아버지는 아이가 목숨을 보전하지 못할 것을 근심하여 곡을 하지 못하게 금지하였다. 아이는 비록 아버지를 두려워하여 감히 들어가지 못하였으나 염습할 때는 쑥대머리로 억지로 일어나 바깥문에서 멀리 엿보고 누워 문득 소매로 가리고 눈물을 닦았으니, 아버지가 알까 두려웠던 것이다.

셋째 아들은 엄마가 죽은 것을 알고서 스스로 말하기를 "우리 엄마를 다시는 볼 수 없어요."라고 하였으나 오히려 엄마를 다시 보지 못하는 것이 어떠한 아픔인 줄은 몰랐다.

넷째 아들은 엄마 젖을 먹지 못하고부터 내 처를 엄마로 여겨, 밥 먹을 때는 한 상에서 먹이고 졸면 문득 안아서 젖을 먹였으므로 엄마가 어디로 갔는지 찾지 않더니, 어느 날 문 앞에 나갔다가 병든 여종이 그 어머니와 함께 피하러 나가며 골목을 지나가는 것을 보고 비로소 곡을 하며 목이 쉬도록 그치지 않았다. 아이가 비록 말은 못하나 대개 여종과 함께 가서 엄마 곁에 가고 싶었던 것이리라.

다섯째인 딸아이는 태어난 지 한 돌이 안 되어 유모가 기르는데, 자라서 성인이 될 수 있을지 보장할 수가 없다. 무릇 이러한 여러 가지 광경이 어찌 사람이 견딜 수 있는 것이리오마는 지금 한결같이 노부모에게 맡겨졌으니, 눈에 보이는 것과 귀에 들리는 것이 가는 곳마다 지극히 참기 어렵고 지극히 위로하기 어려운 것 아님이 없다. 부모에게 효도하던 누이가 어찌하여 도리어 우리 부모를 이렇게나 지극히 슬프게 하는가. 아, 슬프도다. 아, 슬프도다.

아경(阿慶)[124]이 며칠 앓고 누이도 병에 걸려서 내가 아침에 일어나

124 아경(阿慶) : 번암의 죽은 누이의 아들인 이유경(李儒慶)이다.

살펴보려 했는데, 누이가 콧등을 찡그리고 손을 내저으며 말하기를 "바라건대 들어오지 마세요." 하였다. 나는 그날 은대(銀臺)에서 입직하며 며칠을 자고 돌아왔는데 누이가 집에 없었다. 어머님이 나에게 말씀하기를 "네 누이는 병이 심하지는 않으나 네가 임금을 가까이서 모시고 또한 부모가 있기 때문에 잠시 남쪽 골목으로 피해 갔을 뿐이다."라고 하셨다. 당시에 만약 누이의 병이 위독한 줄 알았다면 내가 어찌 직접 약물을 살펴보지 않고 오직 익경(翼卿)과 몇몇 여종으로 하여금 돌보게 했겠는가.

바야흐로 누이의 미약한 숨을 솜으로 확인할 무렵에 익경이 아봉(阿鳳)을 보고 싶으냐고 물었다. 아봉은 곧 열두 살 딸아이다. 누이는 답하지 않고 말하기를 "우리 부모님을 보고 싶을 뿐이에요."라고 하고, 또 말하기를 "닭이 울었는데, 오라버니는 금중(禁中)에 들어가셨나요?"라고 하며, 이어서 "어머니! 어머니!" 부르다가 더 부를 수 없게 된 뒤에 멈추니, 눈을 결국 감지 못하였다. 아, 생사의 갈림길에 소천(所天)이 곁에 있으니 하고 싶은 말이 많았을 텐데 누이가 잊지 못한 것은 오직 우리 부모님이었다. 그렇다면 도리어 지극히 참기 어렵고 지극히 위로하기 어려운 광경을 남긴 것이 어찌 누이의 뜻이겠는가. 이것은 누이를 가엾게 여기기에 더욱 충분하니, 이것을 가지고 누이를 허물해서는 안 된다.

누이의 시아버지는 곡하며 몹시 슬퍼하고 아경을 간호한 지 수십 일이 못 되어 또한 세상을 버렸다. 만약 누이가 안다면 먼저 떠나서 자신이 부모의 상(喪)의 아픔을 당하지 않은 것으로 자신을 위로하겠는가, 아니면 반드시 정성스럽게 하고 반드시 신실하게 해야 할 처지[125]에서 자신의 도리를 다하지 못한 것을 더욱 저승에서의 한으로 여기겠는가. 이것은 알 수 없다. 아, 애통하도다.

우리 집은 가난하고 누이는 또한 자녀가 많았다. 비록 누이의 맑고 시원한 성품으로도 의식(衣食)으로 마음을 어지럽히지 않을 수 없었는지, 일상적인 말에 내가 외직으로 나가 수령을 했으면 하는 바람을 드러내기까지 했는데, 나는 그때마다 웃거나 손을 내저었다. 그러나 나 역시 마음속으로 스스로 생각하기를 '누이가 나를 하늘처럼 믿는데 조만간 어찌 누이를 위한 땅이 없겠는가.'라고 하였다. 내가 부신(符信)을 차고 동쪽으로 나왔으나 누이는 이미 몇 달 전에 죽었으니, 또 무슨 소용이랴, 또 무슨 소용이랴.

생각건대 다섯 남매를 성취시킨다면 이 때문에 황천에 한을 끼치지 않을 것이고 조금도 나의 누이를 저버리지 않을 수 있을 것이니, 이것은 나의 책임이다. 다섯 남매를 기르고 가르치고 시집보내고 장가보내어 훗날 저승에서 서로 만날 것이니, 나는 반드시 식언(食言)하지 않을 것이다. 바라건대 누이는 다섯 남매를 돌아보지 말고 눈을 감고 돌아가시게. 돌아가면 반드시 나의 죽은 아내를 보고 나를 위해 전해 주게. 만약 한 덩이 혈육이라도 남겼더라면 내 어찌 지금까지 애통해하겠는가. 나의 죽은 아내 같은 경우는 비록 나의 누이를 부러워하고자 한들

125 반드시 정성스럽게……처지 : 장례를 행해야 할 처지를 말한다. 《예기(禮記)》〈단궁 상(檀弓上)〉에 "사람이 죽고 3일 만에 빈례(殯禮)를 행할 적에 시신(屍身)과 함께 입관(入棺)하는 물품들을 반드시 정성스럽게 하고 반드시 신실하게 하여 뒷날 후회하는 일이 없도록 해야 한다. 그리고 3개월이 지나 장사할 적에 관곽(棺槨)과 함께 배장(陪葬)하는 물품들을 반드시 정성스럽게 하고 반드시 신실하게 하여 뒷날 후회하는 일이 없도록 해야 한다.〔喪三日而殯, 凡附於身者, 必誠必信, 勿之有悔焉耳矣. 三月而葬, 凡附於棺者, 必誠必信, 勿之有悔焉耳矣.〕"라는 말이 나온다.

또한 어쩔 수 없네.

천 리 먼 곳에서 글을 봉하자니 심장과 창자가 찢어지는 듯하네. 말은 여기에서 이만 그치네. 누이가 어찌 내가 장지에 가서 통곡하고 보내지 못하는 것을 한스럽게 여겨 나의 술잔을 흠향하지 않겠는가. 아, 슬프도다. 흠향하시게.

평강현 금평과 목전 양대 선조의 묘소[126]에 올리는 제문
祭平康縣金坪木田兩先壟文

유세차(維歲次) 정축년(1757, 영조33) 10월 1일 경신일에-목전(木田)은 임술년(1742)에 제사를 행했기 때문에 제문을 같이 썼다.- 후손 통정대부(通政大夫) 행 이천 도호부사(行伊川都護府使) 제공이 현선조(顯先祖) 부군의 묘에 감히 밝게 고합니다.

삼가 아룁니다	伏以
빛나고 빛나는 우리 채씨	赫赫我蔡
신라 시대에 자취를 드러내고	發跡羅代
심원에서 경사를 길러[127]	毓慶沁園
삼대가 정승을 지냈네	三世鼎鼐

126 금평(金坪)과……묘소 : 번암은 《번암집》 권9 〈평강을 지나면서〔過平康〕〉 시의 서문에서 평강 채씨가 대대로 세거하던 곳에 대하여 "현 서쪽 10리에 지명이 '갑기천'이라는 곳이 그곳인데, 목전에는 선영이 세 자리 있고, 금평에도 선영이 세 자리 있다.〔縣西十里地名甲岐川, 是也. 木田有三先塋, 金坪亦有三先塋.〕"라고 하였다. 금평은 강원도 평강 유진면(楡津面) 금평리(金坪里)로, 채송년(蔡松年), 채정(蔡禎), 채화(蔡華)의 묘가 있다. 목전은 평강 목전면(木田面)으로, 수침동(水砧洞)에 채인평(蔡仁平) 등의 묘가 있다.

127 심원(沁園)에서 경사를 길러 : 평강 채씨의 시조 채원광(蔡元光)이 신라 제17대 내물왕의 사위 채보한(蔡輔漢)의 후손이라는 말이 전하는 것을 두고 한 말이다. 심원은 후한(後漢) 때에 명제(明帝)의 딸인 심수공주(沁水公主)에게 정원이 있었던 데서 온 말로, 공주의 정원을 말한다.

고려에서 더욱 커	在麗彌大
높은 벼슬 이어져	綿厥簪纓
사재와 묘령이	司宰廟令
경평에 이어졌네[128]	屬于景平
단에 올라[129] 중임을 맡으니	登壇秉匀
오랑캐의 예봉 움츠러들었네[130]	虜鋒斂縮
무수한 공적 세워	茂我勳績
하늘의 온갖 녹 받았네	受天百祿
온갖 녹이 무엇인가	百祿伊何
사대 구공[131]이라네	四代九公
높고 높은 모랫둑[132]이여	巢巢沙堤
키와 활을 주었네[133]	授以箕弓

128 사재(司宰)와……이어졌네 : 경평(景平)은 채송년의 시호이다. 사재는 채송년의 조부인 문림랑(文林郎) 사재동정(司宰同正) 채수갑(蔡壽甲)이고, 묘령은 그의 부친인 문림랑 시태묘령(試太廟令) 채영(蔡泳)을 말한다.

129 단에 올라 : 채송년이 대장군(大將軍)에 오른 것을 말한다. 한 고조(漢高祖)가 한신(韓信)을 대장에 임명할 때 단을 쌓고 예식을 행했던 고사에서 유래하였다.

130 오랑캐의 예봉 움츠러들었네 : 채송년이 1231년(고종18) 몽고군을 막기 위하여 대장군으로서 북계 병마사가 되어 제도(諸道)의 병사를 징집한 일을 말한다.

131 사대(四代) 구공(九公) : 대장군 채송년, 그의 두 아들 중서시랑평장사 채정·문하시랑평장사 채화, 세 손자 도첨의중찬 채인규(蔡仁揆)·중서시랑평장사 채모(蔡謨)·평장사 채성(蔡誠), 세 증손자 상장군 채귀수(蔡龜壽)·정승 채종린(蔡宗璘)·찬성사 채홍철(蔡洪哲)이다.

132 높고 높은 모랫둑 : 4대에 9공이 높은 관직에 오른 것을 말한다. 모랫둑은 정승을 의미한다. 당(唐)나라 때 정승에 임명된 사람을 위해 백성들이 사저에서 성 안까지 길에 모래를 깔아 주는 풍습이 있었던 데서 온 말이다. 《唐國史補 卷下》

고금을 견주어 살펴보건대	較古絜今
누가 채씨 가문만 하리오	孰蔡門若
돌아보건대 여기 평강	睠玆平康
녹야에서 홀로 즐겼네[134]	綠野獨樂
살아서는 지팡이와 짚신으로 거닐고	生以杖屨
죽어서도 옷과 신발 묻었네	殁猶衣履
아주 옛날 성씨를 하사받으니	錫姓千刦
그 관향이 이곳이네	厥貫在此
소감에 이르러	逮至少監
비로소 남쪽으로 옮겼네[135]	乃始南徙
저명한 석학[136]이 많아	名碩多有

133 키와 활을 주었네 : 4대 9공의 선조들이 세업(世業)을 전해 주었다는 말이다. 키와 활은 세업을 뜻한다. 《예기(禮記)》 〈학기(學記)〉에 "활을 잘 만드는 사람의 아들이 반드시 키를 만드는 것을 배우게 된다.〔良弓之子，必學爲箕.〕"라고 하였는데, 그 주에 "활을 잘 만드는 집안에서는 그 아들들이 항상 그 아버지가 근각(筋角)을 조화하여 휘어서 활을 만들었기 때문에 버드나무를 휘어서 키를 만들게 된다."라고 한 데서 온 말이다.

134 돌아보건대……즐겼네 : 조상들이 만년에 은퇴하여 유유자적한 삶을 사는 것을 말한다. 당(唐)나라 재상 배도(裴度)가 환관이 득세하는 조정에 염증을 느낀 나머지 벼슬을 그만두고 나서 녹야당(綠野堂)이라는 별장을 지어 놓고는 백거이(白居易), 유우석(劉禹錫) 등과 함께 시주(詩酒)를 나누며 노닐었던 고사가 있다. 《新唐書 裴度列傳》

135 소감(少監)에……옮겼네 : 군기 소감(軍器少監)을 지낸 채양생(蔡陽生)이 고려가 망하는 것을 보고 개성에서 식솔을 이끌고 배를 타고 바다로 나가 호남의 임피현(臨陂縣)에 정박한 것을 말한다. 《樊巖集 卷40 伯從祖祖父承議郎弘文館修撰知製敎兼經筵檢討官春秋館記事官五視齋先生行狀》

136 저명한 석학(碩學) : 채유후(蔡裕後), 채팽윤(蔡彭胤) 등을 말한다.

성조에 준칙을 올렸네	進儀聖朝
남은 복록 찬란하고	餘祉耿耿
한 기운이 멀지 않았네[137]	一氣匪遙
보잘것없는 제가 먼 후손으로서	藐余雲孫
마침 이천의 부절을 쪼개 받았네[138]	適剖伊符
일찍이 하룻길도 안 되었으니	曾不三湌
땅이 모구에 접했네[139]	地接某丘
갑천은 유유히 흘러가는데	甲川沄沄
옛터는 있는가 없는가[140]	舊基有無
몸이 마치 학으로 변하여	身疑化鶴
화표주에 눈물 떨구는 듯[141]	淚落華柱

137 한……않았네 : 선조와 후손의 기운이 하나로 통하므로 후손이 선조의 남은 복록을 이어받아 높은 관직에 나아갔다는 뜻이다.

138 마침……받았네 : 1756년(영조32) 6월 번암이 이천 부사가 된 것을 말한다.

139 일찍이……접했네 : 선영이 있는 평강은 바로 이천 땅의 동쪽에 붙어 있어 거리가 가깝다는 말이다. 이 시 처음에 "목전(木田)은 임술년(1742)에 제사를 행했기 때문에 제문을 같이 썼다."라고 했으므로, 번암이 일찍이 먼저 와 봤던 것을 알 수 있다. 모구(某丘)는 본래는 고향의 언덕, 즉 고향을 가리키는 말인데, 여기서는 선영이 있는 관향(貫鄕)을 뜻한다. 한유(韓愈)의 〈소윤 양거원을 전송하며 쓴 서문〔送楊巨源少尹序〕〉에 "지금 그대가 고향에 돌아가서는 나무를 가리키며 '저 나무는 우리 선인께서 심은 것이요, 저 물가와 저 언덕〔某水某丘〕은 내가 어렸을 때에 낚시질하며 놀던 곳이다.'라고 할 것이다."라고 한 구절에서 온 말이다.

140 갑천(甲川)은……없는가 : 세거지의 지명과 하천이 남아 있어서 세거지를 찾아보았다는 말이다. 갑천은 갑기천(甲岐川) 또는 갑이천(甲伊川)이라고도 한다.

141 몸이……듯 : 번암이 먼 후손으로서 조상들이 살던 세거지를 찾아온 감회를 표현한 말이다. 옛날에 요동(遼東) 사람 정영위(丁令威)가 신선이 되고 나서 천 년 만에

채 평장사의 능	平章蔡陵
나무꾼 입 통해 증험했네[142]	驗以樵口
찬 산에는 쌓인 눈 있으나	山寒有雪
오래된 솔에는 연기 없네	松古無煙
금평에서 서성이고	躑躅金坪
목전에서 배회하네	徘徊木田
문장 이지러지고 족보 불탔으니	文缺譜燼
누가 선후를 징험하리오	孰徵後先
생각건대 머리털과 살	感念髮膚
섶으로 전하는 불 아님이 없네[143]	罔非傳薪
휘황찬란한 한간에	煌煌汗簡
큰 업적 어제 일 같네	洪業隔晨
들리고 보이는 듯하며	若聆如覿

학으로 변해 다시 고향을 찾아와 요동 성문의 화표주(華表柱) 위에 내려앉았는데, 소년 하나가 활로 그를 쏘려고 하자 허공으로 날아올라 배회하면서 말하기를 "새여 새여 정영위가, 집 떠난 지 천 년 만에 이제야 돌아왔네. 성곽은 예전과 다름없는데 사람은 옛사람이 아니니, 어찌 신선술 배우지 아니하여 무덤만 즐비하게 되었는고.〔有鳥有鳥丁令威, 去家千年今始歸. 城郭如故人民非, 何不學仙冢纍纍?〕"라고 했다는 고사가 있다. 《搜神後記 卷1》

142 채……증험했네 : 번암은 시 〈평강을 지나며〔過平康〕〉의 서문에서 "사람들이 지금까지 그 선산(先山)을 일컬어 '채 평장사의 능'이라 한다.〔人至今稱其山爲蔡平章陵〕"라고 하였다. 《樊巖集 卷9》

143 생각건대……없네 : 자신의 머리털과 살이 모두 조상으로부터 받은 것임을 생각한다는 말로, 조상의 은덕에 감사한다는 뜻이다. '섶으로 전하는 불'이란 자손이 계속 이어지는 것을 비유한 말이다.

동구 들어서니 방불하네 入洞僾然
이에 좋은 날짜를 가려 뽑아 爰簡穀朝
부자가 함께 왔네 父子與偕
희생을 이미 진설하니 牲牢旣陳
예주가 매우 아름답네 醴酌孔佳
저의 작은 정성 살피시어 鑑我微誠
강림하소서 庶幾來格
저를 계도하고 보우하시어 廸我佑我
선조의 덕을 실추하지 않게 하소서 毋墜先德
흠향하소서 尙饗

9대조고 주부 부군[144]의 묘를 개축하는 고유문

九代祖考主簿府君墓改築告由文

묘는 과천(果川) 막계(幕溪)에 있다.

유세차 신사년(1761, 영조37) 2월 신미삭 7일 정축일에 9대손 가선대부(嘉善大夫) 경기관찰사 겸 병마수군절도사 순찰사 개성부유수 강화부유수(京畿觀察使兼兵馬水軍節度使巡察使開城府留守江華府留守) 제공이 현9대조고 통훈대부(通訓大夫) 행 돈녕부 주부(行敦寧府主簿) 부군과 현9대조비 숙인(淑人) 전주 이씨(全州李氏)의 묘에 감히 밝게 고합니다.

삼가 아룁니다	伏以
명성 혁혁한 우리 채씨	燀赫我蔡
성씨 얻은 지 천 년이네	得姓千年
평강에 임피에	于康于陂
선산이 전하네[145]	丘墓是傳
오직 이 막계는	惟玆幕溪
존체가 의탁한 바이네	尊體攸托

144 9대조고 주부 부군 : 채침(蔡沉)이다. 고려가 망하자 번암의 선조들은 호남의 임피현으로 이주하여 살았는데, 채침에 이르러 비로소 과천 막계에 장사를 지냈다.

145 평강에……전하네 : 평강은 평강 채씨의 관향이라 선산(先山)이 있고, 임피는 번암의 선조 채양생(蔡陽生)이 고려가 망하는 것을 보고 개성에서 식솔을 이끌고 배를 타고 바다로 나가 호남에 정박하여 정착한 곳이라 역시 선산이 있다.

인간 세상에서 구대를	人世九代
멀다 하지 않으리오	非曰遐遯
생각건대 자손들	惟是子孫
그사이 많이 빈곤하였네	間多貧匱
이에 살피고 보호하는 것이	於焉省護
어찌 뜻과 같았다 하리오	曷云如意
세월 아득히 흘러	歲月悠敻
묘역 황폐해졌네	兆域荒圮
비석 기울어져	碑傾石歪
내 마음 슬펐네	我心之悲
남은 경사[146]와 음덕으로	餘慶所騭
이 경기의 부절을 맡았네[147]	按玆畿節
이에 비로소 봉분 쌓아 올리니	載始封築
절기 좋고 날짜도 길하네	辰良日吉
사초를 입히니	莎以被之
당부[148] 완연하네	堂斧宛若
놀라거나 두려워하지 마시고	弗震弗驚

146 남은 경사 : 조상의 은택(恩澤)이 자손에게 미쳐 번창하는 것을 뜻한다. 《주역》 〈곤괘(坤卦) 문언(文言)〉에 "적선한 집안에는 반드시 남은 경사가 있다.〔積善之家, 必有餘慶.〕"라고 한 데서 온 말이다.

147 경기의 부절을 맡았네 : 1760년 12월 번암은 경기 관찰사가 되었다.

148 당부(堂斧) : 묘를 말한다. 《예기(禮記)》 〈단궁 상(檀弓上)〉에 나오는 말로 당(堂)은 마루같이 네모반듯하고 높은 봉분을 가리키며, 부(斧)는 도끼날처럼 아래는 넓고 위가 좁은 장방형의 봉분이다.

만세토록 편안히 지내소서	萬世安宅
삼가 맑은 술과 온갖 제수를	謹以淸酌庶羞
차려 놓고 경건히 고하나이다	用伸虔告謹告

망실 증 정부인 오씨의 묘에 올리는 제문

祭亡室贈貞夫人吳氏墓文

유세차 신사년(1761, 영조37) 2월 신미삭 17일 정해일에 지아비 가선대부(嘉善大夫) 경기관찰사 겸 병마수군절도사 순찰사 개성부유수 강화부유수(京畿觀察使兼兵馬水軍節度使巡察使開城府留守江華府留守) 채제공이 망실(亡室) 증(贈) 정부인(貞夫人) 동복 오씨(同福吳氏)의 묘에 글로 맹세합니다.

아, 부인이여	嗟嗟夫人
한결같이 어쩌면 그리도 명이 박한가	一何命薄
지아비는 관찰사 되었으나	有夫按節
이마의 머리카락 오히려 검고[149]	顚髮尙黑
감영과 관부는 깊고 넓으며	營府潭潭
판여[150]는 빛나는데	板輿有燁
어찌하여 깊이 잠들어	奈何潛寐
홀로 거친 산기슭을 지키는가	獨守荒麓
그대가 처음 시집올 때	念君始歸

149 지아비는……검고 : 번암이 머리가 하얗게 세지 않은 41세에 경기 관찰사가 된 것을 말한다.

150 판여(板輿) : 흔히 노인용 가마를 뜻하는데, 여기서는 관찰사의 부인이 타는 가마를 가리킨다.

나는 마침 가난하여　我時貧窶
파남[151]의 집　坡南之屋
성곽 등지고 조그마했네　背郭如斗
삼 일마다 부엌에 들어가면　三日入廚
우물과 절구 썰렁하고　井臼寥落
얼음 섞인 물로 새벽 세수하여　和氷曉頮
가냘픈 손가락 트고 얼었네　纖指皸瘃
빈천할 때의 조강지처　貧賤糟糠
고생을 있는 대로 겪었네　艱難備閱
자나 깨나 기도한 것은　寤寐祈祝
남편의 현달이었네　所天賢達
수고롭게 꿀을 저장하나　辛苦蜜熟
슬프다 굶주린 벌이여[152]　哀爾蜂飢
휘황하고 영광스러운 고명　煌煌榮誥
저승에서 어찌 알리오　冥漠何知
재주 없는 내가 하늘을 속이니　不才欺天
성은이 치우치게 잘못 내렸네　聖恩偏誤
모휘와 극둑[153] 휘날리며　旄麾戟纛

151 파남(坡南) : 서울 용산 청파동 남쪽을 말한다. 《번암집》 권3에 〈사람을 전송하러 갔다가 청파 옛집 근처를 지나다〔送人過靑坡舊居〕〉 시가 있는데, 번암이 1737년 동복 오씨와 혼인했고, 이 시는 1744년에 지었으므로, 번암과 동복 오씨가 결혼 초기에 청파동에 살았음을 알 수 있다.

152 수고롭게……벌이여 : 일벌이 굶주림을 참고 꿀을 모아 저축하는 것을 말하는데, 여기서는 아내가 생전에 배고픔을 참고 절약하며 산 것을 뜻한다.

이 경기를 맡았네	履玆畿輔
녹미는 기름기 흐르고	廩米流脂
쌓인 땔감은 언덕과 같은데	峙柴如阜
다른 여인이 시집와서	他人入室
금슬을 타니	琴瑟是鼓
적막한 지하에서	寂寞泉塗
원망하며 흐느껴 울지 않겠는가	能不冤泣
매번 옛날을 생각하며	每理疇昔
내 마음 슬픔에 잠겼네	我懷潛盡
저 네 마리 말에 멍에를 메우고	駕彼四牡
와서 무덤 가 나무에 매었네	來繫墓木
여러 고을 수령 두려워 떨며	列郡震悚
좋은 음식 가지고 올라오니	登以芳羞
한 무덤을 둘러싼 것은	環擁一抔
큰 고깃점과 진귀한 앞다리네	大胾珍臑
살아서 박복하다 죽어서 풍족함이여	薄生豐死
가여워한들 어찌 미치리오	撫念何及

153 모휘(旄麾)와 극둑(戟纛) : 모휘는 지방관을 의미하고, 극둑은 둑기(纛旗)로, 아기(牙旗)와 함께 대장이 있는 곳에 세우는 기이다. 진(晉)나라 때 완함(阮咸)이 순욱(荀勗)의 배척을 받아 시평 태수(始平太守)로 나간 일을 두고, 남조(南朝) 송(宋)의 안연지(顔延之)가 〈오군영오수(五君詠五首)〉 시를 지으면서 완함에 대해 "누차 천거받았어도 내관직에는 못 들고, 한 깃대 잡고 지방관이 되어 나갔도다.〔屢薦不入官, 一麾乃出守.〕"라고 하였다. 《文選 卷21》 이 '휘(麾)' 자는 휘척(揮斥)의 뜻도 있으므로, 조정에서 배척을 받아 지방관이 되어 나가는 것을 의미하기도 한다.

지저귀는 새와 솔바람 소리	咬禽韻松
나의 슬픔 부추기네	助我悽惻
슬픈 눈물 거두고	尙收哀淚
이 현주를 흠향하시게	歆此玄酌
흠향하시게	尙饗

외조고 증 판서 이 부군[154]의 묘에 올리는 제문

祭外祖考贈判書李府君墓文

묘는 파주(坡州)에 있다.

유세차 신사년(1761, 영조37) 2월 신미삭 19일 기축일에 외손 가선대부(嘉善大夫) 경기 관찰사(京畿觀察使)-구함(具銜)은 앞과 같다.- 평강 채제공이 현외조고 증(贈) 자헌대부(資憲大夫) 이조판서 겸 지의금부사 오위도총부도총관(吏曹判書兼知義禁府事五衛都摠府都摠管) 행(行) 봉정대부(奉正大夫) 행 형조 정랑(行刑曹正郎) 부군과 현외조비 증(贈) 정부인(貞夫人) 청송 심씨(青松沈氏)와 현외조비 증 정부인 해남 윤씨(海南尹氏)의 묘에 감히 밝게 고합니다.

삼가 아뢰옵니다	伏以
은명을 받들어	忝承恩命
경기 관찰사로 부임했네	按節畿服
봄에 봉심하는 길[155]에	春審之路
묘소에 와서 쓸었네	來掃塋域
효심이 맺혀 있어	孝思攸結

154 외조고……부군 : 이만성(李萬成, 1661~?)으로, 본관은 연안(延安), 자는 정보(貞甫)이다. 부인은 청송 심씨 심상(沈相)의 딸과 해남 윤씨 윤형미(尹亨美)의 딸이다.

155 봄에 봉심하는 길 : 경기 감사는 각 능(陵), 원(園), 묘(墓)를 봄과 가을에 살피고 장계로 보고할 의무가 있으므로, 번암이 이를 행한 것이다.

어머님도 함께 왔네	母氏偕至
지난 시절 돌아보고	俯仰今昔
어찌 감회의 눈물 참으리오	曷勝感淚
삼가 예주와 여러 제수로	謹以醴酌庶羞
작은 정성을 공경히 올리네	恭伸微忱
흠향하소서	尙饗

외증조고 증 참판 이 부군[156]의 묘에 올리는 제문
祭外曾祖考贈參判李府君墓文

유세차 신사년(1761, 영조37) 2월 신미삭 19일 기축일에 외증손 가선대부(嘉善大夫) 경기 관찰사(京畿觀察使)-구함(具銜)은 앞과 같다.- 평강 채제공이 봄에 봉심하는 길에 어머님을 보시고 와서 성묘하고 제문을 잡고서, 현외증조고 증(贈) 가선대부 이조참판 겸 동지의금부사 오위도총부도총관(吏曹參判兼同知義禁府事五衛都摠府都摠管) 연창군(延昌君) 행(行) 통덕랑(通德郎) 효릉 참봉(孝陵參奉) 부군과 현외증조비 증(贈) 정부인(貞夫人) 삭녕 최씨(朔寧崔氏)의 묘에 절하고 아룁니다.

삼가 아룁니다	伏以
우리 어머님[157]은	維我慈氏
어릴 적에 천지[158]를 여의고	幼失天只
외로워 울어도	呱呱零丁
기대고 의지할 데 없었네	靡憑靡倚

156 외증조고……부군 : 이형(李泂, 1628~?)으로, 본관은 연안, 자는 공윤(公潤)이다. 부인은 삭녕 최씨 최대년(崔大年)의 딸이다.

157 어머님 : 번암의 어머니는 연안 이씨 이만성(李萬成)의 딸이다.

158 천지(天只) : 어머니의 별칭이다. 번암의 외할머니는 해남 윤씨(海南尹氏) 윤형미(尹亨美)의 딸이다. 《시경》 〈용풍(鄘風) 백주(柏舟)〉의 "어머니는 하늘이신데, 이처럼 사람 마음 몰라주시나.〔母也天只, 不諒人只.〕"라는 말에서 나왔다.

그때 할머님[159]께서	維時王母
울면서 돌봐 주셨네	涕泣撫視
사랑하고 애쓰며 돌아보고 살피기를	恩勤顧復
친자식처럼 하였네	猶出之己
태어난 처음부터	自夫墮地
은혜 베풀지 않음이 없었고	罔非攸賜
한마디 말을 하면	片言之發
메아리처럼 베풀어 주셨으며	施若應響
착한 일을 하나라도 하면	一事之善
이웃과 마을에 자랑하셨네	詑及隣黨
한 치의 실과 한 자의 비단도	寸絲尺帛
혼례 위해 미리 조치하고	預措褵儀
미더운 여종과 일할 남종을	信婢幹僕
정해 놓고 시집보내길 기다렸네	準待于歸
위대하도다, 이우당[160]이여	韙哉二憂
뜻에 따라 어긋남이 없었네	順志罔違
은혜에 보답하고자 하니	欲報之恩
강과 바다처럼 끝이 없네	河海無涯
어머님은 올해	慈氏今年
여든에서 한 살 모자라나	八十除一

159 할머님 : 번암의 어머니의 할머니이니, 번암에게 외고조비가 되는 삭녕 최씨이다.

160 이우당(二憂堂) : 이만원(李萬元, 1651~1709)으로, 본관은 연안, 자는 백춘(伯春), 호는 이우당이다. 이형(李泂)의 장남이다.

효성으로 추모함이	誠孝追慕
하루와 같았네	則如一日
말이 할머님에 미치면	言及王母
울음과 눈물 따라 나왔네	聲淚隨發
한번 묘소 살피는 것은	一省塋域
지극한 소원 맺힌 바였네	至願攸結
늘 사당 신주에 절하며	時拜廟主
이것을 축원하였네	以是爲祝
소자가 벼슬길에 오를 때	小子始第
어머님께서 이렇게 말씀하셨네	慈氏若曰
하늘의 신령함에 힘입어	賴天之靈
네가 서쪽의 인끈을 찬다면	爾佩西綬
바라건대 파주 가는 길을 취하여	蘄取坡路
내가 할머님께 제사 올리고 싶구나	我奠王母
소자는 두 번 절하고	小子再拜
마음속에 새겼네	心焉銘鏤
다행히 이렇게 은명 입어	幸玆蒙恩
경기 관찰사를 맡았네	按節畿邦
공경히 침원을 배알하고	祇謁寢園
겸하여 사사로운 정성 펼쳤네	兼展私悰
내가 이룬 것이 아니라	匪我攸致
어머님의 정성이었네	母氏之誠
함께 가마를 받들고 와서	偕奉板輿
공경히 무덤을 쓸었네	恭掃佳城

고을 수령들 달려오니	郡邑奔趨
여러 제수 꽃답고 향기롭네	庶羞芳馨
양양하게[161] 아신다면	洋洋有知
얼마나 기뻐하실까	嘉悅如何
회오리바람이 골짝을 구르니	回飆轉壑
솔과 개오동 서로 어우러지고	松檟相和
어머님의 눈물에 젖었는데	慈淚所濡
비와 이슬이 가지에 듣네	雨露泫柯
이 길견[162]을 틈 타	乘玆吉蠲
나의 사사로운 정성 올리네	陳我私懇
어머님은 대질[163]이나	母氏大耋
정신 오히려 건강한데	神精尙健
끝없이 보우하사	保佑無疆

161 양양(洋洋)하게 : 《중용장구》 제16장에 "천하의 사람으로 하여금 재계(齋戒)하고 깨끗이 하며 의복을 성대히 하여 제사를 받들게 하고는 양양하게 그 위에 있는 듯하며 그 좌우에 있는 듯하다.〔使天下之人, 齊明盛服, 以承祭祀, 洋洋乎如在其上, 如在其左右.〕"라고 하였다. 그 주에 "양양은 유동하고 충만하다는 뜻이다.〔洋洋, 流動充滿之意.〕"라고 하였다.

162 길견(吉蠲) : 길일을 택하여 정결하게 재계하여 제사하는 것이다. 《시경》 〈소아(小雅) 천보(天保)〉에 "길일을 잡아 정결히 주식(酒食)을 장만해 이를 효성으로 제향한다.〔吉蠲爲饎, 是用孝享.〕" 하였다.

163 대질(大耋) : 해가 기울듯 인생이 얼마 남지 않은 노년기를 이르는 말로, 흔히 80세를 이른다. 《주역》 〈이괘(離卦) 구삼(九三)〉에 "서산에 해가 기우는 형상이니, 질장구 치고 노래 부르지 않는다면 이는 노년을 한탄함이니, 흉하도다.〔日昃之離, 不鼓缶而歌, 則大耋之嗟, 凶.〕"라고 한 데서 온 말이다.

혹 신령의 비호 받기를	倘荷神庇
작은 정성 살피시고	尙鑑微忱
이 잔을 굽어 흠향하소서	俯歆斯觶
흠향하소서	尙饗

8대조고 호군 부군[164]의 묘에 올리는 제문

祭八代祖考護軍府君墓文

묘소는 양주(楊州) 소미(巢美)에 있다.

유세차 신사년(1761, 영조37) 2월 신미삭 29일 기해일에 8대손 가선대부(嘉善大夫) 경기 관찰사(京畿觀察使)-구함(具銜)은 앞과 같다.- 제공이 현8대조고 절충장군(折衝將軍) 행 용양위 부호군(行龍驤衛副護軍) 부군과 현8대조비 숙부인(淑夫人) 광주 안씨(廣州安氏)의 묘에 감히 밝게 고합니다.

삼가 아룁니다　伏以
대대로 혁혁한 우리 가문　奕世吾門
벼슬이 이어지기를　簪韍承繼
신라에서 고려에 이르고　自羅迄麗
성대에도 이르러　式至聖代
성씨 사이에 명망 있어　望于氏族
아름다운 명성 높고 밝았네　高朗令聞
아, 존함은　吁嗟尊銜
호군이라 전하는데　傳以護軍
누차 병화를 겪어　屢閱兵燹

164　8대조고 호군 부군 : 채중경(蔡仲卿)으로, 본관은 평강이다. 채침(蔡沉)의 아들이다.

문헌이 닳고 떨어져 나가	文獻刓缺
품계와 경력 살필 길 없고	資歷莫攷
언행 확인할 길 없네	言行靡質
황량한 무덤	荒荒若堂
보호 소홀한데	防護疎闊
한두 번 와서 살폈으니	一再來省
슬픔과 부끄러움 교차하네	傷忸交做
지금 관찰사 되어서야	今玆按節
우러러 남은 경사를 알았네	仰認餘慶
순시하는 깃발 동으로 나오니	巡旌東出
시절이 또한 청명절이네	時又淸明
변변찮은 것을 공경히 갖추고	恭蕆不腆
이에 무덤을 돌보네	爰掃佳城
유명 간에 입은 것이	幽明所被
무엇인들 성은이 아니리오	孰非恩光
봄 그늘이 골짝을 덮어	春陰覆壑
눈물 머금고 방황하네	飮淚彷徨
신령의 강림이여	神之格思
양양하소서	庶幾洋洋
흠향하소서	尙饗

7대조고 집의 부군[165] 묘에 올리는 제문

祭七代祖考執義府君墓文

묘소는 소미(巢美)에 있다.

유세차 신사년(1761, 영조37) 2월 신미삭 29일 기해일에 7대손 가선대부(嘉善大夫) 경기 관찰사(京畿觀察使)-구함(具銜)은 앞과 같다.- 제공이 현7대조고 증(贈) 가선대부 행 승정원 도승지(行承政院都承旨) 행(行) 통훈대부(通訓大夫) 사헌부 집의(司憲府執義) 부군과 현7대조비 증 정부인(貞夫人) 창원 유씨(昌原兪氏)의 묘에 감히 밝게 고합니다.

삼가 아룁니다	伏以
위대하도다, 우리 선조여	丕惟吾祖
우리 채씨 참으로 번창하였네	實昌我蔡
문장으로 학문으로	以文以學
성대에 벼슬하였네	策名盛際
청반에 높이 천망하니	淸班峻望
비길 만한 사람 없었네	人莫與京
강직하게 도를 지키니	侃侃守道
착한 선비들이 본받았네	善類是程

165 7대조고 집의 부군 : 채난종(蔡蘭宗, 1513~1573)으로, 본관은 평강, 자는 문원(聞遠)이다. 채중경(蔡仲卿)의 아들이다. 부인은 유돈(兪燉)의 딸이다. 1558년(명종13) 문과에 급제하였다. 사헌부 집의를 역임하였다.

선배들의 상론 先輩尙論
진실로 사실을 기록했네 允矣記實
풍부한 재능 다 쓰지 못하고 豐賦嗇施
달리던 말 중도에 가로막혔네 逸駕中閼
왕탄[166] 세차게 흐르고 王灘瀰瀰
개오동나무 소슬하네 楸檟蕭瑟
세대의 변천을 느끼니 人代之感
어느새 친진하였네 俛仰親盡
소자는 형편없는데 小子無似
선조의 가르침 계승하였네 承藉先訓
가문의 명성에 힘입어 家聲所賴
경기 관찰사 되었는데 忝按畿輔
내게 깃발과 부절을 명하여[167] 命我旌節
이렇게 우로를 밟았네 履玆雨露
풍성한 제수와 정갈한 술 豐俎潔爵
고을 수령들 정성 다하였네 郡邑攸殫
때는 한식이라 時維禁煙
보이는 것 모두 썰렁하나 滿目凄寒
한 기운으로 서로 의지하니 一氣相須
감응하면 반드시 통하리라 有感必通

166 왕탄(王灘) : 경기도 남양주시 왕숙천(王宿川)을 가리킨다.

167 내게……명하여 : 번암이 경기관찰사 겸 병마수군절도사 순찰사에 임명된 것을 말한다. 깃발과 부절은 무관(武官)을 뜻한다.

존령께서 어둡지 않으시다면 尊靈不昧
작은 정성을 살펴 주소서 庶鑑微衷
흠향하소서 尙饗

6대조고 응교 죽촌 부군[168]의 묘에 올리는 제문

祭六代祖考應教竹村府君墓文

묘소는 양주 독음(禿音)에 있다.

유세차 신사년(1761, 영조37) 3월 1일 경자일에 6대손 가선대부(嘉善大夫) 경기 관찰사(京畿觀察使)-구함(具銜)은 앞과 같다.- 제공이 현6대조고 증(贈) 가선대부 이조참판 겸 동지경연의금부춘추관성균관사 홍문관제학 세자좌부빈객(吏曹參判兼同知經筵義禁府春秋館成均館事弘文館提學世子左副賓客) 행(行) 통훈대부(通訓大夫) 홍문관응교 겸 경연시강관 춘추관편수관 지제교 세자시강원보덕(弘文館應教兼經筵侍講官春秋館編修官知製教世子侍講院輔德) 부군과 현6대조비 정부인(貞夫人) 여흥 민씨(驪興閔氏)의 묘에 감히 밝게 고합니다.

삼가 아룁니다	伏以
우리 채씨는 고려 대에	我蔡在麗
공경과 정승 대대로 나왔네	公相世出
본조에 이르러	洎乎本朝

168 6대조고……부군 : 채경선(蔡慶先, 1559~1610)으로, 본관은 평강, 자는 자장(子長), 호는 죽촌(竹村)이다. 채난종(蔡蘭宗)의 아들이다. 부인은 여흥 민씨로 민여건(閔汝健)의 딸이다. 이조 좌랑을 역임할 때 《명종실록》의 편수관을 맡았으며, 선조 대에는 호조 좌랑, 홍문관 부수찬, 사헌부 지평, 평안도 수검 어사(平安道搜檢御使), 이조 좌랑, 홍문관 교리, 이조 정랑, 호조 좌랑 등 여러 요직을 역임하였다. 묘는 경기도 양주에 있다.

높은 벼슬 변하지 않았네	不替簪笏
공이 중승[169]을 계승하여	公繼中丞
우리 가문을 빛냈네	燿我門戶
시례로 자신을 수양하여	詩禮以禔
명망과 실력 성대하였네	望實之茂
옥서와 시강원에	玉署講院
비껴 날아오르고 훌쩍 뛰어올랐네	橫翔逸步
천조의 열관에서[170]	天曹熱官
절조 닦느라 더욱 괴로웠네	勵操愈苦
밝고 밝은 경운과 경성	皎皎雲星
경앙할수록 우주에 가득했네	景仰彌宇
비단옷 입고 신명을 바치기를	衣繡盡瘁
바다의 서쪽에서 하였네	于海之西
중년에 요절하니	中身以折
사림의 낯빛 처연하였네[171]	士林色淒

169 중승(中丞) : 어사대부(御史大夫) 수하에 있었던 어사중승(御史中丞)의 약칭으로, 본래 중국 한(漢)나라 때의 관직명인데 조선조의 사헌부 집의(司憲府執義)와 같다. 여기서는 사헌부 집의를 지낸 채난종을 가리킨다.

170 천조(天曹)의 열관(熱官)에서 : 채경선이 이조 좌랑을 지낸 것을 말한다. 천조는 이조(吏曹)의 별칭이고, 열관은 권력이 막강한 관직을 말한다.

171 비단옷……처연하였네 : 채경선이 황해도 암행 어사를 지낸 것을 말한다. 채경선은 건강이 좋지 못하였으나 왕명에 최선을 다하기 위해 황해도 암행 어사로 나가서 공무를 수행하였으며, 돌아온 뒤에는 병이 악화되어 향년 52세로 사망하였다. 《湖洲集 卷6 先祖考弘文館應教府君碑陰記》

못 다한 보답 쌓아서　積其未食
불초자에게 갚으셨네[172]　報之不肖
명 받들어 경기 관찰사 되어　承命按畿
우리 선영에 제사 올리네　奠我塋兆
왕탄이 앞에 있는데　王灘在前
근원 크고 흐름 넓네　源大流洪
서성이며 우러르고 생각하니　徘徊瞻想
흠모하는 마음 끝이 없네　感慕靡窮
언제나 조심하며 전전긍긍　臨履戰兢
공을 위할 뿐 사 잊었네　公耳忘身
남은 공훈 본받기 바라니　蘄踵遺武
선조를 욕되게 하지 않으리　無忝吾先
보우하고 도와주실 것으로　保佑翊之
우러러 존령을 믿네　仰恃尊靈
꽃다운 제수와 예주　芳羞醴酌
참으로 작은 정성에서 나왔네　寔出微忱
양양하게 곁에 계시리니　洋洋在旁
제가 올린 술을 흠향하소서　庶幾我歆
흠향하소서　尙饗

172 못……갚으셨네 : 나라에서 채경선에게 하지 못한 보답을 그 후손인 번암에게 했다는 말이다.

5대조고 증 판서 부군[173]의 묘에 올리는 제문

祭五代祖考贈判書府君墓文

묘소는 독음(秃音)에 있다.

유세차 신사년(1761, 영조37) 3월 1일 경자일에 5대손 가선대부(嘉善大夫) 경기 관찰사(京畿觀察使)-구함(具銜)은 앞과 같다.- 제공이 현5대조고 증(贈) 자헌대부(資憲大夫) 이조판서 겸 지의금부사 오위도총부 도총관 성균진사(吏曹判書兼知義禁府事五衛都摠府都摠管成均進士) 부군과 현5대조비 증(贈) 정부인(貞夫人) 순흥 안씨(順興安氏)의 묘에 감히 밝게 고합니다.

삼가 아룁니다	伏以
위포로서 명망 높았으니	韋布望峻
누가 나의 선조와 같으리오	孰吾祖若
처세와 행동은 모범이 되어	行世爲範
처세 말할 때면 본받았네	言世取則
일찍이 태학에서 노닐 때	夙遊太學
조용히 침묵으로 지켰네	持以靜穆
공보에 오를 것을	于公于輔

173 5대조고……부군 : 채충연(蔡忠衍, 1580~1617)으로, 본관은 평강, 자는 연지(衍之), 호는 애려(愛廬)이다. 채경선(蔡慶先)의 아들이다. 부인은 순흥 안씨로, 안사열(安士說)의 딸이다.

사림이 모두 기대했네	士枋咸屬
이루지 못하고 꺾였으니	不遂以折
푸른 하늘을 어찌하리오	奈何穹昊
그 누리지 못한 것이	維其不食
보답받은 까닭이네	所以收報
그 보답이 어떠하였나	厥報伊何
아들[174]을 내려 주니	錫以貳身
맑은 절조와 문장으로	淸節文章
나라의 명신이 되었네	爲國名臣
그 빛이 드러나지 않으랴	不顯其光
총재와 문형이 되었네	冢宰文衡
높고 높은 증질이	崇崇贈秩
낳아 준 분께 미쳤네[175]	爰及所生
진실로 하늘의 도	允矣天道
징험을 기대할 수 있네	執契可責
우리 가문 커진 것	閎大吾門
이 누구의 힘인가	緊誰之力
소자는 불초하여	小子不肖
선조의 위업 실추할까 두렵네	偲墜先業
남은 경사가 미친 바 있어	餘慶所曁

174 아들 : 채충연의 장남 채유후(蔡裕後)를 말한다.

175 높고……미쳤네 : 장남 채유후의 신분이 높아짐에 따라 채충연도 증직된 것을 말한다.

욕되이 경기 관찰사 되었네　忝按畿服
오릉[176]에서 주선하는데　周旋五陵
선영이 눈에 들어오네　丘壟在矚
어지러이 흐르는 왕탄 가에서　亂流王瀨
선영을 영소[177]하네　榮掃楸檟
작은 정성 살펴보시고　庶鑑微誠
굽어 이 술잔 흠향하소서　俯歆斯斝
흠향하소서　尙饗

176 오릉(五陵) : 영조 당시의 행정구역상으로 양주(楊州)에 있던 건원릉(健元陵), 현릉(顯陵), 목릉(穆陵), 휘릉(徽陵), 숭릉(崇陵)을 가리킨다. 이후에 혜릉(惠陵), 원릉(元陵), 수릉(綏陵), 경릉(景陵)을 합하여 '동구릉(東九陵)'이라 하였다. 현재 경기도 구리시(九里市)에 있다.

177 영소(榮掃) : 자신이나 아들에게 과거 급제나 벼슬을 하는 등 경사가 있을 때, 선조의 무덤에 고하고 제사 지내던 일을 말한다. 영은 영광스럽다는 뜻이고 소는 소분(掃墳)의 뜻이다.

조비 증 정부인 김씨[178]의 묘에 올리는 제문

祭祖妣贈貞夫人金氏墓文

묘소는 독음(禿音)에 있다.

유세차 신사년(1761, 영조37) 3월 1일 경자일에 손자 가선대부(嘉善大夫) 경기 관찰사(京畿觀察使)-구함(具銜)은 앞과 같다.- 제공이 현조비 증(贈) 정부인(貞夫人) 안동 김씨(安東金氏)의 묘소에 감히 밝게 고합니다.

삼가 아룁니다	伏以
아, 할머님께서는	嗟嗟王母
만사에 한을 남기셨네	萬事遺恨
처음 시집오셨을 적에	厥初于歸
남편은 빈천하였네	夫子貧賤
부부 사이의 약속은	衽席之約
안일함에 있지 않아	非在宴安
낡은 집에 눈바람 쳐도	破屋風雪
초롱불 밝게 빛났으며	篝燈炯然
남편이 글을 읽으면	夫子讀書
곁에서 바느질을 하였네	傍事針紉

178 조비……김씨 : ?～1693. 김황(金鍠)의 딸이고, 채성윤(蔡成胤)의 부인이며, 번암의 할머니이다.

어떻게 서로 경계하였나	何以交警
얼음물로 눈을 씻어 주었네	氷溜洒睫
좋은 시절 없지 않았으나	非無泰來
짧은 생애 어찌하리오	奈此短局
초초한 양부[179]	草草襄府
화려한 수레는 꿈속 같았네	雕軒如夢
그래서 할아버님께서는	所以王考
길이 애통해하셨네	永言竇痛
이때 나의 아버지는	于時吾父
나이 겨우 칠 세였네	年纔單七
외로운 처지 의지할 곳 없으니	零丁靡托
잘 자랄 수 있다고 했겠는가	可曰成立
오직 이 하늘의 신령이	惟是天神
할머님의 어짊을 살펴보시고	鑑王母仁
음덕으로 도와주심이	以輔以騭
어린 손자에까지 이르렀네	而至小孫
어린 손자는 형편없는데	小孫無似
주상의 은혜 치우치게 받아	偏誤主恩
표둑과 아정[180]을 세우고	豹纛牙旌

179 양부(襄府) : 강원도 양양이다. 《번암집》 권5 〈낙산사에서 자며 감회를 읊다〔宿洛山寺感吟〕〉의 주석에서 번암은, 할아버지 채성윤이 양양을 다스린 적이 있다고 하였다.

180 표둑(豹纛)과 아정(牙旌) : 표둑의 표(豹)는 표범의 꼬리를 그린 표미기(豹尾旗)로 대장군의 군영에 세우는 큰 깃발을 말하고, 둑(纛)은 군신(軍神)인 치우(蚩尤)를 상징하며 출전할 때 제사를 지내는 두 가닥의 줄이 달린, 군대 가운데 세우는 큰

경기를 진무하였네	以殿王畿
순시하는 길에 비와 이슬 내리니	巡程雨露
천시에 감회가 있었네[181]	有感天時
이에 묘비를 세우고	載立墓石
이에 선영 아래에서 잤네	載宿楸下
나의 아버지와 약속했는데	吾父與期
병 때문에 하지 못했네	病未之果
고을 수령들 급히 달려오니	郡邑駿奔
떡과 예주 풍성하고 정갈하네	餠醴豐潔
영광스러운 제사 받으시고	榮光所被
기뻐하실 줄로 생각하네	仰惟嘉悅
나의 마음 슬퍼서	我心之悲
저 멀리 홍양을 바라보네[182]	遙望洪陽
오늘은 한식인데	是日寒食
누가 술 한잔 올리려나	誰奠一觴

기이다. 아정은 상아로 만든 큰 깃발인데 대장군의 의장(儀仗)으로 쓰이며 아문기(牙門旗)라고도 불린다.

181 순시하는……있었네 : 순시하는 길에 한식의 절기를 만나 조상을 추모하는 마음이 일어난다는 말이다. 《예기(禮記)》〈제의(祭義)〉에 "봄에 비와 이슬이 내려 축축해진 땅을 군자가 밟노라면, 반드시 처창(悽愴)한 마음이 들면서 돌아가신 어버이를 뵙는 느낌을 일으키게 될 것이다."라는 말이 나오는데, 비와 이슬이 내린다는 것은 한식의 절기가 다가왔다는 말이다.

182 저……바라보네 : 증조부와 조부의 묘가 홍양(洪陽)에 있기 때문이다. 홍양은 충청도 홍성(洪城)의 옛 이름이다.

하늘 바람은 휘파람 같고	天風如嘯
왕탄은 슬피 우네	王瀨悲鳴
눈물 훔치고 절하고 올리니	掩淚拜奠
감통하고 양양하소서	感通洋洋
흠향하소서	尙饗

처녀로 죽은 누님에게 올리는 제문

祭亡姊處子墓文

묘는 독음(禿音)에 있다.

유세차 신사년(1761, 영조37) 3월 1일 경자일에 동생 가선대부(嘉善大夫) 경기 관찰사(京畿觀察使)-구함(具銜)은 앞과 같다.- 제공이 한식날에 영소(榮掃)를 겸하여 행하고 제문을 잡고 처녀로 죽은 누님의 묘에 절하고 아뢰옵니다.

욕되이 경기에 근무하며	忝履畿藩
선영에 제사 올렸네	澆奠先壟
섬돌 오른편 흙 한 줌은	堦右一抔
내 누님의 무덤이네	吾姊之塚
지난날 즐겁게 놀던 때가	昔日嬉遊
어제같이 생생하네	宛宛如昨
나는 귀해져 관찰사가 되었는데	吾貴按節
누님은 어찌 이리 조용한가	姊何冥漠
난초와 옥 같은 자질	蘭姿玉質
남다른 재능과 순정한 품행	異才純行
한번 잃자 다시 만나기 어려우나	一失難再
어느 날인들 잊을 수 있으랴	何日可忘
떡과 예주 진설하니	餠醴旣陳
내 눈물 비 오듯 쏟아지네	我淚如瀉

정기가 감통하여	精英之格
강림하시길 비네	庶幾右左
흠향하소서	尙饗

9대조고 주부 부군[183]의 묘에 올리는 제문

祭九代祖考主簿府君墓文

묘소는 막계(幕溪)에 있다.

유세차 신사년(1761, 영조37) 3월 경자삭 8일 정미일에 9대손 가선대부(嘉善大夫) 경기 관찰사(京畿觀察使)-구함(具銜)은 앞과 같다.- 제공이 현9대조고 통훈대부(通訓大夫) 행 돈녕부 주부(行敦寧府主簿) 부군과 현9대조비 숙인(淑人) 전주 이씨(全州李氏)의 묘에 감히 밝게 아룁니다.

삼가 아룁니다	伏以
사람이 선조가 있지 않으면	人非先祖
어찌 그 몸을 가질 수 있으랴	那有其身
친진했다고 말하지 마오	莫曰親盡
친도 이러한 친이 없네[184]	親莫斯親
며칠 전 봉분 고쳐 쌓으며	日者改封
작은 정성 조금 폈네	微忱少伸
이에 순시하는 길 우회하여	載迂巡程

183 9대조고 주부 부군 : 채침(蔡沉)이다. 고려가 망하자 번암의 선조들은 호남의 임피현으로 이주하여 살았는데, 채침에 이르러 비로소 과천 막계에 장사를 지냈다.

184 친도……없네 : 채침이 과천으로 이주한 것이 가문으로 볼 때 매우 잘한 일이었다고 생각하여 한 말로 보인다.

공경히 영소를 행하네 祇行禜汎
묘소가 새로워지니 塋域如新
사모하는 마음 더욱 깊네 感慕尤殷
술과 많은 음식으로 醴酌庶羞
이 제사상을 진설하였네 陳此澆奠
흠향하소서 尙饗

종조조부 희암 선생[185]의 묘에 올리는 제문

祭從祖祖父希菴先生墓文

묘는 양주(楊州) 수치(水峙)에 있다.

유세차 신사년(1671, 영조37) 9월 병신삭 4일 기해일에 종손 가선대부(嘉善大夫) 경기 관찰사(京畿觀察使)-구함(具銜)은 앞과 같다.- 제공이 종조조부 가선대부 병조참판 겸 동지의금부춘추관사 예문관제학(兵曹參判兼同知義禁府春秋館事藝文館提學) 희암(希菴) 선생과 종조조비 증(贈) 정부인(貞夫人) 청주 한씨(淸州韓氏)의 묘에 제문을 잡고 절하고 아룁니다.

삼가 아룁니다　　伏以
우리 채씨가 성을 얻은 지　　我蔡得姓
천백 년 되었네　　於千百年
시례와 문학을　　詩禮文學
가학으로 삼았네　　是爲靑氈
호주 노인[186]이 확대하고　　湖老大之

185 종조조부 희암(希菴) 선생 : 채팽윤(蔡彭胤, 1669～1731)으로, 본관은 평강, 자는 중기(仲耆), 호는 희암이다. 채시상(蔡時祥)의 아들이다. 21세에 증광 문과에 갑과(甲科)로 급제하고 검열(檢閱)을 거쳐 사가독서(賜暇讀書)를 하였다. 벼슬은 형조 참판을 거쳐 부제학에 이르렀다.

186 호주(湖洲) 노인 : 채유후(蔡裕後, 1599～1660)로, 본관은 평강, 자는 백창(伯昌), 호는 호주이다. 아버지는 채충연(蔡忠衍)이다. 시호는 문혜(文惠)이다.

선생이 계승하였네 繼以先生
선생이 태어날 때 先生之降
오수의 정기 모였고[187] 五宿精英
약관에 만난 것은 弱冠遭逢
성명한 숙종이었네[188] 肅考聖明
옥섬돌 한 구절을 듣고 玉墀一句
특별히 뛰어난 영광 내렸네[189] 特達恩榮
어디에 등용했는가 何以盛之
한원과 호당이었네 翰苑湖堂
호당의 뿌연 달은 湖堂煙月
취선이 날아오른 것이네 醉仙攸翔
황봉주[190] 출렁출렁 黃封灩灩

187 오수(五宿)의 정기 모였고 : 오성(五星)의 정기가 모였다는 말로, 문운(文運)을 안고 태어났다는 말이다. 오수는 오성으로, 금성(金星), 목성(木星), 수성(水星), 화성(火星), 토성(土星)을 가리키는데, 오성이 문운을 주관하는 별자리인 규수(奎宿)의 분야(分野)에 모이면, 훌륭한 인재가 태어난다고 전한다. 《宋史 太祖本紀》

188 약관에……숙종(肅宗)이었네 : 채팽윤이 1687년(숙종13) 진사가 되고, 21세 때인 1689년 증광 문과에 갑과로 급제한 것을 말한다.

189 옥섬돌……내렸네 : 1690년 12월 11일 숙종이 호당(湖堂)에 음악을 내렸을 때 채팽윤이 술에 취하여 절구 3수를 지었는데, 그중 제3수의 마지막 구절에 "평소 임금님 얼굴 알지 못했는데, 한바탕 꿈에는 예사로이 옥섬돌 맴돌았네.〔平生不識君王面, 一夢尋常繞玉墀.〕"라고 하였다. 숙종이 이 구절을 전해 듣고 그의 충정을 가상히 여겨 1691년 10월 11일 밤에 홍정당(興政堂)에서 그를 불러 칭찬하고 술을 하사하였다. 《希菴集 卷2 臘月十一日賜樂湖堂途中口號, 卷3 感恩歌》

190 황봉주(黃封酒) : 관청에서 빚어 황색 비단이나 종이로 봉한 술이다.

법악 넘실넘실	法樂洋洋
유희로 지은 천 편 문장은	游戲千篇
군진의 말 바람의 돛대 같았네[191]	陣馬風檣
뭇 신하들 물러났으니	群工退舍
누가 그 칼날에 다가서랴[192]	孰攖其鋩
임금께서 특별히 하사하니	王有殊錫
호랑이 가죽[193]과 붉은 갓끈이었네	虎皮紅纓
앞에 청련이 있고	前有青蓮
뒤에 미산이 있으니[194]	後曰眉山
혁혁하고 성대한 일	赫赫盛事
천년이 어제 같네	千載隔晨
저 당론을 하는 자들	彼黨議者
간사한 혀 이러쿵저러쿵하며	邪舌齗齗
공을 자기와 다르다고 말하며	謂公異己
배척하는 데 힘썼네	排擯是力

191 군진(軍陣)의……같았네 : 문장의 기세가 웅후(雄厚)함을 비유한 것이다. 두목(杜牧)이 이하(李賀)의 시를 평하면서 "바람의 돛대나 군진의 말도 그 용맹을 표현하기에 부족하다.〔風檣陣馬, 不足爲其勇也.〕"라고 하였다.《山谷集 外集 卷9 李長吉歌詩原序》

192 뭇……다가서랴 : 채팽윤의 문장에 대적할 사람이 없다는 뜻이다.

193 호랑이 가죽 : 채팽윤은 임금이 낸 시제(詩題)에 따라 시를 짓고 상으로 여러 번 호랑이 가죽을 받았다.《希菴集 卷1 御題靜後見萬物皆春意賦》

194 앞에……있으니 : 채팽윤의 문장 재능이 이백(李白)과 소식(蘇軾)에 버금간다는 뜻이다. 청련(青蓮)은 당나라 이백의 호가 청련거사(青蓮居士)이고, 미산(眉山)은 소식의 출생지로, 지금의 사천성(四川省) 미산시(眉山市)이다.

공은 유연히 웃었으니	公笑猶然
이 초복[195]이 있었네	有是初服
임야에서 우유자적하며	優游林野
대업[196]을 더욱 익혔네	益肆大業
웃으면서 화낸 것은	嘻笑嗔怒
영광과 모욕, 빈궁과 영달이었네	榮辱窮通
한결같이 문장에 부치고	一付文章
범범하게 드러냈네[197]	發之渢渢
한나라와 당나라에 대해	曰漢曰唐
좌우로 그 근원을 만났네	左右逢原
일관 높고 높아	日觀嶒崒
사해에 산이 없었네[198]	四海無山
푸른 바다 광대하여	滄溟汗漫

195 초복(初服) : 벼슬하기 이전에 입는 옷으로, 조복(朝服)과 상대되는 말이다. 곧 벼슬을 하지 않으려는 뜻을 의미한다.

196 대업(大業) : 가지고 있는 풍부한 재능을 말한다. 《주역》 〈계사전 상(繫辭傳上)〉의 "풍부하게 소유하는 것을 대업이라고 이르고, 날로 새로워지는 것을 성덕이라고 이른다.〔富有之謂大業, 日新之謂盛德.〕"라는 말을 가리킨다.

197 범범(渢渢)하게 드러냈네 : 소리가 중용(中庸)에 맞는 것을 말하는데, 여기서는 시에 드러난 내용이 중용에 맞았다는 말이다. 춘추 시대 오(吳)나라 계찰(季札)이 노(魯)나라에 사신으로 가서 위(魏)나라의 시를 듣고 말하기를 "범범하다. 크면서도 요약되고 검소하여 행하기 쉽다.〔渢渢乎. 大而婉, 險而易行.〕" 하였고, 두예(杜預)는 '범범'을 "중용의 소리"라고 풀이하였다. 《春秋左氏傳 襄公29年》

198 일관(日觀)……없었네 : 채팽윤의 문장의 수준이 높고 높아 견줄 만한 것이 없었다는 말이다. 일관은 일관봉(日觀峯)으로, 태산(泰山)의 봉우리 이름이다.

만물이 집으로 삼았네[199] 萬族爲宅

많으면 많을수록 더욱 좋았으니 多多益善

모두 손 가는 대로 집어든 것이네[200] 頭頭拈得

소호의 음악과 같아 韶頀之音

급하거나 심한 것 전혀 없었네 絶去噍殺

국조 이래로 國朝以來

참으로 유일한 분이었네 實維專席

노년에 예형에 올랐으나[201] 遲暮藝衡

어찌 시험하기에 족했으랴 曷足爲試

세상에 선생이 안 계신 지 世無先生

삼십 년이 되었네 于三十禩

그 글이 집에 가득하나 其書滿家

도을[202]에 두서가 없었네 塗乙無次

긴 밤에 괴이한 빛이 永夜光怪

저 책 상자에서 올라오고 騰彼巾笥

199 푸른……삼았네 : 채팽윤의 문장 안에 만물이 담겼다는 말로, 소재의 풍부함을 말한다.

200 많으면……것이네 : 채팽윤의 문장은 손 가는 대로 쓴 것이지만 모두 도리에 맞았으며 많이 지을수록 더욱 좋았다는 말이다. 남송(南宋) 엄우(嚴羽)의 《창랑시화(滄浪詩話)》에 "손 가는 대로 집어 와도 모두 도이다.〔信手拈來, 頭頭是道矣.〕"라고 하였다.

201 노년에 예형(藝衡)에 올랐으나 : 1729년(영조5) 10월 채팽윤이 61세로 예문관제학 겸 동지춘추관사가 된 것을 말한다.

202 도을(塗乙) : 문자를 고치고 수정하는 것을 말한다. 지우는 것을 도(塗)라 하고, 고치는 것을 을(乙)이라고 한다.

귀신이 울고 시름한 것은 鬼泣神愁
지극한 보배가 깊이 닫혀서라네 至寶潛閟
소자는 불초하나 小子不肖
이 때문에 두려워하여 用是爲惕
망녕되이 자신을 헤아리지 못하고 妄不自量
바야흐로 산삭하기 시작하였네 方始爬剔
곤랑[203]의 밭에서 崑閬之圃
무엇을 버리고 무엇을 간직하리오 何擲何襭
천손[204]의 베틀에서 나온 것 天孫之機
무엇이 흠이고 무엇이 아름다우랴 孰纇孰纈
건장궁[205]에 들어가면 如入建章
빙빙 도는 길을 헤매는 것과 같고 迷所回復
무기고에 들어가 있으면 如在武庫
오랠수록 더욱 두려운 것과 같네 久益愯懾
나의 좁은 소견으로 我蠡之小
나의 적은 국량으로 我管之局
하늘과 바다에 대하여 于天于海
헤아릴 수 있다고 감히 말하리오 敢曰有測

203 곤랑(崑閬) : 곤륜산(崑崙山) 꼭대기에 있는 낭풍원(閬風苑)으로, 신선이 산다고 하는 곳인데, 여기서는 채팽윤의 문장 전체를 말한다.

204 천손(天孫) : 직녀성(織女星)의 별칭으로, 베를 잘 짜는 직녀를 가리키는데, 여기서는 문장을 잘 지은 채팽윤을 가리킨다.

205 건장궁(建章宮) : 한(漢)나라 장안(長安)의 궁전 이름으로, 화려하고 복잡한 황궁(皇宮)을 말하는데, 여기서는 채팽윤의 문장을 말한다.

무릇 의심이 들 적마다	凡厥起疑
나의 부친에게 물어보았네	輒質吾親
만약 뜻을 다 펼 수 있었다면	若能究意
사문에 매우 다행이었으리라	幸甚斯文
판각하는 일은	鋟梓之役
사세와 재력을 기다렸네	惟待事力
백세의 사업은	百世之業
참으로 훌륭한 문집이네	展也大集
아, 선생께서	吁嗟先生
무엇을 아쉬워하고 슬퍼하랴	何憾何㦏
남은 경사가 미친바	餘慶攸暨
욕되이 경기 관찰사 되었네	忝按甸服
늦가을에 부절을 멈추니[206]	杪秋駐節
솔과 개오동나무 옆이네	松檟之側
석양 물든 강물	夕陽江水
눈에 가득 푸르고 푸르네	滿目蒼蒼
선생의 시를 읊으니	誦先生詩
내 마음 서글프네	我懷悽傷
어릴 적에 아껴 주신 것이	髫時撫愛
어제처럼 생생하네	怳然如昨
샛별 같은 눈을	曙星之眼
어찌하면 다시 볼 수 있을까	何由復覿

206 부절을 멈추니 : 성묘하러 찾아왔다는 말이다.

변변찮은 술과 과일은	不腆醴果
오직 작은 정성에서 나왔네	亶出微忱
영령께서 어둡지 않다면	英爽不昧
어찌 흠향하지 않으리오	曷不我歆
흠향하소서	尙饗

종고조조부 호주 선생[207]의 묘에 올리는 제문

祭從高祖祖父湖洲先生墓文

묘소는 양주(楊州) 사로리(沙老里)에 있다.

유세차 신사년(1671, 영조37) 10월 병인삭 12일 정축일에 종현손(從玄孫) 가선대부(嘉善大夫) 경기 관찰사(京畿觀察使)-구함(具銜)은 앞과 같다.- 제공이 종고조조부 자헌대부(資憲大夫) 이조판서 겸 지경연의금부사 홍문관대제학 예문관대제학 지춘추관성균관사(吏曹判書兼知經筵義禁府事弘文館大提學藝文館大提學知春秋館成均館事) 증시(贈諡) 문혜공(文惠公) 호주(湖洲) 선생의 묘에 감히 밝게 아룁니다.

삼가 아룁니다	伏以
선생의 이름은	先生之名
태산북두와 일월성신이고	山斗日星
선생의 문장은	先生之文
은하수와 우레라네	河漢雷霆
위대하도다, 우리 가문을	韙哉吾門
참으로 다시 만드셨네	實惟再造

207 종고조조부 호주(湖洲) 선생 : 채유후(蔡裕後, 1599~1660)로, 본관은 평강(平康), 자는 백창(伯昌), 호는 호주이다. 1653년(효종4) 대제학이 되어 《인조실록》 편찬에 참여하였으며, 이후 8년 동안이나 대제학을 겸하였고 예조와 이조의 판서 등을 지냈다. 저서로는 《호주집》이 있다. 시호는 문혜(文惠)이다.

소자에게 이르기까지	式至小子
큰 은혜 이어받았네	承藉覆燾
지난해 연석에 나갔을 때	昨歲登筵
꽃다운 음성으로 갑자기 언급하며	英音忽及
말씀하시기를, 호주는	若曰湖洲
문집이 몇 질 있는가?	有集幾帙
지난날 선왕께서	昔在先朝
구하여 얻을 것을 명했는데	有命求得
나는 실로 간신히 빌려	予實艱借
성상의 열람에 대비하였네	以備聖覽
한밤중 우연히 생각하다가	中夜偶思
역력히 감흥이 일었다고 하셨네	歷歷興感
신이 일어나 절하고	臣起稽首
어시를 외워 아뢰자	誦陳御詩
상이 이르기를, 이와 같도다	上曰有是
이 일은 나도 아는바	玆事予知
성고[208]의 시에는	聖考之詩
내가 발문을 지을 터이니	予可以跋
경은 그의 후손으로서	卿惟其孫
유집에 서문을 쓰라고 하셨네[209]	書弁遺集
신이 절하고 명을 받으니	臣拜受命

208 성고(聖考) : 영조의 생부, 곧 숙종을 가리킨다.

209 유집에……하셨네 : 《영조실록》 35년 10월 18일 기사에 보인다.

감격의 눈물이 뺨에서 교차하였네　感淚交頰
북영에서 간행하여[210]　刊之北營
문석[211]에서 봉헌하였네　奉獻文石
두 임금의 시문　兩朝詩文
은하수처럼 빛났네　雲漢一色
신의 이름도 문집에 실려　臣名載是
두터운 은혜 함께 입었네　與被榮渥
휘황하도다 유편이여　煌煌遺編
영원히 전하리라　不朽千億
군신을 손꼽아 보건대　歷選君臣
어디 이런 일 있었나　疇有此事
천하가 보고 듣고　薄海瞻聆
오히려 환호하였네　尙云聳喜
하물며 소자에게 있어서　況在小子
경모에 어찌 다함이 있으리오　景慕何極
남은 경사 덕분에　藉手餘慶
이 경기를 맡았네　按玆甸服
명절 순시하는 길에　佳節巡程
묘소를 공경히 성묘했네　祗掃塋域
의리[212]를 가까이에서 모시니　密邇衣履

210 북영에서 간행하여 : 1705년(숙종31) 함경도 관찰사 홍만조(洪萬朝)가 채유후의 문집 《호주집》을 간행하였다.

211 문석(文石) : 무늬 있는 돌로 만든 궁정의 계단으로, 여기서는 궁궐을 말한다.

가르침을 받는 듯하네	若承訓誨
잔디와 묘역 무너져	崩莎頹兆
내일 고치려 하네	詰朝將改
이 포와 과일 진설하고	陳此脯果
그 연유를 함께 아뢰네	厥由兼白
영령께서 어찌 어두우리오	英爽豈昧
강림하여 흠향하소서	冀賜歆假
흠향하소서	尙饗

212 의리(衣履) : 무덤에 함께 묻는 옷과 신발로, 무덤을 말한다.

셋째 종조조부 진사 부군[213]의 묘에 올리는 제문

祭第三從祖祖父進士府君墓文

묘소는 포천(抱川) 축석령(祝石嶺) 아래에 있다.

유세차 신사년(1761, 영조37) 10월 병인삭 10일 을해일 종손 가선대부(嘉善大夫) 경기 관찰사(京畿觀察使)-구함(具銜)은 앞과 같다.- 제공이 가을 순행하는 길에 종조조부 성균관 진사(成均館進士) 부군의 묘에 배알하고 제문으로 아룁니다.

왕고[214]의 형제 분 중에	王考兄弟
공의 서열은 세 번째라네	公序居三
고상한 문장과 묘한 글씨	高文妙翰
희암[215]과 비슷하였네	方駕希菴
왼쪽에 질나발 오른쪽에 젓대	左塤右篪
개천의 명성[216]이었네	開天之聲
이때 우리 가문	于時門戶

213 셋째……부군 : 채정윤(蔡禎胤, 1666～1698)으로, 본관은 평강, 자는 중응(仲應), 호는 용암(龍巖)이다.

214 왕고(王考) : 채성윤(蔡成胤)이다.

215 희암(希菴) : 채팽윤(蔡彭胤, 1669～1731)으로, 본관은 평강, 자는 중기(仲耆), 호는 희암이다. 채시상(蔡時祥)의 아들이다.

216 개천의 명성 : 개천은 당 현종(唐玄宗)의 연호인 개원(開元)과 천보(天寶)의 병칭으로 곧 성당(盛唐) 시대에 흥했던 문장의 명성을 말한 것이다.

빛나고 크게 형통하였네	光大通亨
한원과 영각에	翰苑瀛閣
백씨 중씨 계씨가 연이었네	聯伯仲季
위로 부모님을 받드니	上奉兩闈
색동옷 놀이[217] 찬란하였네	爛然斑戲
온갖 복록이 냇물 같았는데	如川百祿
공은 어찌 그리 박복하였나	公何命薄
초초히 연방에 급제했으나	草草蓮榜
결국 단명하였네	遂以短折
북당의 원만한 세계	北堂圓界
애통하게도 이지러졌네	痛矣陷缺
아름다운 모습 고아한 풍모	丰姿雅度
베옷으로 빈렴하였네[218]	斂以布褐
사후의 일	身後之事
말하려니 간담 찢어지네	欲言膽裂
자손이 없어	子孫無有
제가 영원히 끊겼네	永絶厥祀
이 축석령에	惟玆祝石
한 줌의 무덤 외로이 부쳐 있네	一抔孤寄
가시덤불 무성하고	翳翳叢榛

217 색동옷 놀이 : 색동옷을 입고 부모님을 기쁘게 해 드린다는 말이다.

218 베옷으로 빈렴하였네 : 벼슬길에 나아가지 못하여 평민의 옷으로 빈렴을 하였다는 말이다.

족제비와 다람쥐 낮에 우네 鼪鼯晝啼
세시와 명절에 歲時名節
한 그릇 밥 누가 올릴까 盂飯誰提
소자가 관찰사 되어 小子按節
순행하며 포천을 지나다가 巡過抱邑
어렵사리 마을 전설에 의지하여 艱憑里傳
비로소 묘소를 찾았네 始尋塋域
바위산에 찬 바람 불어 巖巒緖風
맹동에 흔들려 떨어지네 孟冬搖落
이 포와 과일 진설하고 陳玆脯果
온갖 감회 밀려오네 百感來幷
작은 정성 살펴보시고 冀鑑微忱
굽어 술잔을 흠향하소서 俯歆醴觴
흠향하소서 尙饗

족숙[219] 응려 께 올리는 제문

祭族叔 膺呂 文

유세차 갑신년(1764, 영조40) 2월 정묘삭 25일 신묘일에 족질(族姪) 심제인(心制人) 제공이 삼가 떡과 과일로 족숙 학생 부군의 영전에 곡하고 영결합니다.

오호라 애통하도다	嗚呼痛哉
우리 가문 박복하여	吾門祚薄
친족 매우 드무네	族親甚鮮
죽촌[220]이 남긴 실마리	竹村遺緖
실낱같이 위태로웠네	凜乎如線
오히려 믿는 것 있었으니	猶尙有恃
공이 존속에 있었네	公在尊屬
사사로운 감정이 아니라	匪私于情
나는 참으로 뵌 적 있네	吾實有覿
시서의 씨앗으로서	詩書之種
천품 또한 도타웠네	天賦又篤
순결한 옥과 향기로운 난초	玉潔蘭馨

219 족숙(族叔) : 채응려(蔡膺呂)로, 본관은 평강이다. 번암의 6대조 채경선(蔡慶先)에서 갈라졌다.

220 죽촌(竹村) : 93쪽 주168 참조.

굽히고 진속에 있었네	屈居塵俗
소슬한 서성[221]에서	蕭瑟西城
띠가 그 집을 덮었네	茅覆其屋
때때로 부엌이 비어	有時空廚
밥 짓는 연기 끊겼다 이어졌네	炊煙斷續
공은 본분을 살펴보고	公視本分
결코 이를 근심하지 않았네	了不斯戚
한마디 말이라도 요구하는 것	片辭求覓
장터에서 매 맞듯 부끄러워했네	耻若市撻
무릇 오늘의 선비들은	凡今之士
부르고 따르며 청탁하는데	徵逐干謁
공은 얼굴에 침 뱉고자 하며	公欲唾面
자신의 꼿꼿함을 지켰네	葆我貞獨
서가에는 고서 있고	架有古書
목소리는 금석에서 나온 듯했네	聲出金石
아침저녁으로 공령문 익히니	蚤暮功令
왕락과 묘하게 부합하였네[222]	妙契王駱
반드시 입신양명하여	期在立揚
선대의 자취 크게 계승하려 하였네	丕紹先躅

221 서성(西城) : 한양의 서쪽을 말한다.

222 아침저녁으로……부합하였네 : 채응려가 공령문을 왕낙만큼 잘 지었다는 말이다. 공령문은 과거 시험에서 보이던 여러 문체의 글을 가리키고, 왕락은 왕발(王勃)과 낙빈왕(駱賓王)으로, 육조체(六朝體)에 뛰어났던 시인들이다.

수명 짧은데 하고픈 일 많았으니	景短心長
애달프다 이 베옷이여	哀此布褐
공은 실로 나를 소중히 여기며	公實重我
한평생 변함이 없었으며	百年無斁
걸어와 상대하기를	步履相對
겨울과 여름에 차이 없었네	罔間寒燠
나를 비방하는 사람이 있으면	人有毁我
공은 문득 원수처럼 미워하였네	公輒仇疾
내가 공에게 면려하면	我有勉公
공은 지키며 잃지 않았네	公守勿失
감히 단문이라고 말하나	敢曰袒免
골육보다 곱이나 친했네	倍親骨肉
나는 피눈물을 흘리매[223]	逮我泣血
그리운 마음 더욱 간절하네	眷係彌切
이틀 동안 보지 못해도	兩日不見
오래 헤어진 듯이 우울하였네	鬱若間闊
지난해 가을에	去歲之秋
공이 이별차 나를 찾아와서	公來我別
말하길, 과주[224]에 가서	云往果州

223 피눈물을 흘리매 : 상을 당한 것을 뜻한다. 《예기》 〈단궁 상(檀弓上)〉에 "고자고가 어버이 상을 행할 때 3년을 피눈물을 흘렸다.〔高子皐之執親之喪也, 泣血三年.〕"라는 말이 있는데, 그 소(疏)에 "소리 없이 눈물을 흘리는 것이 마치 피가 나오는 것 같기 때문에 '읍혈'이라 한다.〔非無聲, 其涕亦出, 如血之出, 故云泣血.〕"라고 한 데서 유래하였다.

내 동산의 밤을 거두되　收我園栗
일 마치면 돌아오리니　事了當返
여러 날 머물지 않으리라 하였네　定不多日
누가 알았으랴 한 번 가서　孰謂一去
문득 숙환이 더치더니　旋被宿疾
점점 병세 깊어졌네　輾轉沈淹
세모에 빈 골짝에서　歲暮空曲
서신 봉투와 약봉지　書緘藥裹
땔나무할 종 매번 보내 드리며　每討柴僕
오히려 생각하길, 순수하고 밝으니　尙謂純明
하늘의 가호 받으시리라고 여겼네　荷天冥騭
슬프고 슬프도다 고복이　哀哀皐復
결국 세밑에 있었네　竟在窮臘
안회의 단명이요　顔回之短
백도의 외로움[225]이네　伯道之孑
사당은 누가 주관하며　廟宇疇尸
과부[226]는 누구에게 의지할꼬　孀妻疇托

224 과주(果州) : 경기도 과천(果川)의 고려 시대 이름이다.

225 백도(伯道)의 외로움 : 채응려(蔡膺呂)에게 자식이 없었음을 말한다. 백도는 진(晉)나라 때에 하동 태수(河東太守)를 지낸 등유(鄧攸)의 자이다. 그가 석륵(石勒)의 병란 때에 아들과 조카를 데리고 피난하다가 둘을 모두 보호할 수 없겠다고 판단하여 자기 아들은 버려 두어 죽게 하고 먼저 죽은 동생의 아들을 대신 살렸는데, 그 뒤에 끝내 후사를 얻지 못하였다. 《晉書 鄧攸列傳》

226 과부 : 채응려의 부인으로, 한산 이씨(韓山李氏) 이성(李宬)의 딸이다.

사람은 본래 한 번 죽지만 人固一死
공처럼 비참하게 죽은 이 없었네 死莫公酷
이른 새벽에 강을 건너 終朝涉江
현목[227]에 와서 곡하네 來哭玄木
늙은 나무 선 황량한 마을[228] 老樹荒村
돌아 흐르는 계곡 흐느끼네 回溪幽咽
뒤에 죽을 사람의 책임은 後死之責
끊어진 대를 이어 주는 것이네 惟是繼絶
눈물이 떨어져 잔에 들어가니 淚落入杯
길이 절하고 영결하네 永言拜訣
오호라 애통하도다 嗚呼痛哉
흠향하소서 尙饗

227 현목(玄木) : 관(棺)을 가리킨다. 무덤을 현궁(玄宮), 현수(玄隧)로 표현하는 데에서 유래하였다.

228 늙은……마을 : 채응려의 집이 있는 곳을 말한다. 두보(杜甫)가 성도(成都) 완화계(浣花溪)의 초당에서 지은 〈초당즉사(草堂卽事)〉 시에 "황량한 마을의 겨울 동짓달, 한 그루 나무 서 있는 이 노부의 집.〔荒村建子月, 獨樹老夫家.〕"이라는 말이 나온다. 《杜少陵詩集 卷10》

선비 정부인의 묘에 고하는 글

告先妣貞夫人墓文

묘소는 죽산(竹山) 남산촌(南山村)에 있다.

유세차 갑신년(1764, 영조40) 9월 경술삭 9일 무오일에 효자 가선대부(嘉善大夫) 개성부유수 겸 관리사(開城府留守兼管理使) 제공이 피눈물을 흘리며 현비(顯妣) 정부인(貞夫人) 연안 이씨(延安李氏)[229]의 묘에 감히 아룁니다.

오호라. 소자는 실낱같은 목숨을 모질게 보전하여 오늘에 이르렀으며 왕명을 받고 개성부 유수가 되어 엄군(嚴君)을 받들고 영부(營府)에 부임하여 삼생(三牲)과 오정(五鼎)을 올리니, 영양(榮養)이 갖추어졌습니다. 오호라. 어머님은 어찌하여 조금 더 잠시나마 기다려 주어서 자식으로서 효도하려는 저의 마음을 이루어 주지 않으셨습니까. 하늘이여 하늘이여.

어머님이 바야흐로 병상에 계실 적에 소자가 진정하는 소를 올려 걸양(乞養)[230]하자 조정에서 영변도호부(寧邊都護府)를 내려 주었습니다. 비답을 내릴 때 마침 새벽닭이 울었기에, 소자는 제지(除旨)를 받들고 바삐 어머님의 침소 주변에 갔는데 등불은 희미하고 시비는

229 연안 이씨(延安李氏) : 이만성(李萬成)의 딸로, 번암의 어머니이다. 남편은 채응일(蔡膺一)이다.

230 걸양(乞養) : 문과(文科) 출신의 관원으로서 늙은 부모가 계실 때 봉양하기 위하여 수령이 될 것을 주청하는 일을 말한다.

고개를 떨구고 있었으며, 오직 들리는 것은 가끔씩 신음하시는 소리뿐이었습니다.

소자가 전에 새로 제수된 것을 아뢸 때 어머님은 스스로 벌떡 일어나 앉아 소자의 두 손을 잡고 말씀하기를,

"영변은 서쪽 고을로 파주를 지나가야 한다. 지난해에는 네가 경기 감영에 있었기에,[231] 내가 부모님과 조부모님의 묘소에 가서 제사를 지낼 수 있었다. 올해는 나의 할머님이 돌아가신 지 60년이 되는 해이고 네가 서쪽 고을을 얻었으니 내가 또 두루 제사를 올린다면 할머님께서 아시고 얼마나 기뻐하시겠으며 나의 애통한 마음도 조금 풀 수 있을 것이다."

하셨습니다. 이어서 눈물을 흘리며 말씀을 잇지 못하기에, 소자가 부드러운 말로 위로해 드렸는데, 그날 저녁에 이미 어머님의 말씀을 듣지 못하게 될 줄 누가 알았겠습니까. 하늘이여 하늘이여.

지금 개성으로 가는 길을 돌아보건대 파주를 경유하니, 소자가 비록 목석처럼 어리석지만 어찌 이것을 견디겠습니까. 오호라. 우리 어머님은 하늘에 통하는 효성을 지녀서 병이 위독한 때에도 정성스럽게 낮은 목소리로 오직 묘에 배알하는 것을 행복으로 여기셨으나 소자의 불효가 무상하여 죄가 하늘과 땅 사이에 쌓여 끝내 어머님으로 하여금 이 소원을 이룰 수 없게 하였습니다. 그러나 오늘 처자를 이끌고 차마 파주를 지나서 홀로 큰 부(府)의 이바지를 누리니 사람의 도리가 끊어졌습니다. 이것이 어찌 사람이 할 짓이겠습니까. 하늘이여 하늘이여.

231 지난해에는……있었기에 : 번암은 1760년 12월부터 1761년 10월까지 경기 관찰사를 지냈다.

오늘 중양절은 곧 어머님의 생신입니다. 평소 가난하여 초초한 떡과 과일도 모두 뜻에 걸맞게 하지 못하였습니다. 아직도 기억하건대 소자가 이천부(伊川府)를 다스릴 적에[232] 마침 이날을 만나서 넉넉지 않은 음식물로 작은 정성을 조금 폈는데 어머님은 만족하고 기뻐하며 아버님께 자랑하셨습니다. 오호라, 이 즐거움이 영영 끝났습니다.

개성은 큰 부(府)라서 태부인(太夫人)의 생신에 식희(飾喜)할 것이 실로 넉넉하고 많기에, 소자가 때때로 장부를 열람할 적에 이러한 사례를 보게 되면 저도 모르게 책을 덮고 눈물을 흘렸습니다. 좋은 날이 돌아와 지극히 한스러운 마음이 가슴속에 가득합니다. 이에 녹봉으로 마련하여 이 제수들을 진설하고 겸하여 영소(榮掃)를 행합니다. 물품들은 저의 정성이고 글자들은 저의 피눈물입니다. 깊고 깊은 야대(夜臺)에서도 과연 만족하고 기쁘십니까? 천지의 아득함은 죽음만 같지 못한 지 오래입니다. 흠향하소서.

232 소자가……적에 : 번암은 1756년 6월부터 1758년 2월까지 이천 부사(伊川府使)를 지냈다.

겸인 장덕량에 대한 제문
祭傔人張德良文

나의 겸인(傔人) 장덕량(張德良)이 정해년(1767, 영조43) 6월 20일에 병으로 죽어서 7일이 지난 모갑(某甲)에 성 서쪽 기슭에 장사 지내는데, 그 하루 전에 내가 눈물을 닦으며 애사를 써서 김성욱(金聲郁)으로 하여금 읽어 위로하게 하였다.

오호라, 너 덕량이여. 나는 네가 죽으매 너를 슬퍼할 겨를도 없이 참으로 너를 부러워한다. 이 말은 내가 차마 하지 못하겠지만 또한 어찌 말을 하지 않아서 네가 한결같은 마음으로 주인을 섬긴 정성을 사라지게 할 수 있겠느냐.

오호라. 네가 나를 따라 노닌 지 10년이고 가대인(家大人)의 권우(眷遇)를 가장 많이 입었으며 너도 마치 효자가 부모를 섬기듯이 지성으로 섬겨서 하루도 곁에서 모시지 않은 적이 없었다.

가대인은 대질(大耋)[233]의 연세라서 침석에서 기거할 때 오직 너의 힘에 의지하셨고, 옷을 입으실 때 옷고름을 매 드린 것도 오직 너였고, 머리카락을 빗으실 때 상투를 틀어 드린 것도 오직 너였으며, 세수하실 때 주전자를 받들고 수건을 드린 것도 오직 너였고, 진지를 드실 때 수저를 놓아 드린 것도 오직 너였으며, 저녁마다 두 발바닥 가운데를 각각 정확히 천 번을 문지르지 않으면 그치지 않았으며 수년을 그렇게 하면서도 게으른 기색이 없었던 것도 오직 너였다.

233 대질(大耋) : 86쪽 주163 참조.

가대인의 체후가 편치 않으실 때에는 부축하고 간호하는 데에 더욱 정성을 다하였으니, 곧 익힌 음식, 미음과 약석(藥石)은 물론이요, 밤부터 아침에 이르기까지 침과 콧물을 닦아 드리고 변소를 청소하는 일도 번번이 모두 즐거운 일처럼 힘썼다. 그것을 본 사람들은 모두 감탄하지 않는 이가 없었는데, 더구나 나는 가대인의 자식으로서 그 직분을 다하지 못한 자이다. 네가 도리어 효도를 대신 실천한 것이 이와 같으니, 내가 얼마나 마음으로 너에게 감사하겠느냐.

재작년에 서쪽 고을에서 화변(禍變)을 당했을 대[234] 하느님을 부르짖으며 마치 살고 싶어 하지 않은 것은 네가 반드시 나에게 미치지 못한다고 할 것이 없었고, 장사 지낼 때 허둥지둥하고 연제(練祭)를 지낼 때 슬퍼하며 늘 죽어서 따르는 것을 좋은 것으로 여긴 것은 나와 네가 같았다. 그러나 나는 사람의 도리가 없어 구차하게 살아서 오히려 인간 세상에 붙어 있으나 너는 도리어 홀연히 세상을 떠나서 내가 이루지 못한 것을 이루었다. 거기서 과연 다시 나의 가대인을 모시며 평소에 하던 대로 옷을 입으실 때는 옷고름을 매 드리고 머리카락을 빗으실 때에는 상투를 틀어 드리며 세수를 하실 때는 주전자를 받들겠으나, 나는 홀로 가대인을 뵙지 못하고 새벽부터 밤까지 의려(倚廬)의 거적자리[235] 옆에서 원통하게 부르짖으리라.

234 재작년에……때 : 1765년 5월 번암이 안악 군수(安岳郡守)로 부임했는데, 그곳에서 부친상을 당한 것을 말한다.

235 의려(倚廬)의 거적자리 : 친상을 당해 거상하는 것을 이른다. 《예기(禮記)》〈상대기(喪大記)〉에 "부모의 상에는 의려에 거처하는데, 의려에는 흙벽이 없으며, 거적자리에 눕고 흙 베개를 베며, 상사 이외에는 말을 하지 않는다.〔父母之喪, 居倚廬不塗, 寢苫枕塊, 非喪事不言.〕"라고 한 데서 온 말이다.

너로 하여금 지각이 있게 한다면 반드시 절로 자신이 죽은 슬픔을 슬퍼하지 않고 내가 너를 부러워하는 것을 슬퍼할 것이다. 네게 받은 은혜가 뼈에 사무쳤으나 온갖 일 때문에 너를 저버리게 되었다. 변변찮은 떡과 닭 한 마리는 나의 마음이 담긴 것이니, 내가 너에게 매우 부끄러운 짓을 했다고 여겨 나의 눈물 젖은 술잔을 흠향하지 않아서는 안 된다.

목순호[236] 조순 에게 올리는 제문

祭睦醇乎 祖醇 文

목군 순호(睦君醇乎)가 정해년(1767, 영조43) 10월 4일에 장차 이담(伊潭)[237]의 유택으로 영영 돌아가는데, 그 하루 전 계해일에 평강 채제공이 영궤 앞에서 글로 영결을 고한다.

우리의 도가 그른 것인가	吾道非邪
어찌 하늘을 싫어하리오	何厭于天
살아서는 이루지 못했고	生而不遂
죽을 때는 장수 못했네	死而不年
범용한 자에겐 괜찮으나	胷矣凡庸
순호에게 왜 그랬는가	在醇則那
이 언덕과 거리를 돌아보건대	睠兹坡巷
왕사의 옛집[238]이네	王謝故家
세운의 평지와 비탈	世運平陂
상전벽해처럼 서로 바뀌었네	桑海互嬗

236 목순호(睦醇乎) : 목조순(睦祖醇)으로, 본관은 사천(泗川), 자는 순호이다. 아버지는 목시경(睦時敬)이다.

237 이담(伊潭) : 양주(楊州)의 읍치(邑治) 북쪽에 있는 이담촌(伊潭村)이다.

238 왕사(王謝)의 옛집 : 목조순의 집이 명문가라는 말이다. 왕사는 중국 진(晉)나라의 재상인 왕도(王導)와 사안(謝安)의 가문을 통칭하는 말인데 유수한 문인과 벼슬아치를 배출한 명문가를 일컫는다.

상서[239]의 옛 가문에서	尙書舊門
맑은 기운 군에게 있었네	淸氣在君
베 이불과 명아주 국[240]에는	布被藜羹
푸른 노을 무성하게 서렸네[241]	靑霞鬱蟠
굳세고 출중하며	矯矯孑孑
현처럼 곧고 얼음처럼 차가웠네	弦直氷凜
당의 경계를 굽어보니	俯視黨界
용렬한 자들 매우 커졌네	闒茸張甚
불의한 금자광록대부를	不義金紫
업신여기고 백안시했네	傲眼之白
진삼은 옷을 물리치고[242]	陳三却衣
오릉은 고기를 토했네[243]	於陵哇肉

239 상서(尙書) : 상서는 판서(判書)를 이르는 말로, 여기서는 목조순의 증조부로서 병조 판서 등을 지낸 목창명(睦昌明)을 가리킨다.

240 베……국 : 매우 청빈한 생활을 말한다. 베 이불은 춘추 시대 제(齊)나라의 고사(高士)인 검루(黔婁)가 죽었을 때 증자(曾子)가 조문을 갔는데, 염습을 할 베 이불조차 부족하여 시신의 수족(手足)이 밖으로 삐져나왔다고 한다. 《列女傳 卷2》 명아주 국은 명아주로 끓인 국으로 매우 조악한 음식을 뜻한다.

241 푸른……서렸네 : 목조순의 뜻이 높았다는 말이다. 푸른 노을은 뜻이 높음을 비유할 때 사용하는 말이다. 강엄(江淹)의 〈한부(恨賦)〉에 나오는 "무성한 청하의 기특한 뜻〔鬱靑霞之奇意〕"이라는 구절에서 유래하였다.

242 진삼(陳三)은 옷을 물리치고 : 청렴함을 말한다. 진삼은 송나라 때의 문인 진사도(陳師道)를 가리킨다. 그는 평소 동서(同壻)인 조정지(趙挺之)의 탐오함을 미워하였는데, 하루는 교외에서 올리는 제사에 참여하게 되었다. 마침 날씨가 매우 추워 집에 따뜻한 옷이 없기에 아내가 조정지의 집에 가서 옷을 빌려다 주자 그는 이를 거절하고 얇은 옷을 입고 나갔다가 결국 한질(寒疾)에 걸려 죽었다고 한다. 《宋史 陳師道列傳》

옛날에도 드문 일이었는데 古亦攸罕

오늘날 누가 이와 같으랴 在今疇若

나의 강직함이 顧余骯髒

세상에 맞지 않음을 보고 于世寡合

자석이 끌듯이 먼지가 붙듯이[244] 若磁投芥

이렇게 서로 뜻이 맞았네 有是相得

나를 하나의 나무로 보고 視我一木

큰 집을 지탱하길 바랐네 冀支大屋

군에게 흙을 쥐고서 勉君捧土

광란 막는 일 돕길 권면했네[245] 助塞狂瀾

서로 믿고 서로 기약했는데 相恃相期

243 오릉(於陵)은 고기를 토했네 : 청렴함을 말한다. 오릉의 진중자(陳仲子)는 형이 받는 녹봉이 의롭지 못하다는 이유로 형의 집에 살지 않았으며, 어머니가 그 집의 오리를 잡아 음식을 해 주어서 진중자가 먹고 있을 때, 마침 형이 밖에서 돌아와 보고 말하기를 "그것이 바로 꽥꽥 우는 오리의 고기이다."라고 하자, 진중자가 밖으로 나가 토하였다. 《孟子 滕文公下》

244 자석(磁石)이……붙듯이 : 바늘이 자석에 붙는 것처럼 호박(琥珀)에 먼지가 붙는 것처럼 사람끼리 서로 의기투합하는 것을 말한다.

245 군에게……권면했네 : 작은 힘이나마 번암 자신이 하는 일에 참여하여 도울 것을 권면했다는 말이다. 흙을 쥐고서 광란을 막는다는 말은 본래는 힘이 부족함을 뜻하는 말이다. 후한(後漢) 주부(朱浮)의 〈위유주목여팽총서(爲幽州牧與彭寵書)〉에 "그대 팽총이 어찌하여 조그마한 어양 땅을 가지고 천자에게 원한을 품고서 반란을 일으키려 하는가. 이것은 비유컨대 바닷가에 사는 백성이 흙을 손에 쥐고서 맹진 나루를 메우려고 하는 것과 같으니, 단지 자신의 분수를 모르는 것만 남에게 보여 주는 격이라고 할 것이다.〔奈何以區區漁陽, 而結怨天子? 此猶河濱之民, 捧土而塞孟津, 多見其不知量也.〕"라는 말이 나온다. 《文選 卷41》

곁에 귀신이 있었네	傍有鬼神
악실 지키는 나[246]를 가련히 여기며	憐我守堊
더욱 치밀하게 자신을 나무랐네	躬訊尤密
올해 여름에도	在今年夏
찾아오던 걸음 멈추지 않아	課屧靡缺
개도 둥근 부채 익숙히 보아	狗慣團扇
문에서 짖지도 않았네	不吠于門
가슴속은 활달하였고	蘊結如豁
질병은 낫는 듯하였네	疾病如痊
진흙길에 막혀 하루 묵을 때	關泥一宿
비가 동산 숲을 때렸네	雨厖園林
누가 알았으랴 간 뒤에	孰謂其去
흉음이 뒤따를 줄을	踵以凶音
멍하니 달려가 곡하니	惝怳馳哭
끝났도다 이금[247]이여	已矣俠衾
우리의 도가 그른 것인가	吾道非耶
하늘에 무슨 죄가 있는가	何辜于天

246 악실(堊室) 지키는 나 : 상(喪)을 당하여 상중의 예제를 지킴을 말하는데, 번암은 1765년(영조41) 부친상을 당하여 상중에 있었다. 악실은 사방의 벽을 백토(白土)로 바른 방으로, 장례 전에는 상주가 사방을 이엉으로 둘러친 의려(倚廬)에 거처하는데, 장례 후에는 그 의려의 벽을 흙으로 발라 바람과 추위를 막는다. 그러다가 소상 때가 되면 흙으로 바른 벽 위에 다시 백토를 입히고, 대상 때가 되면 바닥에 검은 흙을 깔고 벽에 다시 백토로 덧칠을 하여 방을 약간 꾸민다. 《禮記 喪大記 註》

247 이금(俠衾) : 소렴을 마친 뒤 시신을 덮다가 입관한 뒤에 관을 덮는 이불이다.

곤궁함은 본래 시대가 그러하나	窮固時然
누가 수명을 이렇게 아꼈나	壽孰爾慳
저 양주의 산에	彼楊者山
엷은 눈 덮였네	薄雪被之
명정과 삽선 성곽을 등지니	旌翣背郭
어느 날에나 돌아오려나	曷日旋歸
졸렬한 애사와 조촐한 제수	菲詞薄具
내 눈물이 턱을 적시네	我淚霑頤
이 술잔을 흠향하시고	尙歆此酌
탈 없이 떠나가시게	無疾征輀
아, 애통하도다	嗚呼痛哉
흠향하소서	尙饗

내구 이 상서[248] 휘 지억 에게 올리는 제문

祭內舅李尙書 諱之億 文

경인년(1770, 영조46) 맹동(孟冬) 11일에 고(故) 예조 판서 이공(李公)의 상여가 파주의 선영을 향하여 발인하는데, 이틀 전 신사일 저녁에 생질 평강 채제공이 삼가 변변찮은 전문(奠文)을 갖추어 영결을 고합니다.

오호라, 애통하도다. 사람이면 누군들 외가가 없겠으며 사람이면 누군들 외숙과 생질의 관계가 없겠는가마는 오랫동안 길러 주고 도탑게 사랑해 주는 것을 누가 소자만큼 공에게 받았겠습니까. 생각건대 지난날 소자가 시골에서 서울로 올라왔을 때는 너무 어려서 아무것도 몰랐지만 오히려 기억하는 것은, 우리 부모님이 가족을 부양할 수가 없어서 공의 집에 가서 살게 되었는데 공은 크게 기뻐하며 맞이하여 협실(夾室)을 청소하고 머물게 하고, 우리 아버님을 친형처럼 보고 엄한 스승으로 대하였으며, 비록 작은 쌀독의 조와 명아주 국이라도 우리 어머님과 나누지 않으면 맛있게 여기지 않은 지가 거의 10년이었으나 조금도 게을리하지 않은 것입니다. 이것은 본래 공의 집에 전해 오는 아름다운 법도이나 만약 효성과 우애를 실로 하늘로부터 얻어서 본성에 뿌리를 둔 자가 아니라면 어찌 이렇게 할 수 있겠습니까. 공이

248 이 상서(李尙書) : 이지억(李之億, 1699~1770)으로, 본관은 연안(延安), 자는 덕수(德叟)·항수(恒水), 호는 성헌(醒軒)이다. 번암의 외조부 이만성(李萬成)의 양자이다. 생부는 이만선(李萬善)이다. 번암의 외숙이다.

이러했기 때문에 소자는 더벅머리 시절부터 관례를 올리고 장가들며 처음 등과할 때까지 하루도 공의 집에 있지 않은 적이 없었습니다.

제가 조정에 나가 임금을 섬기게 되어서는 또한 공과 앞서거니 뒤서거니 벼슬에 나아갔는데 천지의 우로가 마치 우리 외숙과 생질에게만 사사로이 내린 것 같아서, 공이 승정원에 있을 때 소자는 홍문관에 있었고 공이 양주 목사를 맡을 때 소자는 경기 관찰사가 되었으며,[249] 필경에는 서로 뒤따라 병조 판서와 예조 판서의 자리에 올랐습니다. 이것은 실로 고위 관원의 집에도 드문 영광이었습니다.

스스로 생각해 보건대 저의 졸렬한 재능과 천박한 식견은 진실로 밝은 시대에 진찰(塵刹)의 보답[250]을 의논하기에 부족하나, 공의 평소 포부를 가만히 우러러보면 혼란한 시대에는 간성(干城)이 될 수 있고 조정의 사이에서는 동량이 될 수 있어서, 훗날 나라에 위급한 일이 생겼을 때 끓는 물에 달려들고 활활 타는 불을 밟으며 몸을 바치는

249 공이 양주……되었으며 : 이지억이 1760년경에 양주 목사를 지냈는데, 번암은 그해 12월 경기 관찰사에 제수되었다.

250 진찰(塵刹)의 보답 : 진찰을 받들어 은혜에 보답한다는 말로, 벼슬에 나가지 않고 자신을 수양하는 것으로 임금의 은혜에 보답하는 것을 뜻한다. 《능엄경(楞嚴經)》에, 아난(阿難)이 말하기를 "이 심신을 가지고 모든 세상의 중생들을 받드는 것, 이것을 이름하여 부처님 은혜에 보답하는 것이라 하네.〔將此心身奉塵刹, 是則名爲報佛恩.〕"라고 하였는데, 그 주석에 "성과를 얻고 중생을 제도(濟度)하는 것은 부처의 은혜에 보답하는 것과는 상관이 없지만, 이것을 가지고 보답하지 못하는 은혜에 보답하는 것으로 삼는다.〔得聖果度衆生, 無與於報佛, 而以此爲報此不報之報也.〕"라고 하였다. 주희(朱熹)가 〈답진동보(答陳同甫)〉에서 이를 인용하여 출처(出處)를 구차히 해서는 안 된다는 의리를 논하면서부터 위와 같은 의미로 쓰이게 되었다. 《晦庵集 卷36》《朱子書節要集解 卷3》

것은 친지로서 기대하는 것이 그럴 뿐만이 아니라 실로 여러 사람의 논의이기도 하였습니다.

오호라. 세상의 험한 길은 다하기 어렵고 우리의 도는 날로 외로워져 비록 팔다리를 펴고 할 일을 다하지 못했으나 소자가 공에게 바란 것과 공이 소자를 면려한 것은 외숙과 생질이 도탑게 사랑해 주는 것에만 있지 않았습니다. 어찌 하늘은 공을 버려두지 않고 공은 세상의 혼탁함을 싫어하여 소자를 갈팡질팡하며 의지하고 우러를 곳이 없게 만들면서도 조금도 돌아보고 연연하지 않을 줄 생각했겠습니까. 오호라. 애통하도다.

사람이 세상에 태어나서 공처럼 살면 또한 충분합니다. 그 지위로 말하자면 팔좌(八座)의 높은 자리에 올랐고, 그 수명으로 말하자면 향년이 72세이며, 공이 사망하자 성군이 슬퍼하고 애석해하고 운한(雲漢)의 문장[251]으로 제사를 지내어 충성을 기리고 곧음을 표창하였으니 영예가 찬란하였습니다. 신하로서 살았을 때나 죽은 뒤에 이러한 영예를 얻은 자가 천고에 몇 사람이나 되겠습니까. 공이 사실을 안다면 반드시 영영 떠나간 것을 슬퍼하지 않을 것이며, 소자가 아이고 아이고 길게 곡하며 길이 애통해하는 것에 대해 공은 반드시 빙그레 웃으며 손을 내저으실 것입니다.

그러나 소자가 공을 곡한 이래로 아득한 우주에서 심장이 찢어지고 창자가 문드러진 것은 또한 달리 까닭이 있습니다. 소자의 불효가 무상하고 죄가 하늘에 통하여 우리 선비(先妣)를 잃고 나서 벌써 추위와

251 운한(雲漢)의 문장 : 하늘에 빛나는 은하수로, 화려한 문장을 의미한다. 《시경》〈대아(大雅) 역복(棫樸)〉에 "높은 저 은하수여, 하늘에 문채 이루었네.〔倬彼雲漢, 爲章于天.〕"라고 하였다.

더위가 아홉 번 바뀌었으며 두꺼운 땅은 아득하여 목소리와 모습을 좇아갈 수 없는데, 매번 평상 아래에서 공에게 절을 할 때면 마치 제 몸이 다시 우리 선비의 슬하에 있는 듯하여 위로는 눈을 비비고 아래로는 눈물을 참은 것이 여러 번이었습니다. 이제부터 죽기 전까지 오직 어머님을 섬기던 것으로써 공을 섬겨야 했는데 공이 또한 기다려 주지 않았습니다. 모든 것이 상하(床下)[252]께서 살아 계실 때와 같은데 그 자리에 없으십니다. 이것은 소자의 곤궁함이 초래한 것입니다. 소자가 비록 몹시 어리석지만 어찌 이것을 참을 수 있겠습니까.

근일에 제 몸이 내의원의 상약(嘗藥)하는 일[253]에 매이고 곧바로 정후(庭候)를 잇따라 설행하는 일을 만난 탓에 영연(靈筵)에서 슬픈 마음을 쏟아 내지 못한 지 오래인데, 어느덧 세월이 빨리 흘러 발인할 날짜가 내일로 다가왔습니다. 늙은 전나무와 쇠잔한 국화가 서 있는 관청은 변함없으나 서성이며 슬피 부르짖나니 공은 혹 들으셨습니까. 눈물 떨어져 술잔에 들어가니 천고의 영원한 이별입니다. 상하의 모습 생생한데 오늘에 이르렀으니 끝났습니다. 아니면 혹 구원(九原)의 아래에서 우리 선비에게 돌아가 절을 하시고 소자가 느끼는 오늘의 애통함을 자세히 전하며 서로 마주하고 한숨을 쉬시겠습니까? 오호라. 애통하도다. 흠향하소서.

252 상하(床下) : 나이 많은 어른에 대한 경칭이다. 후한의 마원(馬援)이 병이 들었을 때 황제의 사위 양송(梁松)이 찾아와 위문하고 평상 아래에서 절을 하였으나 마원이 답례를 하지 않자, 그가 나간 뒤에 아들들이, 황제의 사위에게 어찌하여 답례를 하지 않았느냐고 물으니 "나는 양송의 아버지의 벗이다. 그가 아무리 존귀하더라도 어찌 질서를 잃을 수 있겠느냐."라고 한 데서 온 말이다. 《後漢書 馬援列傳》

253 상약(嘗藥)하는 일 : 번암이 당시 약방 제조를 맡고 있었다.

고비의 묘에 분황제를 지내며 올리는 제문

考妣墓焚黃祭文

유세차 경인년(1770, 영조46) 11월 계묘삭 20일 임술일에 효자 숭정대부(崇政大夫) 판의금부사(判義禁府事) 제공이 현고(顯考) 자헌대부(資憲大夫) 지중추부사(知中樞府事) 부군[254]과 현비(顯妣) 정부인(貞夫人) 연안 이씨(延安李氏)의 묘에 감히 밝게 아룁니다.

아들 제공이 작년 12월에 관직이 상경(上卿)[255]에 올라 자헌대부 한성부 판윤이 되었는데, 며칠 뒤에 상(上)이 연신(筵臣)에게 이르기를 "판윤의 부모에게 추은(推恩)해야 하는데, 정부는 어찌하여 날짜를 허비하며 안일하게 하는가?" 하니, 연신이 대답하기를 "그의 아버지는 살아 있을 때 품계가 자헌대부였으며 또한 이미 중추부의 실직을 역임하였으니, 법리상 가증(加贈)하는 것은 마땅하지 않습니다." 하자, 상이 이르기를 "중추부의 직함은 장수하여 내린 것이다. 어찌 화려한 증직으로 자식의 마음을 위로하지 않는가." 하고, 이에 열 줄의 교지[256]를

254 현고(顯考)……부군 : 채응일(蔡膺一, 1686~1765)이다. 본관은 평강(平康), 자는 경언(敬彦)으로, 공주 병마첨사 채성윤(蔡成胤)의 아들이다. 부인은 이만성(李萬成)의 딸이다.《樊巖集 卷55 先考府君遺事》

255 상경(上卿) : 판서(判書)를 가리키는데, 여기서는 번암이 1769년 한성부 판윤에 오른 것을 말한다.

256 열 줄의 교지 : 임금의 교지나 친필 서한을 일컫는다. 후한 광무제(後漢光武帝)가 각 지방에 내리는 조서를 모두 한 장에 열 줄로 세서(細書)한 고사(故事)에서 나온 말이다.《後漢書 循吏列傳序》

내려 특별히 증직할 것을 명한 뒤에 마침내 드러내어 법으로 삼았습니다. 그달 23일에 부군을 자헌대부 이조판서 겸 지의금부사 오위도총부 도총관에 증직하는 교지를 받들었습니다.

올해 10월 2일 상이 마음이 몹시 괴로운 일이 있어서 보여(步輿)를 타고 옛 저택에 가실 때 제공이 마침 약원 제조(藥院提調)로서 감히 옷자락을 끌어당긴[257] 옛사람의 뜻을 본받아 말씀을 아뢰어 성상의 표창을 외람되이 입었으며 "그 심지(心志)를 내보였다."라는 유시를 내리며 특별히 정헌대부를 가자하셨습니다.

오래 지나지 않아서 성상의 체후에 병환이 들어 주원(廚院)에서 10일 동안 숙직했는데, 다행히 종묘사직의 음덕에 힘입어 성상이 완쾌되는 경사가 있자, 숙직의 수고에 대한 보답을 차등 있게 하였습니다. 이에 종1품에 오르고, 이어서 집금오(執金吾)[258]에 제수되었습니다. 11월 2일 부군을 숭정대부 의정부좌찬성 겸 판의금부사 세손이사 오위도총부도총관에 증직하고 선비를 정경부인에 증직하는 교지를 받들었습니다. 우러러 생각건대 성은이 산처럼 높고 바다처럼 깊으니, 운수결초(隕首結草)[259]의 바람이 어찌 유명(幽明) 간에 차이가 있겠습니까.

257 옷자락을 끌어당긴 : 직언으로 간언을 올렸다는 말이다. 위 문제(魏文帝) 조비(曹丕)가 일찍이 신하들의 간언을 듣지 않고 10만 호(戶)를 기주(冀州)로부터 하남(河南)으로 강제 이주시키려 했는데, 이때 직간(直諫)을 잘하던 신비(辛毗)가 재차 간했는데도 조비가 노하여 대답도 않고 안으로 들어가자, 신비가 조비를 뒤따라가서 옷자락을 끌어당기며 간언을 올렸다고 한다. 《三國志 魏書 辛毗傳》

258 집금오(執金吾) : 의금부 관원의 별칭이다. 번암은 1770년 판의금부사에 올랐다.

259 운수결초(隕首結草) : 살아서는 목숨을 바치고 죽어서도 은혜를 갚겠다는 뜻이다. 진(晉)나라 이밀(李密)이 96세인 조모(祖母)를 봉양하기 위해 벼슬을 사직하며

오호라. 묘소에서 분황제를 올리는 예법은 천리와 인정으로 헤아려 보면 속히 해야지 지체해서는 안 됩니다. 작년 섣달 이래로 소자의 마음은 번번이 떨치고 날아가고 싶었으나, 열흘 사이에 갑자기 호조판서가 되어 부절을 차고 강을 건넜는데, 옛날에도 이런 사례는 없었습니다. 시간을 끌다 5월에 이르러 다행히 면직되었으나 마침 송추(松楸)의 장막[260]에 역병이 들어 서로 전염되어 빈번(蘋蘩)을 삶을 곳이 없었습니다. 중추(仲秋) 이후에는 어제시문(御製詩文)을 교정하거나 내의원에서 탕약을 맛보았으므로 사적인 일을 말할 수 없었습니다. 이럭저럭 지내다가 재차 증직의 은전이 내리고 나서야 비로소 휴가를 얻어 묘소에 와서 잣나무를 붙잡고 그동안 내린 은혜로운 고명문(誥命文)을 함께 불사르니, 소자의 불효와 불민함이 이에 극에 달하였습니다.

오호라. 이 세상에 사람이 생겨난 이래로 사람이면 누군들 부모가 없었으랴마는 생각건대 우리 부자는 천륜의 친함으로 스승과 제자의 의리를 겸하였습니다. 경전(經傳)과 자사(子史)는 모두 아버님께서 가르쳤고, 붓과 벼루와 점과 획도 아버님이 가르치셨습니다. 지극한 정성으로 소자가 남보다 낫기를 바라셨으니, 옛사람의 아름다운 말과 착한 행동으로 깨우쳐 주지 않은 날이 없었습니다. 지극한 정성으로 소자가 불선한 데 빠질까 염려하셨으니, 평소의 한마디 말과 한 가지 행동도 신칙하지 않은 때가 없었습니다. 병이 위독할 때에도, 매사에 최선을

올린 〈진정표(陳情表)〉에 "조모의 여생을 끝까지 보전할 수 있게만 된다면, 신이 살아서는 목숨을 바쳐 충성을 다하고 죽어서는 결초보은하겠습니다.〔卒保餘年, 臣生當隕首, 死當結草.〕"라고 하였다.

260 송추(松楸)의 장막 : 선영에 있는 재실(齋室)을 말한다.

다하라고 제 손을 잡고 정성스럽게 부탁하셨습니다. 지금 추억해 보니, 오장이 찢어지는 듯합니다.

소자는 미련하고 어리석어 비록 명심하고 뜻을 계승하지는 못했으나 마우금거(馬牛襟裾)[261]를 면하여 지위가 높은 반열에 올라 우리 두 분께 이증(貤贈)하였으니, 어느 것이 가르치고 훈계해 주신 노력 덕분이 아니겠습니까마는 또한 생각건대, 우리 아버님의 빼어난 행의와 출중한 문장은 살아서는 시대에 쓰이지 못하다가 오늘에 이르러서야 비로소 그 보답을 받았으니, 천도가 어찌 이리도 더딥니까.

생각건대 눈 쌓인 궁벽한 산에 음성과 용모가 날로 멀어집니다. 마치 기뻐하며 칭찬하시는 모습을 뵙는 듯하나 아득하여 볼 수 없고, 마치 가르침을 받는 듯하나 어렴풋이나마 들을 수 없습니다. 아득한 천지에서 누구를 의지하고 믿겠습니까. 소자의 지극한 한을 불쌍히 여기고 소자의 지극한 심정을 살피며, 굽어보고 강림하여 흠향하셔서 녹봉으로 미처 봉양하지 못한 애통함을 조금이나마 위로해 주십시오. 흠향하소서.

261 마우금거(馬牛襟裾) : 배움이 부족한 사람이라는 뜻의 겸사이다. 한유(韓愈)의 〈부독서성남(符讀書城南)〉 시에 "사람이 고금을 통하지 못하면, 마소에 사람 옷을 입혀 놓은 것과 같다.〔人不通古今, 馬牛而襟裾.〕"라는 말이 나온다. 《韓昌黎集 卷6》

척숙 이 승지[262] 지회 에게 올리는 제문
祭戚叔李承旨 之晦 文

유세차 신묘년(1771, 영조47) 3월 임인삭 11일 임자일에 외종질 채제공이 삼가 떡과 술을 갖추고 고 승지 연안(延安) 이공(李公)의 영궤 앞에서 통곡하고 영결을 고합니다.

오호라, 애통하도다	嗚呼痛哉
나의 외숙 돌아가시고[263]	吾舅之逝
다섯 달이 지났는데	五易其朔
공이 또한 뒤를 이었으니	公又繼之
신의 섭리 어쩌면 그리 가혹한가	神理何酷
아, 나의 외가는	噫我外氏
우리나라의 갑족이라네	甲于王國
충효로 집안을 다스려	忠孝以家
세상의 본보기가 되었네	爲世矜式
저 언덕과 거리를 돌아보건대	瞻彼坡巷

262 이 승지(李承旨) : 이지회(李之晦, 1706~1771)로, 본관은 연안, 자는 희주(希朱)이다. 좌랑 이만근(李萬根)의 아들이고, 연원부원군(延原府院君) 이광정(李光庭)의 후손이다. 이만근은 번암의 외조부 이만성(李萬成)의 아우이다. 54세인 1759년(영조35) 문과에 급제하여 예문관 검열, 사헌부 장령, 승지 등을 역임하였다. 《文科榜目》

263 나의 외숙 돌아가시고 : 번암의 외숙 이지억(李之億)이 1770년에 사망한 것을 말한다. 《樊巖集 卷37 祭內舅李尙書文》

동산에 교목이 있네	園有喬木
성쇠가 서로 이어져	旺虛相乘
그 기운 소슬하네	其氣蕭瑟
공은 실로 만년에 뛰어올라	公實晚騫
우리 외숙의 뒤를 따랐네	躡吾舅塵
목천인 대성[264]에서	木天臺省
가마[265]가 사람을 비췄네	珂馬照人
거듭 계전에 뛰어오르니[266]	重踔桂殿
임금의 웃음 새로웠네	天笑載新
공에게 출납을 맡기고	俾典出納
공에게 동읍을 다스리게 했으나	俾治東邑
공은 나아가 취하지 않고	公不進取
남쪽 성곽에서 병 치료했네[267]	養痾南郭
아침저녁으로 물 뿌리고 비로 쓰니	朝灑暮掃
온 집이 물처럼 맑았네	一室如水

264 목천(木天)인 대성(臺省) : 비서관 격인 사헌부를 말한다. 목천은 당나라 때 한림들이 있던 비서각(秘書閣) 건물이 가장 높고 컸으므로 그렇게 부른 것이다. 대성은 대간(臺諫)과 같은 말로, 이지회가 사헌부 장령을 지냈으므로 한 말이다.

265 가마(珂馬) : 화려하게 장식한 거마(車馬)라는 뜻이다.

266 거듭 계전(桂殿)에 뛰어오르니 : 이지회가 1767년 중시(重試) 갑과에 장원한 것을 말한다. 계전은 전당(殿堂)에 대한 미칭이다.

267 남쪽……치료했네 : 1762년 장령으로 있던 이지회가, 역모로 몰린 조재호(趙載浩)를 옹호한 죄로 삭직된 일을 말한다. 병을 치료했다는 것은 병들었다고 핑계를 대고, 방문한 사람을 맞이하지 않는다는 뜻이다.

옷걸이와 안석 가지런하고 椸几齊整
꽃과 약초 무성하였네 花藥旖旎
사불이라 편액을 거니 扁以四不
소옹과 흡사하였네[268] 邵翁是似
엄정한 규모를 井井規模
조금도 옮기지 않으며 尺寸靡徙
말하길, 만약 나를 쓴다면 曰如用我
다스림도 이와 같으리라 하였네 治亦如是
기우를 잊지 못하고 耿耿杞憂
강개함이 가슴속에 있었으니 忼慨在中
단정한 선비의 모습이요 端士之儀
명문가의 풍모였네 大家之風
누구만 못했기에 誰之不如
공경이 못 되었나 弗卿弗公
돌아보건대, 나는 어릴 적에 顧余在髫
외가에서 자랐네 外家之養

268 사불(四不)이라……흡사하였네 : 이지회가 송(宋)나라 시인 소옹(邵雍)의 시에서 '사불'이란 글자를 따서 편액을 걸었다는 말이다. 소옹의 시 〈사사음(四事吟)〉에 "모임에는 네 가지 참석하지 않을 것이 있고, 때에는 네 가지 외출하지 않을 시기가 있네.〔會有四不赴, 時有四不出.〕"라고 한 것을 이른다. 네 가지 참석하지 않는 모임이란 공회(公會) 즉 공적인 일로 인한 대중 집회, 장회(葬會) 즉 장사를 지내면서 베푸는 잔치, 생회(生會) 즉 탄생을 축하하는 잔치, 갹회(醵會) 즉 추렴하여 술 마시는 모임을 이르며, 집 밖에 나가지 않는 네 가지 때란 몹시 추울 때, 몹시 더울 때, 큰바람이 불 때, 큰비가 올 때를 이른다. 《邵氏聞見錄 卷20》《古今事文類聚 續集 卷14 四事》

친밀한 정뿐만 아니라	匪維親誼
마음으로 실로 의지하고 우러렀네	心實依仰
근년에 이르러서	逮夫比年
거주지 서로 접했네	居止相接
뜰에 나무가 눈에 보여	庭木入矚
온화한 모습 뵙는 듯했네	藹藹如挹
공이 내게 얘기하러 올 때는	公來話我
가마 타거나 걸어서 오셨네	以輿以屧
내가 공께 나아간 때는	我往就公
아침이나 저녁이었네	于朝于夕
바둑을 함께 두고	碁局交錯
떡과 음식 진솔하였네[269]	餅餌眞率
삼 일을 보지 못하면	三日不見
두 마음은 무언가를 잃은 듯했네	兩心如失
티끌세상을 굽어보면	俯視塵世
눈을 뜰 수 없었네	無可開睫
우리의 이 즐거움	吾輩此樂
한 백년 변함없길 바랐는데	百年無斁
작년 봄에	昨歲之春

269 바둑을……진솔하였네 : 두 사람의 모임이 사치스럽지 않고 검소하였다는 말이다. 송(宋)나라 사마광(司馬光)이 파직되어 낙양(洛陽)에 있을 때 늘 고로(故老)들과 어울리며 서로 약속하기를 "술은 다섯 순배를 넘지 말고 음식은 다섯 가지를 넘지 말게 하자." 하고는, 그 모임의 이름을 진솔회(眞率會)라고 했다고 한다. 《聞見前錄 卷10》

나는 장수의 부절 차고	余佩將符
나의 약산을 떠나서	捨我藥麓
성곽으로 들어가니	載入城郛
왕래가 매우 줄었는데	過從頗簡
공의 일을 어찌하리오	奈此公事
병을 알리는 편지 한 통	一書告病
나는 우연이라 생각했네	余謂偶爾
어린 손자가 울면서 와서	稚孫泣至
내게 뵙고 영결하길 청했네	要我面訣
달려갔으나 미치지 못했으니	馳往靡及
부끄러움을 어찌 말하리오	負負何說
봄 저무는 도성엔	春暮王城
꽃이 예전처럼 만발하여	花事如昔
유람하는 이들 무리 이루니	遊賞成群
필대[270]와 잠악[271]이네	弼臺蠶嶽
공은 어찌하여 나를 버리고	公何棄余
깊이 잠들어 깨지 않으시나	潛寐不寤

270 필대(弼臺) : 필운대(弼雲臺)로, 한양 경복궁 서쪽 인왕산의 필운동에 있던 명승지이다.

271 잠악(蠶嶽) : 잠두봉(蠶豆峯)이다. 《신증동국여지승람》 권3 〈비고편 한성부(漢城府)〉의 모악조(母嶽條)에 "인왕산에서부터……용산(龍山)에 이르러 한 기슭이 서남쪽에서 계당치(鷄堂峙)가 되고, 와우산(臥牛山)에 이르러 잠두봉이 된다."라고 하였다. 잠두봉은 양화 나루 동쪽 강변에 우뚝 솟아 있는 누에 머리 모양의 봉우리로 가을두, 덜머리, 잠두령, 용두봉, 절두산, 들머리라고도 한다.

긴 호곡으로 길이 인사하고	長號永辭
한잔 술로 영결하네	一杯千古
부디 작은 정성 살펴보고	庶鑑微衷
저의 조촐한 제수 흠향하소서	歆我菲具

아들 같은 생질 이유사[272]에 대한 제문

祭甥姪子李儒師文

유세차 임진년(1772, 영조48) 2월 15일 경진일에 이유사의 널이 인천을 향해 출발하는데, 그 외숙부 번암옹이 이미 묘지명을 지어 그의 밝은 성품과 아름다운 품행을 서술하고,[273] 또한 술과 떡을 갖추어 발인하기 4일 전 병자일에 제문을 들고 통곡하며 영결한다.

오호라, 소갑(小甲)이여. 너는 나의 선비(先妣)께서 가장 사랑했던 아이가 아니더냐. 너는 내가 가장 사랑했던 아이가 아니더냐. 너는 6세 때 어머니가 세상을 떠나고 10세 때 또 아버지를 잃었으니, 천하의 곤궁한 백성 중에 너 같은 이는 없었다.

네 형제 다섯 명 중에 남자는 셋이고 여자는 둘인데, 너희가 엄마를 잃고부터 나의 선비께서 너희들을 사랑하고 애쓰면서 모두를 슬하에서 기르셨다.

그중에서 너에 대한 사랑이 더욱 도타웠으니, 주무실 때 너를 안지

272 이유사(李儒師) : 1751~1772. 본관은 함평(咸平), 자는 성로(聖魯), 아명은 소갑(小甲)이다. 이태운(李台運)의 둘째 아들이다. 어머니는 번암의 여동생이다. 부인은 진주 유씨(晉州柳氏) 유재근(柳載根)의 딸이다. 6세에 어머니를 여의고 10세에 아버지를 여의었다. 어머니를 잃은 뒤에는 외할머니의 돌봄을 받았으나 12세 때 외할머니도 세상을 떠나자, 번암 내외의 돌봄을 받았다. 총명하여 번암의 사랑을 많이 받았으나 병에 걸려서, 장가든 지 석 달 만인 1772년 1월 16일 22세의 나이로 죽었다.《樊巖集 卷54 甥姪李儒師墓誌銘》

273 그……서술하고 : 《번암집》 권54 〈생질이유사묘지명(甥姪李儒師墓誌銘)〉이다.

못하면 잠을 이루지 못하셨고, 진지를 드실 때도 너와 함께 먹지 못하면 맛있게 드시지 못하였다. 나는 비록 불초하지만 부모님이 사랑하는 것을 알고 역시 너를 사랑하였다. 이런 까닭에 평소 너를 볼 때면 감히 내 어머님의 마음을 내 마음으로 삼지 않을 수 없었다.

임오년(1762)에 나는 죄가 쌓이고 악이 극에 달하여 갑자기 나의 선비를 여의었다. 오호라. 너는 다시 누구를 의지하고 너는 다시 누구를 믿었더냐. 나와 아내는 더욱 지극하게 너를 가엾게 여기고 너를 길렀는데 더구나 너는 눈과 귀가 총명하고 정성과 효성이 돈독하고 지극하였다. 선비의 상을 치를 때 너는 비록 어렸지만 애통해하고 다급해할 줄 알았고, 아침과 저녁에 상생(象生)[274]에 음식을 올릴 때마다 나를 따라 곡하며 3년을 하루같이 하였으니, 나는 너를 볼 때마다 가엾게 여기지 않은 적이 없었다.

너는 또한 생각이 몹시 지혜로워서, 배움에 들어가는 것은 늦었지만 《소미사(少微史)》[275] 약간 편을 읽자마자 벌써 대지(大旨)를 통달하고, 사마천의 《사기》와 《모시》 및 당나라 사람들의 문집을 볼 때도 번번이 막힘이 없었으니, 나는 너를 가르칠 때마다 늘 대단히 사랑하였다.

얼마 지나지 않아 너는 갑자기 풍현(風眩)병에 걸려서 몇 년 동안이

274 상생(象生) : 궤연(几筵)을 말한다. 살았을 때와 똑같이 자손들이 받든다는 데서 온 말이다. 두우(杜佑)의 《통전(通典)》 권49 〈시향천신부(時享薦新附)〉에 "사당에 신주를 보관하여 사시제를 지내고, 침에는 의관, 궤장 등 살아 있을 때 쓰던 기구를 두고서 그곳에 새로운 음식물을 올린다.〔廟以藏主, 以四時祭, 寢有衣冠几杖象生之具, 以薦新物.〕"라고 하였다.

275 소미사(少微史) : 송나라 때의 학자 강지(江贄)가 저술한 《통감절요(通鑑節要)》를 가리킨다. 소미는 강지의 호이다.

나 어떤 때는 증상이 사라졌다가 어떤 때는 심해졌다가 하여, 나는 결국 학문을 권면할 생각을 하지 않고 오직 약물 복용만을 중시하였다. 그러나 너는 반드시 방 안 구석에 조용히 앉아 입으로는 암송하고 손으로는 잔글씨로 베껴 썼는데, 너에게 물어보면 모두 두보와 당나라 시인의 글이라고 하였다.

때로 좋은 계절 아름다운 풍경을 만나면, 나는 젊은이들과 운자를 집어 시를 짓고 노래 부르며 거닐었으며, 너도 그것을 좋아하여 내 곁에서 화답하여 올린 것이 많았는데 시어에 번번이 병이 많음을 일컬어서 암연히 처량한 뜻이 있었다. 나는 들을 때마다 그 때문에 가엾게 여기고 그 때문에 몹시 사랑하지 않은 적이 없었으며 마음을 가눌 수 없었다.

요 몇 년 동안 네 병이 날로 점점 나아지고 또한 아내를 맞이할 수 있어서 작년 맹동에 비로소 장가를 들였다. 이에 너는 성인이 되었고 네 처도 아름다운 품행이 있어서 보는 이들이 모두 축하하였다. 나와 내 아내가 서로 돌아보며 기뻐한 것이 또한 어떠했겠느냐. 그리고 가만히 스스로 생각하기를 '이제부터는 아마도 네가 건강하게 진취(進就)하는 것을 볼 것이고 이것을 훗날 나의 선비께 돌아가 아뢸 수 있겠다.' 하였는데, 누가 몇 달도 못 되어 차마 네가 나를 버리고 죽는 것을 보게 될 줄 생각했겠느냐. 애통하고 애통하도다. 하늘이여, 하늘이여.

하늘이, 사람이 형통하면 그로 하여금 곤궁하게 하고, 곤궁하면 그로 하여금 형통하게 하여, 곤궁과 형통이 서로 바뀌며 무시로 오고 가는데 이것은 주야(晝夜)와 한서(寒暑)의 이치이다. 네가 비록 나를 아버지라 부르고 내 아내를 어머니처럼 의지하였으나 너의 운명은 돌아갈 곳 없는 곤궁한 사람일 뿐이었구나. 지난 20년 동안 이미 이와 같이 기구한 운명을 골고루 겪었으니, 장래의 형통은 틀림없이 기다리면 올 것인데 지금 도리어 끝내 곤궁함으로 그 몸을 마쳤으니, 하늘의 도리가 어찌 너에게만 어긋났단 말이냐.

이것은 까닭이 있다. 생각건대 나는 몸에 있는 재앙이 신명의 노여움을 사서 머리가 하얗게 세도록 아들이 없었다. 이로써 신명의 노여움을 조금이나마 달랠 수 있을 것 같았으나 신명은 오히려 만족하지 못하고 내가 자식처럼 가장 사랑하는 너에게 질병을 내리기 시작하여 나로 하여금 수많은 세월을 애태우고 걱정하게 만들고, 끝내는 요절의 참혹함을 끼쳐서 나로 하여금 차마 볼 수 없고 견딜 수 없는 상황에 걸리게 하였으니, 그런 후에야 신명은 그 마음을 쾌하게 할 수 있다고 여긴 것이다.

그렇다면 너의 죽음은 너 때문이 아니라 실로 나로 말미암았는데 너는 그것이 이와 같음을 알지 못하고 죽기 하루 전에 나에게 말하기를 "종일 생각한 것은 오직 큰아버님입니다. 큰아버님이 계신데 어찌 저를 죽게 하겠습니까." 하였다. 오호라. 너는 진실로 나를 하늘처럼 믿어서 생명이 위태로운 때에도 혹 자기를 살릴 수 있는 권한이 나에게 있을 것이라고 생각하였으나 나는 너를 살리지 못할 뿐만 아니라 도리어 나의 허물로 너의 죽음을 초래하였으니, 또 무슨 말을 하겠느냐, 또 무슨 말을 하겠느냐.

오호라. 가령 네가 총명하지도 지혜롭지도 못하여 어리석고 노둔한 자제로서 죽는 데 지나지 않았다면 내가 비록 너의 죽음을 슬퍼하더라도 결코 이렇게까지 슬프지는 않았을 것이다. 가령 네가 장가를 들지 않고 죽었다면 내가 비록 너의 요절을 슬퍼하더라도 결코 이렇게까지 슬프지는 않았을 것이다. 가령 네가 비록 장가를 간 뒤에 죽더라도 만약 자식을 하나 남겼다면 내가 비록 너의 불행을 슬퍼하더라도 결코 이렇게까지 슬프지는 않았을 것이다. 지금 너는 총명하고 지혜로우며 장가를 들었으나 몇 달 되지 않았으니 자식 하나 남기는 것은 논할 수 있는 것이 아니다. 나의 슬픔이 어찌 우주를 관통하지 않겠으며 더구나 너의 처는 시집을 왔다고는 하나 네가 신음하는 날은 많고 건강한 날은 적어서 금슬 좋게 화합하는 것을 보지 못하였으니, 네 처는 너의 얼굴과 모습을 알기는 하지만 어렴풋이 기억하는 것에 지나지 않을 것으로 생각된다. 낮에 통곡하는 소리가 절절하게 나의 심장과 간을 찢으니, 내가 목석이 아닌데 어찌 견디겠느냐.

바야흐로 너의 병이 심할 때 내가 너에게 이르기를 "네가 아파하는 소리를 들으면 내 마음도 아프구나." 하자, 네가 갑자기 말하기를 "큰아버님이 이렇게 마음 아파하시니, 아파도 감히 신음 소리를 내지 않겠습니다." 하였다. 너의 이 말로 미루어 보건대, 지금 너는 비록 죽었으나 너는 내가 너를 슬퍼하다가 수명을 줄이는 것을 바라지 않은 것이 분명하다. 그러나 슬픔은 칠정(七情)의 하나라서 상황에 따라 보이는 대로 절로 슬퍼하지 않을 수 없으니, 병이 생기는 데 이르지 않는 경우가 드물다. 나는 이에 너의 지극한 뜻을 저버리게 됨을 면치 못하였구나.

생각건대 너를 저버리지 않는 것은 너의 처를 친딸처럼 보아 내게 의지하고 살아갈 수 있게 하며, 네 형제가 훗날 자식을 보면 네게 입양하여 네 자취를 잇게 하는 것뿐이다. 너의 숨에 솜을 갖다 댈 무렵에 내가 이런 내용을 네게 말해 주었는데, 너는 과연 들었느냐, 아니면 숨이 막혀서 듣지 못하였느냐? 들었더라도 너의 가련함에 무슨 보탬이 되었겠는가마는 듣지 못했다면 더욱 슬픈 일이로구나.

인천의 계일리(桂日里)는 곧 네 부모의 묘지가 있는 곳이니, 그 옆을

뚫어 네 무덤을 만들었다. 인간 세상에서 외롭고 슬펐던 20년은 단지 한순간이나 지하에서 부모를 기쁘게 모실 시간은 무궁할 것이므로, 너는 반드시 다행으로 여길 것이나 나와 네가 아버지처럼 아들처럼 지낸 친분은 이로부터 끝나는구나. 영원한 작별을 이 한 술잔으로 그치련다. 너는 돌아보고 흠향하여 나의 지극히 슬픈 마음을 위로해 주려무나.

이유사의 졸곡에 지은 제문

祭李儒師卒哭文

유세차 임진년(1772, 영조48) 2월 병인삭 19일 갑신일은 곧 우리 소갑(小甲)[276]의 졸곡(卒哭)을 지내는 날이다. 외숙부 번암옹이 통곡하고 고한다.

너의 장사와 우제(虞祭)의 축문은 모두 네 처 유씨(柳氏)[277]가 현벽(顯辟)[278]에 고하는 것으로 애사를 만들어 읽었는데, 내 심장이 불에 타는 듯하여 귀로 차마 듣지 못하였다. 지금 졸곡에 내가 너에게 고하니, 생각건대 너는 감격하고 다행하게 여겨 올 것이며 반드시 처가 고하는 것보다 못하지 않을 것이다.

오호라. 너는 죽은 지 겨우 33일 만에 담박하고 고아한 몸가짐과 단아하고 고결한 모습이 구천(九泉)에 안장되었구나. 나는 홀로 탄식하고 반우(返虞)하고 또한 졸곡을 하여 참으로 죽은 사람으로 너를

276 소갑(小甲) : 이유사(李儒師)의 아명이다. 152쪽 주272 참조.

277 네 처 유씨(柳氏) : 이유사의 부인은 진주 유씨(晉州柳氏) 유재근(柳載根)의 딸이다.

278 현벽(顯辟) : 죽은 남편을 이르는 말로, 《예기》 〈곡례(曲禮)〉에 "할아버지는 황조고(皇祖考)라고 하고 할머니는 황조비(皇祖妣)라고 하며, 아버지는 황고(皇考)라고 하고 어머니는 황비(皇妣)라 하며, 남편은 황벽(皇辟)이라고 한다."라고 하였는데, 그 주에 "황(皇)과 왕(王)은 모두 임금의 칭호로서 높이는 말이다. 고(考)는 덕행이 이루어졌다는 뜻이고, 비(妣)는 짝한다는 뜻이다. 벽(辟)은 법도이니, 아내가 법식으로 삼는 바이다."라고 하였다.

대우하게 되었으니, 내가 어찌 그것을 차마 하겠느냐.

생각건대 너는 태어난 이래로 하루도 나를 떠나서 지낸 적이 없었다. 나는 동쪽으로 나가 이천 부사가 되고, 서쪽으로 나가 개성부 유수가 되고, 또 서쪽으로 나가 안악 군수가 되며, 북쪽으로 나가 함경도 관찰사가 되었는데, 너는 매번 나를 따라갔다가 나와 함께 돌아왔다. 지금 만약 네가 죽었는데 내가 너의 신주를 관리하지 않고 네 신주를 다른 곳으로 보낸다면 내가 어찌 마음을 가눌 수 있겠느냐. 너인들 어찌 돌아보며 슬퍼하고 미련을 두지 않겠느냐. 이런 까닭에 너의 궤연을 내 침소 옆방에 진설해 놓고 거의 평소처럼 의지했으나 다만 아침저녁으로 곡하고 우는 소리를 내가 견디지 못하겠구나. 너도 반드시 이것으로 거듭 나의 수명을 줄어들게 하고 싶지 않을 것이다.

지금 이후로는 국과 밥은 살아 있을 때처럼 올리되 곡은 그친다. 오직 삭망과 명절에만 나와 네 처와 네 형제가 모여 곡을 하여 그 슬픔을 쏟으며 3년을 마칠 것이다. 너는 어떻게 생각하느냐? 술과 단술과 떡과 과일은 모두 내 아내가 직접 준비하였다. 나와 네 형제자매가 모두 자리에 있으면서 네가 와서 흠향하기를 바라는 것은 모두 지극한 정성에서 나왔으니, 네가 어찌 흠향하지 않겠느냐.

이 정주[279] 득일 에게 올리는 제문

祭李定州 得一 文

유세차 갑오년(1774, 영조50) 계하(季夏) 7일 기축일에 정주 부백(定州府伯) 이공(李公)의 널이 평양성 아래에 머물기에, 도백(道伯) 채제공이 변변찮은 제수를 갖추고 제문을 들고서 영결합니다.

오호라, 애통하도다	嗚呼慟哉
지난해 봄에	去歲之春
공이 와서 이별을 알렸네	公來告別
서쪽 고을을 맡아[280]	云綰西符
장차 출발하려 한다 하였네	行且啓轄
내가 공의 오두막에 가니	我造公廬
남저[281] 가 마을이었네	南瀦之曲
공께서 이미 집을 옮겼다며	公已徙館
하인이 서쪽 성곽을 가리켰네	僮指西郭
날이 어두워 수레 돌리니	日黑旋車

279 이 정주(李定州) : 이득일(李得一, 1726~1774)로, 본관은 전주(全州), 자는 희천(希天)이다.

280 서쪽 고을을 맡아 : 이득일이 정주 목사가 된 것을 말한다.

281 남저(南瀦) : 남호(南湖)와 같은 말로 보인다. 남호는 용산 부근의 한강을 일컫는 용산강의 별칭이다.

암연히 회포 풀리지 않았네	黯焉靡釋
마침 지난달에	適在前月
나는 서백이 되었네[282]	我爲西伯
공이 그 관할에 속해	公屬厥管
얻음이 있는 듯 기뻤네	欣若有獲
행차가 황강[283]에 이르러	行至黃岡
월파정[284]에 올랐네	月波是陟
전하길, 나는 듯한 파발이	傳道飛撥
누정 옆을 가로질러 가는데	橫過樓側
정주 목사가 서거했다고 하며	定牧云逝
계문 몹시 급하다 하였네	其啓甚急
갑자기 듣자 천치인 듯	忽聞如癡
내 눈물 떨어졌네	我涕隨落
음악 소리 중단되고	絲竹中斷
좌중이 다 슬퍼했네	坐者咸惻
정절이 감영에 도달하니	旌節到營
고을 수령들 자리를 메웠는데	郡紱塡席
공이 오는 것은 보이지 않고	不見公來
어찌하여 현목[285]인가	奈何玄木

282 지난달에……되었네 : 번암이 1774년 4월 평안도 관찰사가 된 것을 말한다.

283 황강(黃岡) : 황해도 황주(黃州)를 가리킨다.

284 월파정(月波亭) : 평안남도 맹산군 맹산읍 서쪽 독바위산에 있던 옛 누정이다.

285 현목(玄木) : 관(棺)을 가리킨다.

생각건대 우리의 교분은 念我交契
만년에 비로소 돈독했네 晩歲始篤
공이 나의 낭관 되어 公爲我郎
명 받들어 찬집하니 承命撰輯
《문헌》의 〈병고〉 文獻兵考
참으로 그대의 노력이었네[286] 寔爾之力
이 세상을 두루 보건대 歷觀玆世
누가 나의 눈에 흡족하리오 疇愜我目
조정에서 공을 얻으니 得公于朝
참으로 짝할 이 드물었네 允矣鮮匹
체격 단아하고 용모 넉넉하며 體端貌舒
말을 하지 못하는 듯하였네[287] 言如不出
천천히 그 내면을 두드려 보니 徐叩其存
청렴하고 박식하였네 廉操博識
여벌의 일로 여긴 보불[288]에 餘事黼黻

286 공이 나의……노력이었네 : 《영조실록》 46년 1월 11일 기사에 이득일이 《문헌비고》의 편집에 낭청(郎廳)으로 차임된 내용이 보인다. 번암은 이때 병조 판서로서 이득일과 함께 〈병고〉를 편찬했는데, 〈병고〉에는 역대의 군사 제도와 숙위(宿衛), 부신(符信), 군자(軍資), 양향(糧餉) 등 및 봉수(烽燧)·마정(馬政)·역체(驛遞) 등 교통 제도가 실렸다.

287 말을……듯하였네 : 언행을 매우 신중하게 했다는 뜻이다. 《논어》 〈이인(里仁)〉에 공자가 말하기를 "옛날에 말을 하지 못한 것은 궁행이 미치지 못할까 부끄러워해서였다.〔古者言之不出, 恥躬之不逮也.〕"라고 하였다.

288 보불(黼黻) : 여기서는 찬란한 문장을 의미한다.

임금의 계책 찬란하였네	皇猷賁若
어찌하여 고아한 명망이	云胡雅望
이 비옥에 국한되었나[289]	局玆緋玉
상여가 거쳐 지나가니	輀車歷過
서로 만난 듯하네	若或相覿
직접 객점에 와 보니	躬來店舍
끝났도다 죽었구려	已矣冥漠
패수는 넘실넘실	浿水沄沄
동쪽으로 밤낮없이 흘러가네[290]	東流日夕
나는 듯한 객사 초루에 기대니	飛館倚譙
이끼에 공의 자취 사라졌네	苔失公跡
내가 외로이 바라본다면	使我孤眺
늙은 회포 어찌 끝이 있으리오	老懷何極
술 한잔으로 한 번 곡하니	單杯一哭
관서의 해 빛을 잃었네	關日色薄
바라건대 고아[291]는	惟願孤兒
성취하여 자취를 계승하라	成立繼躅

289 이 비옥(緋玉)에 국한되었나 : 이득일이 마지막에 승지를 지냈으나 벼슬이 더 높이 올라가지는 못한 것을 말한다.

290 패수(浿水)는……흘러가네 : 임금에 대한 이득일의 충심을 비유한 것이다. 중국에 있는 양자강과 한수 등 모든 강은 결국 동쪽으로 흘러 바다로 향하여 들어가는데, 이로부터 강물이 동쪽으로 흐른다는 말은 임금에 대한 한결같이 변함없는 충심을 뜻한다. 패수는 대동강의 별칭이고, 대동강은 본디 서쪽으로 흐르지만, 여기서는 임금에 대한 충심을 표현하기 위하여 동쪽으로 흐른다고 한 것이다.

291 고아 : 망자 이득일의 아들을 말한다.

민 성천[292] 백순 에게 올리는 제문

祭閔成川 百順 文

유세차 갑오년(1774, 영조50) 가을 7월 기망 후 3일 경오일에 강선주인(降仙主人) 여흥(驪興) 민공(閔公)의 널을 실은 배가 대동강 가에 머물렀기에, 도백(道伯) 평강 채제공이 삼가 변변찮은 제수를 갖추어 통곡하고서 보낸다.

오호라, 애통하도다	嗚呼慟哉
예전에 내가 공을 안 것은	昔我識公
익릉의 능지기일 때였네[293]	翼陵之直
한번 보고 심취한 것은	一見心醉
인척이기 때문만은 아니었네[294]	匪直爲戚
중간에 못 만난 지	中間睽違
십여 년이었네	餘數十年
작년에 승정원에서	昨歲銀臺
서로 보고 기뻐했네	相視欣然

292 민 성천(閔成川) : 민백순(閔百順, 1711~1774)으로, 본관은 여흥(驪興), 자는 순지(順之), 호는 강선주인·단실거사(丹室居士)이다. 부친은 민창수(閔昌洙)이다. 김산 군수(金山郡守), 연안 부사(延安府使), 양주 목사(楊州牧使) 등을 역임하였다.

293 예전에……때였네 : 번암은 1747년 8월 익릉 별검(翼陵別檢)이 되었다.

294 인척이기 때문만은 아니었네 : 번암의 6대조비가 여흥 민씨 민여건(閔汝健)의 딸이다.

그대를 부석으로 보내니[295]	送子鳧舃
서쪽 성천으로 나갔네	西出成川
관서의 구름 아득하니	關雲緲緬
나의 회포 끝없이 이어졌네	我懷之綿
올해 여름에 나는	今年維夏
외람되이 기복[296]을 맡았네	叨殿箕服
공이 그 부에 속하여	公屬厥部
나를 대동강 가에서 맞이했네	迎我浿曲
풍도가 공경스러워	風儀儼若
이 영부[297] 빛났네	賁玆營府
문장 토론할 때는	談討文章
그 자리에서 천고를 논하였네	席上千古
하룻밤 자고 작별하며	一宿而辭
훗날의 기약을 손꼽았네	後期是指
삼십 일도 안 되어	日不三旬
다시 명함을 보내왔네	重報刺紙

295 그대를 부석(鳧舃)으로 보내니 : 지방의 수령에 임명된 것을 말한다. 부석은 신선들이 신는 오리 모양의 신인데, 지방의 수령을 가리키는 뜻으로 쓰인다. 동한(東漢)의 왕교(王喬)가 섭 현령(葉縣令)에 부임한 뒤에, 서울에 올 대마다 두 마리의 들오리를 타고 왔는데, 그 들오리를 잡고 보니, 옛날 상서성(尙書省)에 있을 적에 하사받은 신발 한 짝만 남아 있었다는 전설에서 유래한 것이다. 《後漢書 方術列傳 王喬》

296 기복(箕服) : 평안도를 말한다. 은(殷)나라 기자(箕子)가 평양에 도읍을 정했다고 전하므로, 평안도를 가리키는 말로 쓰인다.

297 영부(營府) : 지방의 감영(監營)과 부(府)에 대한 통칭이다.

나는 공이 왔다는 말 듣고	我聞公至
웃는 얼굴로 기뻐했네	色笑以喜
나는 연광정을 소제하고	掃我練光
공을 평안히 거처하게 하였네	俾公爰處
반짝이는 해가 막 비칠 때	赫旭方舒
내가 공의 처소에 갔네	我就公所
성의 언덕은 그윽하고	城阿窈窕
나는 듯한 누각 환히 빛났네	煥爛飛閣
그 아래 맑은 강물은	其下澄江
비단 주름 만 겹이었네	紋縠萬疊
꽃밭이 제방 끝까지 펼쳐지고	華薄竟堤
고운 산봉우리가 자리를 엿보았네	嫩岑窺席
공이 말하기를, 명성이 크면	公曰盛名
실제에 부합하기 어려운데	難副者實
오직 이 평양성은	維玆箕城
전국에 짝할 곳이 드물며	寰海鮮匹
볼수록 더욱 기이하여	屢見逾奇
천 번을 봐도 싫증나지 않는다 하였네	不厭千廻
벽하[298]의 윗면에서	碧霞上面
단판[299]을 명하여 재촉했네	檀板命催

298 벽하(碧霞) : 평양시 삼석구역 장수원동 판서골 동쪽에 있는 골짜기이다. 푸른 시냇물이 흐르고 늘 노을이 비낀다 하여 벽하골이라 하였다.

299 단판(檀板) : 박자(拍子)를 맞추는 일종의 악기이다.

맑은 곡조 힘차게 일어나고	淸吹奮逸
붉은 분가루 서로 뒤섞였네[300]	紅粉交錯
온갖 기예 이룸을 고하니	百技告成
하얀 달빛이 쪽문을 비췄네	素月被閤
여흥이 매우 커서	餘興甚長
이른 아침에도 미칠 듯하였네	詰朝又狂
채색한 배를 호수에 띄우니	彩艦浮渚
붉은빛 푸른빛 번졌네	丹碧滄滄
내가 앞에 공이 뒤에	我前公後
완연히 호수 가운데 있자니	宛在中央
초록빛 넘치는 유리 강물	綠漲琉璃
아득하여 끝이 없는 듯하네	杳若無極
징소리 피리 소리 진동하여	鐃笳震越
어룡이 도망가 숨었네	魚龍遁蟄
천천히 능라[301]에 배를 대고	徐戛綾羅
닻줄을 구름 서린 절벽에 맸네	繫纜雲壁
장막들을 높이 치고	幕帟高揭
부벽루를 마음껏 관람하였네	縱觀浮碧
솔과 잣나무에 둘러싸인 산기슭은	松柏障麓
은사의 유택[302]이 있는 곳이네	殷師幽宅

300 붉은……뒤섞였네 : 기녀(妓女)들이 춤추는 것을 말한다. 붉은 분가루는 곱게 치장한 기녀를 가리킨다.

301 능라(綾羅) : 평양시 대동강에 있는 섬인 능라도(綾羅島)를 말한다.

영험한 굴 휑뎅그렁하니 靈窟谽谺
기린 말 보이지 않았네[303] 麟馬儵忽
노래하고 휘파람 불며 돌아오는 배에 歌嘯回帆
촛불이 달처럼 밝았네 華燭如月
알아보기 쉬우나 잊기 어려워 易識難忘
연광정에 다시 올랐네 練光復陟
공이 시 지으면 내가 평하고 公詩我評
내가 읊으면 공이 이어 읊었네 我吟公續
누정 높고 강 길다고 하였으니 樓迥江長

이 네 글자는 공의 시 속에 있는 말이다.

시어가 화식하는 사람 것[304] 아니었네 語非煙食
나는 말하길, 훌륭하구려 我曰奇哉
이런 놀이는 얻기 어려우니 斯遊難得
칠월 기망의 뱃놀이[305]를 七月旣望

302 은사(殷師)의 유택(幽宅) : 평양시 기림리(箕林里)에 있다고 전해 오는 기자묘(箕子墓)를 말한다. 은사는 은나라 태사(太師)였던 기자를 말한다.

303 영험한……않았네 : 평양시 부벽루 아래에 있는 기린굴(麒麟窟)을 읊은 것이다. 전설에 의하면, 동명왕이 대동강 부벽루 아래의 기린굴에서 기린을 길러 이것을 타고 조천석(朝天石)으로 나가 하늘에 올라 조회했다고 한다.

304 화식(火食)하는 사람 것 : 불로 음식을 끓여 먹는, 세속의 사람이 지은 글을 말한다.

305 칠월 기망의 뱃놀이 : 7월 16일에 노는 뱃놀이를 말한다. 북송의 대문장가인 동파(東坡) 소식(蘇軾)이 신종(神宗) 원풍(元豐) 5년인 임술년(1082) 7월 기망에 황주(黃州)에 있는 적벽강(赤壁江)에서 뱃놀이하고 천하의 명문으로 알려진 〈전적벽부(前赤壁賦)〉를 지었는데, 이후 임술년 추칠월 기망이 되면 문인들이 강에서 뱃놀이하는 풍습이 있게 되었다.

다시 정할 수 있을까 하였네 可能重卜

공이 말하길, 즐겁도다 公曰樂哉

감히 승낙하지 않으랴 하였네 敢不敬諾

기녀와 악공 싣기를 載妓與樂

아름다운 절기에 해야 하고 當趁令節

저기 있는 주암[306]이 酒巖在彼

아름다운 약속을 증명하였네 證以佳約

서로 이별한 지 며칠 만에 相別數朝

우통[307]이 이어서 왔네 郵筒繼辱

밤새도록 읊조리면 竟夕吟諷

맑은 기운 한 폭 종이에 가득했네 淸氣盈幅

서신에 답장을 하지 못했는데 書未及復

이 무슨 흉음이란 말인가 是何凶音

꿈인 듯 천치인 듯 若夢如癡

바다의 물거품 되어[308] 찾기 어렵네 海漚難尋

이름난 누와 빼어난 대에는 名樓勝臺

서주의 꽃과 나무 있네[309] 西州花木

306 주암(酒巖) : 평양 동북쪽 10리에 있는 바위이다.

307 우통(郵筒) : 우역(郵驛)을 통해 문서를 전달하는 죽통(竹筒)을 말한다.

308 바다의 물거품 되어 : 덧없는 인생을 마친 것을 말한다. 불교에서 인간 존재의 덧없음을 비유할 때 쓰는 표현으로, 《능엄경(楞嚴經)》 권6에 "무상한 인생을 대각의 경지에서 보면, 바닷속에서 일어나는 하나의 물거품과 같다.〔空生大覺中, 如海一漚發.〕"라는 말이 나온다.

309 이름난……있네 : 평양 을밀대(乙密臺)와 그 아래 영명사(永明寺) 동쪽에 있는

해와 달이 시절 따라 흘러	日月依辰
기망이 다시 돌아왔네	旣望回薄
어디에서 공을 찾을까	何處覓公
나의 배 배회하네	我舟徊徨
펄럭이며 휘날리는 저 명정	翩彼飛旐
연광정 옆에 있네	練光之傍
강물 변함없이 흐르고	江流不改
주암은 예전과 같네	酒巖如舊
비로소 공이 왔다 말하나	始謂公來
공이 아니고 이 널이네	匪公伊柩
이 단비를 맞으며	冒玆靈雨
모래톱 가에 와서 곡하네	來哭沙渚
영령이 어찌 나를 모르리오	靈豈昧我
저의 맑은 술을 흠향하소서	歆我淸醑
오호라 애통하도다	嗚呼哀哉

부벽루에 꽃과 나무가 아름답게 자란 것을 말한다. 서주는 평양이 있는 관서 지방을 말한다.

보통문 중수 고유문

普通門重修告由文

유세차 을미년(1775, 영조51) 3월 무신삭 10일 정사일에 숭정대부(崇政大夫) 행 평안도 관찰사(行平安道觀察使) 채제공이 삼가 아무개를 보내어 보통문의 신에게 밝게 아룁니다.

삼가 아룁니다	伏以
높고 높은 서경	業業西京
정문 우뚝하네	正門有倬
동쪽에는 대동문 있고	東曰大同
보통문은 서쪽에 서 있네	普通西立
오직 이 보통문은	維玆普通
기자 시대에 세운 것이네[310]	箕代攸鑿
여기서 요동과 연경으로 달리면	是走遼燕
큰길이 활줄처럼 반듯하여	周道弦直
우르릉 우르릉 그침 없이	訇隱不息
수레가 줄을 이었네	使車絲絡
단청 빛깔 하늘에 뻗쳐	丹碧亘霄
우리 왕국 화려하게 빛내네	華我王國

310 이……것이네 : 보통문을 기자(箕子) 조선 시대에 세웠다는 말이 전했던 것으로 보인다.

아, 옛날 교활한 왜적　　嘻昔狡蠻
감히 불과 독을 방자히 뿜었으나　　敢肆燹毒
불꽃이 엎드려 일지 않았으니　　炎伏不燄
아름다운 건물 엄숙하였네[311]　　肅肅飛革
혁혁한 명나라 군대　　赫赫天師
왜적 죽이고 성을 수복하니　　殺賊恢堞
창자를 짓밟고 피를 밟기를　　履腸躡血
보통문 옆에서 하였네[312]　　于門之側
비로소 신문이라 칭하여　　肇稱神門
아름다운 이름을 붙여 주었네　　嘉名以錫
신령이 지키고 보호하여　　靈祇呵護
반석 위에 올려놓았으나　　迺磐迺石
사물에는 성쇠가 있고　　物有成毁
세월은 쉬 흘러가　　星紀屢易
구름과 이내에 쐬고　　雲嵐所蒸
바람과 비에 좀먹어　　風雨所蝕

311 불꽃이……엄숙하였네 : 명나라 군대가 쏜 불화살이 보통문에 수없이 꽂혔으나 불이 나지 않은 것을 말한다. 이에 명나라 군사들이 보통문을 신문(神門)이라 불렀다 한다. 《미산집(眉山集)》 권2 〈보통문〉 주석에서 "성 안 누각은 예로부터 웅장하고 화려했는데, 계사년(1593) 전쟁 때 모두 잿더미가 되었다. 다만 보통문의 문루(門樓)만이 불화살이 고슴도치 털처럼 집중되었으나 우뚝이 홀로 보존되어서, 중국인들이 신문이라고 칭하였다." 하였다.

312 혁혁한……하였네 : 조선 군대와 명나라 군대가 평양 보통문과 관련하여 왜적을 물리친 내용은 《선조수정실록》 26년 1월 1일 기사에 자세하다.

서까래 비뚤고 두공 벗겨지며	榱歪栱剝
기와 떨어졌네	瓦垂以落
사람들 모두 탄식하며	人具爾咨
위의가 옛날만 못하다 했네	威不古若
두루 어루만지며 보고	周爰撫覽
나는 슬퍼하였네	我用是蠹
일 년 동안 재목을 모으며	歷歲鳩材
나의 자문단을 지치게 했네	疲我諮度
목수들 서로 따르고	工徒景從
일꾼들 모였네	呼邪是集
위대하고 존귀한 신령이여	丕惟尊神
또한 이것을 기뻐하시리라	亦玆之悅
그 까닭을 펴서 아뢰니	敷告厥故
과일 향기롭고 술 정결하네	果馨卣潔
진노하거나 놀라지 마시고	毋震毋驚
무너지거나 이지러짐 없게 하소서	罔隳罔缺
천만년토록	於千萬年
끝없이 도와주소서	輔翼無極

홍진 기양 제문

紅疹祈禳祭文

유세차 을미년(1775, 영조51) 6월 정축삭 15일 신묘일에 숭정대부(崇政大夫) 행 평안도 관찰사(行平安道觀察使) 채제공이 삼가 희생과 폐백과 술과 포를 갖추고 새로이 비장이 된 전 별제 심득빈(沈得彬)으로 하여금 기성(箕城)의 토지신에게 밝게 아뢰게 합니다.

위대한 상제(上帝)의 큰 덕은 생(生)이라고 하는데,[313] 하늘과 땅 사이에 가득 차서 날짐승과 들짐승을 모두 기르며 그들의 생이 꺾일까 염려하는데, 더구나 사람은 만물의 영장입니다. 위대하도다, 인(仁)이여. 그 위대함은 말로 형용할 수가 없습니다. 그러나 천하는 지극히 광대하고 인물은 지극히 번다합니다. 비록 하토(下土)를 크게 덮어 주는 상제라도 홀로 운행할 수 없어, 이에 천하의 명산(名山)과 대천(大川)으로서 사방을 제압하는 성망(聲望)을 가진 곳을 택하여 각각 운행의 권세를 내려 주었습니다. 존귀한 영령께서 이 기도(箕都)[314]를 주관하여 재앙을 내리고 상서로움을 낳으며 그 중요한 권세를 맡은 것도 역시 상제의 명을 받든 것입니다.

우러러 생각건대 존귀한 영령께서는 지극히 밝고 신령하시니, 직분

313 위대한……하는데 : 《주역》 〈계사전 하〉에 "천지의 큰 덕을 생이라고 하고, 성인의 큰 보배를 지위라고 한다.〔天地之大德曰生, 聖人之大寶曰位.〕"라고 하였다.

314 기도(箕都) : 평양의 이칭이다. 기자(箕子)가 이곳에 도읍을 정했다고 하여 생긴 명칭이다.

의 일에 대해 어찌 하토의 거칠고 졸렬한 말을 기다리겠습니까마는 다만 생각건대 중생을 보우하여 각기 그 본성을 이루어 주며 아버지는 자식을 곡하지 않고 형은 아우를 곡하지 않게 하는 것이 곧 우러러 상제를 따르고 그 책무를 잘 닦는 것입니다. 만약 혹시라도 이것과 반대로 한다면 상제를 저버리는 것이고 자신의 직분을 병들게 하는 것이니, 저는 존귀한 신명께서 반드시 그렇게 하지 않으실 줄로 압니다.

이 기성(箕城)을 돌아보건대 백 년 동안 백성을 편안히 길러 민가가 실로 만 채나 되고, 곰을 꿈꾸고 뱀을 꿈꾸어[315] 끊임없이 낳아서 총각들의 힘이 초동과 목동의 일을 다 하고 소녀들의 손이 길쌈을 맡아서 하는 것이 거리마다 마을마다 들끓고 빽빽하며, 뱃놀이할 때는 북 치고 생황 부는 소리 서로 들리고 그네 뛸 때는 비단 신과 금팔찌 골짜기마다 가득합니다. 이것은 진실로 우리 주상 전하가 백성들에게 복을 베풀어 주었기 때문이나 또한 존귀한 신명께서 인애(仁愛)로 덮어 주고 상서롭지 못한 것을 꾸짖어 금한 공로도 볼 수 있으니, 아, 또한 성대합니다.

올여름 이래, 진역(疹疫)에 홍(紅) 자를 붙여 부르는 것이 24년 만에 일어났습니다. 이것은 실로 현재 유행하여 그칠 수 없는 것으로, 진실로 우리를 옥으로 이루어 주려 하는 것[316]에 방해가 되지 않습니다.

315 곰을……꿈꾸어 : 태몽을 꾸는 것을 말한다. 곰 꿈은 아들을 낳는 꿈으로 여겨졌고, 뱀 꿈은 딸을 낳는 꿈으로 여겨졌다. 《시경》 〈소아(小雅) 사간(斯干)〉에 "대인이 점을 치니, 곰 꿈은 남자를 낳을 상서이고, 뱀 꿈은 여자를 낳을 상서이다.〔大人占之, 維熊維羆, 男子之祥, 維虺維蛇, 女子之祥.〕"라고 하였다.

316 우리를……것 : 장재(張載)의 〈서명(西銘)〉에 "부귀와 복택은 나의 삶을 두텁게 해 주고, 빈천과 우척은 그대를 옥으로 이루어 주는 것이다.〔富貴福澤, 將厚吾之生也, 貧賤憂戚, 庸玉女於成也.〕"라고 한 데서 온 말이다.

그러나 병의 조짐이 커지고 증상이 치료를 거스르며 귀신이 그 해악을 방자하게 부려서 홍진에 걸리고도 생명을 잃지 않은 자가 열에 두셋도 안 되는 것을 어찌하겠습니까. 어린아이의 관이 꼬리를 물고 이어져 문을 지키는 병졸이 슬퍼하고, 할아버지가 손자의 이름을 부르짖고 어머니가 아이의 이름을 부르짖어서 원통한 곡소리가 사람으로 하여금 귀를 막게 합니다. 임신년(1752)의 일을 겪은 어른들은 모두 그때도 이와 같이 참혹한 지경에는 이르지 않았다고 하니, 오호라, 이것이 어찌 상제가 명한 것이겠으며, 이것이 어찌 존귀한 신명께서 하고자 한 것이겠습니까.

저는 압니다. 제공이 재주가 없고 변변치 못하지만 외람되이 풍속을 관찰한[317] 이래로, 행정이 느슨해져 백성에게 혜택을 주지 못하고 정성이 얇아서 신명을 섬기지 못하였으며, 다만 기름진 늠료를 실컷 먹으며 1년 동안 더럽혔으니, 존귀한 신명의 노여움은 실로 이것 때문입니다. 그러므로 재앙을 내려서 저로 하여금 자리에서 불안하여 떠나가게 하고자 하셨습니다. 저는 이미 스스로 알았으니, 어찌 감히 신명을 원망하겠습니까. 그렇지만 또한 존귀한 신명을 위하여 가슴에서 잊지 못하는 것이 없지 않습니다. 존귀한 신명의 뜻이 제공에 대한 노여움이라면 제공의 몸에 벌을 내리는 것이 이치로 보더라도 마땅합니다.

생각건대 저 어리석고 무지하여 작위가 없는 이들은 겨우 부모의 품에서 떨어진 아이이거나 겨우 관계를 맺은 자로서 단지 사랑스러운 점만 보이지 하늘에 죄를 얻은 점은 보이지 않는데, 도리어 그들의 목숨이 끊어지게 하였으니, 혹 저로 인한 노여움을 그들에게 옮긴 것에

317 풍속을 관찰한 : 지방관으로 부임했다는 말이다.

가깝지 않겠습니까.

또한 더구나 상제는 백성의 큰 부모이고, 부모는 오직 자식이 병드는 것을 걱정하는데, 백성이 이 병에 걸렸으니 상제의 근심이 어떻겠습니까. 상제는 비록 높이 계시지만 높이 계셔도 낮은 곳의 소리를 들을 수 있으니 위로 솟구쳐 다다르는 곡소리를 듣지 못할 리가 없는데, 그 불쌍하게 여겨 놀라고 측은하게 여겨 슬퍼함이 또한 어떻겠습니까. 슬프고 민망하며 절박한 심정이 극에 달했으나 호소할 곳이 없는데, 도리어 감히 충정을 다 바쳐 우리 존귀한 신명께 호소합니다.

삼가 바라건대 존귀한 신명께서는 상제의 큰 덕인 생(生)을 잘 생각하여 악귀를 쫓아내고 우리 백성을 도와서 이제부터 영원히 전염병을 끊는다면 무고한 백성의 다행일 뿐만 아니라 존귀한 신명도 상제가 부여해 준 명을 저버리지 않게 될 것입니다. 유념하고 유념하소서.

임와 홍 상서[318] 명한 에게 올리는 제문

祭林窩洪尙書 名漢 文

유세차 병신년(1776, 영조52) 12월 9일 병오일은 고 대사마 홍공(洪公)이 세상을 떠난 후 재기(再期)[319]가 되는 날입니다. 영궤를 거두게 되었으니, 만사가 길이 끝났습니다. 벗 평강 채제공이 삼가 술과 떡을 갖추어 통곡하고 영결을 고합니다.

오호라, 애통하도다. 세도(世道)가 추락하면서부터 붕우(朋友)의 윤리는 날로 쇠락하여 오전(五典) 가운데 헛된 이름을 붙이고 있을 뿐입니다. 가만히 살펴보건대 오늘날 붕우라 부르는 자들은 당류(黨類)를 위해서거나 세력과 이익을 위해서거나 술 마시고 밥 먹으며 놀기 위해서 모이는 자들이며, 이런 것을 자처하지 않는 자들도 당론을 돕거나 문단에 대해 담론하며 문득 망녕되이 형체를 잊고 간담을 비추는 것[320]을 허여하는 데 불과합니다. 가령 절차탁마의 도움을 받으며 일마다 옳은 것을 구하여 과오가 없는 경지에 기필코 들어가려 하는 자가 아마도 있을 것이나 저는 아직 듣지 못했습니다.

제가 베옷을 벗고[321] 조정에서 벼슬한 지 이미 30여 년이니, 천신(薦

318 홍 상서(洪尙書) : 홍명한(洪名漢, 1724～1774)이다. 본관은 풍산(豐山), 자는 군평(君平), 호는 임와(林窩)이다.

319 재기(再期) : 삼년상(三年喪)을 가리킨다. 삼년상은 실제 25개월이기 때문에 만 2년, 즉 2기(期)에 해당한다.

320 형체를……것 : 망형지교(忘形之交)와 간담상조(肝膽相照)를 말한다. 용모나 지위, 나이 등 외적 조건에 얽매이지 않고 서로 마음을 터놓고 사귀는 것을 말한다.

紳) 선생들과 교유한 것이 한량없었지마는 유독 공을 얻어서 붕우로 삼은 것을 행운으로 여기는 것은 좋아하는 사람에게 아첨하여 그런 것이 아닙니다.

공은 풍골이 정정하여 여윈 학이 인간 세상에 내려온 것 같았고, 말과 웃음이 부드러워 꽃다운 난초가 골짜기 안에 퍼진 것 같았으며, 마음가짐이 곧으면서도 조화롭고 일 처리가 온화하면서도 굳세었으며 있어야 할 것은 있고 없어야 할 것은 없었으니 대개 법도를 넘지 않았습니다. 제가 공을 엿보고 마음으로 따른 것이 이와 같았는데 공이 또한 취할 것 없는 저를 버리지 않았습니다. 열흘 동안 얼굴을 보지 못하면 창망히 모였고, 닷새 동안 서신을 보지 못하면 우울함이 쌓였으며, 만나면 반드시 오랫동안 함께했고 말할 때는 반드시 속내를 터놓았으며, 서로 면려하고 기약한 것은 낮추어 보더라도 당류나 권세와 이익에 이르지 않았습니다.

온 세상의 당파가 사(私)만 생각하고 공(公)을 생각하지 않을 때는 편당함이 없는 것으로 면려하였고, 국가의 정권을 잡은 신하에게 여종처럼 무릎을 꿇는 자가 많을 때는 특립독행(特立獨行)으로 면려하였으며, 아첨하는 이들이 조정에 가득한 것을 탄식하고는 죽어도 허물을 따라 하려 하지 않았고, 탐묵(貪墨)이 풍속을 이룬 것을 미워할 때는 굶주려도 지조를 고치고 싶어 하지 않았으며, 비루한 자들이 으슥한 곳에서 서로 왕래하는 것을 볼 때는 분명한 말로 물리칠 것을 생각하고, 주시(主試)가 몰래 사적인 뇌물 받을 길을 연 것을 보면 침을 뱉으

321 베옷을 벗고 : 신분이 낮은 사람이 입는 베옷을 벗고 관복을 입는 것으로, 과거에 급제하여 처음 벼슬에 나아가는 것을 뜻한다.

며 진흙 찌꺼기처럼 여겼습니다. 요컨대 위로는 성스러운 군주의 은혜로운 대우를 저버리지 않고, 아래로는 어릴 적 배울 때의 초심을 잃지 않는 것을 제일의(第一義)로 여겼습니다.

10여 년 동안을 생각해 보면 저와 공은 한자리에 같이 앉아 상의하고 편지를 보내 강학하였으니, 어디에선들 그렇게 하지 않았으며 무슨 일인들 그렇게 하지 않았겠는가마는 가령 밤낮으로 큰 절개를 실추함이 없도록 힘쓰는 것 또한 이를 벗어나 다른 곳에 있지 않았습니다. 도의로 서로 사귀었다고 비록 감히 버젓이 스스로 여기지는 못하지만 절차탁마의 도움을 받아 허물이 없는 곳에 들어가기를 구한 것 또한 이때를 사양하지 않았습니다. 저의 마음은 하루라도 공이 없으면 마치 세상에서 살지 못할 것 같았으나 공이 저를 버리고 돌아가신 지 벌써 3년이 되었는데, 오히려 시름시름 다니며 갈팡질팡 살고 있으니, 저의 삶이 몹시 지리멸렬합니다.

오호라. 공이 죽을 때 나는 패강(浿江) 가에 있었는데, 정신이 몽롱할 때 들보의 신이 와서 고하였으니, 이것은 저의 마음이 공에게 맺혀서 그런 것입니다. 공이 숨질 때 간곡하게 잠꼬대를 했는데, 오직 저의 얼굴을 다시 보지 못하는 것을 한스러워하였다고 하니, 이것은 공의 마음이 저에게 맺혀서 그런 것입니다. 정신적인 교유는 천 리 밖에서도 서로 감응한다지만 옛날에도 이와 같은 경우가 있었습니까.

저는 부절을 반납하고 집에 돌아온 뒤에, 궁궐에 들어가 조정에 나아가면 아련하게 마치 발걸음을 맞추며 옷자락을 나란히 하고 걷는 듯하였으나 그 사람은 보이지 않고, 밖으로 나가서 그 집에 조문을 가면 의연히 마치 걸상을 청소해 두고 맞이하여 웃는 듯하였으나 그 사람은 있지 않아서, 무너진 누정과 쇠잔한 거리에서 머뭇거리며 길게 부르짖을 뿐이었습니다. 그러나 오히려 그 평소의 모습을 비슷하게 상상해 볼 수 있는 것은 하실(下室)[322]이 예전과 같은 것인데, 연궤(筵几)의 상생(象生)[323]은 예제(禮制)에 제한이 있으니 이제는 끝났습니다. 오호라, 공이여. 저로 하여금 어디에 기대고 어디에 의지하게 하고자 하십니까.

그렇지만 이것은 붕우로서 애도하고 슬퍼하는 사사로운 것입니다. 예전에 서로 마주했을 때도 사적인 것은 말하지 않았으니, 지금 저승과 이승으로 영원히 이별하는 때에 제가 하필 바보같이 많은 말로 정리를 토로하여 공의 마음을 슬프게 하겠습니까. 그러므로 평소 서로 면려하던 것 중에 큰 것을 들어서 후인으로 하여금 저와 공의 교분이 요즘의 이른바 우도(友道)와는 다름을 알게 하고 또한 이것으로 여생을 더욱 면려하여 공의 지난날 말씀을 저버리지 않고자 합니다. 공은 이것을 아십니까, 모르십니까? 오호라, 애통하도다. 흠향하소서.

322 하실(下室) : 망자가 일상생활을 영위하다가 숨을 거둔 내당(內堂)을 말한다.

323 연궤(筵几)의 상생(象生) : 빈소(殯所)에서 망자(亡者)에게 살아 있을 때처럼 올리는 의식을 말한다. 연궤는 망자의 영궤(靈几)와 그에 딸린 모든 것을 차려 놓는 곳으로 빈소를 말한다. 상생은 153쪽 주274 참조.

정 시랑[324] 광충 에게 올리는 제문

祭鄭侍郞 光忠 文

유세차 무술년(1778, 정조2) 11월 25일 모갑(某甲)에 평강 채제공이 삼가 술과 떡을 갖추고 고(故) 대사헌 정공(鄭公)의 영전에 곡하고 영결합니다.

오호라, 애통하도다	嗚呼痛哉
풍속에 고황[325]이 들고	俗有膏肓
울타리는 협소하나[326]	樊籬以狹
마음은 산과 바다 같아	方寸山海
자득하여 매우 흡족하였네	詡詡强洽
내가 공과 교분 맺음은	我托公交
진실로 했지 거짓 아니었네	以眞非僞
동명 노인과 호주옹[327]	溟老湖翁
선대의 우의 아름다웠네	懿哉先誼

324 정 시랑(鄭侍郞) : 정광충(鄭光忠, 1703~?)으로, 본관은 온양(溫陽), 자는 사원(士元)이다. 원래 이름은 정광진(鄭光震)인데, 1755년 영조가 정광충이라는 이름을 내려 주고, 병조 참지로 승진시켰다.

325 고황(膏肓) : 가슴속 깊이 든 고질병을 이르는데, 여기서는 나쁜 풍속을 말한다.

326 울타리는 협소하나 : 국토가 좁다는 말로, 나라가 작음을 뜻한다.

327 동명(東溟) 노인과 호주옹(湖洲翁) : 동명은 정광충의 증조부 정두경(鄭斗卿)의 호이고, 호주는 번암의 백고조(伯高祖)인 채유후(蔡裕後)의 호이다.

우뚝 높은 은대에서	銀臺岧嶢
나는 공의 어깨를 쳤네[328]	我拍公肩
공은 붉은 충정 있어	公有衷赤
두려워하거나 끌려가지 않았네[329]	不慴不牽
언사 곧고 용모 준엄한데	辭直貌嚴
경연에 나가 눈물 뿌리니	灑涕登筵
왕이 아름다운 이름을 내려	王錫嘉名
반열을 놀라 움직이게 하였네[330]	驚動班聯
며칠 안 되어 초탁되니	不日超擢
혁혁한 초금 있었네[331]	有爀貂金
주선을 더불어 오래하여	周旋與久
공의 마음을 잘 알았네	慣識公心
거칠고 어리석은 나를 돌아보건대	顧我踈戇
세상에 동지 없었는데	世乏同調
공이 나를 어리석다 여기지 않아	公不我愚

328 어깨를 쳤네 : 우정이 좋은 사이에 어깨를 가볍게 치는 것으로, 서로 스스럼없이 어울렸다는 뜻이다.

329 두려워하거나 끌려가지 않았네 : 권세 있는 이를 두려워하거나 풍속에 끌려가지 않았다는 뜻이다.

330 경연에……하였네 : 정광진이 영조에게 진달하면서 눈물을 흘리기를 그치지 않자 영조가 아름답게 여겨 포상하는 뜻에서 정광충이란 이름을 내려 주었다. 《英祖實錄 31年 3月 2日》

331 혁혁한 초금 있었네 : 시종신이 된 것을 말한다. 초금은 초미(貂尾)와 금선(金蟬)의 병칭으로 시중(侍中)과 상시(常侍)의 관을 꾸미는 화려한 장식인데, 대개 시종신을 비유한다.

마주 보며 반갑게 웃었네	相視色笑
경도되어 형체를 잊은[332] 지	傾倒忘形
이십 년이 되었네	于二十年
간혹 부죽[333]에 얽매여	間縻符竹
잠시 산천에 막힐 때도	少隔山川
서찰 계속 이어져	書札纚綿
전하지 않은 달이 없었네	靡月不傳
근년에 들어서	逮夫近歲
공은 늙어 집에서 지냈네	公老家居
훤히 서로 바라보이고	藹藹相望
거리가 나의 오두막에 접하니	巷接吾廬
공이 나를 찾아와	公來訪我
문에 작은 나귀를 매었네	門繫小驢
내가 가거나 공이 방문하며	我往公訪
걷기도 하고 수레도 탔네	宜步宜輿
어찌 좋은 아침이 없으리오만	豈無穀朝
또한 밤으로 약속을 정했네	又夜之卜
술 얼큰하자 시 읊조리며	酒半哦詩
종이 펴고 촛불 연이었네	展紙繼燭
공의 붓 나는 듯하니	公筆如飛

332 형체를 잊은 : 지위나 외모 따위의 외적인 것에 얽매이지 않고 진심으로 사귄 것을 뜻한다.

333 부죽(符竹) : 지방 수령에게 주는 동호부(銅虎符)와 죽사부(竹使符)를 말한다.

나의 눈 휘둥그레졌네	我視瞠若
난만하고 거침없어	爛漫橫縱
백 편으로 시축 이루었네	百篇成軸
무릇 요즘 사람은	凡今之人
세력과 이익으로 부르고 찾는데	勢利徵逐
욕심 없이 서로 마주하고	淡然相對
이것이 참된 즐거움이라 하였네	是謂眞樂
누가 알았으랴 이 세상에서	孰謂斯世
공이 잠시 더 머물지 못할 줄을	公不少留
내가 접빈의 일을 받드니	我承儐役
재작년 가을이었네[334]	再昨之秋
공은 잠시의 이별을 애석해하며	公惜少別
저물녘 나를 전별했네	薄暮我餞
음식은 향기로우며	飮食芳馨
언사와 용모 간곡하였네	言貌繾綣
내가 돌아가려 생각할 무렵	及我歸思
공은 병으로 침상에 있었네	公病在床
내가 나아가 한 가지 여쭈니	我就一問
자상하게 말씀해 주셨네	有言莫詳
공이 땅속에 묻히고 나서	自公窀穸
가는 곳마다 마음 상하네	無處不傷

334 접빈(接賓)의……가을이었네 : 번암이 1776년(영조52) 가을에 원접사(遠接使)가 된 것을 말한다.

공무에 병들고 근심하느라 病憂公役
술 한잔 올리지 못했네 未奠一觴
공이 아신다면 公如有知
어찌 나를 꾸짖지 않으랴 寧不我責
상기[335] 빨리 지나가고 祥期其遄
일월이 또 돌아왔네 日月回薄
영궤를 철거하고 나면 靈几一撤
어디에서 공을 찾을꼬 何處尋公
보잘것없는 떡과 막걸리 薄薄餠醪
이 가운데 정이 있네 情在此中
한번 통곡하고 영결하니 痛哭一訣
저의 마음을 살펴 주소서 監我寸衷

335 상기(祥期) : 상제(祥祭)까지의 기간을 말한다. 상제는 상(喪)을 벗는 제사인데 소상(小祥)과 대상(大祥)이 있으나 대개 대상을 가리킨다. 상제는 사후 만 2년 곧 두 번째 기일에 지낸다.

생질부 유씨[336]에게 올리는 제문

祭甥姪婦柳氏文

유세차 무술년(1778, 정조2) 12월 정사삭 20일 병자일에 외숙 번암옹이 두어 그릇 음식을 갖추고 몇 줄 글을 잡고 나의 생질부 진주 유씨(晉州柳氏)의 가련한 널에 곡하고 영결한다.

오호라, 애통하도다. 나는 백발노인으로 이미 네 남편을 곡했는데, 10년도 안 되어 또 너를 곡하였다. 너는 내 누이의 아들의 아내이고, 내가 시복(緦服)을 입는 것은 성인(聖人)의 제도이며, 예는 정의 후박에 따라 그 복을 입는 것이다. 그런데 지금 내가 너를 곡한 이래로 마음이 칼로 베는 듯하여 갑자기 인간 세상에 살 뜻이 없어졌는데, 어찌 성인의 제도를 알지 못해서 그런 것이겠느냐.

오호라. 네 남편은 형제자매가 다섯 명인데 어릴 적에 부모를 여의어 모두 나를 섬기며 아버지라고 불렀다. 네 남편은 성품이 지극히 효성스러워서 나의 선비(先妣)가 돌아가셨을 때, 어린아이로서 내 뒤를 따라 아침저녁으로 하실(下室)에서 음식을 올리는 데 참여하였는데 3년을 마치도록 한 번도 빠뜨린 적이 없었으며 곡하는 소리가 몹시 슬펐다. 네 남편을 예뻐하고 사랑한 나는 그 일이 슬프다. 성동(成童)이 되었을 때 불행히 병에 걸렸으나 몇 년 동안 참으로 병서가 그쳐 비로소 네게

336 생질부 유씨(柳氏) : ?~1778. 번암의 생질인 이유사(李儒師)의 부인으로, 유재근(柳載根)의 딸이다. 이유사는 병이 들어 장가든 지 석 달 만인 1772년 1월 16일 22세의 나이로 죽었고, 부인은 1778년 11월 26일에 죽었다. 《樊巖集 卷54 甥姪李儒師墓誌銘》

장가들었다.

너는 볼 수 있는 시부모가 없어 나에게 의지하며, 나를 시부모의 예로 섬겼다. 가만히 보건대 너의 행동거지는 모두 법도에 맞고 용모는 많은 복과 장수를 누리기에 합당하기에, 내가 만족하고 특별히 사랑한 것은 물론이요, 손위 동서와 손아래 동서도 스스로 너에게 미치지 못한다고 생각하였다. 미처 몇 달 못 되어 네 남편은 병이 나더니 끝내 구할 수 없게 되었다. 하늘이여, 어찌 차마 이럴 수 있단 말인가.

바야흐로 그의 미약한 숨이 지려 할 때 내가 울면서 부르짖으며 말하기를 "네 처는 내가 마땅히 내 딸처럼 여길 것이니, 염려하지 말거라." 하였다. 이때부터 내가 죽주(竹州)[337]에 성묘하러 가서 열흘을 머물며 돌아오지 못할 때 염려를 놓지 못한 것은 오직 너였다. 올여름 사명을 받들고 연경(燕京)까지 4000리를 갔는데,[338] 집안 편지가 막혀 서로 소식을 전하지 못하므로 절로 하늘의 조치에 맡기지 않을 수 없었으나 마음속에서 잊지 못한 것은 또한 오직 너였다. 내 마음으로 미루어 보건대 네 마음은 절로 알 만하다. 오호라. 네가 어찌 하루라도 죽음을 잊은 적이 있겠는가마는 지금까지 죽지 않은 것은 어찌 나 때문이 아니겠느냐.

근년에 너는 많은 병에 시달려 신음하였는데, 올여름부터는 병이 심한 때는 많고 차도는 적었다. 네 자당(慈堂)은 과부로서 홀로 지내며, 의지하여 살 만한 자녀나 친척이 없어 오직 너를 믿고 생명을 이어

337 죽주(竹州) : 경기도 안성 지역의 옛 지명이다.

338 올여름……갔는데 : 번암은 1778년 3월 사은 겸 진주 정사(謝恩兼陳奏正使)가 되어 연경에 갔다가 7월에 돌아와 복명하였다.

갔는데, 네가 병들었다는 소식을 듣고 급히 서둘러 시골에서 올라와 이현(梨峴)[339] 길가에 한 칸 집을 빌려 3개월 동안 너를 간호하였다. 이현은 내 집과의 거리가 가깝지 않고 먼데, 내가 퇴근할 때 길을 돌아가서 너를 본 것이 두 번이다. 너는 내 마부의 갈도성(喝道聲)을 들으면 번번이 방문 틈으로 엿보다가 내 신발이 섬돌에 이르기를 기다려 방문을 열고 맞이하여 절을 하였는데, 웃는 모습이 손에 잡힐 듯하였다. 나중에 손위 동서와 손아래 동서를 마주할 때면 늘 이것을 자랑하여 말하니 마치 큰 영광이 있는 듯하였다.

근래 보건대 네 여윈 용모가 조금 살찌고 망가진 비위(脾胃)가 회복되기에, 모씨(母氏)에게 의지한 이래로 조금 마음을 위로받고 병도 또한 그쳤다고 생각했는데, 동짓달 26일 아침에 네 남편의 형이 갑자기 네 병이 더 위독해졌다는 소식을 듣고 달려갔으나 밥 한 끼 먹을 시간도 안 되어 돌아와 말하기를, 이미 어찌할 수 없는 지경이라고 하였다. 나는 놀라고 당황하여 마음을 진정하지 못하였으나 급히 의원으로 하여금 삼아(三椏)[340]를 가지고 가서 구하게 하였는데, 의원이 미처 도달하기도 전에 종이 와서 너의 죽음을 알렸다. 듣건대 너는 숨이 끊어질 무렵에 말이 목구멍 사이에 있었는데 "어머니를 어찌할꼬, 어머니를 어찌할꼬?" 하다 말을 하지 못하게 되고서 숨을 거두었다고 한다. 하늘이여, 어찌 차마 이럴 수 있단 말인가.

내가 너를 염습하고 곡하며 네게 한 말이 세 가지 있다. 첫째는,

339 이현(梨峴) : 배나무 고개로, 서울 종로 4가 부근에 있던 고개이다.

340 삼아(三椏) : 인삼을 뜻한다. 인삼이 줄기가 셋이고 잎이 다섯 개이므로 삼아오엽(三椏五葉)이라 부른다.

네 남편의 장지는 네 시부모의 묘 옆에 있으니 너는 가서 그들을 안심시키라는 것이다. 둘째는, 네 남편에게는 형이 있고 아우가 있으니 그들이 훗날 아들을 낳으면 곧 네 아들로 입양할 것이므로 한스러워할 것이 없다는 것이다. 셋째는, 네 자당이 돌아가신 뒤의 일은 내가 너를 위하여 경영할 것이니 염려하지 말라는 것이다. 오호라. 나는 스스로 너를 딸처럼 여겼으나 생사의 즈음에 서로 보답한 것이 이러한 데에서 그쳤구나. 네 남편에게 돌아가서 말할 때 과연 내가 너를 저버리지 않았다고 하겠느냐.

내일은 곧 나와 네가 영원히 영결하는 날인데, 조정의 관직에 매여 있어 장지에 가지 못한다. 한잔 술을 조촐히 갖추고 이것으로 전송하니, 너를 저버리지 않았다고 말할 수 없구나. 생각건대 지하에서 네가 즐길 즐거움은 인간 세상의 슬픔과 같지 않으리니, 미항(美巷)의 역려(逆旅)[341]에 미련을 둘 필요 없으나 네 자당은 누구를 믿고 살겠느냐. 네가 있는 것으로 네 남편의 얼굴을 비슷하게 상상했던 나는 다시 무엇을 보고 그렇게 할 수 있겠느냐. 끝나고 끝났도다. 애통하고 애통하다.

341 미항(美巷)의 역려(逆旅) : 미동(美洞)의 셋집을 말한다. 미항은 서울 을지로 보은단골 또는 고운담골을 말하고, 역려는 여관을 말하는데 여기서는 진주 유씨의 어머니가 세 들어 살던 집을 뜻한다.

생질부 유씨의 소상에 올리는 제문

祭甥姪婦柳氏小祥文

유세차 기해년(1779, 정조3) 12월 신해삭 27일 정축일에 외숙 번암옹이 죽은 생질부 진주 유씨(晉州柳氏)에게 고한다.

오호라. 너의 죽음은 작년 겨울 11월 26일에 있었다. 지금은 곧 섣달 종정(終丁 하순의 정일(丁日))이다. 네 상사(祥事)를 행하는 자는 네 남편의 형인데 병이 오래도록 낫지 않아 제사를 지낼 수 없었다. 그가 조금 소생하기를 기다리다가 시일이 이렇게 지연되었다. 오호라, 더욱 슬프도다.

사람이 죽으면 비록 3년을 마치도록 음식을 올리지만 그릇에서 쌀 한 톨도 줄어드는 것을 보지 못하였으니, 신이 흠향한 것인 줄 알 수 없으나 살아 있는 사람이 그 죽음을 슬퍼하며 살아 있을 때처럼 대접하는 것은 이 방법밖에 없다. 성인이 예를 제정할 때 그 마음이 참으로 괴로웠던 것이다.

나는 올여름에 이웃의 전염병을 두려워하여 온 집안이 동성 동쪽 정자로 피신하며 네 신주를 적막한 빈집에 부쳐 두어 국과 밥을 빠뜨린 지가 거의 몇 달이 되었다. 상일(祥日)이 이르러 계절이 돌아오니 눈에 보이는 모든 것에 가슴이 아프나 또한 너에게 한잔 술을 올리며 나의 슬픔을 쏟아 낼 수 없어 나는 밥상을 대하고도 숟가락을 들지 못한 채 왕왕 눈물을 머금은 것이 여러 번이다. 그러나 어린 여종의 말을 통해 듣건대, 네 자부인(慈夫人)이 매번 아침저녁으로 밥을 마주할 때면 한참 동안 밥에 숟가락을 꽂고서 너에게 권한 뒤에야 수저를 음식에 댔다고 한다. 생각건대 너의 영혼은 자연히 응당 이것을 즐길 것이니, 신주가 굶는 것을 내가 한스럽게 여길 필요가 없다. 내가 또한 무엇을 슬퍼하겠느냐.

네 남편의 형과 아우가 모두 아들을 본 지 겨우 삼칠일이 지났으나 훗날 장성하면 그중에 한 아이를 네게 입양할 것이다. 생각건대 너는 저승에서 이것을 기뻐하느라 국과 밥의 단속(斷續)이나 상사(祥事)의 착오 때문에 자신을 동정할 겨를이 없을 것이다. 내가 또한 무엇을 근심하겠느냐.

향기로운 제수 이미 진설하고 맑은 술 이미 가득하니, 너는 나의 마음을 살피고 내 술을 흠향하거라.

번암집

제38권

제문 祭文

애책문 哀冊文

애사 哀辭

제문 祭文

심 정언[1] 복 에게 올리는 제문

祭沈正言 墣 文

유세차(維歲次) 경자년(1780, 정조4) 10월 9일 갑인일에 오헌(悟軒) 심여중(沈汝中)이 연천(漣川)의 무덤에 묻히는데, 번암(樊巖) 채백규(蔡伯規)는 사국(史局)에서 새벽부터 저녁까지 근무하느라 한 번도 곡하지 못하여 하루 전 계축일에 글 몇 줄을 엮어 술 한잔을 들고 틈을 내 도성을 나가 통곡하고 영결한다.

지난날 내가 집을 빌려 산 곳은	昔我賃屋
약봉[2] 옆이네	藥峯之側
동산의 나무가 비스듬히 잇닿은 곳은	園木斜連
상서[3]의 옛집이네	尙書舊宅

1 심 정언(沈正言) : 심복(沈墣, 1729~1780)으로, 본관은 청송(靑松), 자는 여중(汝中), 호는 오헌(悟軒)이다.

2 약봉(藥峯) : 서울 남대문 밖에 있었던 지명이다. 심복의 조부인 심단(沈檀)의 호이기도 하다.

군은 아름다운 명예 지녔고　君有令譽
명문가의 훌륭한 자손이네　故家肖孫
배를 글 상자 삼아　其腹爲笥
경서와 삼분 간직했네[4]　五經三墳
증삼의 노둔함이 무슨 해가 되리오[5]　參魯何傷
노년에도 세세히 연구하였네　掐擢窮年
지푸라기 줍듯 교서 쓰는 것을　芥拾金泥
왕헌지의 청전으로 여겼네[6]　視以王氈
기주관으로서 온화한 태도로　記注雍容

3 상서(尙書) : 만오(晩悟) 심각(沈瑴, 1695～1779)을 말한다.

4 배를……간직했네 : 경서와 옛 전적에 조예가 깊었다는 말이다. 후한(後漢) 때 문인 변소(邊韶)는 자가 효선(孝先)인데, 변소가 일찍이 수백 인의 문도(門徒)를 교수(敎授)할 적에 낮잠을 자고 있는 것을 제자(弟子)가 보고 조롱하기를 "변효선은 배가 똥똥하여 글 읽기는 싫어하고 잠만 자려고 한다.〔邊孝先, 腹便便, 懶讀書, 但欲眠.〕" 하자, 변소가 그 말을 듣고 즉시 대답하기를 "똥똥한 내 배는 오경의 상자이고, 잠만 자려고 하는 것은 경을 생각하기 위함이다.〔腹便便, 五經笥, 但欲眠, 思經事.〕" 했던 데서 온 말이다. 《後漢書 文苑列傳 邊韶》 삼분(三墳)은 옛 서적을 말한다. 일반적으로 삼분은 복희(伏羲), 신농(神農), 황제(黃帝)의 글을 뜻한다.

5 증삼(曾參)의……되리오 : 증삼은 공자의 제자인 증자(曾子)이다. 《논어》〈선진(先進)〉에 "증삼은 노둔한 편이다.〔參也魯〕"라는 공자의 평이 나오고, 《근사록(近思錄)》〈위학(爲學)〉에 "증삼은 노둔해서 마침내 도를 얻었다.〔參也竟以魯得之〕"라는 명도(明道) 정호(程顥)의 말이 나온다.

6 지푸라기……여겼네 : 교서의 글씨를 많이 쓴 것은 가문의 전통이라는 말이다. 진(晉)나라 왕희지(王羲之)의 아들 왕헌지(王獻之)의 집에 좀도둑이 들었을 때, 다른 물건을 훔칠 때에는 모르는 체하고 누워 있다가, 탑상(榻牀)에 올라 손을 대려 하자 "그 청전(靑氈)은 우리 집안의 유물이니 그냥 놔둘 수 없겠는가."라고 말하여, 도둑을 깜짝 놀라게 했다는 고사에서 유래하였다. 《晉書 王獻之列傳》

임금의 마음 되돌리니 酒回重瞳
왕께서 말하기를, 나는 갸륵하게 여긴다 王曰予嘉
네 할아버지의 충성을 했네[7] 汝祖之忠
군은 절하고 눈물을 닦으며 君拜拭淚
은혜 보답할 것을 기약했네 隕結以期
해치관[8]과 총마[9]에 豸冠驄步
합당하지 않음이 없었네 無適不宜
공경에 오르지 못하게 한 것은 俾不公卿
시운이었으니 어이하리오 奈何乎時
나는 실로 잘 어울리지 못하는데 余實寡合
군의 변함없는 신뢰를 받았네 得君無斁
계곡을 오르고 숲속을 거닐며 澗屧林笻
언제나 함께하였네 無晝無夕
경서 연구하고 역사 이야기하니 討經譚史

7 기주관으로서……했네 : 《정조실록》 3년 4월 4일 기사를 볼 때, 심복이 심단의 억울함을 해명하여 윤허를 받은 적이 있는 듯하다.

8 해치관(獬豸冠) : 해치(獬豸)라는 신수(神獸)의 모양으로 장식한 관을 말한다. 해치는 성질이 충직하여 곡직(曲直)을 잘 분변할 뿐만 아니라, 사람들이 서로 싸우는 것을 보면 그중에 사악하고 부정한 자를 뿔로 받아 버린다는 전설이 있다. 이 때문에 예로부터 어사 등 집법관들은 반드시 해치관을 썼다.

9 총마(驄馬) : 강직한 대간(臺諫)의 관직에 있는 자가 타는 말을 가리킨다. 후한(後漢) 때 환전(桓典)이 시어사(侍御史)에 제수되어 당시 권세를 휘두르던 환관(宦官)들을 조금도 꺼리지 않았는데, 항상 총마를 타고 다녔으므로 경사(京師)에서는 그를 두려워하며 말하기를 "길을 가다가도 멈추어 총마를 탄 어사를 피하라.〔行行且止, 避驄馬御史.〕"라고 한 고사가 있다. 《後漢書 桓典列傳》

세상 밖의 즐거움이었네	世外之樂
내가 집을 옮기고부터	自余徙宅
성곽을 사이에 두게 되었네	間以城郭
군의 말이 달려갈 곳 없으면[10]	君馬靡騁
나는 문 안에서 찾아온 줄 알았네	我門是識
서로 보면 웃고	相視則笑
잠시라도 못 만나면 울적했네	乍間則鬱
지난해 내 집에서	往歲吾廬
시사를 결성했네	詩社是結
조정에서 물러 나와 의관을 벗고	朝退卸衣
목멱산으로 횃불 들고 찾아갔네	木覓初烽
벗들이 기약대로	朋來如期
동서에서 왔네	自西自東
뜨락에 눈이 세차게 날려도	庭雪有洶
발걸음 소리가 나란히 이어졌네	履響駢續
모두 백아와 종자기로 허여하니[11]	竝許牙期
누가 원진과 백거이[12]가 아니었던가	疇不元白

10 군의……없으면 : 심복의 처지가 불우한 때를 말한다. 《시경》 〈소아(小雅) 절남산(節南山)〉에 "네 마리 말이 끄는 수레를 타니, 네 마리 수말의 목이 굵도다. 내가 사방을 둘러보아도, 움츠러들 뿐 달려갈 곳이 없도다.〔駕彼四牡, 四牡項領. 我瞻四方, 蹙蹙靡所騁.〕"라는 말이 나온다.

11 모두……허여하니 : 서로의 내면을 진정으로 알아주는 벗들이었다는 말이다. 종자기(鍾子期)는 백아(伯牙)의 거문고 소리만 듣고도 백아의 뜻을 알았는데, 종자기가 죽자 백아는 거문고 줄을 끊고 다시는 거문고를 타지 않았다고 한다. 《列子 湯問》

종이 펴고 먹 갈며	展紙磨墨
나는 촛불 높이 돋우었네	剪我高燭
그 자리에서 사양하지 않고	當場不讓
소리 높여 번갈아 노래 불렀네	高唱迭作
군은 배로 강을 거슬러 올라와	君船上水
병풍을 치고 생각에 잠겼다가	背屛思索
천천히 나오자	徐徐以出
옆에 있던 사람들이 칭찬하였네	傍舌嘖嘖
모든 좌석이 신이 나서	四座癡狂
새벽종이 울리거나 말거나 놀았네	任爾晨鍾
밤마다 모여서	靡夜不集
긴 겨울을 보냈네	以消全冬
훌륭하구나 이 일이여	奇哉此事
진실로 영원히 전해지리라	良足不朽
작년부터	昨歲以來
아, 군의 병이 고질이 되었네	嗟君病久
간혹 편지를 보내어	時或折簡
내게 좋은 약을 구했네	求我名藥
간혹 한번 만나	間嘗一造
예전처럼 이야기 나눴네	晤語如昔

12 원진(元稹)과 백거이(白居易) : 당(唐)나라 때 시인인데, 여기서는 풍류를 아는 명사(名士)를 뜻한다. 백거이가 향산루(香山樓)를 짓고 원진 등 당시의 명사들과 함께 모여 풍류를 즐겼다고 한다.

누가 생각했으랴 반년 만에	孰謂半年
다시 만나지 못하게 될 줄을	遂不更逢
듣건대, 군은 처음 병이 났을 적에	聞君始病
죽게 될 줄 스스로 알았다고 하네	自知其終
편지를 써서 간직했는데	作書以藏
수백 자가 넘었네	數百其言
가솔을 부탁하고	托以家累
입양한 손자[13]도 부탁했네	與夫螟孫
기타 문집 제작에 이르기까지	外及文獻
부탁이 지성스러웠네	見屬勤勤
군이 운명하고 며칠 지나	君歿數日
사람이 와서 나에게 그 편지를 전하였네	人來我傳
생각건대 군의 친구 중에	念君親朋
어찌 믿을 사람이 없었겠는가마는	豈曰無人
생사의 갈림길에서	死生之際
오직 나만을 믿었네	惟我是恃
죽은 자가 다시 살아나더라도	死者復起
산 자가 부끄럽지 않아야 한다[14]	生者不愧

13 입양한 손자 : 심집(沈潗, 1771~1800)으로, 자는 사집(士集)이다. 심응석(沈應錫)의 아들이며, 생부는 심수석(沈壽錫)이다. 《青松沈氏大同世譜 卷1》

14 죽은……한다 : 상대방이 죽어도 자기가 그 사람에게 한 말은 반드시 실천한다는 뜻이다. 춘추 시대 진(晉)나라 헌공(獻公)이 죽을 때 자신이 사랑하는 여희(麗姬)의 아들을 부탁하면서 "선비가 어떠하면 신의가 있다고 할 만한가?" 하니, 순식(荀息)이 대답하기를 "죽은 사람이 다시 살아나더라도 산 사람이 자기가 한 말에 부끄러움이

고인의 이 말	古人此語
기필코 실추하지 않으리라	期以勿墜
이제부터 우리 시사는	從今吾社
한 자리를 늘 비워 놓으리라	一席恒缺
어디에서 구해 오겠는가	何處得來
군처럼 문질빈빈한 사람을	似君文質
술 한잔과 닭 한 마리[15]	單杯隻鷄
변변찮다 말하지 마오	勿云菲薄
내가 와서 군에게 권하니	我來侑君
군이 어찌 임하지 않으랴	君豈不格
흠향하시라	尙饗

없으면 신의가 있다 할 만합니다.〔使死者反生, 生者不愧乎其言, 則可謂信矣.〕" 하였다. 《春秋公羊傳 僖公10年》

15 술……마리 : 간단한 제수를 뜻한다. 후한(後漢)의 서치(徐穉)는 남주(南州)의 고사(高士)라 일컬어졌는데, 그가 먼 곳으로 문상(問喪)하러 갈 때 술을 솜에 적셔서 햇볕에 말리고 그것으로 구운 닭을 싸서 가지고 간 다음 솜을 물에 적셔 술을 만들고 닭을 앞에 놓아 제수를 올린 뒤 떠났던 데서 나온 말이다. 《後漢書 徐穉列傳》

심 상서[16] 각 에게 올리는 제문

祭沈尙書 穀 文

신축년(1781, 정조5) 12월 17일은 바로 고(故) 보국숭록대부(輔國崇祿大夫) 행 판중추부사 겸 예조판서(行判中樞府事兼禮曹判書) 심공(沈公)이 돌아가신 지 2주기가 되는 날인데 아들 현감군(縣監君)[17]이 그달 초에 세상을 떠났기 때문에 예법대로 상사를 치를 수 없어서 장삿날을 물려 이듬해 임인년(1782) 2월 무진삭 20일 정해일로 정했다. 그 하루 전 병술일에 척종질(戚從姪) 채제공이 삼가 술과 떡을 갖추고 아들 홍원(弘遠)으로 하여금 대신 영궤(靈几) 앞에 고하게 한다.

아, 애통하도다	嗚呼痛哉
화악[18]의 정기가 사람에게 모이니	華嶽鍾人
자품이 순후한 자는 호걸이 되었네	稟厚者傑
책력이 삼백 년을 넘으니[19]	曆踰三百
쇠퇴함 이상할 것 없네	無怪薄劣

16 심 상서(沈尙書) : 심각(沈穀, 1695~1779)으로, 본관은 청송, 자는 군옥(君玉), 호는 만오(晩晤)이다. 심단(沈檀)의 종손(從孫)이다. 《性齋集 卷19 判中樞晩晤堂沈公神道碑銘》

17 현감군(縣監君) : 심경석(沈景錫, 1732~1781)으로, 자는 경현(景賢)이고, 1781년 12월 7일에 작고하였다.

18 화악(華嶽) : 북한산의 이칭이다.

19 책력이……넘으니 : 1392년(태조1) 조선이 건국한 후 300년이 지났다는 말이다.

나라 안에 소인배 가득 차니	尖佻滿國
세도가 따라서 무너졌네	世道隨裂
공이 그 사이에 우뚝 나오니	公挺其間
충만한 기운 받았네	得氣坱圠
그 모습 성대하고	几几其儀
그 바탕 위대하였네	碩碩其質
지조가 확고하여	攸執有確
만 마리 소로도 돌릴 수 없었네	萬牛難斡
경헌[20]에게 손자 있어	景憲有孫
여러 사람에게 신망을 받았네	衆望所屬
노년에 조정에 들어가	晩儀王庭
예악을 종횡으로 논하였네	縱橫禮樂
세속에 붙좇는 사람들을 굽어보고	俯視馳逐
장주의 나비 꿈 잠깐임을 깨달았네[21]	周蝶倏忽
진흙 묻은 돼지로 보고 흘겨보자[22]	睆若塗豕

20 경헌(景憲) : 심각의 조부는 심상(沈相)이고, 종조 중에는 약봉 심단(沈檀)이 있으나 구체적으로 누구를 지칭하는지 자세하지 않다.

21 장주(莊周)의……깨달았네 : 부귀영화의 덧없음을 깨달았다는 뜻이다. 《장자(莊子)》〈제물론(齊物論)〉에 나오는 호접몽(蝴蝶夢)의 일화도 "얼마 있다가 호랑나비 꿈을 깨고 보니, 엄연히 사람의 몸을 갖춘 나 자신이더라.〔俄然覺, 則蘧蘧然周也.〕"라는 말이 나온다.

22 진흙……흘겨보자 : 심각이 소인배들을 멸시했다는 말이다. 《주역》〈규괘(睽卦) 상구(上九)〉에 "돼지가 진흙을 진 것과 귀신을 수레에 가득 실었음을 본다.〔見豕負塗, 載鬼一車.〕"라고 한 데서 온 말로, 진흙을 진 돼지는 좋지 않은 소인배를 뜻한다.

공을 드러내어 배척하고 꾸짖었네	顯排公叱
오두막 사립문을 닫아걸고	杜我蓬門
세월을 보냈네	以歲以月
총마와 해치관과 부죽[23]으로	驄豸符竹
어찌 훌륭한 인재를 분간하리오[24]	曷別利器
서쪽 고을에서 남쪽 고을에서	于西于南
백성들이 부모라 불렀네	民曰怙恃
약봉 아래에 돌아와 누웠는데	歸臥藥下
저들은 교묘하고 자신은 졸렬했네	彼巧吾拙
밝고 밝은 영조께서	明明英考
성덕을 펼치니	展也聖哲
한마디 말에 서로 뜻이 맞아	一言契合
아침에 선발하고 저녁에 발탁했네	朝拔夕擢
지위 높은 팔좌[25]에 올라	八座崇崇
판의금부사 예조 판서 역임했네	金吾宗伯
앞머리에 백발 느니	顚髮有黃
장수하고 덕 있었네	旣耇而德

23 부죽(符竹) : 죽부(竹符) 즉 대나무로 만든 부절(符節)이라는 뜻으로, 지방 장관의 상징으로 쓰인다. 한(漢)나라 때 외방에 목민관(牧民官)을 내보낼 적에는 이 죽부를 나누어 주어 신표(信標)로 삼게 하였다.

24 어찌……분간하리오 : 심각은 1743년(영조19) 사헌부 감찰이 되었다가 은산 현감(殷山縣監)이 되었으며, 1751년 수안 군수(遂安郡守)를 지내고, 1754년 사헌부 지평에 제수되었다.

25 팔좌(八座) : 육조의 판서와 좌우 참찬을 통칭한다.

공고[26]와 같이 예우를 입어 禮抗公孤
판중추부사에 올랐네 判樞之尊
나라에 교화가 나날이 펼쳐지고 日舒化國
임금께서 빈번히 불렀네 天召頻繁
비단을 하사한 은총은 賜帛之寵
공신의 후손을 임용하는 은덕이었네 任子之恩
나로 말미암지 않은 것은 남이 초래한 것이고 不我者人
나를 아는 자는 하늘이네 知我者天
하늘이 정해지면 이길 수 있다[27] 하였으니 天定能勝
옛말이 어찌 속이겠는가 古語豈欺
소자는 어리석고 분별없어 小子愚狂
친구 적고 남과 다른 점 많은데 少耦多崎
공은 실로 나에게 기대하며 公實期我
큰 집을 지탱하는 기둥으로 여기고 大廈一木
나는 실로 공을 우러르며 我實仰公
노나라의 우뚝한 영광전[28]으로 보았네 魯殿巋若

26 공고(公孤) : 조정의 고관들을 말한다. 공(公)은 삼공(三公)을 가리키고, 고(孤)는 소사(少師), 소부(少傅), 소보(少保)를 가리킨다.

27 하늘이……있다 : 하늘이 안정되어 선한 자에게 복을 내리고 악한 자에게 재앙을 내리는 이치가 제대로 시행됨을 이른다. 춘추 시대 초(楚)나라의 신포서(申包胥)가 "사람이 많으면 하늘을 이기고 하늘이 정해지면 사람을 이긴다.〔人衆者勝天, 天定亦能勝人.〕"라고 하였다.

28 노(魯)나라의 우뚝한 영광전(靈光殿) : 마지막으로 남은 원로 석학(碩學)이나 유현(儒賢)을 비유한다. 한(漢)나라 경제(景帝)의 아들 노공왕(魯恭王)이 세운 궁전으

자석과 바늘처럼 의기투합한 것이	磁針之合
어찌 인척이기 때문이리오	豈伊戚故
남쪽 성곽 산이 있는 곳에	南郭有崦
집이 서로 매우 가까웠네	密邇居住
소나무와 노송나무 어울려 푸른데	松檜交翠
돌우물에서 함께 물 길었네	石井同汲
담장 무너져도 보수하지 않으니	墻缺不補
지름길 빨랐네	有徑斯捷
낮에는 늘 만나고	無晝不遻
밤에도 늘 함께했네	無夜不卜
근심은 함께 근심하고	憂斯同憂
즐거움도 함께 즐거워하였네	樂斯同樂
구름과 용처럼 친숙하고	爛若雲龍
수레의 두 바퀴와 새의 양 날개처럼 연결되었네	聯似輪翼
어진 동네에서 산 이 일은	仁里此事
천고에 보기 드문 것이네	千古罕覿
나는 이사한 뒤에도	自我移次
꿈속에 옛 오두막을 생각했네	夢想舊廬

로 산동성(山東省) 곡부현(曲阜縣) 동쪽에 있었는데, 한나라 중기에 도적 떼에 의하여 수도 장안(長安)의 미앙궁(未央宮)과 건장궁(建章宮) 등은 다 불탔으나 영광전만은 그대로 보존되었던 데서 유래하였다. 후한(後漢)의 왕연수(王延壽)가 지은 〈노영광전부서(魯靈光殿賦序)〉에 "서경의 미앙궁과 건장궁 등 궁전이 모두 파괴되어 허물어졌는데도, 영광전만은 우뚝 홀로 서 있었다.〔西京未央建章之殿, 皆見隳壞, 而靈光巋然獨存.〕"라고 하였다.

성곽이 사이에 있었지만	城郭雖間
무소뿔이 서로를 비추었네[29]	犀照相於
나는 초헌 타고 가고	我往以軒
공은 가마를 타고 왔네	公來以輿
공의 모습 우러러보면	竊仰公貌
구순 바라보는 노인 건강하였네	九耋韶光
기우뚱하게 서거나 의지하지 않았으며	不跛不倚
의복도 단정하였네	整厥衣裳
심오한 신선의 장수 비결 따라	丹訣奧秘
섭생하는 방도 지켰네	頤賾有方
해옥의 산가지[30]가	海屋之籌
끝없이 이어지기를 바랐네	庶幾無疆
영남의 고을에서 봉양을 받아	嶺邑就養
노년에 기쁘게 복을 누렸네[31]	晩福怡怡

29 무소뿔이 서로를 비추었네 : 서로 마음을 잘 이해했다는 말이다. 무소뿔에 불을 붙여 비추면 깊은 물속의 괴물(怪物)들을 다 볼 수 있다는 전설에서 온 말이다. 진(晉)나라 온교(溫嶠)가 우저기(牛渚磯)에 이르렀는데, 그 물은 깊이를 헤아릴 수 없는 데다 그 속에 온갖 괴물들이 살고 있다고 하였다. 그래서 온교가 무소뿔에 불을 붙여 비추어 보니 온갖 기이한 형상을 한 수족(水族)들이 다 보였다고 한다. 《晉書 溫嶠列傳》

30 해옥(海屋)의 산가지 : 장수를 비유하는 말이다. 옛날 세 노인이 서로 만나 나이를 따졌는데, 한 사람이 말하기를 "바닷물이 상전으로 변할 적마다 나는 산가지 하나씩을 던져 놓았는데 지금은 열 칸 집에 산가지가 가득 찼다.〔海水變桑田, 吾輒下籌, 已滿十屋矣.〕"라고 한 데서 유래하였다. 《山堂肆考》

31 영남의……누렸네 : 1779년 둘째 아들 심경석(沈景錫)이 용궁 현감이 되자 아버지 심각을 모시고 가서 봉양하였다. 《性齋集 卷19 判中樞晩晤堂沈公神道碑銘》

누가 알았으랴 수레가　　孰謂板輿
가기만 하고 돌아오지 못할 줄을　　有去無歸
창창하여라[32] 이 세상에서　　倀倀斯世
후생은 누구를 의지한단 말인가　　後死疇依
높은 나무에 봄은 오지 않고　　喬木不春
석양만 시야에 가득하네　　夕陽滿矚
서주의 고성에서　　西州古城
나는 눈물을 하염없이 훔치네[33]　　我淚千掬
아드님이 이어서 세상을 떠나니　　賢胤繼逝
갑작스러운 변고에 놀라 슬프네　　桑海驚惻
황천에서 아버지와 아들이　　重泉父子
다시 예전처럼 지내리라　　倘復如昔
상사를 당하여 물러나 지내는데　　祥事退卜
세월이 북을 던진 듯 흘렀네　　日月梭擲

32 창창하여라 : 어디로 가야 할지 알지 못하는 모습을 형용한 말이다. 《예기(禮記)》 〈중니연거(仲尼燕居)〉에 "예법이 없이 나라를 다스리는 것은 마치 소경이 혼자서 길을 가는 것과 같으니, 창창하여라 과연 어디로 가겠는가.〔治國而無禮, 譬猶瞽之無相與, 倀倀乎其何之.〕"라는 말이 있다.

33 서주(西州)의……훔치네 : 번암이 심각의 죽음을 애도하며 잊지 못한다는 말이다. 진(晉)나라의 명재상인 사안(謝安)이 평소 생질인 양담(羊曇)을 애지중지하였는데, 사안이 죽자 양담이 사안이 살던 서주로 가지 않았다. 그러다가 취하여 자신도 모르는 사이에 타고 있던 말이 서주의 문에 이르렀다. 따르는 사람이 "이곳은 서주의 문입니다."라고 말하자, 양담은 슬픈 감회를 이기지 못하여 말채찍으로 문을 두드리며 "살아서는 화려한 집에 거처하더니, 영락하여 언덕으로 돌아갔네.〔生存華屋處, 零落歸山丘.〕"라는 조식(曹植)의 시를 외우고 통곡하였다. 《晉書 謝安列傳》

나는 때로 그물에 걸렸으니 我時罹網
저들의 참소 망극하여 彼讒罔極
서둘러 강호로 물러났으나 奔迸江湖
창 머리서 밥 짓고 칼 머리서 쌀 씻었네[34] 矛爨劍淅
공이 살아서 使公在世
오늘의 세태를 봤다면 以見今日
탄식하고 근심하고 슬퍼하는 것이 歎咤憂傷
어찌 나와 다르랴 與我奚別
정신을 떨쳐 일으켜 抖擻弊神
나의 심정을 제문에 담네 寫我情曲
도성 문이 시야에 들어오지만 城闉入望
나는 갈 수 없어 我不敢迹
아들 보내 대신 읽게 하나 送兒替讀
글자마다 눈물 흘리며 썼네 一字千涕
혼령께서는 아실 터이니 尊靈有知
나의 예주[35]를 흠향하소서 歆我酒醴
흠향하소서 尙饗

34 창……씻었네 : 위태롭기 그지없는 상황이라는 말이다. 진(晉)나라 때 환현(桓玄)과 고개지(顧愷之) 등이 희언(戲言)을 나누었는데, 지극히 위험한 상황에 대한 말을 지어내면서, 환현이 "창 머리서 쌀 씻고 칼 머리서 밥 짓는다.〔矛頭淅米劍頭炊〕"라고 표현한 고사가 있다. 《世說新語 排調》

35 예주(醴酒) : 주기(酒氣)가 없는 단술인데, 공경하는 뜻이 담긴 술을 말한다. 《한서(漢書)》〈초원왕유교전(楚元王劉交傳)〉에, 원왕(元王)이 신공(申公) 등을 공경하여 예우하였는데, 그중에 목생(穆生)이 술을 좋아하지 않았기 때문에 원왕이 술자리를 마련할 때마다 항상 목생을 위해서 예주를 준비했다는 말이 나온다.

윤씨에게 시집간 외종매[36]에게 올리는 제문

祭外從妹尹氏婦文

임인년(1782, 정조6) 9월 을미삭 6일 경자일에 번암 채백규가 눈물을 흘리며 울면서 제문을 짓고 아들 홍원(弘遠)으로 하여금 윤씨(尹氏)에게 시집간 외종매의 영전에 곡하고 영결하게 한다.

아, 애통하구려. 누이는 고(故) 상서(尙書) 이공(李公)[37]의 딸이고 나는 이공의 손윗누이의 아들이다. 누이와 나는 척분(戚分)으로 보면 내외종(內外從) 관계지만 정분(情分)으로 보면 아무리 친남매일지라도 사이가 더 좋지는 못할 것이다. 추억건대 나의 부모님은 가난하여 집을 장만할 수 없어서 상서공의 집에 살았다. 나는 아동기부터 장가갈 때까지 누이와 하루도 다른 집에 산 적이 없었다. 밖에서는 누이의 오라버니인 용시(龍施)[38]와 나란히 앉아 글을 읽으며 즐겁게 지내고 안에서는 누이와 이야기 나누며 하하 호호 웃었는데, 양식은 자주 떨어졌어도 늘 화기애애하였다.

누이는 어릴 적부터 성품이 온화하고 얌전하여 말을 제대로 못 할 듯하였으나 길쌈할 때는 칼, 자, 실, 삼이 손 가는 대로 묘하게 움직였

36 윤씨(尹氏)에게 시집간 외종매(外從妹) : 번암의 외삼촌 성헌(醒軒) 이지억(李之億)의 딸 연안 이씨(延安李氏)로, 윤항진(尹恒鎭)에게 시집갔다. 윤항진은 윤영의(尹永儀)의 아버지이다.

37 고(故) 상서(尙書) 이공(李公) : 이지억으로, 본관은 연안(延安), 자는 덕수(德叟)·항수(恒水), 호는 성헌이다.

38 용시(龍施) : 이지억의 아들 이보연(李普延)의 자(字)이다.

다. 나는 진실로 누이를 대단히 사랑하고 누이 또한 나를 심히 공경하고 사랑하였다. 정원에서 딴 과일도 맛이 조금만 좋으면 반드시 내게 주었다. 내가 늘 입으로 수박씨를 까먹었으므로, 수박을 먹으면 누이는 번번이 그 씨를 쓸어 모아 입이 아픈 것도 마다하지 않고 껍질을 벗기고 깨끗하게 씻어 작은 그릇에 담아 미소를 머금고 주었다. 수박씨도 이렇게 모아서 까 주었으니 다른 것은 견주어 알 수 있을 것이다.

그 후 10여 년 사이에 용시는 죽고 나는 다른 집으로 나가 살게 되고 누이 또한 시집을 갔으며 파상(坡上)의 옛집은 팔려서 다른 사람의 소유가 되었다. 지난날 단란하게 모여 살던 즐거움을 지금 세상에서 어찌 다시 맛볼 수 있겠는가. 가끔 파상의 옛 골목을 지날 때 보면 남휘당(覽輝堂)은 무너져 한 마지기 거친 풀밭이 되었고 이른바 영월루(迎月樓)만이 우뚝 솟은 채 아직까지 남아 있다. 완연히 남아 있는 노닐던 자취를 찾아볼 수 있을 듯하나 담장은 무너지고 나뭇잎은 다 떨어졌으며 곤줄박이가 서로 우짖으니 양담(羊曇)이 서성(西城)에서 흘린 눈물[39]을 흘려 꽃과 나무를 적시고야 말았다. 더구나 상서공이 작고하신 뒤에는 외가댁이 아득한 옛일처럼 되어 버리고 말았을 뿐만이 아니다.

그러나 가끔 위안이 되는 것은 누이 한 사람이 생존해 있는 것이었다. 설날 만나면 누이는 옛날에 놀던 일이나 있었던 일을 이야기했는데 마치 늙은 신선인 마고(麻姑)가 봉래산의 바다가 세 번 얕아졌음을 이야기할 때[40]와 같이 서글퍼하였으며, 이윽고 누이가 울고 나도 울었

39 양담(羊曇)이……눈물 : 망자를 잊지 못하는 슬픔을 뜻한다. 208쪽 주33 참조.

40 마고(麻姑)가……때 : 옛날 일을 이야기하는 것을 말한다. 선녀인 마고가 왕방평

다. 지금 또 누이를 잃었으니, 인간 세상의 백발노인에게 어찌 삶을 즐기는 흥취가 남아 있겠는가. 애통하다.

내가 매번 "나의 높은 벼슬과 자급을 어떻게 하면 누이의 세 아들과 바꿀 수 있을까요?"라고 하면, 누이는 "너무 빈천하여 세 아들을 입히고 먹일 수 없으니, 아들 많은 것이 기쁜 줄 모르겠다."라고 하였다. 내가 "빈천은 선비가 늘 겪는 일인데 빈천을 근심할 게 있겠습니까. 누이의 세 아들은 재주가 출중하고 인생은 노년의 복이 귀하니, 훗날 하늘이 누이에게 내리는 복이 저의 노경의 복보다 많지 않을 줄 어찌 알겠습니까."라고 하니, 누이는 웃기만 했으나 마음으로는 기뻐하였다. 아, 설령 내 말이 현실이 되어 누이의 아들들이 훗날 계속 빈천하지 않게 되어 누이가 구천(九泉)의 아래에서 편안히 그것을 알게 된다 하더라도 그것은 그저 하늘에 사무치는 효자의 한이 되기만 할 뿐이니, 애통하도다.

금년 들어 누이의 병세가 심해져 어느 때는 좀 낫다가 어느 때는 위독하다고 들었으나 나는 삼포(三浦)[41]에 칩거하면서 도성 문 근처에는 한 걸음도 가지 않았으므로 단지 근심스러운 생각에 괴로워하였다. 어느 날 누이가 정신이 혼미한 중에도 정원의 살구가 한창 익었다는 말을 듣고는 아이들을 시켜 살구를 따서 10리 거리에 있는 강변의 나에

(王方平)에게 이르기를 "만나 뵌 이래로 벌써 동해가 세 차례 상전으로 변하는 것을 보았는데, 접때 봉래산에 이르러 보니 물이 또 지난번 만났을 때보다 대략 절반쯤 얕아졌으니, 어찌 장차 다시 육지로 변하지 않겠는가.〔接侍以來, 已見東海三爲桑田, 向到蓬萊, 水又淺于往者會時略半也, 豈將復還爲陵陸乎?〕"라고 한 데서 온 말이다. 《神仙傳》

41 삼포(三浦) : 서울 마포구 일대를 말한다. 한강에 서호, 마호, 용호가 있었는데 합쳐서 삼포라고 불렀다 한다.

게 보내어 맛보게 권하도록 하였다. 나는 직접 꾸러미를 열어 보고 남몰래 눈물을 삼키며 "이것은 지난날 수박씨를 까 주던 마음이다."라고 하였는데, 얼마 지나지 않아 영영 세상을 떠났다는 부음이 또 내 앞에 올 줄이야!

아, 누이는 나를 친형제처럼 여겼는데 나는 실로 누이를 저버렸으니, 빈천을 구제해 주지 못했고 병환을 돌봐 주지 못했다. 내일 발인을 한다는데 감기로 고생하느라 제문 몇 줄을 간략하게 지었으나, 하고 싶은 말을 다 하지 못하였다. 죽음을 애도하고 생애를 추억하는 눈물을 멀리서 술 한잔 속에 뿌릴 뿐이다. 누이여, 굽어살피시라!

충정공 양호당 우 선생[42] 현보 을 숭양서원에 배향할 때 묘소에 올리는 고유문

忠靖公養浩堂禹先生 玄寶 配享崧陽書院時墓所告由文

은나라에 세 명의 신하가 있었으니 殷臣有三
공자는 그들을 인자라고 하였네[43] 孔子曰仁
공과 포은[44]은 公曁圃隱
아, 고려의 신하였네 嗟麗之臣
정주의 도를 강론하여 道講程朱
그 학문 역시 참되었네 其學也眞
국가 흥망의 때를 만났으나 運際興覆
그 지조 공정하였네 其節也均
한 분은 죽고 한 분은 살았으나 一死一生
모두 신하 되지 않았네[45] 歸則罔僕

42 우 선생(禹先生) : 우현보(禹玄寶, 1333~1400)로, 본관은 단양(丹陽), 자는 원공(原功), 호는 양호당(養浩堂)·독락당(獨樂堂), 시호는 충정(忠靖)이다.

43 은(殷)나라에……하였네 : 우현보는 이색, 정몽주와 함께 고려 말 삼인(三仁)으로 불린다. 《논어》 〈미자(微子)〉에 "미자는 떠나고, 기자는 종이 되고, 비간은 간하다 죽었는데, 공자가 '은나라에는 인자가 세 분이었다.'라고 말씀하였다.〔微子去之, 箕子爲之奴, 比干諫而死, 孔子曰: "殷有三仁焉."〕"라고 하였다.

44 포은(圃隱) : 정몽주(1337~1392)로, 본관은 영일(迎日), 자는 달가(達可), 호는 포은이다. 초명은 몽란(夢蘭), 몽룡(夢龍)이다. 1392년 이방원(李芳遠) 일파에 의해 살해되었을 때, 우현보가 시신을 거둬 장례를 치렀다.

45 모두……않았네 : 우현보와 정몽주가 새 왕조인 조선의 신하가 되지 않았다는 말이다.

옥에 갇히고 귀양 갔으나	幽囚流竄
맹세한 마음 변치 않았네	矢心靡忒
태조께서 오라고 하였으나	太祖曰來
나는 흰옷[46]을 입겠다고 했네	我衣之白
전원으로 돌아가니	歸視其田
콩 농사 풍성하였네	有豆離離
그 콩으로 죽 끓이고	持以煮粥
고사리 고비 먹었네	爾蕨爾薇
숨기라는 훈계 남기니	遺誡掩抑
외로운 무덤 여기에 있네[47]	獨塚在玆
저 숭양서원을 보건대	相彼崧院
포은 어른이 의지한 곳이네	圃翁攸依
공의 평생을 살펴보건대	跡公平生
이곳이 아니면 어디로 돌아가실까	匪此曷歸
유생들이 다 같이 외치며	章甫齊倡
궁궐에 상소했네	拜疏王闕
왕께서 말하길, 어찌 그리 늦었는가	王曰何晚
일이 오늘을 기다린 것이로다	事待今日
배향하는 예가 있으니	禮有配食

46 흰옷 : 벼슬을 하지 않는 평민이 입는 옷이다.

47 숨기라는……있네 : 우현보가 죽으면서 "나는 다만 한 사람의 망국(亡國)의 대부다. 나를 선영에 묻지도 말고, 또한 자손들도 선영에 묻지 말라."라고 했다 한다. 우현보의 무덤은 장단 고현(古縣)에 있다.

너희 말이 아름답다 하였네	乃言維旨
선비들이 말하길, 선비들이 논의한 지	士曰士論
사백 년이 되었는데	惟四百祀
이제 성사되었으니	于玆有成
우리 임금님 성스럽다 하였네	我王聖神
이에 위패를 만들고	載造位牌
이에 길일을 택했네	載簡吉辰
생각건대 숭양서원 아래	尙憶崧下
골목마다 문 마주 열어 놓고	門巷對開
나라 걱정하던 마음을 논하며	憂國論心
지팡이 짚고 오고 가리라	杖往屨來
한 서원에서 다시 만나니	一院重會
누가 기이하지 않다고 하랴	孰云非奇
수많은 먼 후손들	藐玆雲仍
감격하고 기뻐하네	感喜兼之
공경히 무덤에 가서	祇詣若堂
저간의 경과를 고하네	敢以事告
제수의 향기가 퍼져 나가니	焄蒿肸蠁
강림하소서	庶幾斯假

경주 운천사[48]에 태사 권공[49]의 사판을 봉안하며 올리는 제문

慶州雲泉祠太師權公祠版奉安祭文

혁혁한 태사는	有赫太師
도타운 충심으로 순리를 따랐네	惇忠履順
토지는 사람을 기르는 것이니	土以養人
나는 백성 해치는 짓 못 하겠네[50]	害吾不忍
고을을 내주어	籍民以授
칼에 피를 묻히지 않았네	血不于刃
고려 태조가 이를 가상히 여기고	麗祖嘉乃
더불어 권도를 행할 수 있다 하였네[51]	曰可與權

48 운천사(雲泉祠) : 경상북도 경주시 강동면 왕신리에 있는 운곡서원(雲谷書院)에 있던 사당을 가리키는 것으로 보인다.

49 태사(太師) 권공(權公) : 안동 권씨(安東權氏)의 시조 권행(權幸)을 가리킨다. 권행은 원래 경주 김씨였으나, 고려 태조를 도와 견훤(甄萱)을 치는 데 큰 공을 세워, 태조로부터 사태의 조짐을 잘 파악하고 권도에 능란하다 하여 권씨 성을 하사받고 대상(大相)에 제수되었으며, 뒤에 벽상삼한삼중대광 아부공신(壁上三韓三重大匡亞父功臣) 태사(太師)에까지 이르렀다. 무덤은 안동 서쪽 천등산(天燈山) 조화곡(造火谷)에 있다. 《炭翁集 卷12 高麗……太師權公神道碑銘》

50 토지는……하겠네 : 《맹자》〈양혜왕 하(梁惠王下)〉에 "백성을 다스리는 자는 백성을 기르는 토지 때문에 백성을 해치지 않는 법이다.〔君子不以其所以養人者害人〕"라고 한 데서 온 말이다.

51 고려……하였네 : 권행이, 고려 태조가 견훤과 싸울 때 공을 세워, 태조로부터 사태의 조짐을 잘 파악하고 권도에 능란하다 하여 권씨 성을 하사받은 일을 말한다.

봉작과 권씨 성을 하사하니　錫封賜姓
안동 권씨의 시조가 되었네　爲祖於人
저 낙동강 물을 바라보니　瞻彼洛水
그 원류 넘실넘실 흐르네　源流汪濊
그 갈래 백 가지로 많지만　有百其派
모두 한 줄기에 통합되네　咸統於一
아름답도다, 우리 태사는　猗我太師
나라에 후손 가득하네　有孫盈國
고관대작과 지방관이　簪黻旄纛
구름처럼 쌓였네　雲疊霧積
천백 년 동안　于千百年
물려준 경사 성대하였네　餘慶郁郁
안동에 사당이 있어　花山有祠
삼태사가 함께 흠향하네[52]　三師竝食
예의 성대하고 문물 번성하니　禮殷物昌
어찌 흡족하지 않다고 하랴　豈曰不慊
이곳 경주는 옛날의 서울이고　惟茲舊京
참으로 공의 유적이 남아 있네　寔公遺蹟
후손들은 오고 갈 적마다　後孫來過
매번 죄송한 생각 들었네　每懷怵惕

52 안동에……흠향하네 : 경상북도 안동시 북문동에 있는 태사묘(太師廟)에서 고려의 개국 공신 김선평(金宣平), 권행, 장정필(張貞弼) 삼태사(三太師)의 위패를 봉안하고 있는 것을 말한다.

이곳에서 제향을 올리지 못함은 於焉闕享
예에 흠결이 되네 於禮或缺
즐거운 저 운천사 樂彼雲泉
신령한 구역 우뚝하네 靈區嵽嵲
맑디맑은 못이 있어 有湫湛湛
용이 외딴 지역 비호하네 龍護絶境
구름 앞세우고 바람 탄 신선 雲旗風馬
강림하시기에 참으로 알맞네 允宜臨況
후손의 정성 後昆之誠
참으로 다함이 없네 實無窮竟
한목소리로 사당을 세우니 同聲建宮
넓고 고요한 곳에 자리했네 位置閎靚
이에 좋은 날을 가려 載簡穀朝
사판을 봉안하네 祠版以奉
제기 엄숙하고 俎豆嚴嚴
예모 모두 공손하네 禮容咸悚
어찌 다른 사람이겠는가 豈伊異人
세대가 먼 후손들이네 百世雲仍
봄과 가을의 두 제사 春秋二享
대대로 이어지기를 기약하네 可期承承
영령이여 이곳에서 편히 지내며 尊靈是妥
만년토록 싫증 내지 마소서 萬祀無斁
후손을 돌봐 주시고 庇覆後人
영원토록 복을 내려 주소서 永錫厥福

신명께서는 강림하시어	神之格思
조출한 술을 흠향하소서	歆我泂酌

운천사 상향 축문

雲泉常享祝文

성인의 권도에 달통하여	達聖人權
백성의 선조가 되었네	爲生民祖
공적은 서책에 전하고	功流簡策
예우는 제기에 성대하네	禮盛俎豆
어찌 안동에 없어서이랴	豈無花山
옛 서울을 귀하게 여겨서이네	所貴舊京
참으로 근본에 보답하는 마음에서 나왔으니	寔出報本
작은 정성 헤아려 주소서	庶鑑微誠

조성익[53] 시겸 에게 올리는 제문

祭趙聖益 時謙 文

유세차(維歲次) 갑진년(1784, 정조8) 11월 모일(某日)에, 번암 채백규는 죽주(竹州)[54]의 분암(墳菴)[55]에 칩거하다가 조성익(趙聖益)의 부음을 듣고 슬프고 애석한 마음을 견디지 못하여 눈물을 참고 제문을 지어 서울로 들여보내고, 아들 홍원(弘遠)으로 하여금 술과 떡 등 조촐한 제물을 들고 가서 빈소의 영전에 나아가 읽어 고하게 한다.

아, 내 나이 이순(耳順)을 넘기고도 5년을 더 살았는데 지난날 친구 중에 갑자기 황천길로 떠나간 이가 열에 여덟아홉이다. 한두 명 살아 있는 이들도 노쇠하고 병들어서 겨우 이 세상에 붙어살면서 술잔을 들고 담소를 나누기는 하지만 축 늘어지고 쇠약하여 더 이상 평소의 의기를 갖고 있지 않다. 나는 참으로 그들을 슬퍼하지만 또한 남을 슬퍼할 겨를도 없이 남들도 나를 슬퍼할 것을 슬퍼한다. 인간 세상이 완상하기에 부족한 것이 이와 같다.

성익은 살림이 매우 빈한하여 처자식을 먹여 살릴 길이 없어서 수년 전에 머리를 숙이고 병조와 장악원에서 근무했는데 그의 나이는 나보다 겨우 한 살 적을 뿐인데도 용모가 날로 초췌해지고 말을 날로 더듬었다. 가끔 만날 때면 나는 매번 마음속으로 탄식하며 생각하기를 '성익

53 조성익(趙聖益) : 조시겸(趙時謙, 1721～1784)으로, 본관은 순창, 자는 성익이다.

54 죽주(竹州) : 경기도 안성시 죽산면 일대의 옛 지명이다.

55 분암(墳菴) : 무덤을 지키기 위하여 그 앞에 지어 놓은 집을 말한다.

이 이렇게까지 쇠약해졌구나.' 하였다. 사람은 쇠약해지면 병이 나고 병이 나면 죽는 법이니, 이 이치는 피할 수 없다. 아, 성익이 피할 수 없는 것에 대해 어찌하겠는가. 인생에 달관한 이는 사람의 노력이 끼어들 수 없는 음양의 순환에 이것을 부칠 것이다. 그러나 나는 성익의 부음을 듣고 깜짝 놀라 곡을 하고 눈물을 글썽이며 울었다. 여러 날이 지나도 마음을 진정할 수 없었는데 그것은 다른 사람이 죽어 슬픈 것보다 성익의 죽음에 대한 슬픔이 심하다는 것을 잘 알았기 때문이다.

성익의 행동과 용모는 옥수(玉樹) 같고 두 눈동자는 생기가 넘치고 기운이 있었다. 젊었을 때는 과거 공부에 힘써 선대왕(先大王 영조)께서 온양(溫陽)의 행궁에서 선비들을 시험 보던 날에 장원급제하여 이름을 떨쳤다. 그 당시 자신의 문하에 성익이 나오기를 바라는 요인(要人)과 권귀(權貴)가 많았으나 성익은 그들을 경시하였다. 성익은 문을 닫아걸고 권귀들과 어울리는 것을 사절한 채 오도(吾道)만을 지켰다. 지금의 세상은 요직을 구해야만 얻고 구하지 않으면 얻지 못한다. 성익이 10년 동안 낮은 자리에 묻힌 것에 대해 사람들은 간혹 그를 위해 탄식하지만, 이것이 아니었다면 어떻게 성익이 이름난 조상의 후손 되기에 부끄럽지 않다는 것을 알았겠는가.

성익이 일찍이 나에게 말하기를,

"머리에 오모(烏帽)[56] 쓰는 것이 어찌 즐거워할 일이겠는가. 몸은 늙었는데 아들 하나 없어 근자에 먼 고장에 사는 족제(族弟)에게 애걸하여 그의 아들을 양자로 들일 것을 허락받았는데 빈한하여 데

56 오모(烏帽) : 관복을 입을 때 쓰는 검은 빛깔의 벼슬아치 모자로, 오사모라고도 한다.

려올 길이 없고, 데려오더라도 역시 혼인시켜 줄 길이 없네. 조만간에 작은 고을 한 곳에 수령으로 나가면 이 일을 이룰 수 있을 것이네. 그런 뒤에 돌아와 선영 아래 눕는다면 죽어도 유감이 없을 것이네." 하였다. 아, 그의 희망은 사치한 것이 아니고 그의 소원은 만족하기 쉬운 것인데 벼슬길은 날로 좁아져 작은 고을을 끝내 얻지 못하였으며, 사람의 수명은 얼마 남지 않았는데 초상에는 상주가 없고 늙은 부인은 의지할 데가 없으니, 성익이 눈을 감은 귀신이 될 수 있겠는가. 애통하다.

지난날 내가 약봉(藥峯) 아래 살 때 성익의 집이 소 울음소리가 들릴 정도로 가까운 거리에 있었는데 성익의 신발은 항상 문밖에 있었으나, 때때로 밝은 달이 뜬 고요한 밤이면 또한 가벼운 차림으로 오지 않은 적이 없었다. 나는 번번이 그의 소매를 잡고 나란히 걸으며 혹은 동쪽 이웃집을 방문하고 혹은 서쪽 산을 찾아갔으니 모두 나와 뜻이 맞는 사람들이다. 성익의 성품은 술을 좋아하고 바둑 솜씨는 그다지 높지 않았으나 바둑 좋아하는 것이 술 좋아하는 것만 못 하지 않았다. 매번 간원(諫院) 심여중(沈汝中 심복(沈墣))과 함께 마주 앉아 바둑을 두면 한 수도 양보하지 않고 속임수도 꺼리지 않고 써서 판이 잘 끝나지 않았다. 나도 기뻐 웃으며 번번이 말하기를 "우리 모임의 놀이는 또한 구경할 만하다. 젊은이들이 훗날 서로 전하며 동네의 미담으로 여기지 않을 줄 어찌 알겠는가." 하였다. 10년 사이에 여중이 죽고 성익이 지금 또 이 지경에 이르렀다. 나 같은 사람은 몸은 죽지 않았으나 낭패를 당하고 수모를 겪어 마음이 죽은 지 이미 오래되었다. 인생이 갑자기 왔다가 갑자기 가는 것이 참으로 슬퍼할 만하고 생전의 일은 아는 자가 점점 줄어드니, 또한 누가 전하며 미담으로 여길 수 있겠는가.

성익은 나를 찾아오면 술을 마시지 않고는 돌아가지 않았다. 그래서 나의 아내는 조 원외(趙員外)가 문에 들어섰다는 말을 들으면 나의 지시를 기다리지 않고 이미 여종으로 하여금 거리에 나가 술을 사 오게 시켰고 여종 또한 그만둘 수 없는 일로 여겼다. 지금 성익이 세상을 떠났는데 내가 몸이 200리 밖에 있다고 해서 한잔 술로 영결하지 않는다면 나의 마음이 어떠하겠으며, 성익도 어찌 저승으로 가는 길목에서 머뭇거리며 슬퍼하지 않겠는가. 술잔의 막걸리는 나의 눈물이네. 바라건대 성익은 내 마음을 살펴 주고 전별주를 마시며 "어찌하여 총명한 사람이 실로 나를 많이 잊었는가."라고 하지 마시게. 흠향하소서.

정 상국[57] 홍순 에게 올리는 제문

祭鄭相國 弘淳 文

유세차(維歲次) 갑진년(1784, 정조8) 3월 병술삭 10일 을미일에 평강(平康) 채제공이 병든 몸을 끌고 달려가 한잔 술을 따르고 상국(相國) 정공(鄭公)의 영전에 곡하고 영결한다.

아, 애통하도다. 공이 세상을 떠나자 조정의 선비들은 서로 함께 탄식하며 말하기를 "군자는 무엇을 믿고 두려워하지 않으며 소인은 무엇을 꺼려서 하지 않겠는가." 하고, 시장의 백성들은 서로 함께 울면서 말하기를 "한겨울에 추위에 떠는 우리를 염려해 준 이는 누구였던가. 흉년에 굶주린 우리를 구휼해 준 이는 누구였던가." 하였으니, 날이 가고 달이 가도 애석해하는 말이 도모하지 않아도 서로 같았다.

더구나 나는 공을 따라 조정에서 정사를 논의하는 자리에 나아간 것이 지금까지 거의 30년이다. 복잡하여 판단하기 어려운 일은 공에게 물으면 가리개를 활짝 여는 듯했고, 국론을 정하지 못한 때에도 공에게 물으면 거북점이나 시초점을 친 듯했다. 내가 공을 앙모한 것은 하루라도 공이 없으면 나의 공과 사를 처리할 수 없었기 때문이다. 이제는 끝났으니, 어찌 외로이 혼자 살면서 길게 한숨짓고 탄식하지 않을 수

57 정 상국(鄭相國) : 정홍순(鄭弘淳, 1720~1784)으로, 본관은 동래(東萊), 자는 의중(毅仲), 호는 호동(瓠東)이다. 평안도 관찰사, 호조 판서, 예조 판서, 우의정, 좌의정 등을 역임하였으며, 특히 호조 판서로 10년간 재직하면서 재정 문제에 재능을 발휘하여 당대 제일의 재정관으로 손꼽혔다.

있겠는가.

생각건대 나는 옛사람의 가르침을 조금이나마 들어서, 직도(直道)가 임금을 섬길 수 있다는 것만을 알았지 세도(世道)는 어찌할 수 없다는 것을 알지 못했다. 인심이 험악해져 칼날이 나란히 모이고 그물과 함정이 사방을 포위하는 상황을 초래했으나 공은 홀로 남기(南箕)와 패금(貝錦)의 말[58]에 대해 깊이 한스러워하고 석모(淅矛)와 취검(炊劍)의 때[59]에 대해 걱정하였다. 공은 염예(灩滪)가 파도를 놀라게 하고 격류가 옆 사람에게 튀는 것을 두려워한 적이 없으며[60] 안타까워 발을 구르고 손을 물에 적시며 빠진 사람을 당겨 건져 내고자 하면서 힘쓸 기회가 없음을 한스러워하였다.

58 남기(南箕)와 패금(貝錦)의 말 : 참소하는 말이다. 베틀에서 자개무늬 비단을 짜듯이, 참소하는 사람이 남의 작은 잘못을 그럴듯하게 꾸며 큰 죄로 만드는 것을 가리킨다. 《시경》 〈소아(小雅) 항백(巷伯)〉에 "조금 문채가 있게 이 자개무늬 비단을 짜도다. 참소하는 저 사람은, 또한 너무 심하도다. 조금 벌어진 입으로, 남쪽 기성을 이루니, 저 참소하는 사람은 누구와 함께 모의하는가.〔萋兮斐兮, 成是貝錦, 彼譖人者, 亦已大甚. 哆兮侈兮, 成是南箕, 彼譖人者, 誰適與謀.〕"라는 말이 나온다.

59 석모(淅矛)와 취검(炊劍)의 때 : 매우 위태로운 상황을 말한다. 《세설신어》 〈배조(排調)〉에 "창 머리에서 쌀을 씻고 칼 머리에서 밥을 짓는다.〔矛頭淅米劍頭炊〕"라고 한 데서 유래하였다.

60 공은 염예(灩滪)가……없으며 : 정홍순이 매우 위태로운 상황 속에서도 차분히 대처했다는 말이다. 사천성(四川省) 봉절현(奉節縣) 서남쪽으로 양자강(揚子江) 구당협(瞿塘峽)의 어귀에 큰 암석이 우뚝 서 있는 곳을 염예퇴(灩滪堆)라 이르는데, 이 부근은 본래 격류(激流)가 극심하여 배가 다니기 매우 어려운 곳으로 유명하다. 송(宋)의 이천(伊川) 정이(程頤)가 일찍이 부릉(涪陵)으로 유배 가던 길에 염예퇴를 지나는데 파도가 거세게 일자, 배 안에 있던 다른 사람들은 모두 놀라서 어찌할 줄을 몰랐으나, 유독 정이는 태연하여 조금도 동요하지 않았다고 한다. 《心經 正心章》

지난해 다시 성으로 들어오게 된 후부터 애틋하게 서로 바라보았는데 집이 멀리 떨어지게 되자 나는 공이 퇴근해 한가로이 지내는 집에 사람을 보내 안부를 묻기도 하고 공은 궁벽한 골목 적막한 집에 심부름꾼을 보내 나를 찾아보게 하기도 하였다. 옆에서 엿보는 자가 비록 우리로 하여금 서로 떨어져 만나지 못하게 하더라도 어찌 우리 마음속 애틋한 기약을 갈라놓을 수 있겠는가. 간혹 다시 만나서 내 마음속 하고 싶은 말을 다 하고 싶었는데, 이제는 모두 끝나 버렸다. 오직 구천에서 만날 것을 기약해야 하나 평소의 담소와 같을 수 있을지 알 수 없으니, 애통하도다.

아직도 기억하건대 성상께서 처음 즉위하실 때 공이 나에게 말하기를 "지금 조정의 뜻은 기왓장을 부수고 담장의 그림을 긁어 버리려 하지 않음이 없으나[61] 창고의 재물에 대해서는 더욱 심한데, 그들이 꺼리는 사람은 나와 대감뿐입니다. 만약 우리 두 사람이 임금 곁에 있지 않게 된다면 나는 국사가 장차 무엇에 의지하게 될지 모르겠습니다." 하였다. 이 말이 아직도 내 귓가에 남아 있는데 공은 세상을 떠났고 나는 쇠잔한 몸을 겨우 보전하고는 있으나 노쇠하고 병든 채 버려져서 죽을 날이 실로 얼마 남지 않았다. 공적으로나 사적으로나 눈물이 흘러 턱에 고이니, 한잔 술과 한 마리 닭에 이내 마음을 부친다. 흠향하소서.

61 조정의……없으나 : 조정 신하들의 뜻이 나라를 망치는 데에 있다는 말이다. 맹자가 말하기를 "여기에 사람이 있는데, 기왓장을 부수고 담장의 그림을 긁어 버리고도 그 뜻이 장차 밥을 구하려고 해서라면 자네는 그에게 밥을 먹이겠는가?" 하니, 팽경(彭更)이 "아닙니다."라고 대답하여, 맹자가 말하기를 "그러면 그대는 뜻을 위주로 밥을 먹이는 것이 아니라 공을 위주로 밥을 먹이는 것이다." 하였다. 《孟子 滕文公下》

망실 증 정경부인 오씨의 무덤을 이장하기 위하여 파묘할 때의 고유문

亡室贈貞敬夫人吳氏遷葬破墓告由文

성상 9년 을사년(1785, 정조9) 2월 신사삭 4일 갑신일에 지아비 보국숭록대부(輔國崇祿大夫) 행 지중추부사(行知中樞府事) 채제공이 죽주(竹州)의 분암(墳菴)에 머물며 아들 홍원(弘遠)으로 하여금 죽은 아내 증(贈) 정경부인(貞敬夫人) 동복 오씨(同福吳氏)의 묘에 밝게 고하게 한다.

한평생 술재강과 쌀겨만 먹이고	百年糟糠
만사는 바람 앞에 등불 같았네	萬事風燭
벌은 한번 배불리 먹지 못했는데	蜂不一飽
꿀은 부질없이 익었네[62]	有蜜空熟
지난 경오년에	昔歲庚午
나는 남쪽 고을로 아버님 뵈러 갔네[63]	余覲南邑
그때 그대는 임신한 지	君時腹娠
예닐곱 삭이었네	六七其朔

62 벌은……익었네 : 아내가 마음껏 먹지 않고 절약하여 살림을 불렸으나 정작 살림이 폈을 때는 죽어서 부귀를 누리지 못했다는 말이다.

63 경오년에……갔네 : 번암은 경오년(1750, 영조26) 가을 부친의 임소인 병산(屛山)에 갔다.

작별할 때 소매를 잡고	臨別把袂
부탁한 말 무엇이었던가	所托何言
훗날 합장할 것을	他日合窆
부디 잊지 말라고 했네	愼無忘旃
나는 실로 놀라고 어리둥절해	余實驚惑
망령된 말 하지 말라 했네	曰無妄說
나는 빨리 돌아오려 했으니	我歸當遄
어찌 슬퍼하고 서운해하랴	安用悲觖
그대는 나를 기다리지 않아	君不我待
부고가 남쪽으로 달려왔네	赴紙南馳
이별의 말을 되새겨 보면	追理別語
미리 알았던 것 같네	似若前知
그때는 갑자기 당한 일이라	維時倉卒
묫자리를 택하지 못했네	墓地未擇
한 줌 흙더미 쓸쓸하여	一抔蕭瑟
묘소를 이루지 못했네	不成塋域
화고[64]는 숭고하나	花誥崇崇
죽은 자를 어찌하리오	奈此冥漠
나는 늙고 병들었으니	余老且病
사후가 더욱 염려되네	慮後尤勤
합장해 달라고 부탁한	合窆之托
죽은 아내 저버릴까 두려웠네	恐負九原

64 화고(花誥) : 임금이 고관(高官)의 부인에게 봉호(封號)를 내린 것이다.

삼십오 년 동안	三十五載
경영에 힘이 다하였네	力殫經營
잠시 죽산에 나아가	纔就竹山
묫자리를 잡았네	載卜佳城
부 서쪽 십 리에	府西十里
율현[65]이 그 지명이네	栗峴其名
고운 언덕이 둘러싸고	嫩岡環抱
연못은 마르지 않네	水不知去
신령한 도사의 비록은	神師秘錄
미덥고 증거 있네	信而有據
남쪽에 산이 있어	維南有山
푸른빛 보이네	蒼翠入望
가엾은 우리 부모님	哀我父母
체백이 묻힌 곳이네	體魄斯藏
장인의 묘소	岳丈衣履
더구나 근처에 있네	況又在邇
인정으로 신령을 헤아려 보니	以人度神
기뻐할 줄 알겠네	可知歡喜
길일을 택하여	將謀吉辰
영구를 받들고 길 떠나리라	奉柩就道
잠깐의 노고를 꺼리지 말고	毋憚暫勞
길이 길한 무덤으로 가시라	永赴吉兆

65 율현(栗峴) : 경기도 안성시 삼죽면 율곡리에 있는 지명이다.

이제 묘를 허물기 위해	今茲破墓
술과 과일을 올리네	酒果以將
옛것 버리고 새것으로 나아가니	捨舊就新
혹시라도 놀라지 마오	無或震驚
삼가 고하노라	謹告

죽산 율현에서 파토하며 토지신에게 올리는 제문

竹山栗峴破土祀地神文

유세차(維歲次) 을사년(1785, 정조9) 2월 신사삭 2일 임오일에 보국숭록대부(輔國崇祿大夫) 행 지중추부사(行知中樞府事) 채제공이 족인(族人) 일영(日永)을 보내어 율현(栗峴)의 토지신에게 밝게 고한다.

삼가 아룁니다	伏以
여기 율현은	維玆栗峴
옛날에 반룡이라 불렀네	古稱盤龍
옷깃 겹친 속처럼 아늑하니	密如衿疊
사방에 어여쁜 봉우리 있네	四際姸峯
신령이 아끼고 귀신이 보호하니	神慳鬼護
실로 개벽부터 그러했네	實自開闢
다행히 나의 소유 되니	幸爲吾有
감격하여 머리 숙이네	稽首感戢
죽은 아내 오씨는	亡室吳氏
길한 유택을 얻지 못했네	吉宅未獲
오는 십삼일에	將以十三
이곳에 이장하네	於玆遷兆
그 터는 이원[66]이고	其址李園

66 이원(李園) : 이씨(李氏)의 동산이라는 뜻으로 추측된다.

그 자리는 묘향이네　其坐向卯

신령께서 보호하시어　神其庇護

길이 후손에게 복 내리소서　永綏後福

희생 진설하고 술잔 올리니　陳牲奠斝

밝게 강림하시길 비나이다　尙冀昭假

삼가 고합니다　謹告

율현에 빈소를 마련한 후 고하는 글

栗峴成殯後告文

죽은 아내 증(贈) 정경부인(貞敬夫人) 동복 오씨(同福吳氏)의 관이 을사년(1785, 정조9) 2월 갑신일에 다시 땅 위로 나왔다. 4일 지나 정해일에 고양(高陽)에서 발인하여 기축일에 죽주(竹州)의 율현(栗峴)에 이르러 빈소를 마련하였다. 지아비 채제공은 당시 남산(南山)[67] 선영 아래에 머물면서 길에서 영구를 맞이하여 돌아와 글로 고한다.

그대와 영결한 지	與君相訣
삼십오 년이네	三十五年
그대가 나에게 왔는데	君來就我
썩은 관은 형체가 없네	朽棺冥然
내가 가서 그대를 맞이하는데	我往迎君
백발이 머리에 가득하네	皓髮盈顚
어느새 상전벽해 되어	轉頭桑海
만사는 울 일뿐이네	萬事涕淚
인간 세상에서 오늘	人世今日
다행히 다시 의지하네	幸復依倚
며칠 뒤에는	幾何朝暮
다시 무덤에 들어가야 하네	又復窀穸

67 남산(南山) : 경기도 안성시 죽산면에 있는 산이다.

새 무덤을 보니	顧玆新局
길한 기운 쌓였네	吉氣攸蓄
영구가 도착하여	靈輀戾止
이 빈소에 안치하네	安此殯屋

망실에게 올리는 제문

祭亡室文

유세차(維歲次) 을사년(1785, 정조9) 2월 신사삭 12일 임진일에 지아비 보국숭록대부(輔國崇祿大夫) 행 지중추부사(行知中樞府事) 채제공이 율현(栗峴)의 빈소에서 석전(夕奠)을 올리며 강실 증(贈) 정경부인(貞敬夫人) 동복 오씨(同福吳氏)의 영전에 영결을 고한다.

아, 내일 축시(丑時)는 그대가 다시 지하로 들어가는 시각이오. 그대에게 국과 밥을 올리는 예의도 여기에서 그치고, 아침과 저녁에 마음을 다하는 곡도 여기에서 그친다오. 지하로 보낸 35년의 이별은 어찌 그리 길었소. 인간 세상에서 가진 나흘의 만남은 어찌 그리 빨리 지나갔소. 죽은 자와 산 자가 길이 이별하니 참으로 슬프오. 그러나 나는 늙었으니 사람이 반드시 겪게 되는 일[68]이 그다지 머지않았으리. 훗날 상봉하면 그 만남은 무궁하겠지만 오늘 별안간 잃은 것처럼 꺼이꺼이 우는 것은 서로 보고 한바탕 웃을 거리가 되지 않겠소. 나는 이것으로 내 마음을 위로하니 그대도 나처럼 생각하고 편안히 돌아가시오.

68 사람이……일 : 죽음을 가리킨다.

재종제 성눌[69] 민공 에게 올리는 제문

祭再從聖訥 敏恭 文

정미년(1787, 정조11) 4월 무술삭 8일 을사일에 재종형 번암 노부(老夫)가 몇 줄 제문을 잡고 한잔 술을 올리며 종조제(從祖弟) 현감군(縣監君) 성눌(聖訥)의 관에 곡하며 영결한다.

지난해 현감군이 남쪽 지방의 수령이 되어 나에게 작별을 고할 때 나의 마음은 넋이 나간 듯이 멍해져 떠나보내지 못했고 현감군도 두 눈동자가 눈물에 살짝 젖었다. 남쪽 지방은 멀지만 편지는 받아 볼 수 있고, 과기(瓜期)[70]는 더디지만 현감군의 행차는 끝내 반드시 돌아올 것이었다. 그러나 나는 현감군의 손을 붙잡고 현감군은 내 얼굴을 바라보았으니, 우리의 이별은 그렇게 어려웠다. 더구나 지금은 현감군의 행차에 대해 편지를 받아 볼 날이 있다고 할 수 있겠으며, 과기가 찰 날이 있다고 할 수 있겠는가. 살았을 적의 이별로 미루어 보건대 죽어서 이별하는 어려움이 더욱 어떠하겠는가. 내 마음으로 미루어 보건대 현감군 마음의 슬픔은 또한 어찌 눈물에 살짝 젖고 말 뿐이겠는가. 애통하도다.

69 성눌(聖訥) : 채민공(蔡敏恭)으로, 1782년 12월 29일 도목 정사에서 청하 현감(淸河縣監)에 임명되어 1786년 6월까지 근무하였다. 그의 아들 채홍원(蔡弘遠)은 번암의 양자로 나갔다.

70 과기(瓜期) : 《춘추좌씨전(春秋左氏傳)》 장공(莊公) 8년에 "제 양공(齊襄公)이 관지보(管之父)를 지방관으로 임명하여 오이〔瓜〕철에 보내면서 '내년 오이철에 교대시키겠다.' 하였다."라고 하였으므로, 후세에 지방관의 임기(任期)가 찬 것을 말하였다.

현감군은 우리 큰할아버지 오시재(五視齋 채명윤(蔡明胤)) 선생의 손자이고, 오시재 선생은 우리 가문에 실로 가문을 다시 일으킨 공로가 있다. 나의 할아버지 구봉공(九峯公 채성윤(蔡成胤))과 작은할아버지 희암공(希菴公 채팽윤(蔡彭胤))이 학식을 배양하고 문재를 쌓아 젊은 나이에 이름을 드날린 것은 모두 선생이 밤낮으로 가르치고 독려한 노력 덕분이다. 선생은 아래로 나의 아버지까지도 친아들처럼 아끼며 반드시 솔선하여 가르치셨는데, 마침내 아버지의 문장과 품행이 옛날 사람에 부끄럽지 않게 된 것도 선생의 노력 덕분이라 생각한다.

나는 불초하여 선조를 욕되게 하고 있지만 말과 소가 사람의 옷을 입은 격[71]을 면할 수 있었던 것은 모두 아버지가 선생께 배운 것을 나에게 전해 주셨기 때문이니, 나는 선생에게 실로 사숙(私淑)한 의리가 있다. 그래서 평소 선생의 손자를 보는 것이, 단지 동당(同堂)의 애정으로 종조(從祖)의 형제를 보고 마는 남들과는 달랐던 것이다. 더구나 나는 현감군의 아들을 양자로 들였으니, 우리가 이체동기(異體同氣)[72]라 한들 그 누가 그렇지 않다고 말하겠는가.

현감군의 마음가짐과 몸가짐은 분명하고 강직하여 향촌에 살 때는 구차하게 세속을 따르지 않았고 관직에 있을 때는 맑은 지조가 넉넉하였다. 나는 매번 우리 종중에 현감군이 있는 것이 마치 장님에게 지팡이가 있고 물이 새는 배에 헝겊 조각이 있는 격[73]이라고 말했다. 어찌하

71 말과……격 : 배움이 부족한 사람이 되는 것을 말한다. 한유(韓愈)의 시 〈부독서성남(符讀書城南)〉의 "사람이 고금의 도리를 통하지 못하면, 말과 소에 사람 옷을 입혀 놓은 것과 같다.〔人不通古今, 馬牛而襟裾.〕"라는 시구를 인용한 것이다. 《韓昌黎集 卷6》

72 이체동기(異體同氣) : 몸은 달라도 기운은 같다는 말이다. 번암이 채민공의 아들 채홍원을 양자로 들였기 때문에 한 말이다.

여 수명이 51세에 그치고 관직이 일개 현을 다스리는 데 그쳐서 나로 하여금 의지할 데 없게 하고 우리 종중으로 하여금 본받을 사람이 없게 하는가. 애통하도다.

홍주(洪州)는 뽕나무와 가래나무[74]가 있는 고향이다. 조상의 묘소가 여기에 있고, 현감군의 아내와 어린 자식도 여기에 있으며, 현감군이 어릴 적에 놀던 물가와 언덕도 여기에 있다. 현감군의 이 행차는 애초에 나그네가 고향으로 돌아가는 것이니, 현감군에게 무슨 유감스러울 것이 있겠는가.

그러나 나는 경구(京口)[75]에서 머뭇거리며 백발로 꺼이꺼이 곡한다. 형제로서 즐겁게 정을 나누고 친척으로서 정겨운 이야기 나누는 것이 이 생애에서 끝났으니, 어찌 차마 말할 수 있겠는가. 하늘에 사무치는 영결을 이 술잔으로 마치고, 한집에서 함께하는 것도 오늘 밤으로 끝이다. 현감군은 길게 부르짖는 나의 울음소리를 듣고 나의 눈물 섞인 잔을 흠향하시라. 아, 애통하도다. 아, 애통하도다.

73 물이……격 : 꼭 필요한 사람이라는 말이다. 《주역》 〈기제괘(既濟卦) 육사(六四)〉에 "물 새는 곳을 헝겊으로 막고 종일토록 조심한다.〔繻有衣袽, 終日戒.〕"라고 하였는데, 《정전(程傳)》에 "배에 새는 곳이 있으면 헝겊 조각으로 막는다.〔舟有罅漏則塞以衣袽〕"라고 해설한 말이 나온다.

74 뽕나무와 가래나무 : 조상 대대로 살아온 고향을 뜻한다. 《시경》 〈소아(小雅) 소변(小弁)〉에 "어버이가 심어 놓으신 뽕나무와 가래나무도 반드시 공경해야 하는 법이다.〔維桑與梓, 必恭敬止.〕"라는 말이 나온다.

75 경구(京口) : 한강 어귀를 뜻하는 지명으로, 경강(京江)이라고도 한다.

사당에 신주를 옮겨 모실 때 고하는 글
祠宇移安告文

유세차(維歲次) 정미년(1787, 정조11) 6월 정유삭 22일 무오일에 손자 보국숭록대부(輔國崇祿大夫) 행 지중추부사(行知中樞府事) 제공이 현조고(顯祖考)[76] 증(贈) 자헌대부(資憲大夫) 이조판서 겸 지경연의금부사 홍문관대제학 예문관대제학 지춘추관성균관사 오위도총부도총관(吏曹判書兼知經筵義禁府事弘文館大提學藝文館大提學知春秋館成均館事五衛都摠府都摠管) 행(行) 가선대부(嘉善大夫) 한성부좌윤 겸 동지의금부사(漢城府左尹兼同知義禁府事) 부군(府君)과 현조비(顯祖妣) 증(贈) 정부인(貞夫人) 고(故) 숙인(淑人) 안동 김씨(安東金氏)의 신주에 밝게 고합니다.

삼가 아룁니다	伏以
궂은비 밤새 내려	惡雨亘宵
언덕 무너지고 나무 쓰러졌네	岸崩樹塌
거센 충격에	急勢所衝
사당 벽 무너졌네	祠壁推入
의자 갈라져 반 눕고	椅支半臥
상 엎어져 전부 가로놓였네	床仆全橫

76 현조고(顯祖考) : 채성윤(蔡成胤, 1659~1733)으로, 본관은 평강, 자는 중미(仲美), 호는 구봉(九峯)이다.

붙잡아 주는 이가 있는 듯	似有扶將
신주 받침 쓰러지지 않았네	神趺不傾
때는 동트기 전 밤	時夜未曙
실로 많이 놀랐네	震驚實多
이불 속에서 소리 들었으나	衾裏聞聲
무슨 일인지 몰랐네	不省于何
급히 일어나 옷 입고	蹶起整衣
촛불 들고 사당을 살펴보았네	燭視祠屋
유상이 넘어져서	象設顚倒
내 가슴 먼저 막혔네	我胸先塞
손자가 효성이 없어	小孫蔑孝
미리 헤아리지 못했네	罔能預度
이렇게 된 것을 자세히 생각해 보니	細究致玆
그 죄 용서받을 수 없네	厥罪難恕
놀란 가슴 조금 수습하고	少拾驚魂
조금 옆으로 옮겨 봉안하네	移奉步許
이렇게 과일과 고기를 진설하나	陳玆果肉
안심시켜 드릴 수 있으랴	可能奉慰
놀라지 마시고	願勿驚動
저의 술잔 흠향하소서	歆我酒觶
흠향하소서	尙饗

9대조고 돈녕부 주부 부군[77]의 묘에 해마다 지내는 제사에 상용하는 축문 과천의 막계에서

九代祖考敦寧府主簿府君墓歲一祭常用祝文 果川暮溪

모년 모월 모일에 몇 대 손 아무개가 현(顯) 몇 대 조고(祖考) 통훈대부(通訓大夫) 행 돈녕부 주부(行敦寧府主簿) 부군(府君)과 현 몇 대 조비(祖妣) 숙인(淑人) 전주 이씨(全州李氏)의 묘소에 밝게 고합니다.

삼가 아룁니다	伏以
할아버지가 계시지 않았다면	吾不有祖
어찌 내가 태어날 수 있었겠는가	曷以爲吾
불이 땔나무를 통해 전해지듯	以火傳薪
대대로 두발과 피부 전해졌네	世世髮膚
영명하고 진실한 우리 할아버지	顯允吾祖
과천에 몸을 의탁하셨네	托體南充
자손과 후손들	曰雲曰仍
존숭의 마음 무궁하네	情實無窮
해마다 제사 지내기로 하니	刱玆歲祭
이것으로 작은 정성 바치네	庸洩微衷
뵙는 듯이 듣는 듯이 하며	如覿如聞
대수가 멀다고 말하지 마오	勿謂代遯

77 9대조고……부군(府君) : 채침(蔡沉)이다.

모두 할아버지의 후손들이니	凡厥諸派
예의를 어기지 말라	式禮靡忒
백대토록 폐하지 말며	百代勿替
밝게 강림하시길 비나이다	所冀昭假

망실 정경부인 권씨에게 올리는 제문
祭亡室貞敬夫人權氏文

유세차(維歲次) 정미년(1787, 정조11) 12월 22일 을묘일은 나의 정경부인(貞敬夫人) 안동 권씨(安東權氏)가 땅에 들어가는 날이다. 상여가 집을 떠나 멀리 묘소로 나아간 것은 실로 19일 임자일이다. 지아비 평강(平康) 채제공은 국가의 경사를 공경히 기다리느라 도성을 한 걸음도 떠나지 못한다. 그 형세가 장지에 가서 작별하지 못하게 되었으므로 오늘 명정과 운삽이 출발하기 전에 병을 앓은 끝에 정신을 수습하여 겨우 몇 줄 제문을 엮고 생질 이유경(李儒慶)[78]으로 하여금 조재(祖載)[79]하는 저녁에 읽어 고하게 한다.

아, 애통하다. 부부(夫婦)의 중대함은 오륜(五倫)에 들어 있으니, 살아 있는 동안에는 사이가 좋아 거문고 비파를 타는 것과 같다[80]가, 한 사람이 죽으면 남은 사람은 슬퍼서 오래 사는 것을 달가워하지 않는 것은 사람의 감정에 당연하다. 내가 어찌 홀로 그렇지 않겠는가. 그러나 내가 죽은 부인에게 해 주고 싶은 말은 축하의 말이지 슬픔의 말이 아니다. 내가 참으로 살고 죽는 일이 슬퍼할 단하다는 것을 몰라서

78 이유경(李儒慶) : 1748~1818. 본관은 함평, 자는 이선(而善), 호는 청심옹(淸心翁)이다. 아버지는 이태운(李台運)이고 외조부는 채응일(蔡膺一)이다.

79 조재(祖載) : 장사 지낼 때 관을 실은 상여 위에서 조제(祖祭)를 지내는 의식이다.

80 거문고……같다 : 부부간의 사랑이 매우 깊은 것을 뜻한다. 《시경》 〈소아(小雅) 상체(常棣)〉에 "처자가 서로 좋아하여 화목한 것이 거문고 비파를 타는 것과 같다.〔妻子好合, 如鼓瑟琴.〕"라고 한 데서 온 말이다.

그런 것이겠는가. 통곡보다 심한 노래에는 마음도 슬퍼진다.[81]

아, 사람이 세상에 태어나면 남녀를 막론하고 오직 부귀영달을 바란다. 부인이 나에게 시집온 지 지금까지 35년이다. 나는 성군을 만나 그동안 고을을 두 번 다스렸고 관찰사를 네 번 맡았다. 화려한 말과 수레는 아내에게 더없는 영광인데, 부인은 처음에는 이천(伊川)의 도호부(都護府)에서 나를 따랐다. 얼마 지나지 않아 나는 경기 관찰사에 부임하고, 또 얼마 지나지 않아 개성 유수, 함경도 관찰사에 부임하였다. 평양의 시장은 세칭 '웅장한 도읍지이자 풍족한 요해처'인데 부인은 거의 임기 만료 때까지 녹봉을 향유하였다. 부인이 성대하게 차리고 길을 나서면 모시고 호위하는 자들의 발걸음 소리가 천둥소리 같았고 말 타고 따르는 자들의 소리가 쿵쾅거리기도 하고 우르릉거리기도 하여 먼지가 안개처럼 쌓이고 구름처럼 일어났다. 나는 매번 속으로 혼잣말하기를 "하늘이 덕 있는 사람을 돕는 것이 이와 같구나." 하였다. 끝내는 화고(花誥)[82]를 공경히 받아 정경부인에 봉해졌으니, 이는 여인의 품계 중 가장 높은 것이다. 부귀영달을 논한다면 이보다 더할 수 없을 것이니, 이것으로 축하하는 것이 어찌 안 될 일이겠는가.

아, 부인은 겨우 54세이고 나는 68세이다. 반드시 겪게 되는 일[83]은

81 통곡보다……슬퍼진다 : 부인의 죽음을 축하하는 것이 단순히 슬퍼하는 것보다 더 슬플 수 있다는 뜻이다. '통곡보다 심한 노래'는 유종원(柳宗元)의 〈대하자(對賀者)〉에 "웃으면서 화를 내는 것이 흘겨보는 것보다 심하고 긴 노래의 슬픔이 통곡보다 더하니, 나의 호탕함이 더한 슬픔이 아님을 어찌 알랴.〔嘻笑之怒, 甚乎裂眥, 長歌之哀, 過乎慟哭, 庸詎知吾之浩浩非戚戚之尤者乎?〕"라고 한 데서 인용한 구절이다.

82 화고(花誥) : 임금이 고관(高官)의 부인에게 봉호(封號)를 내린 것이다.

83 반드시……일 : 죽음을 말한다.

내가 먼저 겪고 그대가 뒤에 겪는 것이 떳떳한 이치이다. 생각건대 내가 재작년에 명덕산(明德山) 산장에 있을 때 이질을 아주 심하게 앓았는데 의원이 물러간 뒤에 부인이 죽음을 굳게 결심하고 조용히 옆 사람에게 말하기를 "나에게는 연로한 어머니가 계시다. 비록 어머니를 잊을 수 없지만 내가 죽을 자리를 찾았으니 어찌 다른 것을 생각할 겨를이 있겠는가." 하였다. 신령한 하늘의 도움으로 내 병이 정말 나았다. 아, 만약 그때 내가 죽고 부인도 죽었다면 삼종(三從)의 절의[84]가 여사(女史)[85]에 빛나기에 충분했겠지만 집안의 참혹한 광경은 어떠하였겠는가. 지금 부인의 병에 마음을 다해 약을 저울질한 이는 나이고, 부인의 죽음에 성심으로 염습한 이도 나이며, 부인의 장사에 통곡하며 상여를 보내는 이도 나이다. 부인에게는 그것을 영광이라고 해도 안 될 것이 없으니, 아득한 인간 세상에서 이런 일을 누린 여인이 몇이나 있었는지 모르겠다. 이런 까닭에 축하하는 데 어찌 안 될 것이 있겠는가.

아, 죽산(竹山)의 율현(栗峴) 한 구역은 하늘이 나에게 준 것이리라. 왼쪽 곤방(坤方)의 한 기슭은 내가 죽은 뒤에 묻힐 곳이라고 늘 다반사로 말했고 이 말은 부인도 늘상 들었다. 임종할 때에도 이렇게 말했는데, 불행히 지관(地官)이 꺼리는 곳이어서 일단 근처 기슭에 임시로 안장하였다. 그러나 후년(後年) 봄이 되면 몇 걸음 위쪽으로 이장할 수 있는데, 광중이 완성되면 오른쪽을 비워 놓아 훗날 내가 누울 자리

84 삼종(三從)의 절의 : 남편을 따라 죽은 부인의 절의를 말한다. 삼종은 본래 여자로 태어나서 출가하기 전에는 아버지를 따르고, 출가해서는 지아비를 따르고, 지아비가 죽은 뒤에는 아들을 따랐던 도리를 말한다. 《儀禮 喪服傳》

85 여사(女史) : 여성의 사적을 기록한 글을 말한다.

를 준비할 것이다. 부인이 무덤 속에서 아득하게 기다리는 것은, 지아비가 잠시 여행을 갔을 때 혼자 집에 있으면서 집을 깨끗이 청소하고 방을 미리 따뜻하게 데우고 돌아올 날을 기다리는 것과 같으리라. 이렇게 말한다면 인간 세상의 짧은 이별은 순간에 지나지 않고 땅속의 만남은 절로 영원할 것이니, 이것으로 축하하는 것이 어찌 안 되겠는가.

아, 축하와 슬픔은 상반된 감정이다. 축하하고 나서 반대로 슬퍼하는 것이 불가함을 내 어찌 모르겠는가. 그러나 내가 슬퍼하는 것은 고금의 사람들이 죽은 이를 구구하게 애도하는 마음과는 다르니, 끝내 가슴 깊이 묻어 둔 채 풀어내지 못한다면 또한 무정한 것이다. 아, 나는 동관사(彤管史)[86]를 많이 보았는데, 규방의 아름다운 행실을 기록한 것은 역시 많았지만 부인처럼 어질고 사리에 밝은 여인은 못 보았다.

부인은 나에게 시집온 후로 지성으로 나의 부모님을 섬겼는데 하찮은 일이라도 혹 시부모의 마음을 어길까 두려워하며 밤낮으로 공손하고 신중히 하여 행동이 법도에 맞았다. 나의 부모님은 매번 "어질구나, 우리 며느리."라고 하셨다. 부인이 나를 도와줄 때는, 허물이 있으면 온화한 말로 바로잡아 주고, 착한 일을 하면 기뻐하는 얼굴로 도와주었다. 잠자리의 한담은 정도(正道)에서 나오지 않은 것이 하나도 없었다.

제사를 받드는 예절에는 더욱 마음을 다하였다. 필요한 제수는 반드시 미리 융통하여 나를 번거롭게 하지 않았다. 제사를 지낼 때 매번 보면 음식이 향기롭고 물품마다 모두 정성이 들어 있었다. 나는 매번

86 동관사(彤管史) : 여성의 사적을 기록한 역사서를 말한다. 본래 여관(女官)인 동사(彤史)를 가리킨다. 옛날에는 여사(女史)가 적필(赤筆)을 가지고 궁중의 정령(政令)이나 왕비의 언행 등을 기록하였다.

남몰래 감탄하여 말하기를 "어질구나, 나의 아내여."라고 하였다.

나의 누이는 이씨(李氏)에게 시집갔는데 부부는 모두 일찍 죽고 자녀 다섯 명은 모두 어렸다. 나의 어머니가 세상을 떠나신 후, 부인은 나의 어머니의 마음을 본받아 저들을 부지런히 돌봐 주었는데, 친자식처럼 여기며 손발이 닳도록 일하여 혼기에 맞추어 시집과 장가를 보내어 모두 가정을 이루어 주었다. 조카들로 하여금 부모 없는 설움을 잊게 하니, 친척들이 모두 말하기를 "어질구나, 부인이여."라고 하였다.

나에게 첩이 두 사람 있는데, 부인이 그들을 가까이하고 아껴 주니 남들이 다른 말을 하지 않았다. 두 사람이 각각 아들을 한 명씩 낳자, 부인은 기뻐하는 얼굴로 말하기를 "이 아이들은 내 지아비의 골육이니, 내 배로 낳은 것과 무엇이 다르랴." 하고, 품에 안고 정성껏 길렀다. 한 아이가 여덟 살에 죽자 슬픔이 가슴에 맺혀 눈물을 여러 날 흘렸으며, 이 때문에 병이 더쳐 마침내 치료할 수 없게 되었다. 중용에 맞는 행동이었는지 따진다면 혹 지나친 점이 있겠지만 어진 성품이 출중하지 않았다면 누가 이렇게 할 수 있겠는가. 그리고 자혜는 친척과 마을에 두루 미치고 은혜는 노비에게까지 미쳤는데, 나 한 사람만 이렇게 말하는 것이 아니라 실로 많은 사람이 다 칭송하였다. 그러므로 첩들과 노비들이 모두 말하기를 "어질도다, 우리 주인마님이여."라고 하고, 친척과 마을 사람 들이 모두 말하기를 "어질도다, 미동(美洞)의 부인이여."라고 하였는데, 미동은 내가 살던 동네이다.

아, 나는 직도(直道)를 행하다가 여러 소인에게 노여움을 사 몇 년 전부터 참혹하고 지독한 화에 걸려 문득 세상 살맛이 없어졌다. 그러나 집에 들어와 부인의 엄숙한 태도를 보면 부인은 한 사람의 외우(畏友)였다. 생각이 있으면 부인에게 토로하고 일이 있으면 부인과 의논하니,

이 덕분에 인간 세상에서 입 벌리고 웃었는데, 귀신이 꺼리고 또 부질없이 사람이 시기하여 이 즐거움과 함께 모두 빼앗아 갈 줄 누가 알았으랴. 앞에서 말한 축하할 일 때문에 그대는 축하를 받아야 하고 뒤에서 말한 슬퍼할 일 때문에 나는 슬퍼한다. 축하는 본래 덧없는 세상일이고 슬픔 역시 덧없는 세상일인데 결국 서로 만나 축하와 슬픔이 모두 물거품 같은 환상이 되고 말았으니, 어찌 이렇다 저렇다 말할 것이 있겠는가.

아, 묘역의 왼쪽 기슭 100여 보 되는 곳에 홍신(弘愼)의 무덤이 있다. 홍신은 앞에서 언급한 첩의 자식이고 부인은 그의 죽음을 슬퍼하다가 그 때문에 병이 더친 것이다. 이제 세상 떠난 부인을 홍신이 반갑게 맞이할 것이니, 부인의 기쁜 마음은 평소에 못지않을 것이다. 부인이 홍신을 데리고 우리 부모가 계신 남산(南山)[87]의 유택에 가서 인사드린다면 화기애애할 것이니 그 즐거움이 어떠하겠는가.

바라건대 부인은 혹 늙은 나를 그리워하지 말고 마음을 편히 갖고 길에 오르시라. 말은 글로 다 쓰지 못하고 곡은 소리가 나지 않네. 나의 한잔 술을 흠향하시길, 이것이 나의 바람이오. 흠향하소서.

87 남산(南山) : 경기도 안성시 죽산면에 있는 산이다.

할아버님과 할머님의 사당에 고하는 글 무신년(1788, 정조12)
祖考妣廟告文 戊申

이번 2월 11일에 손자 제공이 정승에 임명되자 국가에서 삼대를 추은(推恩)하였습니다. 19일에 현조고(顯祖考)[88] 가선대부(嘉善大夫) 한성부좌윤 겸 동지의금부사(漢城府左尹兼同知義禁府事) 부군(府君)께 숭정대부(崇政大夫) 의정부좌찬성 겸 판의금부사 지경연사 홍문관대제학 예문관대제학 지춘추관성균관사 오위도총부도총관(議政府左贊成兼判義禁府事知經筵事弘文館大提學藝文館大提學知春秋館成均館事五衛都摠府都摠管)을 가증(加贈)하고, 현조비(顯祖妣) 안동 김씨(安東金氏)께 정경부인(貞敬夫人)을 가증하였습니다. 못다 누리신 경사가 널리 미친 것이니 영광된 감회를 견디지 못하겠습니다. 예법으로 보면 진즉 사당에 고하고 신주를 개제(改題)[89]해야 했으나 종손이 정해지지 않아 방제(傍題)[90]에 사람이 없어서 주저하고 눈물을 흘리며 기다리고 있습니다. 현조비의 휘일(諱日)이 마침 다가와 축문에 가증한 함자(銜字)를 쓰지 않을 수 없으므로 먼저 사유를 고합니다. 삼가 고합니다.

88 현조고(顯祖考) : 채성윤(蔡成胤, 1659~1733)으로, 본관은 평강, 자는 중미(仲美), 호는 구봉(九峯)이다.

89 개제(改題) : 봉사손(奉祀孫)이 죽었을 경우, 다음 봉사손의 대수(代數)에 맞추어 신주(神主)를 다시 쓰는 것을 말한다.

90 방제(傍題) : 신주(神主) 아래 왼쪽에 제사를 받드는 사람의 이름을 쓰는 것이다.

부모님 묘에 분황제를 지낼 때의 제문
考妣墓焚黃祭文

유세차(維歲次) 기유년(1789, 정조13) 4월 정해삭 11일 정유일에 효자 대광보국숭록대부(大匡輔國崇祿大夫) 의정부우의정 겸 영경연사 감춘추관사(議政府右議政兼領經筵事監春秋館事) 제공이 현고(顯考) 증(贈) 숭정대부(崇政大夫) 의정부좌찬성 겸 판의금부사 오위도총부도총관 세손이사(議政府左贊成兼判義禁府事五衛都摠府都摠管世孫貳師) 행(行) 자헌대부(資憲大夫) 지중추부사(知中樞府事) 부군(府君)과 현비(顯妣) 증(贈) 정경부인(貞敬夫人) 연안 이씨(延安李氏)의 묘에 밝게 고합니다.

소자(小子)는 세상 살아가는 방도에 어두워 뭇사람의 원망이 고슴도치 가시처럼 일어나 7년 동안 돌아갈 곳 없는 사람처럼 불안하게 지냈습니다. 그런데 12년 무신년(1788) 2월 11일에 상께서 상서성(尙書省)에 어필을 친히 내렸는데, 그 내용은 "행 지중추부사 채제공을 정승에 임명한다."라는 것이었습니다. 기뻐하지 않는 자들이 시끄럽게 떠들며 일어나 온갖 수단과 방법으로 막으려 했으나, 상께서 진노하며 그들을 물리치고 속히 명하여 임명장을 용정(龍亭)에 담고 궁중의 음악으로 인도하여 신(臣)의 집에 보내게 하셨습니다.

그다음 날 상께서 연영문(延英門)에 납시고,[91] 사자(使者)가 잇따라

91 상께서 연영문(延英門)에 납시고 : 연영문은 승정원의 남문(南門)으로, 임금이 사은숙배를 받는 곳이다. 정조가 번암을 우의정에 제수하였으나 번암이 나오지 않자, 연영문에서 대신(大臣)에 임명하는 교지(敎旨)를 직접 전해 주려 한 것이다.《承政院日

나와 조정에 들어가 어명에 사은숙배할 것을 재촉하였습니다. 소자는 황공하여 어찌할 바를 몰라 의금부에 나아가 처벌 명령을 기다리다가 또 성문에 나아가 궐문 옆에 엎드리니, 상께서 병조 판서를 보내 신을 데리고 함께 들어오게 하셨습니다. 은혜와 예우가 지극하여 초심을 지킬 수 없으므로 마침내 나가서 명에 부응하였습니다. 이달 19일에 삼대를 추은하니, 현고 부군을 가증하여 대광보국숭록대부(大匡輔國崇祿大夫) 의정부영의정 겸 영경연홍문관예문관춘추관관상감사(議政府領議政兼領經筵弘文館藝文館春秋館觀象監事)로 삼았습니다. 현비의 증고(贈誥)[92]는 전에 이미 품계가 극에 달했으므로 지금 더할 것이 없습니다. 성은이 융숭하고 깊어 산과 바다처럼 헤아릴 수 없으니, 축원과 감격이 유명 간에 어찌 차이가 있겠습니까.

아, 은혜로 보면 소자는 부군의 아들이 되고 의리로 보면 부군은 소자의 스승이 되십니다. 은혜 때문에 기대와 희망이 지극히 간절하고 의리 때문에 교육과 인도가 지극히 엄격했습니다. 그러나 소자는 용렬하고 방탕하여 문장은 은거(銀車)의 기롱[93]을 초래할 정도나 면했고 행동은 연약한 납이 손가락에 감기는 것을 부끄러워합니다.[94] 지금 하

記 正祖 12年 2月 12日》

92 증고(贈誥) : 추증하는 사령장을 이른다.

93 은거(銀車)의 기롱 : 문자를 잘못 쓰거나 또는 잘못 읽은 것에 대한 기롱을 말한다. 당(唐)나라 한유(韓愈)의 아들 한창(韓昶)이 집현전 교리(集賢殿校理)로 있으면서 서책을 교정할 때 금근거(金根車)를 금은거(金銀車)로 잘못 고쳤다가, 훌륭한 아버지를 두고도 그런 실수를 했느냐는 남들의 기롱을 받았던 고사에서 온 말이다. 금근거는 수레의 별칭이다.

94 연약한……부끄러워합니다 : 자신의 의지가 매우 연약하다는 뜻이다. 진(晉)나라

늘이 큰 임무를 내린 것은 털끝만 한 것도 모두 부군의 노력 덕분이니 소자의 힘으로 어찌 얻을 수 있겠습니까.

어명을 받은 이래로 잇따라 국가에 사고가 일어나 사정을 아뢰지 못했습니다. 1년이 지난 후 이제야 와서 성묘하고 겸하여 분황제를 지내며 고합니다. 은혜로운 휴가는 성상께서 윤허하신 것이고, 제사 음식은 성상께서 하사하신 것입니다. 황공하고 감격하시는 모습이 아련히 보이는 듯하나 눈을 들어도 볼 수 없고, 경계하고 신칙하시는 음성이 은은하게 들리는 듯하나 귀를 기울여도 들을 수 없습니다. 텅 빈 천지에서 가련한 이는 고아가 아니겠습니까, 고아가 아니겠습니까. 우러러 바라는 것은 오직 부모님께서 보이지 않는 곳에서 오르내리고 들리지 않는 곳에서 어리석음을 깨우쳐 주어 소자로 하여금 "너를 낳아 준 부모를 욕되게 하지 말라."[95]라고 한 가르침을 지킬 수 있게 해 주시는 것뿐입니다. 하염없는 눈물이 마르고 붓이 막혀 말을 다 할 수 없습니다. 삼가 바라건대 저의 하찮은 정성을 살펴 주고 제가 올리는 술 한잔을 돌아봐 주시어 "효도하려 한들 누구에게 효도하랴."[96]라고 하며 애통해하는 마음을 조금이나마 위로해 주소서. 흠향하소서.

유곤(劉琨)이 단필제(段匹磾)에게 구류(拘留)되어 반드시 죽게 되리라고 예상하고는 별가(別駕) 노심(盧諶)에게 오언시(五言詩)를 지어 주었는데, 그중에 "어찌 생각했으랴 백번 단련된 강철이라고 자신했던 내가, 손가락에 감길 정도로 연약한 납으로 변할 줄이야.〔何意百鍊剛, 化爲繞指柔.〕"라고 하며 연약해진 자신의 심경을 토로한 말이 나온다. 《晉書 劉琨列傳》

95 너를……말라 : 《시경》 〈소아 소완(小宛)〉에 "일찍 일어나고 밤늦게 자며 너를 낳아 준 부모를 욕되게 하지 말아라.〔夙興祖寐, 毋忝爾所生.〕"라고 한 데서 나온 말이다.

96 효도하려……효도하랴 : 증자(曾子)가 한 말로 《대대례기(大戴禮記)》에 보인다.

할아버님의 묘에 분황제를 지낼 때의 제문

祖考墓焚黃祭文

유세차(維歲次) 기유년(1789, 정조13) 4월 정해삭 15일 신축일에 손자 대광보국숭록대부(大匡輔國崇祿大夫) 의정부우의정 겸 영경연사 감춘추관사(議政府右議政兼領經筵事監春秋館事) 제공이 현조고(顯祖考)[97] 증(贈) 자헌대부(資憲大夫) 이조판서 겸 지경연의금부사 홍문관대제학 예문관대제학 지춘추관성균관사 오위도총부도총관(吏曹判書兼知經筵義禁府事弘文館大提學藝文館大提學知春秋館成均館事五衛都摠府都摠管) 행(行) 가선대부(嘉善大夫) 한성부좌윤 겸 동지의금부사(漢城府左尹兼同知義禁府事) 부군(府君)의 묘에 밝게 고합니다.

소손(小孫)은 우리 성상께서 내린 재생의 은혜를 입어 죽을 고비에서 살아났습니다. 또한 무신년(1788) 2월 11일에는 어필로 정승에 임명하고 궁중의 음악으로 앞길을 인도하며 사관(史官)이 와서 임명을 선포하였습니다. 이는 실로 상부(相府 상신(相臣)의 관서(官署))의 고사에 없던 일입니다. 그달 19일에 삼대를 추은했는데, 조고(祖考) 부군을 가증(加贈)하여 숭정대부(崇政大夫) 의정부좌찬성 겸 판의금부사 지경연사 홍문관대제학 예문관대제학 지춘추관성균관사 오위도총부도총관(議政府左贊成兼判義禁府事知經筵事弘文館大提學藝文館大提學知春秋館成均館事五衛都摠府都摠管)으로 삼고, 조비(祖妣) 증(贈) 정부

97 현조고(顯祖考) : 채성윤(蔡成胤, 1659~1733)으로, 본관은 평강, 자는 중미(仲美), 호는 구봉(九峯)이다.

인(貞夫人) 안동 김씨(安東金氏)에게 정경부인(貞敬夫人)을 가증했습니다.

아, 이것이 어찌 소손이 할 수 있는 것이겠습니까. 우러러 생각건대 부군께서는 젊은 나이에 숙묘(肅廟 숙종)의 지우를 받아 한림원에서 이름을 날리고, 만년에는 당파에 초연하여 산림에서 도를 지켰습니다. 늙어서 오른 아경(亞卿)[98]의 반열은 누군들 부군의 덕에 걸맞지 않다고 여기지 않겠습니까. 못다 누리신 보답이 소손에게 주어졌습니다. 소손이 무슨 노력을 했겠습니까. 실로 부군께서 내려 주신 것입니다.

국전(國典)에서는 부모의 분묘가 아닌 조부 이상의 분묘에는 경기 이외의 도(道)로 나가는 휴가를 허락하지 않습니다. 소손의 이름이 관원의 명부에 올라 성묘를 하지 못한 지가 이미 여러 해입니다. 지금 부모의 묘소를 성묘하는 일로 휴가를 청하는 차자에서 간절한 마음을 덧붙여 아뢰니 성상께서 특별히 윤허하셨는데, 이는 국전의 예외입니다. 가문의 모든 일이 어디로 간들 성은에 감격하여 눈물 흘릴 일이 아니겠습니까.

공손히 성묘하며 겸하여 분황제를 올립니다. 어릴 적에 어루만지고 사랑해 주며 기대해 주신 은혜가 어제처럼 또렷한데 소손의 나이는 이미 기로소(耆老所)에 들어갈 나이입니다. 고향의 나무는 가는 것은 굵어지고 굵은 것은 늙었습니다. 은택을 생각하며 서성이니 감격의 눈물 끝이 없습니다. 삼가 바라건대 저의 정성을 살펴 주시고 저의 잔을 받아 주소서. 흠향하소서.

98 아경(亞卿) : 육조의 참판과 한성부의 좌윤, 우윤 등을 가리키는 말이다. 여기서는 채성윤이 한성부 좌윤을 지낸 것을 가리킨다.

금오 유수오[99]에게 올리는 제문
祭兪金吾秀五文

유세차(維歲次) 기유년(1789, 정조13) 5월 15일에 번암 채백규는 금오 유수오(兪秀五)의 영구가 발인할 것이라는 말을 듣고 밤에 잠을 이루지 못했다. 새벽닭이 운 뒤에 눈물을 훔치며 저현(苧峴)의 큰길로 달려가 명정과 운삽을 잠시 멈추게 하고 통곡하며 고한다.

아, 수오는 어디로 가려고 하는가. 바람 소리 모두 잦아들고 달이 하늘에 떴으니, 번암의 집을 찾아오는 것이 아니겠는가. 계인(鷄人)[100]이 시각을 알리고 물시계가 다했으니, 은대(銀臺 승정원)로 향한 길을 달려가는 것이 아니겠는가. 아, 수오는 어찌하여 번암과 작별하고 영영 은대를 하직하여 동쪽 노원(蘆原)의 무덤길로 달려가기를 마치 몰아붙이는 자가 있어 차마 그만둘 수 없는 듯이 하는가.

아, 나는 수오를 잃은 후로 공적으로는 강물 한가운데에서 배와 노를 잃은 듯하고 사적으로는 몸에서 손과 발을 잃은 듯하여, 멍하니 세상을 살 뜻이 없어진 지가 이미 여러 날이다. 근일에 비로소 스스로 마음속으로 말하기를 '사람은 죽지만 수오처럼 죽으면 족하다.'라고 하였다. 위로는 성군이 탄식하고 상심하여 "호랑이나 표범이 산에 있는 형세를

99 유수오(兪秀五) : 유항주(兪恒柱, 1730~?)로, 본관은 기계(杞溪), 자는 수오(秀五)이다.

100 계인(鷄人) : 경루(更漏)를 담당한 사람이다. 원래 주(周)나라 관직명으로, 닭과 희생을 담당하여 공급하였으며 성대한 의식이 있을 때 시간을 알려 주었다. 《周禮 春官 鷄人》

잃었다."라고 하교하시기까지 하고, 아래로는 오래 사귄 벼슬아치와 사대부 들이 서로 마주할 때마다 눈물을 흘리며 "우리는 앞으로 어떻게 해야 합니까."라고 말하고, 민간의 곤궁한 선비들은 의기소침하여 제 살을 베인 듯이 아파하지 않는 사람이 없으며, 평소 뜻을 달리하던 사람들도 "조정은 어려울 때 절개 세우는 선비를 한 사람 잃었다."라고 하였다.

내가 지난달 호서(湖西)에 갔는데, 시골의 선비들이 결코 수오의 얼굴을 알지는 못했을 텐데 수오의 죽음을 나에게 위문한 것은 대체로 모두 이 때문이다. 나는 수오가 세상에 살았을 때 오히려 인망이 이와 같이 큰 줄 몰랐다. 그의 죽음으로 말미암아 그 실정을 알게 된 것이 이와 같다. 아, 사람이 세상에 태어나, 살아서는 세상에 보탬이 없고 죽어서는 후세에 알려지는 것 없이 유유히 왔다가 유유히 가는 것은 천하가 모두 그렇다. 사람으로서 수오처럼 죽으면 족하니, 또한 어찌 반드시 멍하니 감정을 지닌 바보[101]가 되어서 그의 죽음이 다른 사람의 죽음과 다름을 알지 못하고 도리어 슬퍼할 만한 것으로 여기겠는가.

아, 수오의 빈소가 마련된 지 이미 3개월이 되었는데, 나는 한창 아침저녁으로 임금을 가까이 모시고 있어 초상집 출입을 경계하여 관을 어루만지며 한번 곡하지 못하였다. 이제 저승으로 돌아가는 길에 길가에서 상여를 부여잡고 한잔 술로 작별을 고한다. 훗날 서로 어울리며 손을 놓지 말자고 꿈속에서 말한 것을 그대와 나는 안다. 아, 애통하도다. 흠향하소서.

101 감정을 지닌 바보 : 눈물을 흘리며 잘 우는 사람을 뜻한다.

할머님의 묘에 분황제를 지낼 때의 제문

祖妣墓焚黃祭文

유세차(維歲次) 경술년(1790, 정조14) 3월 신사삭 5일 을유일에 손자 대광보국숭록대부(大匡輔國崇祿大夫) 의정부좌의정 겸 영경연사 감춘추관사(議政府左議政兼領經筵事監春秋館事) 제공이 현조비(顯祖妣) 증(贈) 정부인(貞夫人) 안동 김씨(安東金氏)의 묘에 밝게 고합니다.

소자는 무신년(1788) 2월 11일에 성상께 세상에 드문 은총을 입어 특지(特旨)로 정승에 임명되고, 삼대를 추은하여 조고(祖考) 증 자헌대부(資憲大夫) 이조 판서 부군(府君)께 숭정대부(崇政大夫) 의정부 좌찬성 겸 판의금부사 지경연사 홍문관대제학 예문관대제학 지춘추관 성균관사 오위도총부도총관(議政府左贊成兼判義禁府事知經筵事弘文館大提學藝文館大提學知春秋館成均館事五衛都摠府都摠管)을 가증(加贈)하고, 조비(祖妣)께 정경부인(貞敬夫人)을 가증하였습니다. 이것은 실로 덕을 쌓은 분이 못다 누린 경사가 내린 것이니, 소자가 무슨 노력을 했겠습니까.

기유년(1789) 여름에 다행히 은혜로운 휴가를 받아 홍주(洪州)로 내려가서 조고의 묘소 앞에서 분황례를 거행하고, 조비의 묘소는 먼 곳에 따로 있어 동시에 고하지 못했습니다. 이제 원릉(元陵)에 제사를 마치고 길을 우회하여 왕탄(王灘)을 건너 비로소 성묘를 행하고 겸하여 분황제를 지냅니다. 위로는 성상의 은총에 감사하고 아래로는 감격의 눈물을 훔치며 마음을 가눌 수 없습니다. 삼가 바라건대 영령께서는 이 작은 정성을 살펴 주시고 저의 술을 받아 주소서. 흠향하소서.

부모님의 사당에 고하는 글

考妣廟告文

성상 15년 신해년(1791, 정조15) 3월에 상께서, 기록해 놓은 저의 시문을 들일 것을 명하셨습니다. 이보다 앞서 소자는 시 6책과 문 11책을 선사(繕寫)하여 상자 안에 넣어 두었고 선사하지 못한 것도 서너 책이었습니다. 이것은 거울에 비친 자신의 아름다운 모습을 보고 기뻐하는 심정에서 그렇게 한 것이 아니라 대대로 이어 온 가문의 명성이 실로 이 시와 문에 있기 때문입니다.[102]

또한 기록해 놓은 시 서너 책은 일찍이 아버님께서 보고 고쳐 주기도 하고 칭찬해 주기도 하신 것입니다. 소자는 이것을 차마 끝내 버리지 못하고 어지러운 원고를 수습하여 후손에게 남겨 주려고 했습니다. 성상께서 들일 것을 요구한 것은 어찌 꿈에라도 기대했던 바이겠습니까. 황공하고 감격하여 있는 것을 없다고 하지 못하고 목욕재계하고 바쳤습니다.

10여 일이 지나서 대내(大內)로부터 돌려주시며, 칠언사운 율시 1수를 직접 짓고 어필로 써서 내려 주셨는데, 1본(本)은 문서 작성용 종이에 베껴 쓴 것으로 집안에 소장하게 하고, 1본은 판각하여 금으로 메운 것으로 벽에 걸어 두게 하며, 1본은 종이 한 장에 인쇄한 것으로 훗날

102 이것은……때문입니다 : 자신의 시문을 잘 베껴서 간직해 둔 것은 자신의 문장이 아름답다고 생각해서 그렇게 한 것이 아니라 집안에서 대대로 내려온 시문 공부를 계승한 것이라는 말이다.

문집을 목판에 새길 때 권두에 서문으로 앉히게 하셨습니다. 시 한 수를 세 본으로 만들어서 붉은 상자에 담아 붉은 보자기로 싸서 규장각의 관리에게 받들어 보내게 하셨으니, 이는 실로 역사 기록에서 보지 못한 융숭한 은혜이자 남다른 대우입니다.

가만히 생각건대 숙묘(肅廟 숙종)께서는 칠언 절구를 백고조(伯高祖) 호주(湖洲 채유후(蔡裕後)) 선생의 유집(遺集)에 썼고, 영묘(英廟 영조)께서는 또한 서문을 권두에 앉히며 소자로 하여금 글씨를 쓰게 하고 함경도 감영에 보내어 간행하게 하셨습니다. 이는 모두 호주 선생이 세상을 떠나고 시간이 오래 지난 뒤에 있었던 일입니다. 종조(從祖) 희암(希菴 채팽윤(蔡彭胤)) 선생은 옥지일몽(玉墀一夢)이라는 구절[103]로 숙묘를 특별히 인대(引對)하여 전에 없던 은총을 받았으나 또한 어제시는 없었습니다. 소자는 거칠고 졸렬하여 선조를 욕되게 하지 않았다고 여기지 못하는데, 입은 은총과 영광이 두 분 선조에 비하여 도리어 지나칩니다. 아, 이것이 어찌 소자의 힘으로 된 것이겠습니까. 우리 선조께서 모두 지위가 덕에 걸맞지 않아서 생전에 못 누린 복이 빛난 것입니다.

그리고 선고(先考) 부군께서는 소자를 독려하는 데 밤낮을 가리지 않고 소자를 가르치는 데 말과 행동을 아끼지 않으셨으니, 아버지이면서 스승이고 스승이면서 아버지이셨습니다. 소자의 지위가 삼정승에

103 옥지일몽(玉墀一夢)이라는 구절 : 희암 채팽윤이 지은 시 〈섣달 11일에 임금께서 호당에 음악을 내리셔서, 가는 길에 입으로 불러 짓다〔臘月十一日賜樂湖堂途中口號〕〉의 제3수에 "평소 군왕의 얼굴을 몰라 꿈속에 늘 대궐 섬돌 맴도네.〔平生不識君王面, 一夢尋常繞玉墀.〕"라고 한 것을 말한다.

이른 것이 어찌 소자의 능력 때문이겠습니까. 소자가 이런 시문을 지은 것이 어찌 소자의 재능 때문이겠습니까. 오늘에 이르러 천고에 견줄 데 없는 은총을 입은 것이 또한 어찌 소자가 이렇게 만든 것이겠습니까. 평소 엄격하게 독려하고 가르치신 것으로 미루어 보건대 저승에서 기뻐 웃으며 감격하고 흥겨워하시는 모습이 마치 눈에 보이는 듯합니다. 이에 보름날 올리는 차례(茶禮)에 의지하여 감히 사유를 고합니다.

삼가 고합니다.

정경부인 권씨의 묘에 고하는 글

貞敬夫人權氏墓告辭

그대가 죽은 지 얼마 지나지 않아	君死未幾
나는 정승이 되었네	吾爲相國
안방이 비어 사람이 없는데	室虛無人
누구와 함께 축하하겠소	疇與攢祝
재작년 섣달에	再昨之臘
그대를 지하로 들여보냈소	送君入地
왕실에 일이 있어	王室有故
내가 직접 가 보지 못했소	我不臨視
시간이 얼마나 흘렀는가	日月幾何
이제야 묘소에 왔소	始瞻塋域
풀이 지면을 덮고	草被于面
소나무는 한 자도 못 되네	松短於尺
저 화려한 집을 버리고	捨彼華屋
이 거친 들에 묻혔네	托此荒埜
홍신을 데리고 있으니	提挈阿愼
얼마나 즐겁겠소	長得幾許
잠깐 이별했으나	少頃之別
영원을 약속했소	萬歲之約
나는 눈물 참으리니	我制吾淚
그대는 느긋하게 기다리시게	君庶寬抑

죽은 서자 홍근에게 보내는 제문

祭亡庶子弘謹文

유세차(維歲次) 임자년(1792, 정조16) 4월 15일 간지(干支)에 홍근(弘謹)의 관이 옛집을 버리고 죽산(竹山)으로 발인하여 17일 간지에 영원히 지하로 돌아가려 한다. 홍근의 아버지 번암(樊巖) 노인은 창자가 마디마디 끊어지고 정신도 잃었으니, 말을 하고 싶지만 무슨 말을 하겠는가. 그러나 부자(父子)의 정으로 하늘에 사무치는 영결을 하는데 내가 전송하는 말을 끝내 한마디 하지 않을 수 없다. 더구나 효성스러운 네가 이 때문에 머뭇거리고 주저할 수 있으니, 나는 더욱 차마 그렇게 놔둘 수 없구나. 이에 발인 전 2일 간지에 두어 가지 과일과 한 잔 술을 갖추어 직접 제문을 짓고 읽으며 내 아들 홍근을 부르고 가슴을 치며 고한다.

아, 홍근아, 너는 아버지를 버리고 어디로 가려 하느냐. 너는 어머니를 버리고 어디로 가려 하느냐. 너는 나의 서자이다. 내가 어찌 서자 하나가 요절한 것 때문에 어리석게 나의 생명을 손상하겠는가. 생각건대 나는 살면서 자식을 하나도 보지 못하다가 56세에 비로소 너를 얻었으니, 천륜으로 사랑하는 것이 어찌 귀천 때문에 차이가 있겠느냐.

더구나 너는 미목이 청수하고 총명함이 출중하였다. 13, 4세 때부터 시(詩), 서(書), 화(畫)는 모두 내가 가르치거나 독려하지 않아도 스스로 완벽하게 이해하여, 편액에 쓸 큰 글씨를 너에게 부탁하는 친지들이 많이 찾아왔다. 그림은 번번이 남이 알아볼까 두려워하였으니 네 뜻은 문을 닫고 잠심하는 것이었으며, 고인의 필세를 본받아서 거의 신풍(新

豐)의 문호(門戶)가 조금도 어긋나지 않은 것과 같았다.[104] 그림 아래의 표시는 '여수재(如水齋)' 세 자로 하였으니, 이것은 자호(自號)였다. 나는 네 그림을 볼 때마다 미소를 지었고, 세상에서 서화를 전문으로 하는 자들도 모두 감탄하고 칭찬하며 "몇 년 지나지 않아 우리가 한 걸음 뒤처지게 되겠다."라고 하였다.

우리 가문은 조상 대대로 문학을 후손에게 전하여 문학이 곧 가업(家業)이 되었다. 그래서 세상 사람들이 모두 "채씨 집안에 문학의 명맥이 있다."라고 한다. 그러나 나는 늙어서 늘 가업을 전수할 명맥이 갑자기 끊어질까 봐 염려하였다. 너는 나의 혈속으로서 이와 같은 재능을 갖추었으니, 훗날 정건 삼절(鄭虔三絶)의 고사[105]가 혹시 나의 집안에서 이어지길 바랐다. 너는 어찌하여 18세에 요절하였느냐. 시, 서, 화의 재능을 중도에 이루지 못하게 되어서 나로 하여금 신명(神明)께 울부짖으며 하늘에 사무치는 설움을 호소하게 하였으나 끝내 응답이 없구나.

나는 네가 나 죽은 뒤에 생계를 유지할 길이 없을 것을 생각하여,

104 신풍(新豐)의……같았다 : 채홍근이 그린 그림이 실물과 흡사했다는 말이다. 한 고조(漢高祖) 유방(劉邦)이 천하를 통일한 뒤에 아버지를 모셔 와 태상황(太上皇)으로 모시며 장안(長安)의 황궁(皇宮)에서 호화롭게 살게 하였으나 아버지가 고향 풍읍(豐邑)을 잊지 못하였다. 그러자 한 고조가 여읍(驪邑)에 고향 풍읍과 똑같은 마을을 지어 고향 사람들과 기르던 닭과 개까지도 함께 옮겨 와 살게 하였는데, 사람들이 닭과 개를 풀어놓아도 자기 집을 잊지 않고 잘 찾아 들어올 만큼 똑같은 모습이었다고 한다. 이에 태상황이 날마다 친구들과 술을 마시며 즐겁게 노닐었으며, 태상황이 죽은 후 후인(後人)들이 이곳을 신풍이라 하였다. 《史記 高祖本紀》

105 정건 삼절(鄭虔三絶)의 고사 : 당(唐)나라 정건(鄭虔)이 시, 서, 화에 능했는데, 그가 시를 써서 그림과 함께 현종(玄宗)에게 바치니, 현종이 그 끝에다 '정건 삼절'이라고 대서특필해 주었던 고사가 전한다. 《新唐書 鄭虔列傳》

일찍이 홍주(洪州)[106]의 논밭 중에서 100휘(斛) 내외를 수확할 수 있는 땅을 너에게 주고, 이어서 문서도 주었다. 너는 남몰래 네 어미에게 말하기를,

"대감님의 은혜가 지극합니다. 다만 생각건대 훗날 적형(嫡兄)의 살림 형편이 반드시 오늘과 같을 것을 보장하기 어렵게 되면 사람들이 장차 '대감이 서자에게만 재산을 많이 물려주어 이렇게 되게 하였다.'라고 할 것입니다. 그렇게 되면 저 때문에 대감께 누를 끼치게 되는 것을 면하지 못하니, 제가 어떻게 편안히 먹고 살겠습니까. 지금은 사양하지 못하지만 훗날 반드시 이것을 적형에게 돌려드리겠습니다. 바라건대 어머니께서는 문서를 잘 보관해 주십시오."

하였다. 네 어미가 네가 한 말을 나에게 말해 주었다. 나는 너의 효성스럽고 우애 있는 성품이 본래 타고난 것인 줄은 알았지만, 또한 어질고 착한 마음가짐과 높고 깨끗한 식견이 이처럼 지금 세상의 사람들이 견줄 수 없는 것인 줄은 헤아리지 못했다. 나는 이 말을 듣고 나서 한편으로는 가상히 여기며 기뻐하고 한편으로는 너를 걱정하는 마음이 없을 수 없었다. 왜냐하면 세상이 쇠퇴하여 욕심 많은 사람은 반드시 장수하고 욕심 없는 사람 중에 요절하는 사람이 많은 것을 보았기 때문이다. 이와 같이 티 없이 맑으니 네가 어찌 오늘날의 세상에서 오래 살 수 있겠느냐. 때때로 이런 생각을 할 때마다 남몰래 초연(愀然)히 즐겁지 않은 마음이 들었다. 너의 죽음은 과연 이 때문이냐, 아니면 따로 까닭이 있느냐?

생각건대 나는 형법에 걸려 만번 죽을 행적으로 주상의 은총을 입고

106 홍주(洪州) : 충청남도 홍성 지역의 옛 지명이다.

외람되이 정승의 자리를 차지한 지가 지금 벌써 5년째이니, 이것은 근심해야 하는 눈먼 복(福)이다. 작년 섣달에 네 적형이, 유생은 제술(製述)에 응하라는 왕명을 받들고 새벽에 궁궐로 달려갔다. 너는 형의 뒤를 따라가서 종일토록 대궐 문 옆에서 급제하기를 바라며 기다렸다. 날이 캄캄해질 무렵 창방(唱榜)에 든 네 형의 이름을 대궐 밖에서 듣고, 마침내 말을 채찍질하며 스스로 고삐를 잡고 거리에 깔린 두꺼운 얼음을 뛰어넘어서 걸음이 중문에 닿기도 전에 큰 소리로 외치기를 "적형이 급제했습니다."라고 하였다. 나는 놀랍고 기쁜 마음을 잠시 진정하고 너에게 말하기를 "경사를 알리는 것이 급하지만 캄캄한 밤에 말을 달리다가 말이 넘어지기라도 하면 어찌 다리가 부러지고 어깨가 부러지지 않겠느냐."라고 하자, 너는 말하기를 "기뻐서 견딜 수 없었습니다. 어깨와 다리를 스스로 돌아볼 겨를이 없었습니다."라고 하여, 나는 듣고 한번 웃었다. 그러나 가득 찬 것을 두려워하는 마음은 이로부터 더욱 절박해졌으니, 이것도 근심해야 하는 눈 먼 복이다. 자신을 잊고 경사를 알린 네가 방방(放榜)하는 날을 보지 못하고 갑자기 아침 이슬처럼 먼저 사라져서 웃음을 별안간 울음으로 만들 줄 누가 알았겠느냐.

지금 너의 죽음은 위에서 말한 '너를 걱정하는 마음'에 해당하지 않겠으며, 아버지와 형의 눈 먼 복이 가득 찬 것 때문에 너의 수명으로 납속(納贖)한 것이니, 네가 더욱 너무나 가엾고 애처롭구나.

아, 애통하다. 너의 장지는 죽주(竹州)의 율현촌(栗峴村)에 정했다. 네 아우 홍신(弘愼)의 무덤이 그 옆에 있고 나의 두 부인의 묘소가 같은 구역에서 서로 바라보이는데, 권 부인은 곧 평소에 너를 사랑하고 어루만지기를 자기가 낳은 자식처럼 했던 분이니, 지하에서 너를 맞이하여 도탑게 어루만지고 사랑하는 것이 어찌 갑자기 세상에 살아 있던 날보다 못하겠느냐.

율현에서 10리 떨어진 곳에 남산촌(南山村)이 있는데, 이곳은 나의 부모님의 묘소가 있는 곳이다. 서울에서 180리 떨어진 곳이라서 사시명절(四時名節)에 제사를 올릴 사람이 없었다. 네가 15세가 되고부터 번번이 너로 하여금 그곳에 가서 제사를 지내게 했는데, 특히 새해와 묵은해가 바뀌는 날에는 네가 곁에 있지 않아 내 마음 암울하고 그리웠다. 하물며 네 어미는 네 생각을 잊을 수 없었으니 더욱 어떠했겠느냐.

지난해 초에 네가 돌아오기를 기다렸다가 네 어미가 네게 말하기를 "깊은 산 적막한 곳에서 설을 쇘는데 마음을 과연 스스로 진정할 수 있었느냐?"라고 하자, 네가 말하기를 "섣달 그믐날 밤의 여관 등불이 쓸쓸하지 않은 것은 아니지만 할아버님과 할머님의 묘역을 모시니 위로되는 것이 부모님 곁을 모시는 것과 다름이 없어서 그것으로 회포를 풀었습니다."라고 하였다. 이것으로 미루어 보건대 네가 율현에 몸을 맡긴 것은 네 마음에는 애당초 나그네가 고향집에 돌아간 것과 같지 않음이 없을 것이다. 이것으로 말하자면 너도 무엇이 서운하겠으며 또한 내 마음을 위로하기에 족하다.

너는 재작년 여름에 관례를 올리고 장가들었는데, 너의 타고난 체질이 허약하여 하루 저녁 신혼의 만남도 갖지 못했다. 네 처[107]는 이내 고하고 친정아버지가 근무하는 진양(晉陽)의 임소에 부모를 뵈러 갔다가 너의 부음을 듣고 천 리 길을 달려 왔다. 네 모습을 네 처가 자세히 기억하지 못할 것이 뻔하고, 보이는 것은 여전한 집과 쓸쓸한 관뿐이었

107 네 처 : 정재원(丁載遠, 1730~1792)의 딸이다. 정재원은 본관은 나주, 자는 기백(器伯)이다.

다. 이와 같은 정경을 보면 길 가는 사람 중에 눈물을 가리지 않는 이가 없는데, 나는 홀로, 돌아온 네 처를 보자 마치 네가 살아 돌아온 것 같아 슬픔과 기쁨이 반반이었으니, 나의 사정이 몹시 가련하지 않겠느냐.

아, 내가 살아서 땅 위에 있는데 어찌 차마 너로 하여금 굶주린 귀신이 되게 하겠느냐. 서종질(庶從姪) 홍득(弘得)의 아들이 7세인데 그 아이를 네 아들로 삼아 지금 데려오려 한다. 이에 너는 아들을 두게 되었고 나는 손자를 보게 되었으며 네 어미와 처는 의지할 데를 갖게 되었으니, 너는 모름지기 부모를 버리고 떠나가서 눈 감지 못한 귀신이 되지 말거라. 네 아비가 얼마 지나지 않아 율현으로 돌아가지 않겠으며, 네 어미가 얼마 지나지 않아 또한 율현으로 돌아가지 않겠느냐.

다만 돌아가기 전에는 너를 그리워해도 볼 수 없으니, 내가 어떻게 견디겠느냐. 네 어미가 늘 죽으려고 하는 것을 보고 있으니, 내가 어떻게 견디겠느냐. 사람들이 차마 네 처를 보지 못하는 것을 보고 있으니, 내가 어떻게 견디겠느냐. 나는 늙은이의 애통한 말로 저승으로 가는 네 마음을 슬프게 하고 싶지 않으나 슬픔이 가슴에서 우러나와 이렇게 말하지 않을 수 없으니, 네가 헤아려 주기 바란다. 이 글은 내가 너를 위하여 작별을 고하는 것이고, 이 술과 과일은 내가 너에게 이별주를 권하는 것이다. 네가 감격하여 받으리라 생각한다. 아, 애통하다. 아, 애통하다.

처녀로 죽은 누님에게 올리는 제문

祭亡姊氏處子文

유세차(維歲次) 계축년(1793, 정조17) 1월 을미삭 10일 갑진일에 남동생 구관(具官)[108] 아무개가 삼가 술과 여러 가지 음식을 갖추어 아들 홍원(弘遠)으로 하여금 처녀로 죽은 누님의 영전에 고하게 합니다.

아, 금년 계축년은 곧 나의 누님이 세상을 버린 해입니다. 나의 누님은 이웃이 감복하는 효성과 우애, 고금에 보기 드문 재능과 바탕을 지녔습니다. 이는 소제(小弟) 개인의 말이 아니라 실로 친척과 이웃들이 모두 함께 칭찬한 것이니, 부모님이 누님을 특별히 사랑하신 것은 진실로 마땅합니다. 그러나 장상(長殤)의 변고를 당했으니 신(神)의 도리는 아득하기만 합니다. 그 당시에 부모님이 가슴을 치고 부르짖으며 높은 하늘과 두터운 땅에 억울함을 호소하였으니, 어찌 그렇지 않을 수 있겠습니까.

소제는 당시 14세였는데 가정 안에서 스승과 벗을 잃은 듯했습니다. 애통함과 설움이 어찌 다만 인간 세상의 동기(同氣)가 느끼는 슬픔 정도일 뿐이겠습니까. 임종 때 가르쳐 준 말씀을 되새겨 보면 음성이 낭랑하여 마치 귓가에 남아 있는 듯한데, 잠깐 사이에 한 갑자가 이미 돌고 세월이 어느덧 흘렀습니다. 부모님이 가슴을 치고 울부짖으며 억울함을 호소하던 소리를 다시 어디에서 들을 수 있겠습니까. 그리고 오직 여든을 바라보는 소제 한 사람만 홀로 세상에 남아 있을 뿐입니

108 구관(具官) : 구체적인 직명을 쓰는 것을 생략한다는 뜻으로 쓰이는 말이다.

다. 진퇴와 거취에 몸이 자유롭지 못하여 바삐 수성(隋城)[109]의 별장으로 달려가느라 직접 술 한잔을 올리지 못합니다. 누님을 추모하고 계절에 감개하니, 저의 마음이 어떠하겠습니까.

지난겨울 소제가 장단(長湍)에서 용서받던 날 저녁 꿈속에서 누님이 아버님 앞에서 기뻐하며 일어나 춤을 추었습니다. 누님의 영령은 틀림이 없고 소제를 간절히 걱정하는 것이 이와 같이 지극했으니 소제가 누님을 섬기는 데에 어찌 이와 같이 마음을 다하지 않겠습니까. 굽어보고 우러러보니 부끄럽고 슬퍼서 피눈물이 흐를 뿐입니다. 기일에 지내는 제사는 아들 홍원의 세대에는 폐하지 말고 계속 이어 행하고, 홍원의 아들 세대가 되기를 기다려서 비로소 매안(埋安)의 예를 행하며, 다만 묘제(墓祭)는 힘닿는 대로 행하게 하였습니다. 그렇다면 이다음 계축년에 어찌 오늘 한 것처럼 술 한잔을 올리기를 바랄 수 있겠습니까. 말을 하다가 여기에 이르니 말을 하지 않은 것만 못합니다. 흠향하소서.

109 수성(隋城) : 수원(水原)의 고호(古號)이다.

홍근의 소상에 올리는 제문

祭弘謹小祥文

유세차(維歲次) 계축년(1793, 정조17) 3월 9일 임인일에 아버지가 서울 미동(美洞) 본가에서 눈물을 흘리며 몇 줄 제문을 갖추어 아들 홍원(弘遠)으로 하여금 채로헌(采露軒)으로 가지고 가서 죽은 서자 홍근(弘謹)의 영전에 읽어 고하게 한다.

아, 오늘이 바로 네가 죽은 날이다. 네가 죽은 초기에는 마치 매 순간 살고 싶지 않은 것 같은 마음이었는데, 아침이 가고 저녁이 오며 어제가 가고 오늘이 오는 동안 태연하게 즐기면서 백발노인이 탈 없이 잘 지냈다. 1년 동안에 수많은 세상일을 겪으면서 네가 죽은 날이 차츰차츰 돌아오는 것을 앉아서 부질없이 바라보았으나, 내가 참으로 너를 잊으려고 그런 것이겠느냐. 잊는 것은 참으로 내가 바라는 것이다. 잊고 싶어도 네 모습이 이미 내 앞에 보이고 네 음성이 이미 내 귀에 들린다. 일부러 잊으려는 것이 마침 못 잊는 것을 돕는 것이 되니, 내가 이것을 어찌해야겠느냐.

섣달 그믐날 밤 꿈속에 네가 웃고 말하면서 나를 찾아와 모시기를 평소와 똑같이 했다. 나는 잠을 깬 후 몹시 슬퍼서 베개 위에서 시를 썼다.

서가 쓸쓸하고 붓과 안석 넘어지니	書架荒荒筆几顚
인간 세상 부자의 인연 짧구나	人間父子短因緣
이 생애에서 언제 다시 보겠느냐	此生重見知何日

네가 죽은 지 오늘로 두 해가 되었구나	汝死今將爲二年
지하에서 해와 시간을 기억하느냐	地下歲時能有記
꿈속 말과 웃음 너무나 사랑스럽구나	夢中言笑不勝憐
노쇠하여 청산의 흙을 곡하지 못했으니	氣衰未哭青山土
나의 한을 네 장인[110]께 전해다오	吾恨應須爾舅傳

아, 너는 깊이 잠든 적막한 가운데 타고난 효심으로 나를 잊지 않은 것이 이와 같은데, 나는 도리어 너를 잊는 것을 자신을 보호하는 묘책으로 여겼으니, 나는 참으로 잔인한 사람이로구나.

채로헌은 바로 나의 수원 별장이다. 지난해 맹춘(孟春)에 상께서 현륭원(顯隆園)을 참배하고 돌아가실 때 내가 공경히 문 앞에서 전송했는데, 너는 나를 따라 뒤에서 엎드렸다. 상께서, 가까이 모시는 자를 보내어 나에게 묻기를 "경의 뒤에 엎드린 소년은 경과 어떤 친분이 있는가?"라고 하여, 내가 공경히 답하기를 "제 아들입니다."라고 하니, 상께서 유심히 보고 가셨다. 이것은 남다른 은총이다. 누가 겨우 한 달 지나서 네가 이미 바람 앞의 촛불 같은 인생이 되어 버릴 줄 알았겠느냐.

올해 맹춘에 상께서 지난해처럼 현륭원에 참배하고 수원부(水原府)를 유수영(留守營)으로 승격하였으며, 당송(唐宋)의 고사를 따라 나를 유수(留守)로 임명하였다.[111] 진남루(鎭南樓)는 중앙에 있는 정자인데

110 네 장인 : 채홍근의 장인 정재원(丁載遠, 1730~1792)을 말한다.

111 올해……임명하였다 : 1793년 1월 12일 정조가 수원에 행행하였을 때 수원 부사를 수원유수 겸 장용외사 행궁정리사(水原留守兼壯勇外使行宮整理使)로 승격하고, 첫 수원 유수에 번암을 제수하였다. 《承政院日記 正祖 17年 1月 12日》

올라가면 네가 전일에 노닐며 감상하던 곳이 다 보이니, 내가 스스로 잔인한 사람이 되려 하여도 또한 될 수 없구나.

네 어미와 네 아내로 하여금 너의 신주를 가지고 와서 채로헌에 머물게 한 것은 네가 죽은 날에 한번 통곡을 하여 내 가슴에 깊이 맺혀 있는 긴 슬픔과 쌓인 한을 풀어내고 싶어서였다. 그런데 국가에 마침 일이 생겨서 내가 주상의 기거와 안부를 묻는 일로 유수영을 떠나왔는데 서울에서 갑자기 돌아갈 수 없기에 네 적형(嫡兄)으로 하여금 나를 대신하여 가서 제사를 지내게 한다. 떡과 과일을 준비한 이는 네 어미와 네 아내이고, 너에게 밥을 권하는 이는 네 형이며, 우손곤(禹孫崑), 하권(河權), 손영직(孫永稷)은 바로 너와 침식을 같이한 이들인데 말을 세내고 마부를 빌려 기일에 맞춰 내려가니, 너는 반드시 기뻐하고 웃으며 맞이할 것이다. 모름지기 내가 돌아가지 못한 것을 슬퍼하거나 불안해하지 말고, 마음 놓고 실컷 먹고 마셔라. 흠향하거라.

부모님 묘에 성묘하고 올리는 고유문
考妣墓省掃告由文

계축년(1793, 정조17) 4월 계해삭 9일 신미일에 아들 대광보국숭록대부(大匡輔國崇祿大夫) 행 판중추부사 수원부유수 겸 장용외사 행궁정리사(行判中樞府事水原府留守兼壯勇外使行宮整理使) 제공이 현고(顯考) 증(贈) 대광보국숭록대부 의정부영의정 겸 영경연홍문관예문관춘추관관상감사(議政府領議政兼領經筵弘文館藝文館春秋館觀象監事) 행(行) 자헌대부(資憲大夫) 지중추부사(知中樞府事) 부군과 현비(顯妣) 증 정경부인(貞敬夫人) 연안 이씨(延安李氏)의 묘에 밝게 고합니다.

아, 소자(小子)는 지난겨울에 장단(長湍)에서 용서받고 돌아와 올해 맹춘에 원임 상신(原任相臣)으로서 수원 신읍(新邑)에 와서 별장에 머물렀습니다. 며칠이 지났을 때 상께서 현륭원(顯隆園)에 거둥하시어 어가가 수원부의 행궁(行宮)에 머물렀는데, 수원부를 유수영(留守營)으로 승격하고 특명으로 소자를 판중추부사 겸 행유수사(判中樞府事兼行留守事)에 임명하고 서둘러 장전(帳殿)[112]에 들어가 숙배하게 하고 친히 교서와 절월(節鉞)을 반포하셨습니다. 대체로 교서는 대궐에서 이미 선사(繕寫)하여 통에 담아서 가져오고, 절월은 경기 관찰사에게 미리 가져와 기다리게 한 것입니다. 소자는 절하고 머리를 조아리며 받았습니다.

이어서 분부하시기를,

112 장전(帳殿) : 임시로 장막을 치고 지내는 임금의 거처이다.

"상신(相臣)을 유수로 삼는 것은 당송(唐宋)의 제도이다. 우리나라는 신라부터 본조(本朝)에 이르기까지 이런 일이 없었는데 이 지역은 이미 원침(園寢)을 받들고 있고, 또한 나의 어진(御眞)을 걸어놓아 혼정신성(昏定晨省)의 정성을 부쳤으니 소중함이 도리어 어떠한가. 모든 일은 중후하지 않으면 위엄이 없으니,[113] 반드시 대신을 유수로 임명하려는 것은 이 때문이다. 그러나 대신이 나를 대신하여 원침을 받드는 것은 경이 아니면 할 수 없기에 마음속으로 뽑았는데 경은 그것을 아는가?"

하였습니다. 또한 분부하시기를,

"지난겨울 일에 대해 경은 반드시 나에게 개탄하고 유감스러워하는 마음이 있을 것이다. 내가 어찌 경에게 박하게 하겠는가. 다만 경을 위하여 재앙을 없애 주려고 그렇게 한 것이다. 이것은 조정에 있는 신하들에게 들을 수 있는 것이 아니니, 경이라 하더라도 어찌 알 수 있겠는가."

하였습니다. 이에 이르러 성상의 말소리가 매우 작아져서 근시(近侍)조차 알아듣기 쉽지 않았습니다. 소자는 눈물이 흐르고 목이 메어 물러났습니다.

가만히 생각건대 소자는 용렬하고 어리석은 사람으로서 당송 이후 처음 있는 왕명에 맨 먼저 부응했으니, 진실로 이미 특별한 지우입니다. 그리고 더구나 임금이 아랫사람을 부릴 때 은혜로 하기도 하고 견책으로 하기도 하는데, 이것은 모두 상설(霜雪)이나 우로(雨露) 같

113 중후하지……없으니 : 《논어》 〈학이(學而)〉에 "군자가 중후하지 않으면 위엄이 없으니, 학문도 견고하지 못하다.〔君子不重則不威, 學則不固.〕" 하였다.

은 가르침입니다. 우로가 어찌 늘 있을 수 있으며, 상설은 폐할 수 없는 물건이 아니겠습니까. 지금 우리 성상께서는 잠시 내렸던 엄한 견책에 대해 깨우쳐 주기를 소자를 위하여 재앙을 없애 준 것이라고 하며, 혹 개탄하고 한스러워하는 마음이 없지 않을까 염려하여 매우 가까운 거리에서 친절하게 타일러 주기를 가정집에서 아버지와 아들이 별별 이야기를 다하는 것처럼 말씀해 주실 뿐만이 아니었으니, 이것은 실로 임금과 신하가 있은 이래로 들어 보지 못한 일입니다. 부모님은 저를 낳아 주셨고 우리 임금님 또한 저를 다시 살려 주셨습니다. 소자가 비록 불초하나 임금을 잊지 못하면 마땅히 부모를 잊지 못하고, 부모를 잊지 못하면 마땅히 임금을 잊지 못합니다. 밤낮 한마음으로 오직 이 두 가지 일을 생각할 뿐입니다.

아, 장단의 귀양살이가 30일이 채 못 되는데 부모님이 소자의 꿈속에 들어오신 것이 모두 몇 번입니까. 용서받을 때에는 아버님의 웃는 모습이 전날 밤 꿈과 달랐으니, 이것은 먼저 안 것을 알려 주신 것입니다. 소자에게 근심이 있으면 부모님도 근심하고 소자에게 기쁜 일이 있으면 부모님도 기뻐하여, 유명 간에 차이가 없는 것이 이와 같았습니다.

지금 묘소에 고하는 글에서 연석(筵席)에서 내리신 분부를 공경히 아뢰며 번거롭게 해 드리는 것을 꺼리지 않는 것은 부모님으로 하여금 듣고 기뻐하게 하려는 것입니다. 그러나 무덤은 깊고 깊어 우러러볼 수 없고 발을 구르며 부여잡고 통곡해도 하늘과 땅은 끝이 없습니다. 요전상(澆奠床)과 여러 가지 음식 또한 임금님이 하사한 것입니다. 이 은총과 예우에 감격하고 어찌 밝게 강림하지 않으시겠습니까. 흠향하소서.

증 정경부인 오씨의 묘에 올리는 제문

祭贈貞敬夫人吳氏墓文

계축년(1793, 정조17) 4월 계해삭 10일 임신일에 지아비 대광보국숭록대부(大匡輔國崇祿大夫) 행 판중추부사 수원부유수 겸 장용외사 행궁정리사(行判中樞府事水原府留守兼壯勇外使行宮整理使) 채제공이 망실 증(贈) 정경부인(貞敬夫人) 동복 오씨(同福吳氏)의 묘에 고한다.

오호라	嗚呼
나와 빈천을 같이한 이는	同我貧賤
실로 부인이라네	實維夫人
짧은 목숨 일찍 죽는 바람에	緣短壽促
만사가 슬프게 되었네	萬事傷憐
나는 노년에 은총 얻어	吾老得君
정승의 높은 지위 올랐네	相國之尊
화려한 저 수원부에서	爛彼水府
부귀를 다 누리네	貴富兼焉
가엾은 조강지처 생각하니	衋念糟糠
내 마음 어떠한가	我懷如何
와서 무덤을 어루만지니	來撫一抔
산언덕 적막하네	寂寞山阿
향기로운 제수를 이에 차리니	芳羞載設
이는 나의 마음이네	寔我之情

살아서는 누리지 못했지만	生雖不及
죽어서도 영광이네	死亦云榮
지난날의 모습 생각해 보면	尙想平昔
그대는 내 뜻 어긴 적 없었네	君無我違
내가 따르고 내가 축원하니	我酹我祝
영령은 반드시 강림하리라	靈必格思
흠향하시게	尙饗

정경부인 권씨의 묘에 올리는 제문

祭貞敬夫人權氏墓文

계축년(1793, 정조17) 4월 계해삭 10일 임신일에 지아비 대광보국숭록대부(大匡輔國崇祿大夫) 행 판중추부사 수원부유수 겸 장용외사 행궁정리사(行判中樞府事水原府留守兼壯勇外使行宮整理使) 채제공이 망실 정경부인(貞敬夫人) 안동 권씨(安東權氏)의 묘에 고한다.

오호라	嗚呼
지난날 개성을 다스릴 때	昔莅松營
부인이 따랐네	夫人從之
지금 수원을 안찰하는데	今按水府
부인은 어디 갔나	夫人何之
후한 녹봉과 화려한 집을	厚廩華屋
나와 함께 누리지 못하네	不我共之
거듭된 슬픔과 깊은 한을	重悲暗恨
나에게 끼쳤네	於我貽之
부인의 현명함은	夫人之賢
실로 보기 드문 것이네	實罕見之
칠 년 동안 떨어졌으니	七載相別
어찌 그립지 않으랴	曷不思之
무덤을 이제 이장하니	佳城載遷
그대는 안심하시라	君庶安之

홍근과 홍신이	阿謹阿愼
좌우에서 모시리라	儻左右之
이내 생애 지루하여	支離此生
나는 실로 괴롭네	我實苦之
무덤 옆 나무 자라	墓木有條
사마를 매었네	駟馬繫之
떡과 술과 과일과 고기	餠酒果肉
그대 위해 준비했네	爲君備之
무성하게 자란 새 잔디	芃芃新莎
내 눈물로 적시네	我淚沾之
제물은 박하나 정은 두터우니	物薄情厚
바라건대 살펴 주시게	願言監之
흠향하시게	尙饗

홍근의 묘에 대한 제문

祭弘謹墓文

계축년(1793, 정조17) 4월 10일 임신일에 늙은 아버지가 수원 유수영(水原留守營)에서 휴가를 얻어 죽주(竹州)의 남산촌(南山村)에 있는 부모님의 묘소에 성묘하고, 길을 돌아 율현(栗峴)으로 가서 떡과 술과 과일과 고기를 놓고 죽은 서자 홍근(弘謹)의 묘에 통곡하며 애통한 마음을 쏟아 낸다.

아, 나는 작년 3월부터 정신이 뒤숭숭한 것이 마치 바보 같아서 네가 있는 곳을 살피지 못했는데, 지금 와서 보니 네가 여기에 있구나. 아, 네가 있고 내가 왔는데, 너는 어찌 뛸 듯이 기뻐하며 홍신(弘愼)과 함께 말 앞에서 나를 맞이하지 않고 거친 풀 덮인 무덤 속에서 가만히 꿈쩍도 하지 않느냐. 네가 여기 있다는 것을 아나 끝내 네 얼굴을 못 보니 도리어 지난날 네가 있던 곳을 살피지 못한 것만 못하구나. 내가 어떻게 견디겠느냐, 내가 어떻게 견디겠느냐. 나의 정신은 이미 어지럽고 나의 창자는 이미 끊어졌으며 하고 싶은 말은 글로 다 할 수 없다. 한잔 술에 정을 담고 몇 줄기 눈물로 시름을 푼다. 너는 반드시 나의 마음을 위로하고 싶을 터이니 눈물을 거두고 먹고 마시거라.

망실 정경부인 권씨에게 올리는 제문
祭亡室貞敬夫人權氏文

갑인년(1794, 정조18) 11월 28일은 바로 나의 정경부인(貞敬夫人) 권씨(權氏)의 회갑 일이다. 아, 두 성(姓)이 합할 때 사람들이 그들을 위해 반드시 백년해로(百年偕老)하라고 축원하는 말을 한다. 하늘로 하여금 참으로 그 바람에 부응하게 하더라도 이른바 백년은 다만 망아지가 틈을 지나가는 순간[114]일 뿐이니 본래 말할 것도 못 된다. 더구나 부인은 백년에서 겨우 54세를 살고 말아서 지아비로 하여금 홀로 인간 세상에 남아 이 회갑 일을 만나 절절하게 옛일을 서글퍼하고 지금을 슬퍼하며 마음을 가눌 수 없게 하였다. 부인으로 하여금 알게 한다면 부인 자신의 슬픔을 슬퍼할 겨를도 없이 늙은 남편이 외롭게 남겨진 것을 슬퍼할 것이 분명하다.

우리 가문의 가법은 세속의 이른바 생신차례를 행하지 않는다. 이는 선유(先儒)의 정론을 따른 것인데 회갑 일은 남다르고 또한 아이들의 정례(情禮)를 막을 수 없기에 떡과 과일을 조촐하게 차려 놓고 술 한잔을 올린다. 부인은 평소에 남편의 뜻을 어기지 않는 마음을 지녔으니, 어찌 내가 이치에 맞게 만든 예의에 감격하여 서둘러 강림하지 않겠는가.

114 망아지가……순간 : 인생 백년은 매우 짧은 순간이라는 말이다. 《장자(莊子)》 〈지북유(知北遊)〉에 "하늘과 땅 사이의 우리 인생이란 마치 하얀 망아지가 담장 사이의 틈을 지나가는 것처럼 순간일 따름이다.〔人生天地之間, 若白駒之過隙, 忽然而已.〕"라는 말이 나온다.

기억하건대 지난날 부인이 나에게 말하기를 "홍원(弘遠)을 얻어 아들로 삼은 이래로 제 마음이 몹시 기뻐서 밥을 먹지 않아도 배가 고픈 줄 모르겠습니다."라고 하였다. 부인은 현철함으로 사리를 알아 일이 모두 이와 같았다. 지금 홍원이 조정에 이름을 올리고 홍문관에 근무하는데, 부인이 살아서 참으로 홍원이 오사모(烏紗帽)를 쓰고 녹포(綠袍)를 입고 꿇어앉아 장수를 기원하는 술잔을 올리는 것을 본다면 그 기쁨과 행복이 더욱 어떠하겠는가. 다 끝났으니, 이것은 과연 부인의 운명인가, 아니면 나의 운명인가. 나는 운명을 아는 자가 아니니 단지 마음속으로 애도할 뿐이다. 흠향하시게.

막계[115]의 묘소를 개봉축하고 올리는 고유문

幕溪墓所改封築告由文

유세차(維歲次) 병진년(1796, 정조20) 2월 정축삭 27일 계묘일에 9대손 대광보국숭록대부(大匡輔國崇祿大夫) 의정부 좌의정(議政府左議政) 제공이 현9대조고(顯九代祖考) 통훈대부(通訓大夫) 행 돈녕부 주부(行敦寧府主簿) 부군(府君)[116]과 현9대조비(顯九代祖妣) 숙인(淑人) 전주 이씨(全州李氏)의 묘에 밝게 고합니다.

잔디와 흙이 무너져 내리니	莎崩土遷
빗물이 스며들지 않겠습니까	得不雨滲
밤낮 두려워하며	夙夜懍惕
마음을 놓지 못했습니다	罔弛于心
이에 비로소 고쳐 쌓으니	爰始改爲
때는 청명절입니다	時維淸明
관직에 매여 대신 고하게 하니	縻官替告
바라건대 놀라지 마소서	願勿震驚
삼가 고합니다	謹告

115 막계(幕溪) : 경기도 과천에 있다.

116 행……부군(府君) : 채침(蔡沉)이다. 고려가 망하자 번암의 선조들은 호남의 임피현으로 이주하여 살았는데, 채침에 이르러 비로소 과천 막계에 장사를 지냈다.

개봉축한 후에 위안하는 축문
改封築後慰安祝文

우뚝한 봉분 장중하고	若堂有儼
잔디 새롭습니다	莎以新之
천년만년	萬億千禩
여기서 편안히 지내소서	安宅於斯
소손은 관직에 매여	小孫縻職
직접 고하지 못합니다	不克以躬
술 향기롭고 과일 정갈하니	酒香果潔
작은 정성 굽어살피소서	俯察微悰
흠향하소서	尙饗

삭녕[117] 표절사 심 충장공[118] 대 에게 올리는 상향 축문
朔寧表節祠沈忠壯公 岱 常享祝文

쌍수[119] 저기 있어	雙樹在彼
해와 별처럼 빛납니다	星日赫赫
충의를 함께 겨루었으나	忠義與爭
공이 두드러졌습니다	我公之特
초가집에서 제사 지내며	茅屋以祭
풍속 따라 삶고 익혔습니다	烹飪循俗
이것이 어찌 공에게 보답이 되겠습니까	是豈報公
성군이 말씀하기를, 아,	聖主曰咨
사당을 장엄하게 세우고	建祠翼翼
혈식을 올리라 하였습니다	血以食之
바람 꾸짖고 번개 탄 풍모[120]	叱風駕霆

117 삭녕(朔寧) : 경기 연천군에 있던 고을이다.

118 심 충장공(沈忠壯公) : 심대(沈岱, 1546~1592)로, 본관은 청송(靑松), 자는 공망(公望), 호는 서돈(西墩), 시호는 충장(忠壯)이다. 1592년(선조25) 임진왜란이 일어나자 선조를 호종하다가, 9월 경기 관찰사가 되어 서울 수복 작전을 계획하였다. 그러나 삭녕에서 때를 기다리던 중 왜군의 야습을 받아 전사하였다.

119 쌍수(雙樹) : 원래 석가모니가 열반에 든 곳을 말하는데, 여기서는 심대가 전사한 곳을 가리킨다.

120 바람……풍모 : 심대의 생전 풍모를 형용한 말이다. 주희(朱熹)가 소옹(邵雍)의 풍모를 묘사한 〈강절선생찬(康節先生讚)〉에 "바람을 타고 번개를 채찍질하며 하늘 끝을 두루 보았네.〔駕風鞭霆, 歷覽天際.〕"라는 구절이 있다.

강림하신 듯합니다	髣髴格思
위풍당당한 장수들이	桓桓將佐
지난날처럼 줄지어 모십니다	列侍如昔
희생과 제물을 올리니	牲幣是將
저희 정성을 살펴 주소서	鑑我誠慤

배위인 세 종사관 윤 충장공[121] 경원, 강 충렬공[122] 수남, 양 충장공[123] 지 에게 올리는 상향 축문

配位三從事尹忠壯公 慶元 姜忠烈公 壽男 梁忠壯公 誌 常享祝文

위험하고 어려운 임무를 맡았으나	受任危難
나라만 생각하고 자신은 잊었습니다	有國無身
우리 주장[124]과 함께	偕我主將
거친 벌판에서 피 흘리고 묻혔습니다	血瘞荒原
제사를 법으로 정하지 않아	祭不以式
성상께서 상심하셨습니다	聖懷傷盡
이제야 제도를 고치니	今焉改制
제사가 매우 큽니다	俎豆孔碩

121 윤 충장공(尹忠壯公) : 윤경원(尹慶元, 1560～1592)으로, 본관은 칠원(漆原), 자는 선여(善餘), 시호는 충장이다. 임진왜란이 일어나자 심대(沈岱)가 삭녕(朔寧)에서 사민(士民)을 모집하여 서울 수복 작전을 진행할 때 협력했으나 복병의 기습을 당하여 전사하였다.

122 강 충렬공(姜忠烈公) : 강수남(姜壽男, 1552～1592)으로, 본관은 진주(晉州), 자는 인수(仁叟), 시호는 충렬이다. 임진왜란 때 경기 관찰사 심대의 종사관(從事官)으로 출전하였다. 심대가 서울 수복 작전을 진행할 때 적병의 기습을 당하여 전사하였다.

123 양 충장공(梁忠壯公) : 양지(梁誌, ?～1592)로, 본관은 남원(南原), 자는 언신(彦信), 시호는 충장이다. 임진왜란이 일어나자 삭녕에 와 있던 경기 관찰사 심대의 종사관으로 적의 야습을 당해 끝까지 항전하다가 전사하였다. 삭녕의 표절사(表節祠)에 향사(享祠)되었다.

124 주장(主將) : 심대를 말한다.

신이 오는 것은 순식간이지만　神來欻噏
신이 가면 비통합니다　神去悽惻
우리의 피와 기름[125] 흠향하시고　歆我血膋
백대토록 싫증 내지 마소서　百世無斁

125 피와 기름 : 제사 음식을 말한다. 《시경》 〈소아(小雅) 신남산(信南山)〉에 "맑은 술로 제사 지내고 붉은 색 수소로써 조상께 제사 지내네. 방울 달린 칼을 잡아 털을 벗겨 내고 피와 기름을 취하였네.〔祭以淸酒, 從以騂牡, 享于祖考. 執其鸞刀, 以啓其毛, 取其血膋.〕"라고 하였다.

비장, 검률, 역학 3위에게 올리는 상향 축문
裨將檢律譯學三位常享祝文

주장[126]을 따라 전사하니	從死主將
국가를 지키기 위해서였습니다	所以衛國
같은 날 전사해서	死是同日
탁자 연이어 제사드립니다	享則聯卓
일군이 충절로	一軍忠節
삭녕의 전투에 참여했습니다	于朔之役
제물에 허물이 없으면	祭用罔愆
어찌 밝게 강림하지 않겠습니까	曷不昭假

126 주장(主將) : 심대(沈岱)를 말한다.

이우당 이 선생[127]의 영정을 옮겨 모실 때의 축문
二憂堂李先生影幀移安祝文

묘성과 기성[128]이여	維昴維箕
하늘은 아득합니다	天宇渺漭
무엇이 진상[129]만 하겠습니까	孰如眞像
천고에 높이 사모합니다	千古景仰
영당에 모신 영정이	像在于堂
오래되어 흐릿합니다	歲久漫漶
한 화폭에 옮겨 그리기를	一幅移描
천천히 느긋하게 하겠습니까	其徐其緩
뭇사람의 의견이 모두 같아	群議僉同
잠시 서울로 모시기로 했습니다	暫就京國
날도 길하고 때도 좋으니	日吉辰良
길 나서기를 꺼리지 마소서	毋憚行役

127 이우당(二憂堂) 이 선생(李先生) : 이만원(李萬元, 1651~1708)으로, 본관은 연안(延安), 자는 백춘(伯春), 호는 이우당이다. 공주의 부용당(芙蓉堂) 영당(影堂)에 제향되었다.

128 묘성(昴星)과 기성(箕星) : 이만원이 묘성의 기운을 받고 태어나 죽은 뒤에 기성을 타고 돌아갔다는 말로, 이만원이 위인이었다는 뜻이다. 묘성은 한(漢)나라 승상 소하(蕭何)가 묘성의 정기를 받고 태어났다는 전설에서 유래하였고, 기성은 은나라 부열(傅說)이 죽은 뒤 이 별을 타고 하늘에 올랐다는 전설에서 유래하였다. 《史記索隱》《莊子 大宗師》

129 진상(眞像) : 영정의 원본을 말한다.

다시 제자리로 모셔 올 때의 축문
還安祝文

이우당(二憂堂) 이 선생(李先生)의 영정을 부강(芙江)의 영당(影堂)에서 서울로 모셔 와 옮겨 그리는 예식을 마치고, 임자년(1792, 정조 16) 8월 9일에 부강으로 모시고 갑니다. 외종손 좌의정 채제공이 선생의 종손 관기(寬基)로 하여금 대신 고하게 합니다.

삼가 아룁니다	伏以
오래된 영정을 다시 그려	舊影描取
새 영정이 잘 이루어졌습니다	新幀利成
수염은 움직이는 것 같고	鬚髯如動
눈에서는 광채가 나옵니다	阿睹射精
한범[130]의 위대함과 걸출함을	韓魁范傑
이곳에서 볼 수 있습니다	是處得來
소자는 후대에 태어나	小子生後
한스럽게도 직접 모시지 못했습니다	恨不躬陪
서울은 참으로 아름다운 곳이지만	京師信美
영령을 편안히 모실 곳은 아닙니다	非所妥靈

130 한범(韓范) : 송(宋)나라 한기(韓琦)와 범중엄(范仲淹)의 병칭이다. 두 사람은 훌륭한 재상으로 명망을 나란히 하였는데, 나라에서 그의 화상을 그려 전시하여 후대에 전하게 하였다.

완연한 저 부강의 언덕	宛彼芙岡
옛 서원이 물가를 굽어봅니다	舊院臨汀
이곳에 다시 모셔 오니	於焉還奉
사민들 맞이하고 기뻐합니다	士民迎喜
우리의 도 유유하니	吾道悠悠
만대 천년 이어지리라	萬代千禩

화성 성터를 개기할 때의 축문

華城城址開基祝文

사물에는 기수가 있어	物有氣數
때가 되면 창성합니다	時至則昌
여기 팔달산은	惟茲八達
천년 만에 비로소 드러났습니다	千年始彰
우뚝한 유수영	磊落營府
그 아래 터를 열었습니다	其下攸闢
찬란한 저 행궁에	爛彼行宮
상서로운 빛 드리워집니다	懸以瑞旭
위대하도다 산천이여	大哉山川
어찌 이리 에워쌌습니까	曷以包絡
이에 무관에게 명하여	爰命虎臣
성 쌓기 시작하였습니다	築城伊始
산 정상에서부터	起自山頂
주위가 십 리입니다	周匝十里
공경히 신령께 고하니	祗告尊神
음식이 향기롭습니다	飮食芳馨
신령께서 고무하시어	神其鼓舞
국가 위해 영험을 보여 주소서	爲國效靈
도적을 막아 주시고	以禦暴客
변방을 견고하게 해 주소서	以壯藩屛

이상은 팔달산(八達山)에 올리는 축문이다.

하늘이 만물을 낳으니	維天産物
그 뜻은 나라 위한 것입니다	其意爲國
돌이 아니면 성을 쌓지 못하니	非石不城
신령께서는 애석하게 여기지 마소서	願勿神惜

이상은 부석소(浮石所)에 올리는 축문이다.

하늘에 극이 있으니	維天有極
북극보다 엄중한 것이 없습니다	莫嚴者北
이에 비로소 창건하니	於焉肇刱
무지개가 엎드리고 새가 날개 편 듯합니다	虹偃鳥革
길이 서울과 통하여	路貫神京
임금님 수레를 맞아들입니다	迎入鸞輅
신령께서 도우시어	神其左右
만년 억년 길이 견고하게 해 주소서	萬億永固

이상은 북문(北門)에 올리는 축문이다.

남쪽은 바르고 존귀한 방향이니	南爲正尊
임금이 바라보는 곳입니다	王者攸面
문에 누대를 설치하니	門以樓之
성곽 찬란합니다	獻角有爛
큰길은 먹줄처럼 곧게 뻗어	白道如繩
왕릉을 향합니다	是向珠丘

신령께서는 남극성을 빌려주시어 神借極宿
길이 큰길을 비춰 주소서 長照康衢

이상은 남문(南門)에 올리는 축문이다.

물이 광교산에서 나오니 水發光敎
띠 같고 비단 같습니다 如帶如羅
큰 장마 지는 계절에 天有積潦
홍수 넘치면 어찌합니까 汎溢則那
돌구멍에는 수레를 들일 수 있어[131] 穴石納軌
혜택이 일천 농가에 펼쳐집니다 惠薄千家
신령께서 잘 인도하시어 神其善導
거센 물결 일어나지 않게 하소서 水不揚波

이상은 수문(水門)에 올리는 축문이다.

팔달산 높은 정상에는 八達高頂
하늘 높이 푸른 숲 있습니다 中天積翠
사방을 멀리 굽어보니 俯視四遠
구름이 성벽과 이어집니다 雲連百雉
여기에 깃발 세우니 於焉樹羽
일만 군사의 장수입니다 萬夫之帥
호령하고 명령하니 發號施令

131 돌구멍에는……있어 : 돌로 쌓은 수문의 구멍이 매우 커서 수레가 드나들 정도라는 뜻이다.

불처럼 빠르고 번개처럼 신속합니다	火疾雷迅
어영차 어영차 대를 쌓으니	陾陾築臺
높이가 천 길 같습니다	仰若千仞
성곽으로 빙 둘러싼 것은	環擁獸角
중심이 여기에 있기 때문입니다	精神在此
도적이 멀리서 바라보면	暴客遠望
넋이 나가고 정신을 잃을 것입니다	魄褫神死
길이 국가를 호위하는	長衛國家
반석과 산입니다	盤石與峙
위세를 논하자면	若論威勢
무엇이 장대에 비교되겠습니까	孰與臺比
신령께서 건물을 부지하시어	神扶棟宇
천년만년 지켜 주소서	萬億千祺

이상은 장대(將臺)에 올리는 축문이다.

도연서원[132]에 문정공 미수 허 선생[133]을 추배향할 때 원위 문목공 한강 정 선생[134]께 고하는 글

道淵書院文正公眉叟許先生追配時告原位文穆公寒岡鄭先生文

아, 우리 도산은	猗我陶山
동방의 궐리[135]입니다	有東闕里
누가 그 당에 올랐습니까	誰其陞堂
바로 선생이십니다	惟先生是
삼천 가지의 예[136]를 분석하니	禮析三千
천리가 찬란히 빛났습니다	爛然天理
진실하게 주고받으니	授受眞正

132 도연서원(道淵書院) : 경상북도 봉화군 춘양면 서동리에 있던 서원이다.

133 미수(眉叟) 허 선생(許先生) : 허목(許穆, 1595~1682)으로, 본관은 양천(陽川), 자는 문보(文甫)·희화(熙和), 호는 미수, 시호는 문정(文正)이다. 한강(寒岡) 정구(鄭逑)에게 수학하였다.

134 한강(寒岡) 정 선생(鄭先生) : 정구(1543~1620)로, 본관은 청주(淸州), 자는 도가(道可), 호는 한강, 성주(星州) 출신이다. 시호는 문목(文穆)이다.

135 동방의 궐리(闕里) : 퇴계 이황(李滉)이 도산(陶山)에서 유학을 크게 흥기시킨 것을 두고 한 말이다. 궐리는 중국의 산동성(山東省) 곡부현(曲阜縣)에 있는데, 공자가 이곳에서 제자들을 가르쳤다.

136 삼천 가지의 예 : 다양한 예를 뜻한다. 《중용장구》 제27장의 "성인의 도리가 넉넉하고 위대하도다. 성인께서는 예의 강령과 원칙 300가지와 소소한 의절(儀節) 3000가지를 제정하셨도다.〔優優大哉, 禮儀三百, 威儀三千.〕"라고 한 것을 이른다. 《예기(禮記)》〈예기(禮器)〉에는 "경례 300가지와 곡례 3000가지이다.〔經禮三百, 曲禮三千.〕"라고 하였다.

사도는 참으로 아름답습니다 斯道信美
무성에 현가 소리 퍼졌으니[137] 武城絃歌
안동부가 저와 같았습니다 花府在彼
산천이 목욕한 것 같았으니 山川如沐
은택을 입어서입니다 惠雨所被
제물이 풍성하니 籩豆楚楚
후학의 정성입니다 後學之誠
아름다운 춘양[138]은 美哉春陽
물 맑고 산 밝습니다 水潔山明
높고 높은 서원은 院宇崇崇
존령께서 계신 곳입니다 尊靈攸宅
생각건대 심결은 緬惟心訣
미수옹에게 의탁했습니다 眉翁是托
천 리 남쪽을 유람하고 千里南遊
덕을 보고 의지했습니다 覿德依歸
세상에 나가 본보기 되니 出以儀世
학의 단정함 봉황의 위엄이었습니다 鶴整鳳威
스승 있고 제자 있어 有師有弟
우리의 도 빛났습니다 吾道光輝

137 무성(武城)에……퍼졌으니 : 지방에 교화가 퍼졌다는 말이다. 현가는 금슬(琴瑟)을 연주하며 노래하는 것으로, 예악(禮樂)의 교화를 뜻한다. 제자인 자유(子遊)가 무성이라는 고을의 읍재(邑宰)로 있으면서 현가로 백성을 교화하는 것을 보고 공자가 흐뭇해한 고사에서 유래한 말이다. 《論語 陽貨》

138 춘양(春陽) : 경상북도 봉화 지역의 옛 지명이다.

백대토록 산처럼 우러르는데	百世山仰
어찌 선후가 있겠습니까	曷有先後
이에 성대한 예를 거행하여	茲擧盛禮
이에 함께 배향합니다	於焉同祔
생각건대 지난날	尙想疇昔
선생을 공손히 모셨으니	儼侍杖屨
존령께서 기뻐하는 모습이	尊靈悅豫
마치 우러러보이는 듯합니다	怳若仰覩
형작[139]을 흠향하시고	尙歆泂酌
유생들을 보우하소서	保佑章甫

139 형작(泂酌) : 소박하지만 정성껏 차린 제수를 뜻한다. 《시경》 〈대아(大雅) 형작〉에 "저 길가에 괸 물을 멀리 떠다가, 저기서 떠내 여기에 붓는 정성만 지극하다면, 제사에 올릴 밥도 만들 수 있으리라.〔泂酌彼行潦, 挹彼注兹, 可以餴饎.〕"라고 하였다.

배위 문정공 미수 허 선생께 고하는 글
告配位文正公眉叟許先生文

우리의 도 끊어지지 않은 것은	吾道不絶
문정공이 계신 덕분입니다	賴有文正
우리나라의 예를 바로잡은 것은	正我邦禮
공자님께 질정할 수 있습니다	可質元聖
덕이 있고 말이 있으니[140]	有德有言
백대의 스승입니다	百代之師
한강 어른이 도를 강론하니	寒老講道
연원이 이에 있습니다	淵源在玆
남쪽으로 큰 고개를 넘어가	南踰大嶺
심결을 묘하게 전해 받았습니다[141]	妙傳心訣
작은 영정에	七分小眞
흰 눈썹 완연합니다	宛爾眉雪
옮겨 모실 곳 있고	移奉有所
흰 구름 즐길 수 있습니다[142]	白雲怡悅

140 덕이……있으니 : 미수(眉叟) 허목(許穆)에게 훌륭한 덕과 말이 있었다는 말이다. 《논어》 〈헌문(憲問)〉에 공자가 "덕을 소유한 사람은 반드시 이에 합당한 말을 하게 마련이지만, 그럴듯한 말을 한다고 해서 그 사람에게 꼭 덕이 있다고는 말할 수 없다.〔有德者, 必有言; 有言者, 不必有德.〕"라고 하였다.

141 남쪽으로……받았습니다 : 허목은 23세 때인 1617년(광해군9) 성주(星州)에 있는 정구(鄭逑)를 찾아가 사사(師事)하였다.

스승이 계시는 곳이니	師之所存
도연은 멀지 않습니다	道淵匪遐
이 도연은	惟玆道淵
신선의 세계입니다	洞天煙霞
산은 두령[143]에서 시작하고	山祖斗嶺
물은 도심[144]에서 흘러옵니다	水從道心
가까운 지역인 삼척에는	地近陟州
베푼 사랑이 지금도 남아 있습니다[145]	遺愛至今
하물며 어진 스승	矧乎賢師
여기에 영령 계십니다	妥靈於斯
배향을 하려 한다면	如欲配食
이곳을 버리고 어디로 가겠습니까	捨此何之
유생들이 말하길, 아,	章甫曰咨

142 흰 구름……있습니다 : 도연서원이 있는 곳이 자연을 즐길 만한 곳이라는 뜻이다. 남조 양(梁)나라 도홍경(陶弘景)이 제 고제(齊高帝)의 물음에 응하여 지은 시 〈조서로 산중에 무엇이 있느냐고 하문하신 데 대해 시를 지어 답하다〔詔問山中何所有賦詩以答〕〉에 "산중에 무엇이 있느냐 물으신다면, 고개 위에 흰 구름이 많답니다. 홀로 속으로 즐길 수 있을 뿐, 임금께 부쳐 줄 수는 없답니다.〔山中何所有, 嶺上多白雲. 只可自怡悅, 不堪持贈君.〕"라고 하였다.

143 두령(斗嶺) : 봉화군 춘양면에 있는 왕두산(王頭山)이나 태백산을 가리키는 듯하다.

144 도심(道心) : 도연서원이 있는 봉화군 춘양면 서동리 위쪽에 도심리(道心里)가 있는데, 그 옆을 흐르는 운곡천(雲谷川)을 말하는 듯하다.

145 삼척에는……있습니다 : 허목이 1660년(현종1) 9월 삼척 부사로 나가서 향약을 설치하고 《척주지(陟州誌)》를 완성하는 등 선정을 베풀었던 것을 두고 한 말이다.

좋은 때를 만났다 하였습니다 穀朝是逢
올려 배향하는 예를 거행하니 陞配禮擧
자리는 달라도 한집입니다 異位同宮
살아서나 죽어서나 의지하니 生死歸依
사도의 시작과 끝입니다 斯道始終
하늘이 다하도록 실추됨이 없으니 極天罔墜
유유하도다 정맥이여 悠哉正脈
바라건대 강림하여 흠향하고 願言降歆
우리나라를 보우하소서 佑我家國

애책문애사 哀冊文哀辭

부록을 병기하다.

인숙 원빈[146] 애책문

仁淑元嬪哀冊文

유세차(維歲次) 기해년(1779, 정조3) 5월 7일 경인일에 인숙 원빈(仁淑元嬪) 홍씨(洪氏)가 창덕궁(昌德宮)의 양심합(養心閤)에서 서거하여, 7월 계미삭 3일 을유일에 동부(東部) 온수동(溫水洞) 해좌(亥坐)의 언덕에 영원히 모시게 되었으니 예를 따른 것이다.

율관에서는 갈대 재 움직이고[147]	琯灰移葭
우물 옆에서는 오동잎 날리네	井葉飄梧

146 인숙 원빈(仁淑元嬪) : 1766～1779. 홍국영(洪國榮)의 누이동생으로 1778년(정조2) 정조(正祖)의 첫 번째 후궁이 되었으나 이듬해 14세로 갑자기 졸하였다. 시호는 인숙(仁淑)이다.

147 율관에서는……움직이고 : 고대에 기후와 절기를 관찰할 때, 갈대 재를 십이율관(十二律管) 안에 채우고 비단 천을 발라 공기가 통하지 않는 방에 놓아두고 절기를 점쳤는데, 동지가 돌아오면 그에 상응하는 황종율관(黃鍾律管) 안의 갈대 재가 날아서 움직인다고 하였다. 《後漢書 律曆志上》

별은 높은 누각에 떨어지고　星沈阿閣
누수는 찬 병에서 오열하네　漏咽涼壺
짙은 안개에 채색 상여는 머뭇머뭇　彩幡依遲兮苦霧
찬 바람에 붉은 만장은 펄럭펄럭　丹旌翻動兮凄風
주상 전하께서는　主上殿下
난초 같은 모습 사라져 슬퍼하고　盡泡幻於蘭儀
초궁[148]에 내린 재앙을 애도하네　悼刦灰於椒宮
푸른 장막 안에서 서성이며　徘徊翠幄
아름다운 자취를 회상하네　撫念芳塵
이에 사관에게 명하여　爰命彤管
비석에 새기도록 하였네　俾壽貞珉
그 애사는 다음과 같다　其詞曰

풍산[149]의 원기가　豐山煙熅
복을 길러 상서를 내렸네　毓慶降祥
두꺼비의 구슬과 누각의 비단　蟾珠樓錦
아름다운 꿈 휘황찬란했네　嘉夢煌煌
이에 훌륭한 여성 태어나니　迺生碩媛
아름다운 외모와 풍도 지녔네　金相玉度
성상 두 번째 해에　聖上二載

148 초궁(椒宮) : 왕후가 거처하는 집을 말한다. 산초는 열매가 많이 열리므로 자손의 번성을 바라는 뜻에서 이름 붙였다.

149 풍산(豐山) : 인숙 원빈 홍씨의 본관이다.

종우의 시[150]를 생각하였네	念軫螽羽
공경히 자전의 분부를 받들어	祇承慈旨
드디어 삼간택을 거행하였네	遂行三揀
아름답고 덕스러운 얼굴	婉婉德容
규수들 중에 빼어났네	秀出閨闥
자성께서 발을 걷어 보고	慈聖褰簾
마음으로 간택하셨네	在心惟簡
자궁께서 기뻐하시고	慈宮帶喜
음식을 내려 주셨네	錫以饌飯
곱고도 단정하며	旣閑且靚
진퇴가 법도에 맞았네	規退矩進
원빈이라 책봉하니	冊號元嬪
은 인장 빛났네	有赫銀印
존귀해졌으나 더욱 검약하고	履貴愈約
겸손히 처신하고 신중하였네	處謙惟謹
사소한 것에도 마음을 단속하며	束心秋毫
늘 얇은 얼음 밟듯 깊은 못에 임하듯 하였네[151]	夙宵氷淵
큰일이든 작은 일이든	靡大靡小
마음대로 하지 않았네	罔或自專

150 종우(螽羽)의 시 : 《시경》 〈주남(周南) 종사(螽斯)〉를 가리킨다.

151 늘……하였네 : 조심스러운 마음으로 매사를 신중히 처리하는 것을 말한다. 《시경》 〈소아(小雅) 소민(小旻)〉에 "전전긍긍하여 깊은 못에 임하듯 얇은 얼음 밟듯 한다.〔戰戰兢兢, 如臨深淵, 如履薄氷.〕"라고 하였다.

거처하는 방은 엄숙하고　一室嚴嚴
단정히 앉은 모습은 심어 놓은 듯하였네　端坐如植
화장 상자의 구슬과 옷장의 비단　奩珠篋繡
보고도 하찮게 여겼네　過眼苴礫
밤이 몇 시나 되었는지 자주 묻고　數問宮宵
머리 빗고 묶으며 용모를 단장했네　櫛纚容飾
전과 궁에 문후를 여쭐 때　問寢殿宮
패옥 소리 맑게 울렸네　璜佩肅肅
그만두라는 명이 내리면　或命已之
근심하며 밥을 먹지 않았네　惄焉廢食
의관을 바로 하고 비로소 들어가면　正冠始入
성상도 마음으로 공경하셨네　聖心攸敬
단정히 손 모으고 자리에서 일어나면　端拱避席
온화하고 여유로우며 차분하였네　雍容暇整
서로 손님처럼 대하며[152]　相對如賓
예에 맞게 행동하였네　動以禮秉
어짊은 군주[153]에게 미쳤고　仁浹郡主

152 서로 손님처럼 대하며 : 부부간에 서로 공경하며 사는 모습을 형용한 말이다. 춘추 시대 진(晉)나라의 기(冀) 땅에서 극결(郤缺)이 밭에서 김을 매고 있을 적에 그의 아내가 들밥을 가지고 와서 먹이는데, 서로들 손님을 대하는 것처럼 공경하는 것을 사신이 보고는, 진 문공(晉文公)에게 천거하여 대부(大夫)로 삼게 했던 고사가 있다. 《春秋左氏傳 僖公33年》

153 군주(郡主) : 왕세자의 정실(正室)에게서 난 딸에게 주는 정2품의 봉작(封爵)이다. 정조와 동복인 군주는 청연군주(淸衍郡主)와 청선군주(淸璿郡主)이다. 이들은 각

은혜는 육궁[154]에 퍼졌네 恩溥六宮
감격하여 사모하고 기뻐하였으니 感戴慕悅
겉모양이 아니라 진심이었네 匪貌伊衷
어떤 경사인들 이르지 않겠으며 何慶不臻
어떤 복인들 합당하지 않겠는가 何福不宜
병이 아프지 않은 것 같으니 病如不病
주상께 알리지 말라고 하였네 毋使上知
어찌 그리 잠꼬대처럼 모호했던가 夫何夢語之怳惚兮
상제가 사람을 보내 맞이한다고 했으니 帝遣人而邀之
밤에 옷깃을 바로 하고 주상을 맞이했는데 夜整襟而迎上兮
새벽에 갑자기 길이 이별하였네 曉奄然而長訣
궁인이 사친을 곡하듯이 통곡하며 宮人之如哭私親兮
삼 일 동안 밥을 짓지 않았네 炊不煙於三日
아, 애통하도다 嗚呼哀哉
우러러 자궁을 생각하니 仰念慈宮
즐겁게 해 드릴 수가 없네 無以娛悅
지극한 효성은 타고난 것이라 純孝根性
슬하를 떠나지 않았네 坐不離膝
자궁의 낯빛이 근심스러우면 慈宮色憂

각 광은위(光恩尉) 김기성(金箕性), 홍은위(興恩尉) 정재화(鄭在和)에게 하가(下嫁)하였다.

154 육궁(六宮) : 원래 천자를 모시는 황후와 다섯 부인을 말하는데, 여기서는 임금의 후궁을 말한다.

따라서 근심이 얼굴에 드러났네	隨以憂炳
자궁께서 괴로운 일을 당하면	慈宮罹饎
따라서 눈물을 흘렸네	隨以淚迸
음식 섭취의 다과를 보고	視膳善寡
자신도 그렇게 먹었네	自爲飢飽
자궁께서 말하셨네	慈宮曰咨
아, 훌륭하도다 원빈의 효성이여	卓哉嬪孝
성상께서 말하셨네	聖上曰嘉
갸륵하도다 나는 실로 근심을 잊었노라	予實忘憂
거의 길상과 화목이	庶見祥和
궁궐에 가득 차는 걸 보았는데	充牣宮幬
갑자기 서거하였으니	倏焉千古
저 하늘은 아득하기만 하네	彼蒼悠悠
아, 애통하도다	嗚呼哀哉
오라버니는 대장이 되어[155]	兄兮登壇
숙위하는 신하이고	宿衛之臣
누이는 원빈이 되어	弟兮嬪京
유신[156]을 도왔네	贊化維新
길이 원빈에 힘입으면	其永有賴

155 오라버니는 대장이 되어 : 홍국영이 훈련대장이 된 것을 말한다.

156 유신(維新) : 세워진 지 오래된 나라가 제도 등을 일신하여 새로워진다는 뜻이다. 《시경》 〈대아(大雅) 문왕(文王)〉에 "주나라가 비록 오래되긴 하였지만, 하늘의 명이 다시 새롭게 되었도다.〔周雖舊邦, 其命維新.〕"라는 말에서 나왔다.

나라가 영구할 것이었네	宗國萬年
하늘은 어찌하여 독실하게 낳고	天何爲兮篤生
신은 어찌하여 서둘러 앗아가는가	神何爲兮速奪
오라버니는 큰 슬픔에 빠져 울부짖고	兄孔懷兮叫號
잊지 못하는 성상은 몹시 슬퍼하네	耿宸情之忉怛
아, 애통하도다	嗚呼哀哉
옛 합문에는 가을 기운 일어나는데	秋生兮古閤
빈 행랑에는 먼지가 덮였네	塵掩兮虛廂
완연히 용모와 거동 있는 듯한데	宛容儀之如在兮
초연히 눈을 들면 아득하네	愀擧目而茫茫
아, 답답한 무덤은	嗟佳城之鬱鬱兮
동쪽 성문 아주 가까운 곳에 정했네	占東闉之密邇
대궐의 종과 궁중의 닭	禁鍾兮宮鷄
그 소리 무덤까지 들리리라	聲相通兮泉隧
신의 이치는 인정과 멀지 않으니	神理不遠於人情兮
궁궐 섬돌 서성이시리라	僾周旋兮瑤戺
아, 애통하도다	嗚呼哀哉
흐르는 시냇물 쉬지 않고	流川不息
가는 해는 머물지 않네	逝暉無停
인생은 결국 죽음으로 돌아가는데	人生之卒歸於盡兮
누가 요절하고 누가 장수했는가	孰有殤而有彭
덕음은 없어지지 않아	惟德音之未沫兮
난초처럼 더욱 향기로울 것이네	竝蘭茝而彌芳
자궁께서 아름다운 행적을 서술하니	慈宮旣叙其懺行兮

성인의 필법으로 우뚝 전해질 것이네　倬聖筆之流光
영원히 전할 아름다운 시호를 청하여　徵美諡於永禩兮
비석에 새겨 영원히 전하네　托琬琰而無疆
아, 애통하도다　嗚呼哀哉

애책문을 지어 올린 후에 소회를 진달한 소 부록 哀冊文製進後陳所懷疏 附

삼가 아룁니다. 인숙 원빈(仁淑元嬪)께서 갑자기 멀리 떠나가서 안팎의 인정이 모두 슬퍼하고 있습니다. 신은 외람되이 성명(聖明)의 명을 받들어 애책문을 지어 올렸는데 문사(文辭)가 거칠고 졸렬하여 아름다운 행적과 맑은 덕을 만에 하나도 형용하지 못하였으니 마음이 부끄러워 어찌할 바를 모르겠습니다.

어제 도감(都監)의 아전이 고하기를 "이제 대신(大臣)-대신은 바로 서명선(徐命善)이다.-이 경연에서 진달한 것으로 인하여, 애책문 중 '양심합에서 서거하여〔逝于養心閤〕'에서의 '서(逝)' 자를 '훙(薨)' 자로 고쳤습니다. 그러므로 이제 훙 자로 고쳐서 찌를 붙여 들입니다.……" 하였습니다. 신이 가만히 생각해 보건대 '훙'과 '서'는 모두 죽었다는 뜻이니 피차간에 차이가 없는 듯하나 옛날 사람들이 글자를 사용할 때는 각기 주장하는 바가 있어서, 써야 할 곳이 아닌 데에 쓰면 예에 어긋났습니다. 더구나 예의 소중함은 오로지 혐의를 분별하고 미세한 차이를 분명히 하는 데에 있습니다.

인원(仁元)과 정성(貞聖)[157] 두 왕후가 돌아가셨을 때 쓴 글자를 지

157 인원(仁元)과 정성(貞聖) : 인원은 숙종의 계비 인원왕후(仁元王后) 김씨(金氏,

금 원빈의 상(喪)에 뒤섞어 쓰는 것에 대해 대신은 어떤 다른 의견을 가지고 있는지 모르겠습니다. 또한 조정에 올린 문서는 설령 고칠 곳이 있더라도 대신이 구어(句語)를 집어내어 성상께 진달하여 글을 지어 올린 사람으로 하여금 헤아려서 스스로 고치게 하였으니, 사리가 진실로 응당 그렇습니다. 그런데 지금은 도리어 신으로 하여금 그것을 알게 하지 않고 곧장 아전으로 하여금 고쳐서 찌를 붙여 들이게 하였습니다. 훗날 이 글을 보는 자가 만약 진실로 신에게서 저 한 글자가 나왔다고 여긴다면 신에게 입이 백 개 있더라도 어떻게 청의(淸議)의 비난에서 벗어나겠습니까. 그러나 이것은 다만 신의 처지에서만 말한 것입니다. 아마도 원빈께서 안다면 평소 겸손과 검약의 지조를 지닌 분으로서 반드시 움츠리며 감당하지 못하는 마음을 지닐 것입니다. 전례(典禮)에 관계된 것을 끝내 침묵할 수 없습니다. 이에 죽음을 무릅쓰고 우러러 진달합니다. 오직 성명께서 판단해 주소서. 신은 안절부절못하며 송구한 마음을 견디지 못합니다.-승정원에 올렸으나 막혀서 결국 성상께 전달되지 못하였다. 이전에 나는 무술년(1778, 정조2) 여름에 사명을 받들고 북경에 갔다 돌아오며 압록강을 건널 때 처음으로 원빈이 간택되어 궁궐에 들어가고, 궁호를 숙창궁(淑昌宮)으로 정했다는 소식을 들었다. 그 후 대궐에서 문안하는 반열이 대전(大殿), 대비전(大妃殿), 혜경궁(惠慶宮), 중궁전(中宮殿)에 차례로 문안하여, 나는 문안을 다 마쳤다고 생각하고 막 물러나 앉으려고 하는데, 갑자기 승정원의 하례(下隷)가 또 "숙창궁의 승언색(承言色)이 내려왔습니다."라고 외치는 소리를 들었다. 나는 당황하고 놀라서 옆에 있는 재신(宰臣)을 돌아보고 말하기를 "숙창궁에도 조정 신하들이 문안하는 일이 있습니까?"라고

1687～1757)이고 정성은 영조의 원비 정성왕후(貞聖王后) 서씨(徐氏, 1692～1757)이다.

하자 "절목(節目)이 이와 같습니다."라고 하여, 내가 "정통(正統)인 분이나 왕자를 탄생한 빈궁이 아니면 조정 신하들이 문안하지 않는 것이 예법입니다. 이른바 절목은 과연 누가 만든 것입니까?"라고 하니 "서 상국(徐相國)이 정한 것입니다."라고 하였다. 내가 "중궁전에 이미 문안을 올렸는데 또한 숙창궁에도 이와 같이 한다면 서 상국은 유독 하늘에 두 개의 해가 있을 수 없는 의리를 모른다는 말입니까."라고 하였다. 서 상국이 이때부터 분하여 이를 간 지 참으로 오래되었는데, 애책문을 올린 후에 올린 상소 내용이 전파되자 도리어 말하기를 "이는 나를 죽이려는 것이다."라고 하였다. 당시에 서 상국은 생사와 화복을 마음대로 할 수 있는 사람으로서 몰래 사주하고 겉으로는 저지하며 반드시 죽이고야 말려 하였다. 임인년(1782)에는 경연에서 아뢸 때 망측한 상황을 날조하였는데, 성상께서 해와 달처럼 명철하지 않으셨다면 어찌 환하게 비추어 하찮은 목숨으로 하여금 가혹한 형벌을 받는 데에 이르지 않게 했겠는가. 이 두 가지 일이 재앙을 빚는 근원이 되었으므로 말미에 이와 같이 기술한다.-

오씨의 부인이 된 사촌 누님[158]에 대한 애사 병서

從姊吳氏婦哀辭 幷序

오씨 집안에 시집간 사촌 누님이 별세하여 장원군(狀元君)[159]의 무덤에 합장하므로 사촌 동생 제공이 통곡하고 전송하며 다음과 같이 말한다. 《시경》에 "여자가 시집가면 부모 형제와 멀어진다."라고 이르지 않았던가. 여자가 부모 형제와 사는 기간은 다만 시집가기 전의 세월뿐이다. 성장하여 시집가면 비로소 남편을 의지하게 되어 부모 형제가 한 성(城)에 같이 살더라도 절로 멀어지지 않을 수 없으니, 어찌 멀어지지 않은 세월은 짧고 멀어진 세월은 길지 않겠는가. 그런데 사촌 형제가 가지는 친속의 정이 어찌 친형제의 친함과 다르겠는가. 그러나 다만 혹은 나이가 서로 같지 않아 시집가기 전 집에 있을 때에 어울리지 못하다가 끝내 또한 떨어져서 다른 곳에 살게 되니, 훗날 아는 것은 단지 형제라는 호칭뿐이다.

지금 나와 사촌 누님의 사이는 그렇지 않다. 누님이 시집가서 부모 형제와 멀어지기 전에는 나는 본디 어려서 누님과 어울리지 못했으나, 누님이 이어서 시집가고 얼마 지나지 않아 나는 약산(藥山 오광운(吳光運)) 선생 댁에 가서 배웠는데, 선생이 바로 누님의 시아버님이었다.

158 오씨의……누님 : 채응만(蔡膺萬)의 딸로 오대관(吳大觀)에게 시집간 평강 채씨(平康蔡氏)이다.

159 장원군(狀元君) : 오대관(吳大觀, 1711～?)으로, 본관은 동복(同福), 자는 경숙(敬叔), 호는 현계(玄溪)이다. 아버지는 증 이조 판서, 대제학에 추증된 오광운(吳光運)이다.

당시에 누님은 남편이 이미 작고하여 외롭게 자리에 누워 있었는데, 나를 친정 식구라고 해서 늘 머물러 시아버님을 모시게 하였다. 누님은 나를 대접할 때 참으로 친형제와 다름없이 다정하게 대했고, 나도 누님이 남편을 잃고 의지할 데 없게 된 처지를 가엾게 여기며 늘 친형제처럼 보았다. 그러나 누님은 늘 병에 걸려 자리에 누워 있었으니, 내가 항상 자주 들어가 안부를 묻지 못한 것은 이 때문이다. 그러나 내가 대략 17, 8년 동안 머물며 장석(丈席)을 모셨으니, 멀어져야 하는 형제로서 멀어져야 하는 세월 동안 멀어진 적이 없었던 사람은 오직 누님과 나뿐이다. 형제가 외롭게 떨어져 살아야 하는 사람들에 비하면 어찌 차이가 있지 않겠는가.

금년 들어 누님의 병이 더욱 깊어져 나는 늘 밖에서 안부를 여쭙고 돌아왔다. 이 병은 끝없이 기력이 쇠약해지는 증상이 어떤 때는 그쳤다가 어떤 때는 극심해지므로 단지 증상이 일정하지 않다고만 생각했는데, 하루 저녁에 죽었음에도 죽은 것을 사람들이 깨닫지 못할 줄 어찌 알았겠는가. 누님이 별세하고부터 나는 하늘에 의혹을 갖게 되었다.

장원군의 학문과 품행이 특히 빼어났던 것은 하늘이 준 것이고, 또한 누님은 사리에 통달하고 현철하여 시아버님은 일이 생기면 번번이 누님에게 물어 결정하고 시사(時事)의 득실이나 자신과 집안의 거취도 모두 함께 이야기하였다. 이것은 내가 직접 본 것으로 누님의 밝은 성품을 알 수 있다. 애초에 누님으로 하여금 현명한 지아비의 아내가 되게 한 것은 큰 뜻이 있었던 것 같은데, 어찌하여 장원군은 관직을 얻지 못하고 누님은 자식을 보지 못하며 또한 모두 장수하지 못하여 하늘의 복을 받지 못한 채 황급히 잇따라 죽어서 꿈결 같은 짧은 인생에 자취는 사라지고 대는 끊어지게 했는가.

아, 슬프다. 이제 누님이 나를 아주 멀리 떠나 저승으로 돌아가려 하니, 멀어지지 않았던 세월은 한순간이고 멀어질 세월은 이로부터 영원할 것이다. 지난날의 지극한 정은 멀어지지 않는 것을 오로지하였으니 지금의 지극한 정이 멀어지는 것을 슬퍼하는 것은 당연하다. 마침내 조문을 지어 뜻을 펴서 영원히 가는 길을 애도한다. 애사는 다음과 같다.

누님은 백부님께	姊於伯父
한 어여쁜 딸이네	一女之英
여러 자녀 중에서	幾箇春卵
누님이 다행히 성장했네	姊幸生成
〈교녀〉 시가 이루어져[160]	詩成嬌女
반사[161]를 어기지 않았네	不替鞶絲
유순하고 덕스러운 모습은	婉婉德範
실로 집안의 본보기였네	實惟梱儀
그 명성 높이 날아	載飛其聲

160 교녀(嬌女) 시가 이루어져 : 어여쁜 여성으로 성장했다는 말이다. 진(晉)나라 좌사(左思)의 〈교녀〉 시에 "내 집에 어여쁜 딸 있는데 희고 희어 자못 고운 피부 지녔네.〔吾家有嬌女, 皎皎頗白皙.〕"라고 하였다.

161 반사(鞶絲) : 부모의 가르침을 뜻한다. 옛날 여성들이 천으로 만들어 차고 다니던 주머니로, 수건이나 작은 물건을 담던 것인데, 어머니가 시집가는 딸에게 이것을 매어 주면서 훈계를 했다고 한다. 《의례(儀禮)》 〈사혼례(士昏禮)〉에 "서모는 문 안에 이르러 작은 주머니를 매어 주면서 부모의 명령을 거듭 이른다.〔庶母及門內施鞶, 申之以父母之命.〕"라고 하였다.

서울까지 퍼졌네	用張京師
열여섯 살에	一十又六
드디어 오씨에게 시집갔네	遂女於吳
남편은 누구인가	夫婿伊何
뭇사람 중에 두드러진 사람이네	衆人之殊
약관에 고상한 시와	弱齡甚詩
고상한 문채로 드러났네	甚文以彰
낭군이 계수나무 꽂고 왔으나	郎簪桂來
부인은 진홍색 치마 입었네[162]	婦茜厥裳
고당[163]에서 삼 일 동안	高堂三日
노래와 북소리 울렸네	歌鼓陽陽
뭇사람들이 말하기를, 큰 복이로다	衆曰厖祜
부인의 용모 어질구나 하였네	婦貌其良
부모 살아 있고	有父有母
시부모 살아 있으며	有舅有姑
지아비는 몸집이 풍성하고	有夫裒然
하얀 얼굴에 수염이 났네	白晳頒鬒
부인의 아름다움이 성대함과	婦韶之殷
부인의 복록이 남편에 짝이 됨을	婦祿之駢

162 낭군이……입었네 : 남편이 과거에 급제했으나 부인은 검소한 생활을 유지했다는 말이다.

163 고당(高堂) : 흔히 모친이 거처하는 집을 말하는데, 여기서는 부모님이 거처하는 집을 뜻하는 말로 쓰였다.

마을 사람들은 이야기하고 친족들은 부러워하며	曹談族艷
번갈아 가며 만 가지로 칭찬했네	遞口萬旃
귀신이 틈을 타 성내며	鬼闖以嬰
해독을 날카롭게 끼쳤네	而銳其惎
남편이 죽었는데	良人之歿
왜 내가 죽지 못할까	胡我不死
죽는 것이 어려운 것이 아니라	匪死之難
남편에게 후사가 없네	良人無嗣
내가 스스로 목숨 끊으면	我自我戕
누가 내 양자를 들인단 말인가	疇使我子
지아비가 죽고 내가 죽으면	夫死我死
제사가 끊어지네	是斬其祀
또한 죽지 않고	抑又無死
훗날을 기다리려 하네	欲俟他日
침상에는 우는 아이 없고	床旣無呱
남편 또한 잃었네	良人又失
누구를 따르고 의지할까	誰因誰憑
누구를 위로 삼아 살아갈까	誰慰以活
인생은 본디 목적이 있는데	生固有爲
죽음만을 안식처로 보았네	惟死視安
시아버님이 말하기를, 그러지 말거라	舅曰毋庸
셋째 아들이 관례를 올렸으니	有叔勝冠
셋째 아들이 아들을 낳으면	叔若有子
네가 아들로 삼거라	命爾子之

제사보다 중요한 것이 없는데	莫祀爲重
어찌 곧바로 죽으려 하느냐고 하였네	何徑死爲
시부모님이 근심하시니	有堂愀只
끝내 빈 방을 지켰네	歸守空幃
거센 바람이 창문을 때리고	流風赴牖
된서리가 옷에 맺혔네	嚴霜結衣
가을밤에 얼음 얼어붙고	涼夜凝凝
벽에 걸린 등불 가물거렸네	壁燈之衰
나의 소매 절로 얼굴 덮고	我袂自翳
나의 창자 절로 아팠네	我腸自疚
남편에게 영령이 있다면	良人有神
나를 데려가 주세요	庶我將去
남편의 제사와	良人之祀
시아버님의 말씀	嚴舅之語
감히 잊을 수 없고	匪敢有忘
감히 소홀히 할 수 없다 하였네	匪敢有忽
병은 끊임없이 이어지고	旣病之綿
정신을 놓았네	旣神之釋
남몰래 신음하며 병이 깊어 갔으니	潛呻以蝕
누가 그 위독함을 알았겠는가	孰照其革
돌아가듯이 갑자기 죽었으나	溘爾如歸
마음은 즐거울 것이네	中心則樂
뭇사람들이 말하기를, 슬프도다	衆曰훊哉
무엇이 남에게 슬픔을 끼치는가 하였네	何貽匪戚

시부모님이 있고	有舅有姑
부모님이 있는데	有父有母
흰 천막[164]에 비낀 석양이	素幔斜照
이 백발노인을 슬퍼하네	哀此皓首
언제 영화를 누렸다고	榮華幾時
무덤으로 영영 가시는가	丘山千禩
아, 애통하도다	嗚呼哀哉
누님은 한 할아버지[165]의 자손으로서	姊惟同祖
나를 동생으로 보았네	同生是視
어찌 자주 누님의 병을	豈不欲亟
문안하고 싶지 않았겠는가	診姊之祟
온종일 자리에 이불 펴졌고	寢褥匝日
누님은 일어난 날 드물어	姊罕其起
들어가 뵐 길 없었으니	莫入而面
정성이 없었던 것이 아니네	誠靡我弛
깃들었던 새들 함께 돌아가자	棲鳥同還
새벽에 고복을 했네	云皐於曙
달려가서 엎드려 통곡하니	馳往伏哭
눈처럼 깨끗한 이 기러기처럼 떠났네	雪淨鴻去
아름다운 봄 뽕나무	猗猗春桑
담장 아래 다시 잎이 돋았는데	復葉于墻

164 흰 천막 : 상가(喪家)에서 친 천막으로, 상가를 뜻한다.

165 한 할아버지 : 채성윤(蔡成胤)을 말한다.

누에는 누가 먹인단 말인가	蠶生誰飼
집은 비고 사람은 없네	堂空人亡
누님은 단잠을 자겠지만	姊甘其寢
친애하는 이는 절로 슬프네	親愛自傷
내가 조문으로 상여를 전송하는데	余誄送輀
언덕 위 구름 아득하기만 하네	坡雲茫茫

번암집

제39권

행장 行狀

증 가선대부 이조참판 겸 동지경연의금부사 홍문관제학 동지춘추관성균관사 오위도총부부총관 세자좌부빈객 행 통정대부 홍문관부제학 겸 경연참찬관 춘추관수찬관 창석 선생 이공[1] 행장

贈嘉善大夫吏曹參判兼同知經筵義禁府事弘文館提學同知春秋館成均館事五衛都摠府副摠管世子左副賓客行通政大夫弘文館副提學兼經筵參贊官春秋館修撰官蒼石先生李公行狀

창석(蒼石) 이공(李公)의 휘는 준(埈), 자는 숙평(叔平), 본관은 흥양(興陽)이다. 고려 시대에 이양승(李陽升)[2]이란 분이 거란과의 전투에서 힘써 싸우다가 죽었는데, 역사서에서 "장군 이양승이 죽었다."라고

1 창석(蒼石) 선생 이공(李公) : 이준(李埈, 1560～1635)으로, 본관은 흥양(興陽), 자는 숙평, 호는 창석, 시호는 문간(文簡)이다. 이수인(李壽人)의 아들이자 유성룡(柳成龍)의 문인이다. 임진왜란이 일어나자 정경세(鄭經世)와 함께 의병을 일으켜 고모담(姑姆潭)에서 왜적과 싸운 공으로 형조 좌랑에 임명되었다. 얼마 뒤에 유성룡과 함께 탄핵을 받고 물러났다가 다시 소모관(召募官)이 되어 의병을 모집하였으며, 이어 예조 정랑, 단양 군수(丹陽郡守) 등을 지냈고 서장관(書狀官)이 되어 명나라에 사신으로 다녀왔다. 광해군 때에는 정인홍(鄭仁弘)이 이황(李滉)과 이이(李珥)를 비난하자 벼슬을 버리고 고향으로 돌아갔으며, 인조반정(仁祖反正) 이후에 다시 교리에 등용되었다. 그 이후 응교, 사간, 승지, 대사간, 부제학 등을 지냈다. 정경세와 더불어 유성룡의 학통(學統)을 이어받아 당시의 학계(學界)에서 중요한 위치를 차지했으며, 정치적으로는 남인(南人)의 세력을 결집하고 여론을 주도하였다. 저서로는 《창석집》이 전한다.

2 이양승(李陽升) : ?～1216. 1216년(고종3) 거란이 고려를 침공하자 장군으로서 이들을 격파하였다. 그러나 적이 다시 침공해 오자 이를 맞아 싸웠으나 패전하여 전사하였다.

한 것[3]이 이것이며, 공에게 12대조이다. 우리 조선에 들어와서 이서원(李舒原)[4]이란 분은 문하 찬성사(門下贊成事)를 지냈다. 그의 아들 이은(李垠)은 사헌부 대사헌을 지냈다. 그의 아들 이언(李堰)[5]은 전주부윤(全州府尹)을 지냈는데 청렴하고 결백함으로 저명하여 광묘(光廟 세조)께서 편지를 내려 칭찬하였다. 그의 아들 이수천(李壽川)[6]은 사헌부 집의를 지냈는데 정도를 지키며 흔들리지 않았다. 이분이 공의 4대조이다. 증조부 이조년(李兆年)[7]은 판관을 지냈고, 조부는 이탁(李琢)이고, 아버지 이수인(李守仁)[8]은 좌승지에 증직되었다. 어머니 고령 신씨(高靈申氏)는 신수경(申守涇)의 딸이며 숙부인에 증직되었다.

공은 가정 경신년(1560, 명종15) 3월 6일 상주(尙州)의 저택에서 태어났다. 공은 어릴 적에 《맹자》의 "어째서 굳이 이로움을 말씀하십

3 역사서에서……것 : 역사서는 《고려사(高麗史)》를 가리킨다. 《고려사》 권103에 "관군이 위주성 밖에서 적들과 싸우다가 패전하여, 장군 이양승 등 1000여 인이 죽었다. 서울에서 이 소식을 듣고 우는 사람이 성에 가득하였다.〔官軍與賊, 戰于渭州城外敗績, 將軍李陽升等千餘人死. 京都聞之, 哭者滿城.〕"라고 하였다.

4 이서원(李舒原) : 조선 태종 때 좌찬성(左贊成)을 지냈으며, 청렴결백한 것이 명나라 조정에까지 알려졌다고 한다.

5 이언(李堰) : 본관은 홍양, 자는 심원(深源), 호는 낙빈(洛濱)이다. 문과에 급제하여 사헌부 집의를 역임하였다. 전주 부윤을 지냈는데, 치적이 가장 우수하다 하여 세조가 교지를 내려 승직(陞職)을 포상하였다. 의흥(義興)의 나계서원(羅溪書院)에 배향되었다. 《한국계행보(韓國系行譜)》에는 이은의 아우로 되어 있다.

6 이수천(李壽川) : 본관은 홍양이다. 유일(遺逸)로 천거되어 사헌부 집의를 지냈다. 《한국계행보》에는 이은의 아들로 되어 있다.

7 이조년(李兆年) : 본관은 홍양이다. 의장고 판관(儀仗庫判官)을 지냈다.

8 이수인(李守仁) : 1524~1592. 본관은 홍양, 자는 춘경(春卿)이다. 임진왜란 때 안령 전투에서 사망하였다. 안령은 현재 경상북도 상주시 외남면 구서리에 있는 지명이다.

니까."[9]라는 글을 읽고 곧 척연(惕然)히 말하기를 "의리와 이로움의 분별은 특히 학자가 먼저 해야 하는 것이다."라고 하였다.

21세 때 서애(西厓) 유 선생(柳先生 유성룡(柳成龍))에게 가서 배웠는데, 유 선생이 자주 칭찬하며 원대한 인물이 되기를 기대하였다.

임오년(1582, 선조15)에 성균관 생원시에 합격하였다.

신묘년(1591)에 문과에 급제했는데 낮은 관직인 교서관에 소속되었다. 이것은 정권을 잡은 자가 공을 미워해서였다.

임진년(1592)에 왜적이 한꺼번에 많이 침입하여 노략질을 했는데, 조령 이남이 제일 먼저 침략을 당했다. 공은 당시에 서울에 있다가 걸어서 고향으로 돌아왔다. 고향에 돌아왔으나 부모 계신 곳을 몰라 밤낮 울부짖으며 다니다가 효곡(孝谷)[10]의 산속에서 만나니, 사람들이 효성에 감응한 것이라고들 하였다. 고향 사람 중 불량배들이 무리 지어 다니며 왜적의 의복을 주워 입고 도적질을 했는데 노략질이 왜적보다 심하였다. 공이 그들을 의리로 타이르자 불량배들 역시 감동하고 복종하였다. 이에 피난민 수천 명을 모아 안령(鞍嶺)에 웅거하며 왜적을 막을 계획을 세웠으나 왜적이 그곳을 습격하여 피난민 중에 죽은 자가 매우 많았다. 공 역시 큰 변을 당하여[11] 피눈물을 흘리며 의병을 일으키려 도모하자, 사람들이 공과 우복(愚伏) 정공(鄭公 정경세(鄭經世))을

9 어째서……말씀하십니까 : 《맹자》 〈양혜왕 상(梁惠王上)〉에서 양 혜왕이 맹자에게 어떤 방법으로 내 나라를 이롭게 할 것인가 묻자, 맹자가 "왕은 어째서 굳이 이로움을 말씀하십니까. 인과 의가 있을 뿐입니다.〔王何必曰利, 亦有仁義而已矣.〕"라고 하였다.

10 효곡(孝谷) : 현재 경상북도 상주시 공성면에 있는 지명이다.

11 큰 변을 당하여 : 1592년 6월 이준의 부친 이수인이 왜적에게 살해된 것을 말한다.

추대하여 주장(主將)과 소모장(召募將)으로 임무를 나누었다. 얼마 지나지 않아 모집한 인원이 수천 명에 이르러 충의(忠義)로 서로 격려하니, 사람들이 또한 공을 위하여 울면서 적을 죽이고자 하였다. 드디어 고모담(鈷鉧潭)에 진을 치고 무기를 수리하며 군량미를 지급하였으며, 틈틈이 방략(方略)을 세워 왜적을 많이 죽이거나 생포하였다.

계사년(1593) 2월 왜적이 크게 살육하고 약탈하여 의군(義軍)이 무너지고, 공이 또한 갑자기 현기증이 일어나 땅에 엎어져 거의 위기를 벗어날 수 없었는데, 백씨(伯氏)인 월간공(月澗公 이전(李㙉))이 등에 업고 달아난 덕분에 목숨을 보전할 수 있었다.

공은 의군을 다시 세울 수 없음을 알고 경상좌도로 돌아 들어가 관찰사 홍공 이상(洪公履祥)을 찾아가 울며 상황을 말하기를,

"위급한 상황을 돕지 않으면 안 됩니다."

하자, 홍공이 말하기를,

"공적으로나 사적으로나 힘이 고갈되었습니다. 내가 돕는 것이 어찌 만에 하나라도 보탬이 되겠습니까. 공이 만약 힘써 둔전(屯田)을 경영할 수 있다면 일을 이룰 수 있을 것입니다."

하였다.

공이 드디어 동지들과 도모하여 우거진 풀을 베고 못에 물을 대며 굶주린 백성들을 모집하여 힘써 황무지를 개간하였다. 가을에 풍년이 들자, 수확한 곡식으로 굶주린 백성을 진휼하고 남는 곡식은 모두 군진에 보낼 계획을 세우니, 이때가 갑오년(1594)이었다. 조정에서는 공이 의군을 일으키는 데 공로가 있다고 하여 전적으로 승진시켰으나, 공은 상기를 마치지 않아 부임하지 않았다. 9월에 예조와 형조의 좌랑에 제수되었다.

을미년(1595)에 경상 도사(慶尙都事)가 되어 군량과 어염(魚鹽)을 조달하는 등의 일을 겸하여 주관해서, 바다에서는 배로 소금을 운반하고 육로에서는 수레로 곡식을 실어 날랐는데, 반드시 그 완급을 때에 맞게 하여 시의(時宜)를 곡진하게 맞추지 않은 적이 없었다.

당시에 조정에서는 유신(儒臣)들에게 전대(前代) 국가의 흥망을 기술하여 바치게 하였다. 공은 이전에 《중흥귀감(中興龜鑑)》[12]을 지어 하(夏)나라의 소강(少康)[13]으로부터 송(宋)나라의 고종(高宗)에 이르기까지 먼저 군덕(君德)의 득실을 논하고 다음으로 신하의 사정(邪正)을 언급했는데, 손바닥을 보여 주듯 분명하였다. 이때에 이르러 이 책을 올리니, 상이 가상히 여기며 감탄하고 손수 쓴 교서를 내려 칭찬하였다.

이때 정인홍(鄭仁弘)이 영해 부사(寧海府使)로 있었는데, 사대부로서 아부하며 붙좇는 사람이 많았다. 공이 홀로 말하기를 "이 사람은 간사한 사람이다." 하였다. 공이 영해부를 지나갈 적에 정인홍이 나와서 맞이했는데, 공이 들어가지 않고 호창(呼唱)[14]하게 하며 지나가자 정인홍이 매우 성내며 이를 악물어 이가 거의 부러질 정도였다. 이 말을 들은 이들은 공의 앞날이 위태롭지나 않을까 걱정하였다. 경상

12 중흥귀감(中興龜鑑) : 이준이 지어 1595년에 바친 책으로, 중국 역대 왕들의 덕행과 신하들의 정사(正邪)를 밝혔다.

13 소강(少康) : 하(夏)나라 우왕(禹王)의 6세손으로 제상(帝相)의 아들이다. 요(澆)가 제상을 시해하고 왕위에 올라 하(夏)의 왕통(王統)이 끊어진 지 40년이 지났는데, 소강이 토지 1성(成) 즉 10리와 군사 1려(旅) 즉 500명으로 그 덕을 선포하고 계책을 세워 하우(夏禹)의 왕업을 회복하였다. 《春秋左氏傳 哀公1年》《史記 夏本紀》

14 호창(呼唱) : 귀인(貴人)이 외출할 때 하인이 길을 비키라고 외치는 소리이다.

도사로서 임기가 찼을 때, 체찰사 이공 원익(李公元翼)이 잉임할 것을 청했는데, 물자를 조달하는 일을 잘했기 때문이다.

정유년(1597)에 사헌부 지평에 제수되었다. 가을에 왜적이 다시 쳐들어왔다. 지난날 상이 나라 안에 명하여 왜적에게 가족을 잃은 자들에게 부대를 만들어 왜적을 토벌하게 하고 '분의복수군(奮義復讐軍)'[15]이라는 이름을 내렸는데, 이때에 이르러 공이 소모관(召募官)에 임명되었다. 왜적이 승승장구하고 매우 날래서 임금이 다시 피란을 하려 하자, 공이 상소하여, 상께 조령(鳥嶺)에 머물면서 의연히 왜적을 토벌하고 스스로 분발하실 것을 청했는데, 그 대략에,

"조령 위에는 성(城)이 한 채 있는데 '어류성(御留城)'[16]이라 합니다. 그 남쪽에는 함창(咸昌)과 상주(尙州)의 비옥한 들판이 멀리 보여 둔전을 경영할 수 있고, 그 북쪽에는 충주가 강을 굽어보고 험준한 지형을 등지고 있어 보루를 지을 수 있습니다. 핏줄이 서로 통하고 머리와 꼬리가 서로 돕는 격이니, 친히 삼군(三軍)을 거느리고 조령 위에 나아가 주둔하신다면 성상의 위엄이 임하여 군사들이 용기를

15 분의복수군(奮義復讐軍) : 의리를 떨쳐 원수를 갚는 군대라는 뜻이다. 임진왜란 때 왜적에게 죽음을 당한 사람들의 형제나 자손 들이 원수를 갚게 하기 위해 편성한 군대이다.

16 어류성(御留城) : 어류성(禦留城)이라고도 한다. 문경의 조령(鳥嶺) 동쪽에 있는 산성으로 고려 태조가 이곳에 잠깐 머물렀다 하여 어류성이라 한다. 《연려실기술(燃藜室記述)》 별집 권17 〈산성(山城)〉에, 어류성의 동남쪽은 절벽이 만 길이나 되어 새와 짐승도 넘지 못하며, 북쪽은 동남쪽에 비해 조금 낮지만 또 인력(人力)으로는 도저히 통과할 수 없어 성첩(城堞)을 약간만 설치해도 안심할 만하다고 하였다. 그리고 서북 지방에 일이 생기면 파천하여 머물 곳이 될 것이고 남방에 위급한 일이 있으면 이곳에서 다 막을 수 있다고 하였다.

백배는 더 낼 것입니다. 또한 조령 아래에 있는 함창과 문경(聞慶)과 용궁(龍宮) 세 현을 합쳐 하나의 큰 부(府)를 만들어 어류성의 근본을 굳건하게 하고, 상주 등지에 둔전을 크게 설치하기를 강족(羌族)을 굽어보며 무력을 떨친 고사[17]처럼 한다면 양식은 반드시 풍족하고 수비는 반드시 견고하며 전쟁은 반드시 이길 것입니다. 이것이 오늘의 급선무입니다."

하였다. 상이 가상하게 여겼으나 끝내 실행하지는 못하였다.

공이 소모관으로서 명을 받고 남쪽으로 내려가 의병을 규합하니 의병들의 정신이 아주 달라졌다. 체찰사가 공을 곽공 재우(郭公再祐)에게 소속시켜 협력하며 서로 돕게 하였다. 마침내 석문산성(石門山城)[18]에 들어가 성과 못을 수리하고 양식을 많이 모으자, 사람들이 모두 성은 굳게 지킬 수 있고 죽음은 즐겁게 맞이할 수 있다는 것을 알았다.

얼마 지나지 않아 근거 없는 주장이 일어나 주둔지를 옮기라는 명령이 내려오고 문득 또 병력을 해산하라는 명령이 내려왔다. 공은 마음이 몹시 아파 상언하기를,

"신(臣)이 애를 태우며 침이 마르도록 성을 수리하고 양식을 모으며

17 강족(羌族)을……고사 : 한 선제(漢宣帝) 때, 강족이 변방을 공격해 오자 조충국(趙充國)이 70여 세의 고령으로 조서(詔書)를 받들고 금성(金城)으로 파견되었는데, 금성에 이르러서는 "강족은 계책을 써서 격파해야지 무력으로 격파하기는 어렵다."라고 하며 둔전 설치에 관한 방책을 올리고 장기간 머물며 둔전을 경영함으로써 적을 항복시키고 큰 공훈을 세워 변방을 안정시킨 고사를 말한다. 《漢書 趙充國傳》

18 석문산성(石門山城) : 1597년 곽재우가 경상좌도 방어사로 있을 때 현풍에 신축한 산성인데, 공사를 마치기도 전에 왜적이 침입하여, 곽재우는 8월에 창녕의 화왕산성(火旺山城)으로 옮겨 수비하였다.

정성을 다해 노력하여 조금씩 쌓아 올린 것이 이제 낙동강 물과 함께 흘러가 버리게 생겼습니다. 하늘이 실로 이렇게 한 것이니, 말해 무엇 하겠습니까."

하였으나, 답을 받지 못하였다. 검찰사(檢察使)[19] 성영(成泳)[20]이 공을 자신의 종사관으로 지명하였다.

무술년(1598)에 좌총리사(佐總理使) 이공 원익(李公元翼)의 휘하로 옮겼는데, 좌총리사가 일찍이 공을 존중하였으므로 모든 일을 공에게 맡겼다. 공이 계획하고 시행한 것들은 한결같이 정도(正道)에서 나왔으며 크건 작건 간에 번거롭게 하지 않으면서 처리하였다.

이때 명나라 군대가 크게 모였다. 형 군문(邢軍門)[21]과 양 경리(楊經理)[22]가 둔전을 설치하고 강제로 농지에 세금을 매기고 곡식을 수확하

19 검찰사(檢察使) : 대목부(大目付)를 일컫는 말이다. 막부(幕府)의 노중(老中) 즉 집정(執政)에게 직속(直屬)되어 지방 장관 등을 검찰한다.

20 성영(成泳) : 1547~1623. 본관은 창녕(昌寧), 자는 사함(士涵), 호는 태정(苔庭)이다. 1597년 정유재란 때 남정양향사(南征糧餉使)로서 군량미 조달을 맡았다.

21 형 군문(邢軍門) : 임진왜란 때 명나라에서 파견한 총독(總督) 형개(邢玠, 1540~1612)이다. 자는 식여(式如), 호는 곤전(昆田)으로, 산동성(山東省) 익도(益都) 사람이다. 1597년 10월에 총독이 되어 조선으로 출병하였다가 울산에서 대패하고, 이듬해 3월에 귀국했다가 7월에 다시 출병하여 직산(稷山)과 울산에서 왜적을 대파했다.

22 양 경리(楊經理) : 양호(楊鎬, ?~1629)를 가리킨다. 1597년 정유재란 때 조선에 온 명나라 장수로, 경략조선군무사(經略朝鮮軍務使)가 되어 총독 형개, 총병(摠兵) 마귀(麻貴), 부총병 양원(楊元) 등과 함께 참전하였다. 울산에서 벌어진 도산성(島山城) 전투에서 크게 패하였는데 이를 승리로 보고하였다가 들통나 파면되었다. 1618년 청나라가 명나라를 침략하자 다시 기용되어 요동(遼東) 등을 경략하였으나, 살이허(薩爾滸) 전투에서 크게 패해 그 책임을 지고 사형되었다.

게 하였다. 공이 탄식하며 "백성이 위태하구나!"라고 말하고는 드디어 공문서를 올려 그 수량을 반으로 줄였다. 잠시 후 예천 군수(醴泉郡守)에 제수되었다. 총리사가 보고하여 아뢰기를,

"이준이 관리하는 일은 이준이 아니면 할 사람이 없습니다."

하니, 상이 잉임할 것을 명하였다.

기해년(1599)에 단양 군수(丹陽郡守)에 제수되었다. 단양군은 영남으로 가는 요충지로 명나라 군사들이 베 짜는 북처럼 자주 왕래했는데 치고받거나 소란스럽게 떠들며 군수를 모욕하고 날마다 백성을 겁탈하였다. 공이 부임하자 그들의 예모가 공손하고 그 말이 바르거늘, 공이 문득 울면서 호소하기를 "부모가 자식을 구한다면서 해치며 사납게 굴어서야 되겠습니까."라고 하였다. 유격장(游擊將) 모국기(茅國器)[23]가 노래와 시를 지어 사과하고 군졸 중에 횡포한 자들을 단속하니, 백성들이 편안해졌다. 공이 단양 군수로 있던 5년 동안 교화가 크게 행해져 감사가 치행 제일(治行第一)로 올렸다.

계묘년(1603)에 홍문관 수찬에 제수되었다. 백성들이 수레를 부여잡고 차마 보내지 못하며 노래하기를 "단양의 산이 빼어나고 기이하며 단양의 물이 깊고 맑으나, 공을 머물게 하지 못하고 공의 이름만 머물게 하는구나.〔丹山秀且奇 丹水深而清 不能使公留 但得公留名〕"라고 하였다.

23 모국기(茅國器) : 호는 행오(行吾)이고, 절강성(浙江省) 소흥위(紹興衛) 사람이며 무진사(武進士)로 벼슬을 시작하였다. 절승영(浙勝營)의 보병 3000기를 거느리고 조선에 와서 울산 전투에서 크게 전과를 올렸다. 정유재란 이후 전주에 주둔하였으며, 3월부터는 성주(星州), 고령(高靈)으로 옮겨 주둔하다가 제독 동일원(董一元)의 지휘 아래 사천(泗川) 싸움에 참가하여 공을 세웠다.

이전에 서애옹(西厓翁)이 소인배에게 탄핵을 받아 재야로 물러나자,[24] 공이 상소문 수천 자를 지었는데 내용이 뼈에 사무치게 절실하였다. 서애옹이 그 말을 듣고 힘써 말리며 말하기를 "공은 꼭 늙은이의 다리가 분수령을 한 걸음 넘어가게[25] 하고자 하는가."라고 하고, 공 역시 이익은 없고 단지 재앙만 부추길 뿐이라고 생각하고 상소문을 찢어 버렸다.

경연에 입시하였을 적에 문장의 뜻을 계기로 상주하여 말하기를, "당 덕종(唐德宗)은 즉위 초기에 정사가 맑고 밝지 않은 것은 아니었으나 헤아리고 살피는 것이 너무 지나쳐 상하가 막혀 끝내 피난하는 욕을 보았으며,[26] 육지(陸贄)[27] 한 사람이 있었으나 끝내 헌신짝처럼

24 서애옹(西厓翁)이……물러나자 : 유성룡이 1598년 9월 정응태(丁應泰)의 무고 사건(誣告事件)에 대한 진주사(陳奏使)가 되었으나, 빨리 출발하지 않는다는 탄핵을 받고 차자를 올려 해명하였으나, 10월 진주사와 영의정에서 체직되고, 11월에 파직되고, 12월에 삭탈관직된 것을 말한다. 정응태의 무고 사건은 명나라 병부 주사(兵部主事) 정응태가 경리(經理) 양호(楊鎬)를 무고한 일을 말한다. 그때 조선에서는 양호가 왜적을 물리치는 데 공이 있다고 하면서 비호하였다. 그러자 정응태가 조선을 무고하기를 "왜를 꾀어서 함께 중국을 침범하고 요하(遼河) 이동(以東)을 탈취하여 고구려의 옛 땅을 회복하려 한다." 하였으며, 또 조(祖)니 종(宗)이니 하는 왕의 칭호를 가지고 무고하였다. 《燃藜室記述 卷17 楊鎬劾去遣使辨誣》

25 분수령을……넘어가게 : 영남에서 큰 고개를 넘어서 서울로 가는 것을 말하는데, 서울에 가면 여러 가지 논쟁에 휘말려야 하기 때문에 가고 싶지 않다는 의미이다.

26 당……보았으며 : 당 덕종은 즉위 초기에는 좋은 의견을 받아들여 다스림에 힘썼으나, 환관들을 등용함에 따라 정사가 어지러워져 반란군에게 장안(長安)을 점거당하여 봉천(奉天)으로 피난하는 일까지 있었다.

27 육지(陸贄) : 754~805. 당나라 소주 가흥(嘉興) 사람으로 시호는 선(宣)이다. 주자(朱泚)가 반란을 일으키자 덕종을 따라 봉천으로 피란하며 보좌하였다. 뒤에 병부

버렸습니다. 전하께서 유성룡을 대우하는 것이 불행하게도 이에 가깝습니다."

하니, 상이 좋아하지 않고 경연을 중단하였다. 며칠 뒤에 오봉(五峯) 이공 호민(李公好閔)[28]이 상에게 아뢰기를,

"근래에 위선과 아첨이 풍습을 이루었는데, 유독 이준만은 사람들이 말하지 못하는 것을 말하였으니, 칭찬해야 하지 진노해서는 안 됩니다."

하였으나, 상은 아무런 말을 하지 않았다. 공은 드디어 형조와 공조 두 조의 정랑으로 좌천되었고, 상례(相禮)로서 실록청 낭청(實錄廳郎廳)을 겸하였다.

갑진년(1604)에 주청사(奏請使)의 서장관에 충원되어 북경에 갔다. 이듬해 돌아왔는데, 어떤 일로 파직되었다.[29]

정미년(1607)에 우복공(愚伏公)과 약속하고 북산(北山)[30]에 들어가 《심경(心經)》을 강독하며 한 달 넘게 있다가 돌아왔다.

무신년(1608)에 선조(宣祖)가 승하하고 광해군(光海君)이 즉위하

시랑에 임명되고 중서 평장사(中書平章事)에 이르렀다가 배연령(裴延齡)의 참소에 의해 충주 별가(忠州別駕)로 폄적되어 그곳에서 죽었다.

28 이공 호민(李公好閔) : 이호민(1553~1634)으로, 본관은 연안(延安), 자는 효언(孝彦), 호는 오봉·남곽(南郭)·수와(睡窩)이다.

29 갑진년에……파직되었다 : 이준은 1604년 봄에 세자책봉 주청사(世子冊封奏請使) 이정귀(李廷龜)의 서장관이 되어 중국에 갔다가 겨울에 돌아오는 도중 대간의 탄핵을 받고 파직되어 향리로 돌아갔다.

30 북산(北山) : 정경세가 살던 집의 뒷산인 우북산(于北山)을 말한다. 정경세가 거주하면서 우복산(愚伏山)으로 이름을 바꾸었다고 한다.

였다. 공은 수찬으로 있다가 정언에 제수되었다. 이때 임해군(臨海君)의 옥사(獄事)[31]가 일어났는데, 지평 임연(任兗)[32]이 말하기를,

"임해군은 선왕의 병이 위독하던 날에 군사로 자신을 호위했으니, 반역을 저지른 것이다. 사명을 받든 자가 그의 죄를 명나라에 말하지 않고 그가 불치병에 걸렸다고 말한 것은 어째서인가?"

하니, 공이 말하기를,

"명나라가 한창 조선이 장자를 폐위했다고 의심하고 있고 임해군이 몰래 사정을 엿들으려 하고 있는데 만약 갑자기 그렇게 말하면 아마도 애매모호함은 심해지고 실상은 드러나지 않게 될 것입니다. 우리는 사신의 대답이 명나라의 의심을 푸는 것이어야 한다고 생각했습니다."

하였다. 임연은 기가 꺾였으나 결국 사신을 탄핵하였으니, 사신은 바로 오봉공이었다.[33] 공은 인혐(引嫌)하여 체차되었다가 바로 교리(校理)

31 임해군(臨海君)의 옥사(獄事) : 광해군이 즉위한 해인 1608년 2월 14일 양사에서 "오랫동안 이심(異心)을 품어 사사로이 무기를 저장하고 몰래 병사를 양성하였다."라는 이유로 임해군을 외딴섬에 유배할 것을 청하여 진도(珍島)에 안치하는 것으로 처결하였는데, 이와 관련하여 2월 18일부터 5월 5일까지 임해군의 종들을 추국한 일을 말한다. 임해군은 선조(宣祖)의 서자(庶子)였지만 서열상으로는 첫째이므로 당연히 세자가 되어야 했다. 그러나 성질이 난폭하여 아우인 광해군에게 세자 자리를 빼앗겼다. 그는 진도에서 다시 강화(江華)의 교동도(喬桐島)에 이배(移配)되었다가 그 이듬해인 1609년(광해군1)에 죽었다.

32 임연(任兗) : 1567~1619. 본관은 풍천(豐川), 자는 자정(子正), 호는 당호(棠湖)이다. 1610년 임해군의 옥사 때 공이 많았다는 것으로 녹훈(錄勳)되었다.

33 임연은……오봉공이었다 : 1608년 중국에서 광해군이 적통(嫡統)이 아니라는 이유로 위호(位號)를 준봉하지 않자 조정에서 사신들의 잘못이라고 비난하여 오봉 이호민이 파직되었다.

에 제수되어 기자헌(奇自獻)을 탄핵했는데 그 당시 사람들이 꺼리고 피하던 것을 파헤쳤고,[34] 박승종(朴承宗)[35]에게 내릴 교서(敎書)의 사두(詞頭)[36]를 돌려보내면서 짓지 않으려 하자 억지로 시키니, 공이 말하기를 "나는 소인을 꾸며 주는 것을 부끄럽게 생각한다."라고 하였다. 두 사람은 당시에 사람을 귀하게도 하고 천하게도 할 수 있는 자들이었는데, 그들의 소행을 미워하면서 용서하지 않은 것이 이와 같았다.

광해군이 처음 정사를 볼 때부터 공은 이미 광해군의 끝이 좋지 않을 것이라고 근심하여, 잘못이 있을 적마다 번번이 일에 앞서 간쟁하였으며 작은 일이라고 해서 그만두지 않았다. 공이 홍문관에 있을 적에 재이(災異) 때문에 차자를 진달했는데,[37] 그 대략에,

"첫째, 국권을 총괄하소서. 죄를 알고도 베지 않으면 그 벌로 더위가 내려집니다. 탐욕스럽고 포학한 벼슬아치에게는 법을 밝게 보여 주어 그 죄를 징계하지 않을 수 없습니다. 둘째, 변경 수비를 신칙하소서. 유성(流星)이 떨어지는 이변은 전쟁을 상징합니다. 지금 외적이

34 기자헌(奇自獻)을……파헤쳤고 : 이준이 1608년 기자헌을 탄핵한 내용은 《창석집(蒼石集)》 권6 〈옥당차(玉堂箚)〉에 보인다. 기자헌은 본관은 행주(幸州), 초명은 자정(自靖), 자는 사정(士靖), 호는 만전(晩全)이다. 1608년 유영경(柳永慶) 등의 소북파가 영창대군을 옹립하려 하자, 이를 탄핵하고 광해군을 즉위시키는 데 공헌하였다.

35 박승종(朴承宗) : 1562~1623. 본관은 밀양(密陽), 자는 효백(孝伯), 호는 퇴우당(退憂堂), 시호는 숙민(肅愍)이다. 1623년 인조반정이 일어나자, 손녀가 광해군의 세자빈(世子嬪)이 되어 그 일족이 오랫동안 권세를 누린 사실을 자책하여 아들과 함께 목매어 자결하였다. 관작이 추탈되었으나, 뒤에 신원(伸冤)되었다.

36 사두(詞頭) : 왕이 사신(詞臣)에게 조서를 짓게 할 때 어떤 내용으로 글을 지으라고 내려 주는 요지를 말한다.

37 재이(災異)……진달했는데 : 《창석집》 권6 〈옥당재이차(玉堂災異箚)〉를 말한다.

틈을 엿보는 낌새가 있는데 국경을 지키는 사람이 착취를 일삼고 있으니, 합당한 사람을 엄격하게 선발하여 방비를 엄중하게 하지 않을 수 없습니다. 셋째, 총애하는 신하들을 물리치소서. 음기가 맺혀 우박이 되는 것은 음기가 양기를 위협했기 때문입니다. 좌우에서 가까이 모시는 신하들이 사사로이 하는 짓을 다 살필 수 없지만 지극히 공정한 도량을 넓히고 치우치는 해를 제거하지 않을 수 없습니다. 넷째, 언론을 막고 가린 자들을 제거하소서. 안개는 덮는 것이니, 몽매한 것을 상징합니다. 한(漢)나라 말기에 누런 안개가 피어난 일[38]과 천보(天寶) 연간에 안개 때문에 낮이 어두워진 현상[39] 등 지난 일에서 볼 수 있으니, 싹트기 전에 그 기미를 살피고 미연에 그 간사함을 헤아려 살피지 않을 수 없습니다."

하였다.

그리고 아뢰기를,

"필부도 죄 없이 억울한 형벌을 받으면 오히려 천지의 화기(和氣)를 손상할 수 있는데, 하물며 원통한 한을 품고 억울하게 죽었음에도 시간이 오래 지나도록 억울함을 풀지 못한 자이겠습니까. 억울함을

38 한(漢)나라……일 : 한 성제(漢成帝)가 즉위하여 모후 왕씨(王氏)를 황태후로 봉하고, 외숙 왕봉(王鳳)을 대사마(大司馬) 거기장군(車騎將軍)으로 삼자, 외척 세력이 권력을 독점하는 계기가 마련되었다. 하평(河平) 2년에 다섯 왕씨가 같은 날에 후(侯)로 봉해지자 누런 안개가 사방을 덮었다고 한다. 《古今事文類聚 前集 卷22 帝系部 同日五侯》

39 천보(天寶)……현상 : 안녹산(安祿山)의 난이 일어나기 전, 안개가 일어나 한낮에도 어두웠던 현상을 말한다. 《문헌통고(文獻通考)》 〈물이고(物異考)〉에 "천보 14년 겨울에 3개월 동안 늘 안개가 일어나 어두워져 10걸음 밖에 있는 사람을 볼 수 없었는데, 이것을 주혼(晝昏)이라 하였다." 하였다.

씻어 내는 일은 하루가 급하고 이미 '죄가 없다.'라고 했으니, 어찌 3년을 기다리겠습니까."

하였다. 당시에 호남(湖南) 사람들이 정개청(鄭介淸)[40] 등 여러 사람의 억울함을 씻어 줄 것을 청했는데, 광해군이 3년 후에 의논하여 처치하라고 명하였기 때문에 그것을 언급한 것이다.

그리고 아뢰기를,

"두세 사람의 대신(大臣)이 서로 이어서 청고(請告)[41]하며 직위를 편안히 여기지 못하고 있습니다. 전하께서는 대신들에게 직임을 맡기고 성공을 요구할 때는 늘 자질구레하게 간섭하면서, 훌륭한 관리를 올려 쓰고 어리석은 관리를 내치며 일이 국가의 안위에 관계되는 것에 이르러서는 막연히 간섭하지 않으십니다."

하였다. 대개 임해군의 옥사에 대해 유사(有司)가 사형을 내릴 것을 청하자, 영의정 완평공(完平公)[42]이 은혜를 보존할 것을 청하였다가 대각의 탄핵을 받고서 인의(引義)하며 사무를 보지 않았기 때문이다. 공은 조정의 상황이 어그러지는 것을 걱정하여 극진히 논하였는데, 광해군은 쓰지 못하였다.

경연을 오래 중지한 것 때문에 차자를 진달했는데, 그 대략에,

40 정개청(鄭介淸) : 1529~1590. 본관은 고성(固城), 자는 의백(義伯), 호는 곤재(困齋)이다. 1589년 정여립 모반 사건에 연루되어 평안도와 함경도로 유배되어 그곳에서 죽었다.

41 청고(請告) : 휴가나 퇴직을 청하는 것을 말한다.

42 완평공(完平公) : 완평부원군(完平府院君) 이원익(李元翼)을 가리킨다. 1608년 2월에 광해군이 즉위하자 영의정에 제수되고, 3월에 차자를 올려 임해군의 옥사에 대하여 논하였다.

"전하께서는 즉위한 초기에도 삼접(三接)[43]이 매우 드물고 십한(十寒)[44]이 늘 이르렀습니다. 교묘히 아첨하고 헐뜯는 시녀와 내시가 그 사이에 뒤섞여 들어가 예(禮)에 맞지 않는 것으로 꾀고 의롭지 못한 것으로 이끌었습니다. 그러므로 자연히 도(道)와 서로 멀어지고 덕을 지키는 것이 확고하지 않아 아첨하는 사람은 쉬이 친해지고 현명한 사람은 날이 갈수록 소원해졌으니, 마지막에 일어날 사태에 대한 걱정을 이루 다 형언할 수 없습니다. 옛날 송 영종(宋英宗)은 질병이 있는 군주였으나 건강이 훼손될까 염려하느라고 학문을 접지는 않았고, 철종(哲宗)은 어린 군주로서 체질이 허약하여 혹심한 무더위가 염려스러웠지만 정자(程子)는 이 때문에 강학을 접지는 않았습니다. 지금 이 시대에 정자와 같은 신하가 있다면 소대(召對)를 하지 않는 것이 반드시 이 지경에 이르지는 않았을 것입니다."

하였다.

토목공사 때문에 차자를 진달했는데, 그 대략에,

"대궐 안이 좁고 누추하지만 이곳은 참으로 선왕이 정신을 수양하며 편안히 거처하신 곳입니다. 전하께서는 곧 이곳에서 지내고 이곳에서 잠을 자며 기둥과 서까래를 우러러보고 난간과 뜰을 굽어보며 늘 선왕이 실제로 그 위에 강림한 것처럼 여겨야 합니다. 이것이

43 삼접(三接) : 하루에 임금이 신하를 세 번 접하는 것이다. 《주역》 〈진괘(晉卦)〉에 "나라를 편안하게 하는 임금은 신하에게 말을 주는 것이 많고 낮에 세 번 신하를 만난다.〔康侯, 用錫馬蕃庶, 晝日三接.〕"라고 하였다.

44 십한(十寒) : 일폭십한(一暴十寒)의 준말이다. 하루 따뜻하고 십 일은 춥다는 뜻으로, 하루만 부지런하고 십 일은 태만함을 말한다.

참으로 긍구(肯構)[45]하는 도리이고, 또한 그 지위에 올라 그 예를 행하는[46] 의리입니다. 더구나 법궁(法宮)[47]의 완공을 알려 오면 오래지 않아 들어가 사실 텐데 또 급하지도 않은 곳에 큰 공사를 일으키니, 공경하고 두려워하는 뜻이 아닙니다."

하였다.

종묘가 완공되어 백관이 하례(賀禮)하게 되었는데, 공이 아뢰기를,

"옛날 송 신종(宋神宗)의 상기를 마치지 않은 때에 백관이 동지(冬至)에 표문을 올려 하례하려 하자, 정자가 '하례'를 '위로'로 바꿀 것을 청했으니,[48] 지금 또한 그것을 본받아 시행하는 것이 좋겠습니다."

하였다.

가주(假主)를 만들어 조문하는 사신을 맞이하는 것 때문에 차자를 진달했는데,[49] 그 대략에,

45 긍구(肯構) : 긍구긍당(肯構肯堂)의 준말로, 자손이 선대의 유업을 잘 계승하는 것을 뜻한다. 《서경》 〈대고(大誥)〉에 "만약 아버지가 집을 지으려 작정하여 이미 그 규모를 정했는데도 그 아들이 기꺼이 당기(堂基)를 마련하지 않는데 하물며 기꺼이 집을 지으랴.〔若考作室, 旣底法, 厥子乃弗肯堂, 矧肯構.〕'라고 한 데서 온 말이다.

46 그 지위에……행하는 : 《중용장구》 제19장에 "그 자리에 올라 그 예를 행하며 그 음악을 연주한다.〔踐其位, 行其禮, 奏其樂.〕"라고 하였다.

47 법궁(法宮) : 궁실의 정전(正殿)으로, 임금이 거처하면서 정무를 처리하는 곳으로, 여기서는 창덕궁(昌德宮)을 가리킨다.

48 송……청했으니 : 《이정유서(二程遺書)》 부록 〈이천선생연보(伊川先生年譜)〉에 나온다.

49 가주(假主)를……진달했는데 : 가주는 신주(神主) 대신 임시로 만들어 놓은 신위이다. 1609년(광해군1) 선조(宣祖)의 국상에 명나라에서 제사를 내려 사신을 보내자, 예조의 담당 관원이 선조의 신위에 쓴 묘호(廟號)와 시호가 예에 맞지 않는다고 명나라 사신에게 질책을 받을까 염려하여 가주를 만들지를 물으면서 문제가 제기되었다. 그러

"우리나라가 종호(宗號)[50]를 쓰는 것은 예에 맞지 않습니다. 그러나 그것을 대대로 이어 온 지 몇백 년이 되도록 고치지 않은 것은 대개 신하가 임금의 아버지를 높이는 정성에서 나왔기 때문입니다. 만약 앞뒤를 가리고 덮은 채 그 잘못을 감싸려고 한다면 예의를 벗어난 가운데 또한 예의를 벗어난 것입니다. 더구나 임금은 지극한 정성을 마음에 지니고 사사로운 거짓을 조금도 용납하지 않아야 합니다. 이웃나라와 교류하고 오랑캐를 대할 때도 오히려 안 되는데, 더구나 명나라는 조선에게 하늘처럼 존귀합니다. 사신을 보내어 치제(致祭)하는 것이 얼마나 성대한 의례인데 감히 지극히 엄중하고 경건한 자리에서 거짓을 행하겠습니까. 설령 저들이 따진다면 다만 사실에 근거하여 대답하여 말하기를 '종호를 더하는 것이 참람하고 외람된 짓인 줄 모르지는 않으나 대대로 이어 온 지 오래되고 눈과 귀에 익숙하여 감히 마음대로 바꿀 수 없는 점이 있습니다. 그러나 조선이 큰 나라를 섬기는 성의는 하늘의 해가 비추고 있습니다.'라고 한다면, 말이 순하고 이치가 곧아서 가주를 만들어 거짓을 행하는 것보다 낫지 않겠습니까."

하였으나, 받아들여지지 않았다.

전라도 유생 고경리(高敬履) 등이 상소하여,[51] 우계(牛溪) 성혼(成

나 이준은 가주를 세워 명나라 사신을 속이는 것은 진실한 방도가 아니고 본래의 신위를 놓더라도 명나라 사신이 이해해 줄 것이라고 하였다. 《光海君日記 1年 4月 24日》

50 종호(宗號) : 죽은 왕의 신위에 쓴 묘호와 시호를 말한다.

51 전라도……상소하여 : 고경리(高敬履, 1559~1609)는 본관은 장흥(長興), 자는 이척(而惕), 호는 창랑(滄浪)이다. 김장생의 문인으로, 광해군이 즉위한 직후 대북파(大北派)가 서인 측을 공격하자, 정철(鄭澈)과 성혼을 두둔하는 상소를 올렸는데, 이

渾)이 국조(國朝)의 사현(四賢)[52]을 이을 수 있다고 하면서 회재(晦齋 이언적(李彦迪)) 선생을 빼놓고 거론하지 않았다. 공이 또한 말하기를,

"선정신(先正臣) 김굉필(金宏弼)·정여창(鄭汝昌)·조광조(趙光祖)·이언적(李彦迪)·이황(李滉)은 온 나라 사람들이 똑같은 말로 다 칭송하지 않음이 없고 오현(五賢)이라고 부르는데, 괴물 같은 무리가 눈을 멋대로 부릅뜨고 쳐다보며 마음대로 평가한다. 속히 오현을 높이 받들어 기리고 문묘에 배향하여 삿된 학설이 나오지 못하게 해야 한다."

하였다.

《연거십잠(燕居十箴)》을 올렸는데, 하늘을 본받을 것, 선조를 본받을 것, 어진 이를 존경할 것, 백성을 사랑할 것, 습관을 조심할 것, 멀리 생각할 것, 간언을 들을 것, 간사함을 물리칠 것, 성심을 보존할 것, 학문에 힘쓸 것이 그 내용이다. 광해군이 표범 가죽을 하사하고 칭찬하였으며, 또한 침전에 걸어 놓아 보기 편하게 하라고 명하였다. 백사(白沙) 이공(李公 이항복(李恒福))이 편지를 보내 말하기를 "《연거십잠》의 설명은 의리가 정밀하고 절실하니, 오늘날 계상(溪上)[53]의 서론(緖論)을 볼 수 있을 줄은 생각하지도 못했습니다."라고 하였다.

상소에서 이언적을 현인의 반열에서 제외하였다는 이유로 종신토록 금고(禁錮)되었다. 《광해군일기》 즉위년 4월 24일 기사에 보인다.

52 국조(國朝)의 사현(四賢) : 정여창(鄭汝昌), 김굉필(金宏弼), 조광조(趙光祖), 이황(李滉)이다.

53 계상(溪上) : 이황이 살던 곳으로 지금 도산서원(陶山書院)이 있는 곳이다.

대책문(對策文)으로 급제한 임숙영(任叔英)[54]이 급제자 명단에서 삭제된 것 때문에 상소하였는데, 그 대략에,

"임숙영이 임금을 비난했다고 하여 그의 이름을 급제자 명단에서 삭제하라고 명하셨습니다. 이른바 '비난했다'는 것은 어떤 일을 두고 하신 말씀입니까? 설령 그가 명예를 얻기 위해 한 모난 주장이 사실에 부합하지 않는다면 끝내 성상의 덕에 무슨 손해 될 것이 있겠습니까. 혹 그가 말한 내용이 만에 하나라도 거짓말이 아니라면 더욱 근심하며 스스로 반성해야지 격식에 맞지 않는다는 이유로 그를 배척해서는 안 됩니다. 임숙영의 뜻은 참으로 나라를 걱정하고 세상을 근심하는 지극한 마음에서 나와서 얻음과 잃음의 사이에서 움직인 적이 없습니다. 이것이 그 사람이 장대하여 얽매이지 않는 점이니, 훗날 곧은 절개를 지닌 선비가 될 것이 분명합니다. 전하께서 인재를 취할 때마다 늘 이와 같이 하는데, 과거의 문장에 대해 '격식에 어긋났다.'라고 말하더라도 임금의 덕에 보탬이 있다면 또한 아름답지 않겠습니까."

하였다.

한재(旱災) 때문에 유지에 응하여 상소로 진달했는데, 그 대략에,

"금지와 방비가 엄하지 않으면 외부인 중에 궁궐을 드나드는 자가 생기고, 법이 어지러워지면 내지(內旨) 중에 관직을 사사로이 제수

54 임숙영(任叔英) : 1576~1623. 본관은 풍천(豐川), 초명은 상(湘), 자는 무숙(茂淑), 호는 소암(疎庵)으로, 임기(任奇)의 아들이다. 1611년(광해군3) 별시 문과에 응시하여 척신(戚臣)을 공박하는 대책문을 써서 급제하였으나, 광해군이 크게 노하여 급제자 명단에서 삭제하도록 명하였다. 여러 달 동안 삼사(三司)가 간쟁하고 영의정 이항복이 주장하여 다시 급제자가 되었다.

하는 경우가 생깁니다. 상을 후하게 받고 선발된 자들이라고 반드시 다 유능한 인재는 아니고, 벌을 경감받아 사면된 자들이라고 반드시 다 억울했던 사람은 아닙니다. 하늘에 국운이 영원하기를 비는 것은 본래 덕을 닦는 데 달렸는데 음사(淫祀)[55]를 지내고 푸닥거리를 하여 간사하고 교활한 길을 열어 주는 경우가 있고, 인재를 등용하고 장관을 발탁하는 것은 본래 현재(賢才)를 선발하는 데 달렸는데 권문세가와 귀족에게 선물을 바쳐 작록을 꾀하는 경우가 있습니다. 지금 한재를 그치게 할 방법을 구하려 한다면 한재를 이르게 한 근본을 바로잡는 것만 한 것이 없습니다. 그렇게 하지 않으면 불쌍하게 여기며 슬퍼하는 말이 입에서 끊이지 않더라도 끝내 한재를 그치게 하는 방도에 무슨 보탬이 있겠습니까."

하였다.

부역이 번다하고 무거우며 토목공사가 또 일어난 것 때문에 차자로 진달했는데, 그 대략에,

"국가가 난리를 겪고 난 이래로 태묘(太廟)의 수리와 법궁의 건립을 때마침 동시에 일으켰는데, 급하지 않은 외부 먼 곳에 당(堂)이니 방(房)이니 각(閣)이니 전(殿)이니 하는 것들을 몇 달 동안에 모두 지으라고 독촉하고 있습니다. 전하는 백성의 부모입니다. 부모가 자식을 사랑하는 마음은 이르지 않는 곳이 없습니다. 병에 걸리면 약을 먹이고, 주리고 추워하면 입히고 먹입니다. 이렇게 했는데도

55 음사(淫祀) : 제사를 지낼 만한 대상이 아닌데 지내는 제사로, 《예기(禮記)》〈곡례 하(曲禮下)〉에 "제사할 대상이 아닌데 제사 지내는 것을 이름하여 음사라고 하니, 음사는 복이 없다.〔非其所祭而祭之, 名曰淫祀, 淫祀無福.〕"라고 하였다.

혹 자식이 죽으면 오히려 하늘을 원망하지 않고 자신이 치료를 미진하게 했던 것을 가슴 아파합니다. 이것은 깊이 사랑하고 지극히 아파하는 마음에 본래 그만둘 수 없는 점이 있기 때문입니다. 어찌 백성의 부모가 되어서 도리어 해독을 끼치고 괴롭혀서 다 죽게 된 목숨을 재촉하는 일이 있겠습니까. 전하께서는 상복을 입은 뒤로 2주기가 지났는데도 아직 경연을 열지 않으십니다. 좌우에서 모시며 총애를 받는 무리가 교만과 사치로 성상의 마음을 꾀어 이 무익한 토목공사를 일으킨 것이 아니라는 것을 어찌 알겠습니까."

하였다.

왕명을 받들고 파견을 나가 예안(禮安)에서 죄수를 국문(鞫問)하고서, 노비를 꾀고 도적을 끼고 주인을 죽인 자를 조사하여 법대로 사형한 것[56]을 말미암아 조정에 보고하여 아뢰기를,

"이것은 하루아침에 생긴 일이 아닙니다. 아마도 반드시 그것을 뒤에서 조종하는 자가 있을 것입니다. 그 근본을 제거하지 않으면 아무 소용이 없을 것입니다. 요즘 듣건대 내수사(內需司) 소속 한두 간사한 관리가 그 사이를 파고들어 백성을 으르고 부르며 꾀니, 이 때문에 재앙을 즐기고 주인을 보고 짖는 개 같은 자들이 앞다투어 뛰어든다고 합니다. 이번에 일어난 변고도 그중에 한 가지입니다. 사실을 밝혀내어 빨리 법에 따라 처벌해야 합니다."

56 왕명을……것 : 예안에서 노비가 주인을 죽이거나 배반하고 내수사의 노비로 투신하는 일이 생기자, 조정에서 이준을 파견하여 조사하게 하였다. 이준이 조사해 보니, 내수사에서 간사한 무리가 이런 일을 조장하는 것으로 파악되었으므로, 그 간사한 무리를 처벌할 것을 제안하였다. 《蒼石集 續集 卷5 禮安按獄後狀》

하였으나, 조정에서는 살펴보지 않았다. 노비가 횡포를 부리는 곳마다 살인이 일어나 사람의 피가 길에 흐르자, 사람들이 공의 선견지명에 탄복하였다.

정인홍이 상소하여 회재와 퇴계 두 현인을 비난하였는데,[57] 그에 대해 상소하였다. 그 대략에,

"이황(李滉)이 조식(曺植)을 논한 것은 신들 같은 후학이 왈가왈부할 수 있는 것이 아닙니다. 그러나 지금 조식이 남긴 글인 〈혁대명(革帶銘)〉[58]에 이르기를 '살아 있는 용을 묶어서 깊은 곳에 감추어 두라.'라고 하였습니다. 저 허령(虛靈)한 체(體)는 동정(動靜)에 일정함이 없어, 잡고 있으려는 뜻을 두기만 해도 이 마음이 먼저 움직일 뿐만이 아닙니다. 오뚝이 이 안에서 지키고만 있으면 그 전체와 대용(大用)이 공적(空寂)에 국한되지 않겠습니까. 〈신명사명(神明舍銘)〉[59]에서는 또한 《음부(陰符)》[60]에 따라 수양하는 사람들의 학

57 정인홍이……비난하였는데 : 《광해군일기》 3년 3월 26일 기사에 정인홍 상소의 대략이 보인다. 정인홍은, 조식이 벼슬하지 않은 것을 노장의 사상을 따른 처신이라고 평가한 이황의 주장에 대해 반박하며, 오히려 자주 나아갔다가 자주 물러난 이황의 처신이 도리에 어긋난 것이었다고 평가하였다.

58 혁대명(革帶銘) : 조식이 허리띠에 새긴 글로 "혀는 새는 것이요, 가죽은 묶는 것이니, 살아 있는 용을 묶어서, 깊은 곳에 감추어 두라.〔舌者泄, 革者結, 縛生龍, 藏漠沖.〕"라고 되어 있다. 《南冥集 卷1》

59 신명사명(神明舍銘) : 〈신명사도(神明舍圖)〉에 대한 명문이다. 〈신명사도〉는 조식이 마음의 작용과 수양 방법을 그린 그림이다. 《南冥集 卷1》

60 음부(陰符) : 도가(道家)의 비서 《음부경(陰符經)》이다. 황제(黃帝)가 저술하고 태공(太公), 범려(范蠡), 귀곡자(鬼谷子), 장량(張良), 제갈량(諸葛亮), 이전(李筌)이 주석을 달았다고 전해진다. 《新唐書 藝文志》

설을 인용하여 말은 알기 어렵고 뜻은 분명하지 않으니, 우리 유가(儒家)에서 하는 평탄하고 절실한 말이 아닙니다. 단지 이 두어 가지로도 선유가 무엇을 지적했는지를 충분히 알 수 있으니, 조식이 은거하며 벼슬하지 않은 것을 노장(老莊)에 가깝다고 여긴 것이 아닙니다. 정인홍이 이에 순(舜) 임금, 이윤(伊尹),[61] 여상(呂尙),[62] 공자(孔子), 안연(顔淵) 등 역대로 벼슬하지 않은 사람들을 인용하여 증명했는데, 그는 어찌하여 조식을 격이 훨씬 높은 사람들에게 비기고 이황을 사실이 아닌 것으로 논한단 말입니까.

이언적이 정인홍에게 모함을 받은 것은 또한 까닭이 있습니다. 이언적이, 일찍이 조식이 어머니를 장사 지낼 적에 조개껍데기 가루를 썼다는 말을 듣고 '괴이한 짓에 가깝다.'라고 하자, 조식의 넓은 도량으로도 편안히 있을 수 없어 시를 지어 이유를 밝히는 데 이르렀습니다.

저 정인홍은 두 유학자의 도덕이 성대하게 한 시대의 유종(儒宗)이 되는 것을 보고 스승의 학문이 두 유학자와 나란히 평가받는 것을 보지 못하자 시샘하여 이기려는 마음으로 성을 내고 원망하는 기질을 끼고 온갖 말로 비방하면서 시비의 나뉨이 흑백과 같음을 전혀 알지 못했습니다. 아무리 한 시대의 견해를 바꾸려 한들 이룰 수 있겠습니까."

61 이윤(伊尹) : 상(商)나라 때의 재상으로 탕(湯) 임금을 도와 하(夏)나라의 걸왕(桀王)을 멸망시키고 선정(善政)을 베풀었다.

62 여상(呂尙) : 태공망(太公望), 또는 강태공이라고도 한다. 위수(渭水) 가의 반계(磻溪)에서 낚시하다가 문왕(文王)을 만나 사부(師傅)가 되고, 무왕(武王)을 도와 은나라를 멸망시키고 천하를 평정했다.

하였다. 이때 성균관의 유생들이 청금록(靑衿錄)[63]에서 정인홍의 이름을 삭제하고 서울과 지방에 방을 붙여 보이자, 광해군이 유생들을 금고(禁錮)시켰는데, 유생들은 성균관을 비우고 사방으로 나갔다. 공이 또 상소하여 극진히 간쟁하자, 광해군이 진노하여 이르기를,

"앞뒤 차자 내용에서 종횡으로 논의한 것이 당동벌이(黨同伐異)이다."

하고, 또 이르기를,

"홍문관은 의리를 돌아보지 않고 번거롭게 하기를 꺼리지 않는구나."

하였다. 공이 또 상소하였는데, 그 대략에,

"신하의 도리는 의(義)를 따르지 군주를 따르지 않습니다. 성상의 조치는 한결같이 이치에 어긋나니, 아무리 형벌을 내리더라도 복종하지 않습니다. 전하께서는 한(漢)나라 말기에 내렸던 망국의 조치[64]와 같은 조치로 성균관에서 일제히 분개하는 선비들을 죄주며, 옳고 그름을 따지는 이치가 타고난 성품에 근본을 두고 사람의 마음에 드러나 있어서 위세로 그것을 바꿀 수 없고 필부라고 해서 그것을 빼앗을 수 없는 것을 생각지 않으시고, 당동벌이라고 배척하고 또한 의리를 돌아보지 않는다고 억압하셨습니다. 전하께서 의리라고 한 것은 어떤 것을 가리켜 말한 것입니까? 도(道)가 있는 곳이 바로 이치가 있는 곳입니다. 지금 정도(正道)를 부지하고 사문(斯文)을 지키는 것을 의리에 맞지 않는 것으로 여기시니, 반드시 정인홍의

63 청금록(靑衿錄) : 성균관에 있던 선비들의 명부이다. 중국 고대 선비들이 청백색의 깃을 단 옷을 입은 데에서 유래한 명칭으로, 여기에 오르면 유림 사회에서 선비로 인정받고 특권을 누렸다.

64 한(漢)나라……조치 : 후한 때에 당옥(黨獄)을 크게 일으켜 천하의 명현들을 모두 연좌시켜 체포했던 것을 말한다.

주장을 빌려 파란을 일으키고 박여량(朴汝樑)의 말에 따라 기세를 도운 것입니다.[65] 장차 임금을 따르려 하는데, 금고하는 조치가 잘못 내려져서 갑자기 선비들의 시비(是非)가 전도되고 의론이 어지러워졌습니다. 이런 후에야 비로소 의리에 맞게 되는 것입니까."

하니, 광해군이 이르기를,

"내가 어리석고 용렬하여 제현(諸賢)에게 그 직위에서 불안을 느끼게 하였다. 반드시 빨리 직위에 나아와 나의 잘못을 바로잡으라."

하였다.

광해군이 겉으로는 공론을 두려워하며 간혹 낯빛과 말을 거짓으로 꾸몄으나 속으로는 좌지우지하려는 마음이 절로 드러나자, 공이 말하기를,

"나는 이제 물러나야겠다."

하였다. 당시에 세 사람의 흉인을 삼창(三昌)[66]이라고 불렀는데, 그들이 조정을 틀어쥐고 당여와 원군을 심고 위세와 복록을 멋대로 하자, 공은 물러나기로 결심했다. 이때가 신해년(1611)이다. 공이 떠나기에

65 박여량(朴汝樑)의……것입니다 : 박여량의 본관은 삼척(三陟), 자는 공간, 호는 감수재(感樹齋)이다. 1611년 여름에 정인홍이 상소하여 이언적과 이황을 비난하면서 문묘(文廟)의 향사(享祀)에 참여케 해서는 안 된다고 하자, 성균관의 여러 유생이 상서(上書)하여 반박하고 해명하는 한편 정인홍을 유적(儒籍)에서 삭제해 버렸다. 지평 박여량이 이 사실을 광해군에게 아뢰자, 광해군이 노하여 앞장서 의론을 제기한 유생을 찾아내 금고(禁錮)시키도록 명하였는데, 제생이 이 명을 듣고서 동맹 휴학을 하고는 성균관을 떠났다.

66 삼창(三昌) : 광해군 때 세도가였던 광창부원군(廣昌府院君) 이이첨(李爾瞻), 밀창부원군(密昌府院君) 박승종(朴承宗), 문창부원군(文昌府院君) 유희분(柳希奮)을 일컫는 말이다. 《燃藜室記述 卷21 崔沂海州之獄》

앞서 상소하였는데, 경외(敬畏)하는 마음을 숭상하고 안일과 욕망을 억제하며 참소하고 아첨하는 사람을 멀리할 것을 권고하였다. 또한 아뢰기를,

> "생각하지 않으면 미치광이가 되고, 욕심은 법도를 망치고 방종은 예의를 망칩니다. 아무리 부자 형제 같은 지친(至親)이라도 영원히 보전해 줄 수 없으니, 어찌 크게 두렵지 않겠습니까."

하였다. 당시 어진 사대부들은 공이 떠나는 것을 애석해하였다. 오봉공이 광해군에게 아뢰기를 "이준이 고고함과 정직함을 조정에서 용납받지 못하자 조각배를 타고 남쪽으로 돌아가니, 애석합니다."라고 하였다.

공은 집 근처 시냇가에 정사(精舍)를 짓고 이름을 수옥(漱玉)이라 붙이고, 그곳에 단정히 앉아 《주역》을 읽었는데, 고개를 숙이면 글을 읽고 고개를 들면 생각을 하여 먹고 자는 것을 잊는 데에 이르렀다. 우복공이 날마다 찾아와 번번이 서로 마주하고 강론하였으며, 공이 늘 말하기를 "우복은 나의 형제이다. 다만 성이 같지 않을 뿐이다."라고 하였다.

임자년(1612)에 외직인 경성 판관(鏡城判官)에 임명되었는데, 마침 동계(桐溪) 정공(鄭公)이 언사가 기휘(忌諱)에 저촉되어 경성 판관으로 옮겨 제수되었기 때문에[67] 공은 부임하지 않았다.

계축년(1613)에 풍기 군수(豐基郡守)에 제수되었다. 일찍이 가뭄이 들어 기우제를 지낼 때는 법에 따라 향축(香祝)이 내려오기를 기다려

67 동계(桐溪)……때문에 : 동계 정온(鄭蘊)은 1611년 11월 정언에 임명된 후, 광해군이 경운궁(慶運宮)으로 이어(移御)하는 것을 반대하여 독계(獨啓)했다가 경성 판관으로 좌천되었다. 《光海君日記 3年 11月 27日》

야 했는데, 공이 말하기를 "이렇게 싹이 말랐으니, 만약 지극한 정성으로 한다면 어딘들 제사를 지내지 못하겠는가."라고 하고, 곧 마당에 제단을 쌓고 관복을 입고 홀(笏)을 바로잡고 밤새도록 심어 놓은 것처럼 서 있자 아침에 큰비가 내렸다.

또한 백성을 교화하고 풍속을 이루어 주는 것을 임무로 삼아 글로 타일렀는데 "자신의 생활은 검소하게 하고 정무를 공정하게 보는 것은 태수에게 달렸으니 태수가 힘쓰지 않을 수 있겠는가. 부모에게 효도하고 형제간에 우애로이 지내며 이웃과 화목하게 살며 삼가 법규를 지키는 것은 너희 백성에게 달렸으니 너희 백성들은 들거라."라고 하였다. 공이 혹은 백운서원(白雲書院)[68]에 가고 혹은 향교에 가서 여러 유생을 모아 놓고 강의하는 것을 일상으로 하자 유학의 교화가 크게 떨쳐졌다.

당시에 흉악한 무리가 포진하고 반역이라 무고하는 일이 계속 잇따랐다. 겨우 8세인 영창대군(永昌大君)에게 정조(鄭造), 윤인(尹訒) 등이 "반역의 근본이 영창대군에게 있다."라고 말하며 죄를 덮어씌우는 것이 지극히 참혹하였다. 공이 그런 소식을 듣고 크게 한숨을 쉬며 말하기를 "나라가 망하겠구나."라고 하였다. 공이 만언소(萬言疏)를 지어 영창대군의 억울함을 해명하려 하자, 좌우에서 간했으나 듣지 않았다. 마침 병조 판서 박승종이 수졸의 무고를 억지로 끌어 붙여 공을 파직하였다.

공은 마침내 당시의 세상에 뜻을 끊고 낙동강 가에 땅을 사서 두어 칸 집을 짓고, 경전에 침잠하고 이치와 의리를 탐색하며 의롭지 않게 부귀를 얻은 자들을 보면 마치 자기 자신도 더러워질 것처럼 여겼다.

68 백운서원(白雲書院) : 경북 영주시 순흥면 내죽리에 있는 소수서원(紹修書院)이다.

어진 사대부들이 그곳을 지나갈 때면 반드시 대문에 나아가 예의를 표한 후에 갔다.

공이 그렇게 산 지 10년 되었을 때, 인조(仁祖)가 반정(反正)하고 공을 교리(校理)로 불렀다. 잠시 후 검상(檢詳), 사인(舍人)으로 옮겼다가 집의로 옮겼다. 처음 상이 즉위할 적에 폐세자(廢世子) 이지(李祬)를 강화도에 위리안치했는데, 이때에 이르러 구멍을 파고 나왔다가 일이 발각되었다.[69] 연평부원군(延平府院君) 이공 귀(李公貴)[70]가 사형에 처하려 했으나 공론이 합치되지 않았다. 우복공이 당시에 홍문관에 있었는데,[71] 공에게 편지를 보내 말하기를,

"의논하는 자들은 폐세자 지가 재앙의 근본이 되지나 않을까 걱정하고 있습니다. 저도 결코 그렇지 않다는 것을 보장하지 못합니다. 의논하는 자들이 또한 말하기를 '상께서도 훗날을 위한 걱정이 없지 않으시다. 홍문관이 죽음을 무릅쓰고 반대하여 임금께 평가가 돌아가게 하는 것은 마땅하지 않다.'라고 하는데, 이 말도 혹 이치가 있는 듯합니다."

하니, 공이 답장하기를,

"'은덕을 베풀려는 성상의 마음을 따를 것이니, 구차하게 한때의 의

69 폐세자(廢世子)……발각되었다 : 폐세자 이지는 광해군 때에 세자로 책봉되었으나, 인조반정이 일어난 뒤에 광해군과 함께 폐서인 되어 교동도(喬桐島)에 안치되었는데, 굴을 파고 도망치려고 하다가 발각되어 사형에 처해졌다.《仁祖實錄 1年 5月 22日》

70 이공 귀(李公貴) : 이귀(李貴, 1557~1633)로, 본관은 연안(延安), 자는 옥여(玉汝), 호는 묵재(默齋), 시호는 충정(忠定)이다.

71 우복공이……있었는데 : 우복 정경세는 1623년(인조1) 3월 인조반정 후 홍문관 부제학에 임명되었다.

론에 동조하고 싶지 않다.'라는 것이 형의 처음 견해였습니다. 여러 의논하는 자들이 임금께 평가가 돌아가게 하고 싶어 하지 않는데, 이것은 이치를 크게 해치는 것입니다. 충신은 도를 따르지 임금을 따르지 않으니, 임금의 뜻이 움직이거나 움직이지 않는 것은 논해서는 안 될 듯합니다."[72]

하였다. 연평부원군이 또한 공에게 편지를 보내어 말하기를,

"공은 반드시 폐세자를 위하여 절의를 세우려 하는가?"

하자, 공이 답장하기를,

"예로부터 어떤 일 때문에 반드시 임금에게 간쟁한 자들이 모두 그 일을 위하여 절의를 세웠는가?"

하였다. 마침내 계사(啓辭)[73]를 지었는데, 그 대략에,

"무릇 죄가 드러난 자는 아무리 성인이라도 죄인의 목숨을 보전해 줄 수 없습니다. 이를테면 주공(周公)이 관숙(管叔)과 채숙(蔡叔)을 죽인 것[74]이 이것입니다. 조금이라도 억울하게 죄를 받은 정황이 있는 자에 대해 성스러운 왕은 그가 죽음에 빠지는 것을 두려워하여 반드시 살릴 방도를 구하니 '함정에 빠진 자를 구출할 방도를 찾는 경우는 있어도 함정에서 나온 자를 다시 빠뜨릴 방도를 찾는 경우는 없다.'라는 것입니다. 강화도에서 담에 구멍을 낸 사건은 비록 '밝히기 어렵

72 은덕을……듯합니다 : 《창석집》 권9 〈답정경임(答鄭景任)〉에 나온다.

73 계사(啓辭) : 《창석집》 권4 〈청심리원옥소(請審理冤獄疏)〉에 나온다.

74 주공(周公)이……것 : 주(周)나라 무왕(武王)이 죽은 뒤 성왕(成王)이 어린 나이로 왕위를 잇게 되어 그의 숙부인 주공이 섭정하였는데, 주공의 형제인 관숙, 채숙이 유언비어를 퍼뜨려 주공을 모해하고 반란을 일으키자, 주공이 토벌하여 그들을 죽인 것을 말한다. 《書經 金縢》

다.'라고는 하지만 그 정황이 쉽게 드러납니다. 땅굴이 안쪽에서 파져 밖으로 나온 것을 보면 밖에서 원조가 없었던 것을 알 수 있고, 편지가 위조되어 진짜가 아닌 것을 보면 밖에서 호응이 없었던 것을 알 수 있습니다. 이것은 울타리 안이 비좁아 이 무더운 여름에 바람이 불어오는 길이 다 막히자 우울하고 답답한 증상이 마침내 정신병이 되고, 하늘의 해를 보고 싶은 마음과 부모를 보고 싶어 그리워하는 정이 가슴에 답답하게 맺혀 스스로 그칠 수가 없자 망녕되이 울타리를 빠져나갈 꾀를 냈다가 탈출하는 죄를 스스로 초래한 것에 지나지 않으니, 실정을 깊이 살펴보면 불쌍하다고 할 만합니다. 그렇다면 죄가 죽음에 이르겠습니까. 죽음에 이르지 않는데 반드시 그를 죽인다면 어찌 성스러운 덕에 한 가지 누가 되지 않겠습니까. 지금 법을 맡은 자는 다만 그를 붙잡아 도망가려 한 죄를 다스리고 전처럼 가두기만 하면 됩니다. 광해군은 10여 년 동안 형제를 참혹하게 해치고 끝내 오상(五常)을 아주 없애 버리고 임금의 덕을 엎어 버리는 데에 이르렀습니다. 이것은 참으로 오늘날 깊이 경계해야 하는 것입니다."

하였다. 이 계사를 미처 올리기도 전에 우연히 바로 체직되었다. 연평부원군이 노기가 그치지 않아 공을 외직으로 좌천시켜 철원 부사(鐵原府使)에 제수하였다.

이조 판서 신공 흠(申公欽)[75]이 크게 놀라 낭관을 불러 묻기를,

"이공(李公)이 산림에 있은 지 이미 10여 년이다. 지금 도리어 용납하지 못하고 또 쫓아내는가?"

75 신공 흠(申公欽) : 신흠(1566~1628)으로, 본관은 평산(平山), 자는 경숙(敬叔), 호는 상촌(象村)·현헌(玄軒)·현옹(玄翁)·방옹(放翁)이다.

하였다. 몇 달이 지나자 신공이 말하기를,

"이준이 외지에 오래 있는 것은 조정의 복이 아니다."

하고, 임금께 아뢰어 청하여, 공이 사인(舍人)으로 돌아왔으나 얼마 지나지 않아 어떤 일로 파직되었다. 대사간 정공 엽(鄭公曄)[76]이 상에게 아뢰기를,

"이준은 문장과 덕의(德義)가 있으며 평소 일을 행할 때 몸가짐이 바르고 지조가 곧았으니 다른 사람들과 싸잡아 파직해서는 안 됩니다."

하였다. 영의정 완평공이, 공이 결코 머물지 않을 것을 알고 편지로 만류하자, 공이 말하기를,

"의리상 머물 수 없습니다."

하였다. 공이 남쪽으로 돌아가기 전에 만언소를 올렸는데, 그 대략에,

"관서(關西)의 형세는 비록 수(隋)나라, 당(唐)나라의 성대함으로도 끝내 뜻을 이루지 못했습니다. 지금 만약 그때의 일을 살펴보고, 성책(城柵)을 많이 설치하고, 무관 중에 담략을 지니고 군대의 일을 아는 자를 진영의 장수로 삼아 기율을 거듭 밝히며, 사람들로 하여금 모두 성에 들어가 적을 방어하면 살고 성을 나가 적을 피하면 죽는다는 것을 알게 하소서. 성을 지키는 제도는 포루(砲樓)가 가장 중요한데 그 제도는 선정신(先正臣) 유성룡(柳成龍)이 지어 올린 병요(兵要)[77]

76 정공 엽(鄭公曄) : 정엽(1563~1625)으로, 본관은 초계(草溪), 자는 시회(時晦), 호는 수몽(守夢)이다.

77 병요(兵要) : 〈전수기의십조(戰守機宜十條)〉로, 유성룡이 전투할 때 꼭 알아 두어야 할 10가지를 자세히 설명한 글이다. 10가지 조목은 척후(斥候), 장단(長短), 속오(束伍), 약속(約束), 중호(重壕), 설책(設柵), 수탄(守灘), 수성(守城), 질사(迭射), 통론형세(統論形勢)이다. 《西厓集 卷14 戰守機宜十條》

에 갖춰져 있으니 빨리 채택하여 시행하고 이어서 서울과 지방에 반포하게 하소서. 저 덕을 닦는 요체는 또한 전대의 잘못을 거울삼아 자신을 반성하고 자신에게도 이러한 잘못이 있지 않을까 두려워하며 반드시 제거하는 데 달렸습니다."

하였다. 당시에 청인(淸人)이 창궐하여 요동과 심양을 차지하자, 공이 그것을 깊이 우려하여 첫머리에서 그것을 언급했는데, 상이 기꺼이 받아들였다.

갑자년(1624)에 부원수(副元帥) 이괄(李适)이 반란을 일으키자, 상이 공주(公州)로 피란하였다. 공이 난리가 났다는 말을 듣고 여러 동지와 함께 의병 1000여 명을 모집하여 이름을 의승군(義勝軍)이라 붙이고, 날짜를 정해서 행재소로 달려가려 하였다. 그러다가 역적이 토벌되고 어가가 서울로 돌아갔다는 말을 듣고는 곧바로 의병을 해산하고 서울로 들어가 늦게 온 것에 대한 죄를 청하였다. 이어서 상소하여 역적의 변고가 일어나게 된 원인과 백성이 원당하는 상황을 극진히 아뢰니, 상이 받아들였다.

집의로 있다가 부응교에 제수되고, 사인으로 옮겼다가 전한(典翰)으로 승진하자, 상에게 아뢰기를,

"진양(晉陽)[78]은 나라의 남문(南門)입니다. 병사와 백성은 같지 않은데 절도사로 하여금 고을의 사무를 섭행하게 하니, 절도사는 다만 백성을 착취할 뿐입니다. 빨리 판관(判官)을 설치하고 각자 사무를 주관하게 하소서."

하니, 상이 따랐다.

78 진양(晉陽) : 경상남도 진주(晉州)의 옛 이름이다.

이전에 인성군(仁城君) 이공(李珙)[79]의 이름이 반역자의 초사(招辭)에서 나오자, 상이 더 이상 캐묻지 말라고 명하였는데, 연평부원군이 상소하여, 양사(兩司)가 인성군을 탄핵하지 않은 것을 탄핵하였다. 공이 아뢰기를,

"인성군의 이름이 이미 역적의 초사에서 나왔는데 그를 외지로 내보내지 않으니, 그를 끌어들이는 것이 심할까 두렵습니다. 우선 그를 외지로 내보내는 것만 같지 못하니, 이는 또한 왕자의 목숨을 보전하는 한 가지 방도입니다."

하였는데, 조정이 따르지 않았다. 이때에 이르러 역적이 또 인성군을 끌어들이자, 연평부원군이 인성군을 대궐에 두어 변고를 막을 것을 청했는데, 공과 우복공이 안 된다고 하였다. 연평부원군이 노기를 가득 띠고 대하자, 공이 천천히 말하기를,

"공이 인성군의 목숨을 보전하는 것을 명분으로 삼는 것은 듣기에는 아름다운 말이나 행하기는 어렵습니다. 예로부터 혐의와 핍박을 받는 처지에서 두려운 마음을 안고 지존(至尊)과 함께 거처하면서도 편안히 지냈던 신하가 어디에 있었습니까. 그리고 공이 궐내에 인성군을 두려는 것은 의심을 버리지 못해서인데, 이 의심이라는 말을 막는 데에는 이중으로 성벽을 쌓더라도 무슨 보탬이 있겠

79 인성군(仁城君) 이공(李珙) : 선조(宣祖)의 일곱째 아들이다. 광해군이 인목대비의 폐위를 논의할 때 종척(宗戚)과 함께 참석한 사실이 있으므로 이귀(李貴), 신흠(申欽) 등의 탄핵을 받았으나 인조가 관용을 베풀어 무사하였다. 1628년 유효립(柳孝立) 등이 대북(大北)의 잔당(殘黨)을 규합하고 모반을 기도할 때 왕으로 추대되었다는 등 역적배들의 주인공으로 몰려 끝내 진도(珍島)로 귀양 가고 이어 자살(自殺)하는 형벌을 받았다. 1637년 관직이 회복되고 제자(諸子)의 등용이 허락되었다.

습니까."

하였는데, 연평부원군이 더욱 화를 냈다.

며칠 후 공이 경연에서 강의를 하고 강의가 끝나서 물러 나오려 하자, 상이 이르기를,

"이준은 앞에 그대로 있으라."

하고, 또한 분부하기를,

"시사(時事)에 대하여 하고 싶은 말이 있는가?"

하니, 공이 대답하기를,

"인성군의 이름이 역적의 입에서 한두 번 나온 것이 아닌데, 전하께서는 하늘같이 더없이 인자하여 반드시 골육의 목숨을 보전하려 하셨으니, 이것은 삼대의 제왕이 했던 일과 같습니다. 전(傳)에 이르기를 '친척을 가까이한 후에 백성을 사랑한다.'[80]라고 했습니다. 친척을 가까이하는 것이 이미 처음에 무너졌다면 또한 어떻게 백성을 사랑하기를 바랄 수 있겠습니까. 옛날 송 태조(宋太祖)가 자주 미복 차림으로 다니면서 말하기를 '천명을 지닌 자가 있다면 마음대로 하게 내버려 두라.' 하였으니, 송 태조가 엄하게 금지하거나 경비하지 않은 것이 이와 같았으나 이 때문에 기회를 틈탄 자가 있었다는 말은 듣지 못하였습니다. 제왕의 마음이 드넓고 막힘없으며 은연중에 '하늘이 나에게 덕을 주셨다.'[81]라는 것에 가만히 자신을 비기는

80 친척을……사랑한다 : 《맹자》 〈진심 상(盡心上)〉에 "친척을 가까이하고 나서 백성을 사랑한다.〔親親而仁民〕"라고 하였다.

81 하늘이……주셨다 : 《논어》 〈술이(述而)〉에, 송(宋)의 사마환퇴(司馬桓魋)가 일찍이 공자를 해치려고 하자, 공자가 이르기를 "하늘이 나에게 덕을 주셨으니 환퇴가 나를 어찌하겠는가.〔天生德於予, 桓魋其如予何.〕"라고 하였다.

뜻이 있음을 볼 수 있습니다. 제왕의 큰 도량으로는 모름지기 이와 같이 마음을 가져야 합니다. 그러면 사람들이 모두 나를 그리워하여 간사한 마음이 절로 사라질 것입니다."

하니, 상이 좋은 말이라고 칭찬하였다. 공이 또 아뢰기를,

"의론의 이동(異同)에 대해 힘으로 제어하고 위협해서는 안 됩니다. 지금 의론이 같으면 기뻐하고 다르면 미워하는 것이 어찌 태평시대의 기상이겠습니까. 며칠 전 정경세(鄭經世)의 차자에 대한 비답에서 '옥당(玉堂)이 경(經)을 지켰다.'라고 하셨습니다. 그렇다면 이귀(李貴)의 말을 권도(權道)에 맞는 것으로 여기시는 것입니까? 권도의 말은 경중을 헤아려 중도에 맞게 하는 것인데, 이귀의 말이 어찌 중도에 맞는다고 할 수 있겠습니까."

하며, 수천 마디 말을 끊임없이 하였는데, 상이 응답을 메아리처럼 하였고, 좌우에서 듣는 자들은 목을 움츠렸다.

공이 어전에서 물러 나오자 바깥 여론이 시끄럽게 들끓고 "마음대로 하게 내버려 두라."라고 한 말을 죄안(罪案)으로 삼아 말하기를,

"연신(筵臣)이 감히 이런 말을 하는가."

하였다. 간관(諫官)이 공을 파직할 것을 청하자, 상이 이르기를,

"경연의 신하가 자신의 임금에게 허물이 없기를 바라서 기휘를 피하지 않았으니, 직분을 다했다고 할 만하다. 훈신이 한번 말을 꺼냈을 적에 그의 잘못을 바로잡는 이가 없다면 나라의 복이 아니다. 너희는 이귀가 자기와 다른 주장을 공격하는 것을 배우지 말라."

하였다. 대각(臺閣)이 공을 파직할 것을 재차 청하자, 상이 이르기를,

"'마음대로 하게 내버려 두라.'라고 한 이야기는 옛사람의 미담(美談)이다. 임금이 의심하고 시샘하는 마음만을 품고서 죄 없는 사람

을 함부로 죽이다가 끝내 나라를 잃고야 마니, 어찌 슬프지 않은가. 이준의 말은 증거가 있으면 벌을 주고 없으면 의심하지 말라는 것에 지나지 않는다. 팔짱을 끼고 천명을 기다리기를 그대들이 말한 것처럼 하는 것을 이른 것이 아니다."

하였다. 대사간(大司諫) 장공 유(張公維)[82]가 말하기를,

"이 노인의 마음에는 다른 것이 없다. 만약 심하게 문구를 가지고 따진다면 우리는 공론에 죄를 얻을 것이다."

하였다. 헌납 정공 백창(鄭公百昌)[83]은 예대(詣臺)[84]했다가, 공이 파직되자 공의 집에 찾아와 절하고 말하기를,

"공은 나를 책망하지 마시오. 공은 나 때문에 명성이 더욱 높아질 것이오."

하였다. 공이 상의원 정(尙衣院正)으로 옮겨졌다.

당시에 승평부원군(昇平府院君) 김공 류(金公瑬)의 아들[85]이 사람을 죽이자, 죄를 다스리라는 명이 의금부에 내려져서 승평부원군이 몹시 근심하였다. 공이 말하기를,

82 장공 유(張公維) : 장유(1587～1638)로, 본관은 덕수(德水), 자는 지국(持國), 호는 계곡(谿谷)·묵소(默所), 시호는 문충(文忠)이다.

83 정공 백창(鄭公百昌) : 정백창(1588～1635)으로, 본관은 진주(晉州), 자는 덕여(德餘), 호는 현곡(玄谷)·곡구(谷口)·대탄자(大灘子)·천용(天容)이다.

84 예대(詣臺) : 사헌부나 사간원의 관원이 진계(陳啓)할 일이 있을 때 궁중의 대청(臺廳)에 나아가는 일을 말한다.

85 김공 류(金公瑬)의 아들 : 승평부원군 김류의 외아들 김경징(金慶徵, 1589～1637)을 가리킨다. 김경징의 본관은 순천(順天), 자는 선응(善應)이다. 1624년 공조 참판이 되었으나 군관에게 곤장을 때리던 중 군관이 사망하여 사헌부로부터 탄핵을 받고 삭직 당했다.

"곽희(郭晞)의 일[86]을 보지 못했습니까? 예로부터 훈척(勳戚) 집안이 제멋대로 방종하며 불법을 저지르다가 완전히 망한 경우가 많습니다. 지금 당한 일은 불행이 아니라 다행입니다. 공이 늘 이 경계를 명심하길 바랍니다."

하자, 승평부원군이 사례하며 말하기를,

"공은 참으로 덕으로 사람을 사랑해 주십니다."

하였다.

천둥이 치는 기상이변을 계기로 공이 응교로서 여섯 가지 일을 차자로 진달하였다.[87] 그 여섯 가지 일은 천도를 본받을 것, 성학을 힘쓸 것, 선비의 기개를 길러 줄 것, 종족을 가까이할 것, 인재를 거두어 쓸 것, 재용을 절약할 것이다. 차자 끝에 또한 아뢰기를,

"나라를 세울 때는 무력으로 인정(仁政)을 이기지 않고, 재산을 관리할 때는 이익으로 의리를 해치지 않으며, 백성을 부릴 때는 술수로 신뢰를 사지 않고, 인재를 쓸 때는 교묘함과 민첩함으로 덕을 이기지 않습니다. 혹자는 다스림의 효과가 드러나지 않을 것을 걱정하여 위력과 형벌로 진작하려 하고, 국가 예산이 넉넉하지 않을 것을 걱정

86 곽희(郭晞)의 일 : 곽희는 당(唐)나라 곽자의(郭子儀)의 셋째 아들로, 아버지를 따라 많은 전공을 세웠다. 곽희가 빈주(邠州)에 있을 적에 그의 사졸들이 백성들을 괴롭혔는데, 빈주 절도사도 제지하지 못하였다. 단수실(段秀實)이 자원하여 집법관이 되어 곽희의 진영에 들어가 말하기를 "곽자의 부원수의 공훈이 천지에 가득한데, 그대는 오늘 사졸들이 난폭한 짓을 하도록 내버려 두었으니, 장차 죄가 부원수에게 미칠 것이다. 그렇게 되면 곽씨의 공명이 얼마나 남겠는가."라고 하자, 곽희가 절을 하고 직언에 사례하였다고 한다.

87 천둥이……진달하였다 : 《창석집》 권7 〈옥당뇌이차(玉堂雷異箚)〉를 말한다.

하여 조세를 마구 거두어들여 풍부하게 하려 하며, 정성과 신뢰는 거짓과 속임만 못하다고 하고, 인의(仁義)는 가혹하게 대하는 것만 못하다고 합니다. 이 중에 한 가지만 있어도 모두 나라를 베는 도끼나 나라를 좀먹는 해충이 되기에 충분합니다."

하였다. 며칠 후 천둥이 또 치자, 또 차자를 올려 그것에 대해 극진히 논하였다. 상이 모두 기꺼이 받아들이고, 옆에서 모시는 신하에게 이르기를,

"옥당의 차자는 문장이 좋고 의론이 바르다. 임금에게 고할 때는 이와 같이 해야 하지 않겠는가."

하였다.

을축년(1625)에 사간, 겸필선에 제수되었다. 당시에 공주의 저택을 지으라는 명령이 내렸는데,[88] 저택의 크기가 분수를 넘어서는 것이 심하여, 공이 힘껏 간쟁하였다. 상이 듣지 않자, 공이 나아가 아뢰기를,

"목재와 석재가 들판을 덮고, 동산의 담장이 몇 리를 두르며 '어영차, 어영차.' 구호 소리가 하늘 높이 퍼져 보고 듣는 이들이 모두 크게 한숨을 쉬는데, 전하만이 모르고 계십니다. 신들이 말하는 것은 조종(祖宗)의 법이고, 전하가 행하는 것은 자전(慈殿)의 뜻입니다. 전하는 한 나라 법도의 주인이 되었으니, 마땅히 사리(事理)로 일깨워드리는 것이 곧 대효(大孝)가 되는데, 어찌 모후(母后)의 분

88 공주의……내렸는데 : 정명공주(貞明公主, 1603~1685)는 인목대비(仁穆大妃)의 딸로, 광해군 때 인목대비와 함께 폐서인 되었다가, 인조반정 후 영안위(永安尉) 홍주원(洪柱元)에게 시집갔다. 인목대비의 뜻에 따라 인조가 정명공주의 저택을 지어 주었는데, 집의 규모가 제도에서 정한 한도를 많이 넘었다.

부라고 해서 불의(不義)를 곡진히 따르는 것을 효로 여길 수 있겠습니까.”

하였으나, 상은 아랑곳하지 않았다.

공이 겸보덕으로서 일찍이 서연(書筵)에 입대(入對)했을 적에 왕세자가 좌우를 돌아보자, 공이 얼굴빛을 엄정하게 하고 아뢰기를,

“용모를 움직이는 것과 낯빛을 바르게 하는 것[89]은 이렇게 해서는 안 됩니다. 맹자(孟子)가 ‘기러기와 큰 새가 장차 이르거든 활과 주살을 당겨서 쏠 것을 생각한다.’[90]라고 한 것에 가까우니, 배운 것을 어찌 잊거나 헷갈리는 데에 이르지 않겠습니까.”

하니, 왕세자가 몸가짐을 바로잡았다.

공은 사성, 사복시 정, 보덕, 집의, 겸필선으로 누차 옮겨졌다가 보덕으로 이배(移拜)되고, 휴가를 얻어 돌아온 지 얼마 안 되어 집의로 부름을 받았다. 당시에 정자(正字) 유공 석(柳公碩)과 대교(待敎) 목공 성선(睦公性善) 등이 상소하여, 이공(李珙)이 유배 간 것은 무슨 죄 때문이냐고 묻자,[91] 상이 그를 석방하라고 명하였다. 연평부원군이

89 용모를……것 : 증자(曾子)가 이르기를 “군자가 귀히 여기는 도가 세 가지가 있으니, 용모를 움직일 때는 사납고 거만함을 멀리할 것이며, 낯빛을 바르게 하는 데는 신실함에 가깝도록 할 것이며, 말을 할 때는 상스럽고 도리에 어긋난 것을 멀리할 것이다.〔君子所貴乎道者三, 動容貌斯遠暴慢矣, 正顔色斯近信矣, 出辭氣斯遠鄙倍矣.〕”라고 한 말을 거론한 것이다. 《論語 泰伯》

90 기러기와……생각한다 : 배우는 사람이 배움에 전심전력하지 않고 한눈을 파는 것을 비유한 말이다. 《孟子 告子上》

91 정자(正字)……묻자 : 1625년 10월 18일 목성선과 유석이 상소하여, 인성군 이공을 유배 보낸 것은 잘못이라고 논하였다. 《仁祖實錄 3年 10月 18日》 유석(柳碩, 1595～1655)은 본관은 진주(晉州), 자는 덕보(德甫), 호는 개산(皆山)이다. 인성군(仁

크게 성을 내며 말하기를,

"감히 나가서 유석을 돕는 자가 있으면 그를 반역으로 논하겠다."

하였다. 이에 양사(兩司)가 합사(合詞)하여, 이공을 석방하라는 명령을 중지해 줄 것을 청하였다. 공이 시골에서 올라오자, 친구들이 맞이하고 말하기를 "공이 만약 시의(時議)에 반대한다면 재앙이 당장 이를 것이네." 하였다. 공이 예대(詣臺)하여 사직하며 아뢰기를,

"당초에 의논하는 자들이 모두 말하기를 '이공이 나가지 않으면 기찰(譏察)이 그치지 않고 난리의 싹이 끊이지 않는다.'라고 하였습니다. 이공이 이미 외지로 나갔는데도 며칠 전 옥사가 또한 기찰에서 나왔으니, 환란을 막는 근본은 이공을 옮기는 것이 아님이 분명합니다. 유석이 고집을 부리는 것은 참으로 나라를 걱정하는 마음에서 나왔습니다. 신은 전후의 말이 다른 것을 혐의하지 않고 처음의 견해를 다시 지키니, 그것을 의논하는 자들과는 크게 어긋납니다."

하고, 이어서 자신을 탄핵하였다. 시의를 따르는 자들이 성을 내며 떠들자, 공은 마침내 연좌되어 면직되었다. 완평부원군이 탄식하며 말하기를 "나도 이런 깊은 계책을 할 줄 모르는데, 지금 사람을 몹시 통쾌하게 한다." 하였다.

병인년(1626)에 인헌왕후(仁獻王后)[92]가 홍서하였다. 연평부원군이

城君) 이공(李珙)이 화를 당하자 전력으로 진언하였다. 목성선(睦性善, 1597~1647)은 본관은 사천(泗川), 자는 성지, 호는 병산(甁山)이다. 1625년 광해군 때 인목대비의 폐모론 문제로 유배된 인성군 이공이 죄가 없다는 소를 올렸다.

92 인헌왕후(仁獻王后) : 1578~1626. 인조의 생모이다. 구사맹(具思孟)의 딸로 인조의 아버지인 정원대원군(定遠大院君)에게 시집와서 연주군부인(連珠郡夫人)에 봉해졌다가 인조가 왕위에 오른 뒤에 연주부부인(連珠府夫人)으로 올려졌으며, 궁호(宮

아뢰기를,

"상은 마땅히 삼년상을 입어야 합니다."

하며, 매우 힘써 주장하자, 공이 응교로서 의논하여 아뢰기를,

"주상은 지손(支孫)으로서 대통(大統)을 계승하였으니, 소종(小宗)을 대종(大宗)에 합칠 수 없습니다."

하며, 삼년상이 예에 맞지 않음을 극진히 논하였다. 예관(禮官)이 이에 부장기(不杖期)[93]를 청하자, 상이 비록 힘써 따르겠다고 했지만, 의장(儀章)과 절문(節文)은 모두 왕후의 예를 썼다. 공이 동료들과 함께 또 간쟁하였는데, 그 대략에,

"종통(宗統)의 막중함과 천지의 큰 법도와 존비의 구분에는 대의(大義)가 엄정합니다. 만약 정해진 분수를 넘어서 부당한 것을 한다면 이것은 예에 맞지 않은 예가 되어 종묘에 죄를 얻고 후세에 기롱을 받게 됩니다. 전하께서는 지손으로서 대통을 계승하여, 생부모의 상을 검소하게 치르는 것이 마음에 편안하지 못한 것만을 알았지 예에 맞지 않은 데 빠지는 것을 자각하지 못하셨습니다. 한번 사사로

號)를 계운궁(啓運宮)이라고 하였다. 1626년 1월 14일 경희궁(慶熙宮)의 회상전(會祥殿)에서 승하하였다. 이때 상제(喪制)를 상례(常禮)에 따라 할 것이냐 변례(變禮)에 따라 할 것이냐에 대한 논의가 제기되었는데, 김장생(金長生)과 정경세(鄭經世) 등은 인조의 동생인 능원군(綾原君)을 상주(喪主)로 삼고 인조는 부장기복(不杖期服)을 입어야 한다고 주장하였으며, 이귀(李貴)와 최명길(崔鳴吉) 등은 인조가 상주가 되어 삼년복(三年服)을 입어야 한다고 주장하니, 인조가 처음에는 삼년복을 입으려고 하다가 조정에서 여러 차례 상소를 올려 그래서는 안 된다고 함에 따라 기년복(朞年服)을 입었다.

93 부장기(不杖期) : 오복(五服)의 하나인 자최복(齊衰服)의 일종으로 상장(喪杖)을 짚지 않고 1년 동안 입는 상복을 말한다.

운 마음에 가려지자, 이 때문에 걸핏하면 예를 어겨 명정에는 금빛 전자(篆字)를 쓰고, 빈전(殯殿)을 준비할 때는 찬궁(欑宮)을 썼으며, 5일 만에 빈(殯)을 하고, 6일 만에 성복하니, 이것은 왕후의 예입니다. 그 상(喪)이 아닌데 그 예를 쓰는 것은 예에 어긋나고 분수에 참람합니다. 속히 능원군(綾原君) 이보(李俌)[94]를 상주로 삼도록 명하고 분수를 넘는 상제는 모두 정지하게 하소서."

하였다.

이때 상주가 장기복(杖期服)[95]을 입는 날이 하루밖에 남지 않자, 또 간쟁하기를,

"신들이 간쟁하는 것은 오늘이 지나면 더 이상 희망이 없습니다. 전하께서는 선묘(宣廟 선조(宣祖))에 있어서, 순서에 따라 내부에서 계승한 임금과는 본래 같지 않습니다. 이것을 '입승(入承)'이라 하니, 사가(私家)에서 양자로 나가 후사를 잇는 것과 무엇이 다르겠습니까. 이미 들어가서 곧바로 선묘를 계승하였으니, 이것을 '대통(大統)'이라 합니다. 전하는 이미 종묘의 상주인데 또한 사상(私喪)의 상주가 된다면 어찌 이존이참(二尊二斬)[96]이 아니겠습니까. 고금 천하에 단연코 이러한 이치는 없습니다."

하였다. 이때 삼사(三司)가 번갈아 상소문을 올리고, 우복공이 대각

94 능원군(綾原君) 이보(李俌) : 인조의 바로 아래 동생이다.

95 장기복(杖期服) : 상장을 짚고 거상(居喪)하는 기년복으로, 자최삼년복(齊衰三年服) 다음으로 무거운 복이다.

96 이존이참(二尊二斬) : 근본이 둘이라는 뜻이다. 이존은 존귀하게 여기는 대상이 둘이라는 뜻이고, 이참은 참최복을 두 번 입는다는 뜻이다.

(臺閣)에 있으면서[97] 더욱 힘써 간쟁하자, 상이 몹시 진노하여 간원(諫院)의 관원들을 모두 체차하였다. 공이 말하기를,

"승정원은 헌체(獻替)[98]를 주관하는데 내비(內批)[99]를 돌려보내지 못하고 마침내 군부의 잘못된 조치를 이루어 주니, 의리를 해치고 일의 체모를 손상함이 몹시 크다."

하고, 드디어 해당 승지를 탄핵하여 파직하니, 아름답게 여기지 않는 사람이 없었다.

연평부원군이, 홍문관에서 올린 차자에서 "죄를 얻다.〔得罪〕", "기롱을 받게 된다.〔取譏〕"라는 등의 구절[100]을 떼어 내어 조정에서 심하게 욕하며 말하기를,

"이런 말을 하는 자는 모두 벨 수 있다."

하였다. 공이 사간으로서 자신을 탄핵하며 아뢰기를,

"이귀는 간사한 학설을 외쳐 전하를 잘못된 길로 이끌었으나 잘못을 스스로 인정하고 반성할 것은 생각하지 않고, 도리어 남이 임금에게

97 우복공이 대각(臺閣)에 있으면서 : 우복 정경세는 1626년 2월 대사헌에 임명되었다.

98 헌체(獻替) : 헌가체부(獻可替否)의 준말로, 임금이 마땅히 행해야 할 일은 과감히 건의하고, 행하면 안 될 일은 그만두도록 간하는 대신의 도리를 말한다.《春秋左氏傳 昭公20年》

99 내비(內批) : 조정의 논의를 거치지 않고 궁중에서 바로 나오는 제왕의 명령을 말한다.

100 홍문관에서……구절 : 1626년 인헌왕후의 상례에 왕후의 상례에 쓰는 물품을 쓰자, 이준과 홍문관 관원들이 차자를 올려 "만약 정해진 분수를 넘어서 부당한 것을 한다면 이것은 예에 맞지 않는 예가 되어 종묘에 죄를 얻고 후세에 기롱을 받게 됩니다."라고 하였다.

고한 매우 적절한 말에서 흠을 잡아 상을 격노하게 하려 하니, 어찌 해괴하지 않습니까. 조정의 체모는 지극히 엄중하여, 성인인 공자(孔子)도 말씀을 분명하고 유창하게 하면서도 정중하게 했으며,[101] 전(傳)에 이르기를 '조정에 안색이 변하는 다툼이 있으면 아래에 공격하고 싸우는 폐해가 있게 된다.'[102]라고 하였습니다. 대각이 비록 세력이 없더라도 어찌 훈신이 함부로 욕하는 것을 용납하겠습니까. 후세에 반드시 장차 '그 폐해는 이준으로부터 시작되었다.'라고 말할 것인데, 신이 어찌 구차하게 용납할 수 있겠습니까."

하였다.

부제학 최공 명길(崔公鳴吉)이 차자를 올려 "주상이 이미 대통을 계승했고 보면 대원군을 선비의 예로 제사 지내는 것은 예에 맞지 않습니다."라고 하고, 또한 "주상의 공적은 광무제(光武帝)[103]와 같고 계승한 것은 효선제(孝宣帝)[104]와 같으니, 대원군을 서자나 지손으로 여기는 것은 마땅하지 않습니다."라고 하며, 또한 "비록 서자라도 성인(聖

101 성인인……했으며 : 《논어》 〈향당〉에 공자가 조정에 있을 때 모습을 서술한 부분이 있는데, 공자가 "종묘나 조정에 있을 때는 말씀을 분명하고 유창하게 하면서도 정중히 하였다.〔其在宗廟朝廷, 便便言, 唯謹爾.〕"라고 하였다.

102 조정에……된다 : 당나라 덕종(德宗) 때의 한림학사(翰林學士) 육지(陸贄)가 천자에게 올린 《육선공주의(陸宣公奏議)》에 "조정에 안색이 변하는 다툼이 있으면 공격하고 싸우는 재앙이 아래에 흐른다.〔朝廷有動色之爭, 則攻鬥之禍流于下.〕"라고 하였다.

103 광무제(光武帝) : 후한(後漢)을 세운 유수(劉秀)이다. 그는 한(漢)나라 왕실의 먼 후예로 기반도 전혀 없이 난세를 평정하고 천하를 통일하였다.

104 효선제(孝宣帝) : 한 무제(漢武帝)의 증손으로, 창읍왕(昌邑王) 유하(劉賀)를 폐(廢)한 곽광(霍光)에 의해 세워졌다.

人)이 되면 적자(嫡子)가 누를 수 없습니다."라고 하였다. 공이 또 간쟁하며 아뢰기를,

"최명길이 비록 말을 많이 했지만 이 세 가지에 지나지 않을 뿐입니다. 눌림이 없는 것으로 말하자면, 전하는 곧 대종을 이었고 대원군은 별자소종(別子小宗)[105]이니 '소종은 선조의 대종에게 눌린다.'라고 한 것이 그 뜻이 자약(自若)합니다. 조상을 높이고 대종을 공경하는 것은 대의(大義)이고, 대의가 있는 곳에 어찌 눌림이 없겠으며, 이미 눌림이 있다면 최명길이 말한 것은 천착이 심한 것이 아니겠습니까. 최명길은 자신이 경연의 장관이 되었는데도 선한 도리를 말하여 간사한 마음을 막을 것을 생각하지 않고 도리어 간사한 학설을 외쳐 성상의 귀를 미혹시켰습니다. 이단의 학설은 정학의 학설과 함께 세울 수 없으니, 그를 물리쳐 주소서."

하였으나, 상은 살펴보지 않았다.

여러 훈신과 귀족이 시탄(柴炭)과 목장 용도로 땅을 분할받고 노비를 점유하여,[106] 그들이 있는 곳마다 백성들이 견디지 못하였다. 공이 예대하여 아뢰기를,

"시탄과 목장 용도의 땅은 백성들에게 함정이 되고 생선과 소금의 이익을 가지고 개인집 문 앞에 시장을 세웠으나 그들에게 복호(復戶)를 하사하고 세금을 면제하는 데에 이른 것은 어떠한 정사의 요령

105 별자소종(別子小宗) : 적장자 이외의 아들로 소종이 된 것을 말한다. 적장자는 대종이 되어 직위를 세습한다.

106 노비를 점유하여 : 훈신과 귀족 들이 하사받은 땅 주변 고을의 공노비들을 불법으로 사유화한 것을 말한다.

이란 말입니까. 더구나 군읍(郡邑)에 노비가 있는 것은 마치 몸에 손발이 있는 것과 같고 노비를 제거하는 것은 스스로 손발을 자르는 것이니, 어떻게 움직이겠습니까. 임금이 국가를 유지하는 것은 팔병(八柄)[107]이 자신에게 있기 때문인데 팔병을 한번 잃으면 남이 와서 빼앗는 재앙을 누가 막을 수 있겠습니까. 신은 훈신과 귀족이 제멋대로 행패 부리는 습속이 끝내 노(魯)나라의 경(卿)[108]이 만족을 모른 것과 같은 지경에 이를까 두렵습니다."

하였다.

이때 조사(詔使)가 이를 무렵, 유사(有司)가 조사의 책응(策應)에 드는 비용이 많을 것이라며 해영(海營 황해도 감영)에서 백금(白金)을 빌릴 것을 청하였다. 공이 나아가서 아뢰기를,

"나라를 세우는 체모는 정도를 지키는 데에 있습니다. 더구나 명나라 사신을 접대할 때는 예의를 지키며 교제할 뿐입니다. 지난해 오랑캐 사신이 올 적에 권력을 잡은 사람이 나라를 정도로 다스릴 줄 모르고 오직 사신이 화를 낼 것만을 두려워하여 소비한 백금이 거의 10만에

107 팔병(八柄) : 《주례(周禮)》 〈천관총재(天官冢宰)〉에 나오는, 신하를 부리는 8가지 권력이다. 덕이 있는 사람에게 작위(爵位)를 주는 일, 공이 있는 사람에게 녹(祿)을 주는 일, 언행(言行)이 일치하는 사람에게 상(賞)을 주는 일, 능력이 뛰어난 사람을 마땅한 지위에 두는 일, 공로가 큰 신하를 자손이 봉양할 수 있도록 하여 후생(後生)을 권장하는 일, 큰 죄를 지으면 재산을 몰수하는 일, 죄지은 사람을 추방하는 일, 신하에게 고의가 아닌 과실이 있으면 견책(譴責)하는 등의 일이다.

108 노(魯)나라의 경(卿) : 춘추 시대 노나라 대부인 맹손씨(孟孫氏), 숙손씨(叔孫氏), 계손씨(季孫氏)를 가리킨다. 노나라 환공(桓公)의 적자인 장공(壯公)이 즉위하고 서장자, 서차자, 적차자가 모두 경으로 봉해졌는데, 이들의 세력이 점차 커져 노나라 공실(公室)의 세력이 줄어들었다.

이르렀습니다. 눈앞의 일은 혹 미봉했을지라도 훗날 받을 폐해는 이루 다 말할 수 없습니다. 이번에 조사가 올 때는 거듭 해당 조에 명하여 책응을 힘써 간략하게 하고, 해영에서 은을 빌리는 잘못을 두 번 다시 하지 말게 하소서."

하였는데, 상이 매우 진노하여 이르기를,

"터무니없는 말을 지어내어 원근의 사람으로 하여금 조정에 대해 서운한 마음을 갖게 한다."

하고, 이어서 그 실상을 조사하여 보고하라고 명하였다. 공이 또 아뢰기를,

"어리석은 백성이 조정에 서운한 마음을 갖게 된 것은 이미 당초 조세를 많이 거두던 날에 있었으니, 굳이 오늘 신들의 말을 기다릴 것이 없습니다. 전하께서 만약 백성들이 조정에 서운한 마음을 갖지 않기를 바라신다면 그 근본은 해당 조에서 조세를 많이 거두어 함부로 쓰는 행태를 제거하는 데 달렸을 뿐입니다. 지금 서운한 마음을 그치게 하는 근본을 생각하지 않고, 신들이 그동안 없던 서운한 마음을 백성들에게 일으키게 할까 봐 몹시 두려워하시니, 어째서 너그럽지 못함을 사람들에게 보이십니까."

하였다.

처음에 요동 사람 모문룡(毛文龍)[109]이 피난하는 사람들을 이끌고

109 모문룡(毛文龍) : 1576~1629. 가도에 주둔하고 있던 명(明)나라 장수이다. 1621년(광해군13) 청나라 태종이 요양(遼陽)을 공격하여 함락하자, 명나라의 요동 도사(遼東都司)로 있던 모문룡이 의주(義州)로 쫓겨 들어왔다가 이듬해에 가도에 진을 세우고는 동강진(東江鎭)이라고 칭한 다음, 철산(鐵山), 사량(蛇梁), 신미도(新彌島) 등에 분진(分鎭)을 두었다. 이때 조선에서는 그에게 큰 기대를 걸고 청나라를 견제할

강을 건너와 우리나라 가도(椵島)에 들어와 피하며, 적을 토벌하고 요동을 회복하는 것을 명분으로 삼자, 명나라가 가상하게 여겨 봉(封)하고 작호(爵號)를 내리고, 우리나라도 해마다 양식과 예물을 보내 그 비용을 도왔다. 시간이 오래 흘러 세력이 매우 커지자, 적을 토벌하고 승리한 것을 크게 과장하여 장계로 보고하니, 진실을 헤아릴 수 없어 명나라 조정이 의심하기 시작하였다. 이때에 이르러 모문룡이 조사가 왔다는 소식을 듣고 우리가 그의 공적을 칭송하여 행적을 숨겨 주기를 바랐는데, 조정은 그의 바람을 어기지 못하고 그의 뜻대로 칭송하는 글을 지었다. 공이 간쟁하기를,

"지금 조사가 오는 것은 분명히 변경의 정황을 알기 위해서인데, 도리어 공적이 없는 사람을 칭송하여 명나라 조정을 속입니까."

하였다.

세자가 조사를 접견할 적에 공이 보덕으로서 앞을 인도했는데, 세자의 행동이 예법에 맞자 조사가 치하하였다. 상이 듣고 이르기를,

"이것은 세자시강원 보덕이 애쓴 덕분이다."

목적으로 여러 가지 도움을 주었다. 모문룡이 청군(淸軍)의 배후를 자주 기습하였으므로 청나라 태종이 1627년(인조5) 조선을 침입함과 동시에 가도를 습격하여 모문룡을 신미도로 몰아냈다. 그 뒤 청군이 철병하자 모문룡은 다시 가도로 들어가 웅거해 있으면서 군량이 떨어지면 우리나라로 나와 약탈을 자행하였으므로 조선에서는 점차 그를 싫어하게 되었다. 명나라에서도 처음에는 모문룡을 신임하여 총병좌도독(總兵左都督)이라는 직함을 주어 청나라를 치게 하였으나, 요동으로 출전하였다가 패하여 역효과가 났다. 이에 요동 경략(遼東經略)으로 있던 원숭환(袁崇煥)을 시켜 1629년 여순(旅順)의 쌍도(雙島)로 그를 유인해 죽였다. 그 뒤 모문룡의 부하로 있던 진계성(陳繼盛)이 남은 군사를 거느리고 이곳에 주둔해 있다가 유홍치(劉興治)에 의해 살해되었으며, 그 이후로는 유홍치가 이곳에 주둔하였다.

하고, 어찬(御饌)을 거두어 하사하였다.

공이 물러 나와 만언소를 올렸는데, 세자를 보좌하고 인도하는 것을 큰 근본으로 삼고 교육 정책을 닦아 인재를 만드는 것을 급선무로 삼았다. 그다음에 아뢰기를,

"장수를 얻어서 적의 침입에 대비하고 형법을 너그럽게 시행하여 백성의 원망을 그치게 해야 합니다."

하고, 또 그다음에 아뢰기를,

"치도(治道)는 효험을 빨리 보려고 해서는 안 됩니다."

하며, 간절한 충심을 반복하며 뜻을 재삼 전달할 뿐만이 아니니, 상이 기꺼이 받아들였다.

정묘년(1627) 봄에 청나라가 군대를 일으켜서 침입하여 주군(州郡)을 잇따라 함락하자, 상이 세자에게 충청도와 전라도로 나가 돌며 사방의 군사를 불러 모을 것을 명하였다. 공이 난리가 났다는 말을 듣고 재빨리 행장을 꾸려 나섰는데, 도중에 수암(修巖) 유진(柳袗)[110]을 만났다. 유공(柳公)이 말하기를,

"공이 가는 것은 잘못된 계책입니다. 옛날 충사도(种師道)가 도성에 들어갔던 것을 주자(朱子)가 애석해했는데,[111] 이것은 도성에 들어

110 유진(柳袗) : 1582~1635. 본관은 풍산(豐山), 자는 계화(季華), 호는 수암이다. 유성룡(柳成龍)의 아들이다. 1626년 11월 영천 군수(榮川郡守)가 되고, 다음 해 1월 호소사(號召使) 정경세(鄭經世)의 상주(尙州) 의병장(義兵將)이 되었다. 저서로 《수암집(修巖集)》이 있다.

111 충사도(种師道)가……애석해했는데 : 주희(朱熹)는 충사도가 도성에 들어가지 않고 도성 밖에서 마음대로 작전을 펼쳐 승리를 이끄는 것이 더 좋았을 것이라고 논평했다는 것이다. 충사도는 송나라 말기의 명장이다. 흠종(欽宗) 때 금군(金軍)이 쳐들어오

가면 힘을 쓰지 못하기 때문이었습니다. 공을 위한 계책은, 영남의 의리를 외쳐 격발하고 사람들로 하여금 외적을 토벌하는 것이 중대함을 명백하게 알게 하는 것만 한 것이 없습니다."

하자, 공이 옳다고 여기고 근왕(勤王)할 것을 도모하였다. 사람들이 공을 추대하여 맹세를 주관하게 하고 공이 개연히 충의로 사람들과 맹세하니, 소식을 들은 자들이 앞다투어 달려왔다. 며칠이 지나지 않아서 호소사(號召使)가 공에게 격문을 보내 군량미를 조달하게 하여 공이 의리로 격발하자 부자들이 벼를 내놓았는데 열흘도 안 되어 수천 가마에 이르렀다.[112]

이때에 세자가 전주(全州)에 머물고 있어서 공이 달려가 알현하고, 이어서 아뢰기를,

"예로부터 이적(夷狄)의 우환은 본래 있었습니다. 그러나 문제는 우리에게 있는 것이 믿을 만한가에 달려 있습니다. 지금 외적이 고군(孤軍)으로 깊이 들어왔는데 용기를 내어 외적을 향해 진격하는 자가 한 사람도 없으니, 평소 국가가 높은 작위와 많은 녹봉으로 대우한 효과가 어디에 있단 말입니까. 인재를 만들고 정치와 형벌을 밝히며 성벽과 연못을 고치고 병기를 수리하는 것이 대비하는 것인데, 대비하지 못했다면 난리가 닥쳤을 때 어떻게 극복하기를 바라겠습니까."

자 노쇠한 몸으로 도성에 들어가 적을 물리칠 수 있는 여러 가지 병법을 제시했지만 모두 쓰이지 못했다. 《宋史 种世衡列傳 种師道》

112 호소사(號召使)가……이르렀다 : 이때 호소사는 정경세(鄭經世)이다. 정경세는 1627년 1월 호소사가 되고, 2월 상주(尙州)에 도착하여 군량미를 모았다.

하였다. 이에 무군사(撫軍司)에서 공을 조도사(調度使)에 제수할 것을 청하였다. 공이 명을 받고 세자에게 사은숙배하고 물러나 무군사의 여러 공을 보고 말하기를,

"짐작건대 이 외적들은 명나라가 자신들의 뒤를 치는 것을 두려워하고 있으니, 형세상 반드시 스스로 물러갈 것입니다. 다만 그 후에는 우환이 도리어 커질 것입니다. 바라건대 각자 스스로 힘쓰고 스스로 서는 것을 근본으로 삼아서 도적이 물러난 것을 다행으로 여기지 않는다면 다행이겠습니다."

하였다. 드디어 길에 올라 또 여러 고을에 격문을 보내니, 사람들이 모두 메아리가 응하듯 감동하여 떨쳐 일어나 한 달 사이에 벼 만여 가마가 쌓였다. 오래 지나지 않아 외적이 물러가자 모은 군량미를 관고(官庫)에 귀속하였다.

4월 서울에 조회 가자, 상이 가상하게 여기고 특별히 자급을 뛰어넘어 첨지중추부사 지제교에 제수할 것을 명하였다. 공이 세 번이나 사양했으나 윤허하지 않자, 또 상소하여 아뢰기를,

"외적이 물러간 것은 우리에게 지킬 수 있는 신의가 있어서가 아니니, 결국 화(和)라는 한 글자는 그들의 손발을 묶지 못합니다. 도모하지 못하게 우리를 속이고 대비하지 못하게 우리를 엿보다가 혹 작은 잘못을 핑계 삼아 다시 멋대로 크게 군사를 일으킨다면 우리는 어떤 계책으로 대응할 것입니까? 신은 전하의 근심이 이로부터 더욱 깊어질까 두렵습니다. 전하께서는 외적이 쳐들어온 날처럼 늘 엄숙하게 편전에 납시어 대신을 불러 '외적이 물러간 후에 과연 아무 일이 없겠는가? 또한 적이 반드시 다시 쳐들어오지 않겠는가? 묘당의 계책에는 화친하는 일만 있는가?'라고 물어보소서. 그리고 산천이 험난하고

평탄한 것의 유리함과 불리함, 사졸의 용맹함과 비겁함에 이르러서는 어떤 것이 쓸 만하고 어떤 것이 쓸모없는지, 어떤 장수가 어떤 험지를 통제할 수 있고 어떤 병사가 어떤 곳을 방어할 수 있는지 일일이 우리 마음속에서 경영하고 계획하지 않을 수 없으니, 조금 편안해진 것을 다행으로 여겨 적을 얕보며 날을 보내지 마소서."

하였다. 공조 참의에 제수되고, 휴가를 얻어 돌아왔다.

무진년(1628)에 동부승지에 제수되고, 우부승지, 좌부승지로 옮겼다. 조정에서 오랑캐 땅으로 사신을 파견하려 하는데 갖다 주고자 하는 물품의 수효가 매우 많았다. 공이 아뢰기를,

"성상께서 뜻을 굽히고 화친을 하는 것은 오로지 백성을 보전하기 위해서인데, 이제 만약 해마다 이런 수효를 보내 준다면 싸우지 않아도 절로 피폐해질 것이니, 이것이 첫 번째 걱정입니다. 오랑캐의 성품은 탐욕스러워 강제로 요구하는 것이 끝이 없습니다. 올해 약간 더 요구하고 내년에 약간 더 요구하면 끝없는 탐욕을 어떻게 채워 주겠습니까. 이것이 두 번째 걱정입니다. 저들이 우리가 갖다 주는 물품이 그 분수에 지나침을 보고서 반드시 조선이 약하고 겁을 먹었다고 생각하며 우리가 따를 수 없는 요구를 할 것이고, 우리가 응할 수 없으면 이것을 가지고 말하며 반드시 군대를 움직이는 데 이를 것이니, 이것이 세 번째 걱정입니다. 어찌 처음에 신중하지 않아서 저들의 교만한 마음을 더해 줄 수 있겠습니까."

하였으나, 상은 살피지 않았다.

우리 백성으로서 사로잡혔다가 도망쳐 돌아온 자를 청나라 사람이 데려오라고 큰소리로 명령하자 조정이 그들의 요구대로 따르려 하였는데, 공이 그것은 안 된다고 힘써 말하며 아뢰기를,

"내몰려서 가게 될 자들이 원통함이 뼈에 사무칠 뿐만 아니라, 돌아오지 못한 자들도 남쪽으로 돌아올 희망을 끊고 적을 섬기는 마음을 더욱 굳히게 되어, 우리를 원수로 대하는 것이 반드시 심해지고 우리에게 근심을 끼치는 것이 반드시 깊어질 것입니다. 적이 우리를 속여 도모하지 못하게 한 지 오래되었는데, 지금 만약 그 계책 속에 떨어진다면 훗날 이보다 심한 요구를 해 오더라도 또한 고개를 숙이고 명령을 들으며 어찌할 수 없을 것입니다. 더구나 내 품 안의 갓난아기를 빼앗아 호랑이 아가리에 차마 던질 수 있겠습니까."

하니, 상이 기꺼이 받아들였다.

그리고 상소하여, 장수를 선발하고 군량미를 축적하는 것을 자강(自强)의 근본으로 삼기를 청했는데, 그 대략에,

"지금 훌륭한 장수를 구하여 아주 급한 일에 쓰고자 한다면 전국이 넓으니 사람이 없지 않습니다. 바라건대 내삼청(內三廳)과 군관 출신 중에 용맹하고 튼튼한 자들을 정밀하게 잘 골라 뽑아 묶어서 1개 초(哨)[113]를 만들고, 그들의 무예를 시험하면 반드시 뛰어난 자가 한 사람 있을 것이니, 그 사람을 얻어서 100인의 장(長)으로 삼습니다. 10초의 장 10인을 합하고 그들의 무예를 시험하면 또한 반드시 뛰어난 자가 한 사람 있을 것이니, 그 사람을 얻어 1000인의 장으로 삼습니다. 100초의 장 100인을 합치고 그들의 무예를 시험하면 또한 반드시 뛰어난 자가 한 사람 있을 것이니, 그 사람을 얻어 1만 인의 장으로 삼되, 지모(智謀)가 있고 임기응변을 할 줄 아는 사람을 발굴해 내야 하는데, 반드시 대장으로 삼을 만한 자가 한 사람 있을 것입

113 초(哨) : 군대 편제의 단위이다. 1개 초는 약 100명이다. 《新補受教輯錄 兵典》

니다. 참으로 이러한 사람 10여 인을 얻을 수 있다면 그들은 기름진 음식을 먹고 자란 자제(子弟)로서 평범하고 어리석으며 용렬하고 나약한 자들이나 저 부귀가 극에 달해 의지와 기운이 쇠한 자들에 비하면 그 득실(得失)의 차이가 어찌 만 배 이상 나지 않겠습니까."

하였다. 상이 묘당에 의견을 물었으나 끝내 시행하지 못하였다.

당시에 고변(告變)이 서로 이어지고 사건 심리가 몹시 준엄하여 모든 사람이 매우 두려워하며 감히 상언하는 자가 없었는데, 공이 상소하여 아뢰기를,

"전하는 지극히 인자한 마음이 하늘 같아서 사건의 정황이 의심스러운 것은 모두 한번 보고 즉시 석방하였습니다. 그러나 역옥(逆獄)이 일어나고부터는 잔당이 근심거리가 되는 것을 염려하여 성년이 되지 않은 동자와 석방했던 사람들도 모두 일일이 조사하고 찾아내어 북쪽 변방에 던져 버리니, 모든 친족이 서글퍼하고 원통한 절규가 하늘에 사무칩니다. 법률에 해당하는 것이 아니면 결코 잘못된 전례를 만들어서는 안 됩니다. 그리고 무고(誣告)는 한(漢)나라 법에서 엄중히 다룬 것이니, 진실로 반좌(反坐)의 법률이 없으면 선량한 사람이 화를 당하는 것이 끝이 없습니다."

하자, 상은 가상히 여겼으나 시의(時議)는 공을 더욱 달가워하지 않았다.

그리고 한발의 재앙 때문에 유지에 응하여 상소하였는데, 그 대략에,

"부부(夫婦)의 강상은 천지의 큰 법도입니다. 아내로서 남편의 죄악을 숨긴 것[114]은 참으로 정리(情理)상 가엾게 여길 만하고, 애영(愛

114 아내로서……것 : 광해군의 세자인 이지(李祬)는 광해군 때에 세자로 책봉되었으나, 인조반정이 일어난 뒤에 광해군과 함께 폐서인 되어 교동도(喬桐島)에 안치되었

英)이 곤장 아래 죽은 것[115]은 용서할 만한 경우에 해당합니다. 이계선(李繼先)[116] 등은 반역한 정황이 드러났으나 자복(自服)하지 않았는데, 죄를 결정하는 것이 옳겠습니까. 반역자의 썩은 시체에 형벌을 추가한 일은, 마침 한발의 재앙을 만나 반성하고 두려워하는 날에 갑자기 시체를 칼로 베는 잔인한 명령을 시행하였으니, 신은 이것을 이해하지 못하겠습니다. 박승종(朴承宗)은 반정(反正) 초기에 아들이 병사를 모집하는 것을 중지시키고 자기의 생각을 써서 바쳤습니다. 더구나 그 손녀가 폐서인(廢庶人)[117]을 위하여 죽은 것도 가상합니다. 더구나 박승종은 이미 이이첨(李爾瞻) 등 여러 악당과 서로 등지고 모후(母后)를 보호한 공이 있으니, 탐욕을 부린 죄가 있기는 하지만 그것을 덮기에 충분하지 않겠습니까. 폐서인은 죄가 있어 죽었지만 성스러운 조정의 관대한 정치로 말하자면, 그의 후사를 세워 제사를 지내게 하는 것이 어찌 끊어진 세대를 이어 주는 성인의

는데, 굴을 파고 도망치려고 하다가 발각되어 사형에 처해졌다. 폐세자가 굴을 팔 때 아내인 세자빈이 망을 봐 주었는데, 세자가 잡히자 음식을 먹지 않고 굶어 죽었다.

115 애영(愛英)이……것 : 애영은 광해군 때 궁중(宮中)에서 봉직하던 여관(女官) 임 소원(任昭媛)이다. 1627년 광해군의 첫째 처남인 유희견의 아들 유효립(柳孝立)이 광해군을 복위시키기 위해 몇 차례 강화도로 사람을 보내 광해군의 측근들과 연락하다가 1628년에 체포되고, 광해군의 나인들도 의금부 도사에게 잡혀갔다. 이때 애영도 스스로 목을 찔러 자살을 시도했으나 실패하고 끌려가 조사를 받던 도중 곤장을 맞고 죽었다. 소원(昭媛)은 왕의 후궁에게 내리던 내명부(內命婦)의 정4품 품계(品階)이다.

116 이계선(李繼先) : ?~1628. 1628년 훈련도감 중군으로 재직하면서 유효립 모반 사건에 가담한 죄로 형을 받다가 자복하기 전에 죽고, 시체에 정형(正刑)을 가하는 추형을 당하였다. 《仁祖實錄 6年 1月 3日, 7年 11月 20日》

117 폐서인(廢庶人) : 광해군의 세자인 이지를 가리킨다. 353쪽 주69 참조.

대의(大義)[118]에 부합하지 않겠습니까. 이인거(李仁居)[119]는 임금 곁의 간신을 제거하는 것을 명분으로 삼았으니, 그의 죄는 몸을 칼로만 토막 내는 형벌에 해당합니다. 그러나 필부 한 명이면 충분히 잡을 수 있었으니, 홍보(洪靌)[120]의 공은 자급을 한 등급 올려 주면 충분했습니다. 이것을 어째서 작위를 찢어 공신에 봉해 주어 당대의 웃음거리를 만드십니까."

하였다. 사람들이 크게 놀라 "폐서인의 일은 말할 것이 아니다."라고 하면서, 독화살을 얹고 노려보며 쏘았으나, 상이 끝내 듣지 않았다.

기사년(1629)에 공조 참의에 제수되었다.

경오년(1630)에 삼척 부사에 제수되었다. 공이 떠날 때 동계옹(桐溪翁)이 이별하며 손을 잡고 말하기를,

"그대는 어찌하여 잠시 지체하며 나와 함께하지 않는가. 그대가 함께하지 않는다면 누가 나와 함께하겠는가. 바라건대 그대는 치달려 가지 마시게."

하였다. 공이 삼척 부사로 1년 동안 머물자, 유학의 교화가 널리 퍼지고

118 끊어진……대의(大義) : 《논어》 〈요왈(堯曰)〉에서 주 무왕(周武王)의 선정(善政)을 칭송하여 "멸망한 나라를 다시 일으켜 주고, 끊어진 세대를 이어 준다.〔興滅國, 繼絶世.〕"라고 한 말에서 온 것이다.

119 이인거(李仁居) : ?~1627. 본관은 영천(永川)이다. 익찬(翊贊)을 지내고 강원도 횡성(橫城)에 거주하다가 1627년 정사 공신(靖社功臣)이 나라를 그르친다는 명분으로 도당을 규합하여 난을 일으켰다. 스스로 창의중흥대장(倡義中興大將)으로 칭하고 서울로 침입하려다가 원주 목사 홍보에게 잡혀 서울에서 처형되었다.

120 홍보(洪靌) : 1585~1643. 본관은 풍산(豐山), 자는 여시(汝時), 호는 월봉(月峯), 봉호는 풍녕(豐寧)이다.

산삼 징수가 줄고 어민들이 편안해져 백성들이 칭송하였다. 공은 글을 올리고 고향으로 돌아갔는데, 전원에 있을지라도 조정의 정사가 잘 되면 기뻐하고 안 되면 슬퍼하였다.

임신년(1632)에 예조 참의에 제수되었으나 사양하고 부임하지 않으며 상소하였는데, 그 대략에,

"양사(兩司)가 이귀(李貴)를 탄핵한 것[121]은 온 나라의 공론이니 어겨서는 안 되는데 전하께서는 이에 대해 사적인 부담 때문에 억양(抑揚)을 둠을 면하지 못하십니다. 임금이 대각(臺閣)을 얕보고 거만하게 스스로 잘난 줄 알면 단정한 선비는 날이 갈수록 멀어지고 아첨하는 사람은 날이 갈수록 나아오게 되어, 결국 사슴과 말이 모습을 바꾸어도 사람들이 감히 말을 하지 못 하는 데[122]에 이르게 됩니다."

하였다.

6월 인목왕후(仁穆王后)[123]가 홍서하였다. 상이, 공이 병들었다는 소

121 양사(兩司)가……것 : 이귀의 주도로 1632년 인조의 생부인 정원군(定遠君) 이부(李琈)의 묘호를 원종(元宗)으로 올린 것에 대해, 대사헌 김상헌(金尙憲)이 사간원과 합계하여 이귀를 탄핵한 일을 가리킨다.

122 사슴과……데 : 간사한 신하가 권력을 독차지하는 상태를 말한다. 진(秦)나라 이세(二世) 때 간신 조고(趙高)가 난을 일으키려고 하면서 신하들이 자기의 말을 듣지 않을까 염려하여 먼저 신하들의 뜻을 시험해 보기 위하여 사슴을 바치면서 말〔馬〕이라고 하자, 이세가 웃으면서 "승상은 잘 모르는가? 사슴을 보고 말이라고 하다니." 하면서 좌우에 있던 신하들에게 물었다. 그러자 신하들이 아무 말도 하지 않거나 말이라고 하면서 조고의 뜻에 아부하는 자도 있었으며, 사슴이라고 말을 한 자도 있었는데, 조고는 사슴이라고 말한 자들을 모두 법으로 얽어 죽였다. 그 뒤에는 신하들이 모두 조고를 두려워하였다. 《史記 秦始皇本紀》

식을 듣고 조리하고 길에 오를 것을 명하니, 공은 황공하여 명을 받들고 서울로 향했다. 도중에 우복옹을 방문했는데, 우복옹은 병세가 이미 깊어져서 공의 손을 잡고 울면서 말하기를,

"저는 다시는 성상을 가까이 모시지 못하게 되었지만, 국사는 오히려 도모해 볼 수 있으니 공은 힘쓰십시오."

하였다.

당시에 상의 몸에 병환이 나자 방술사는 저주가 빌미가 된 것이라고 하고, 어떤 요망한 의원은 침전에 들어가 좌우의 근시를 물리치고 곧 침(針)을 불에 태워 옥체에 던지며 눈을 부릅뜨고 꾸짖는 모양이 몹시 모질었는데, 감히 말하는 사람이 없었다. 공이 의견을 아뢰기를,

"조정의 예절은 엄정함을 위주로 하여, 필부나 망녕된 사람이 희롱하고 재주를 부리는 곳이 아닌데, 대신이 말을 하지 못하고 대각이 간쟁하지 못하는 것은 다만 임금의 병이 중대하여 저들에게 굽혀 따라도 해로울 것이 없기 때문입니다. 그러나 요망하고 허탄함을 알았다면 어찌 부시(婦寺)의 인(仁)[124]만을 하며 사리에 해로움이 있음을 생각하지 않을 수 있겠습니까."

하였다. 또한 예와 겸양을 행할 것을 청하는 상소문[125]에서 아뢰기를,

123 인목왕후(仁穆王后) : 1584~1632. 선조의 계비 연안 김씨(延安金氏)로, 연흥부원군(延興府院君) 김제남(金悌男)의 딸이다. 1602년(선조35) 왕비에 책봉되었으며, 1606년 영창대군(永昌大君)을 낳았다. 광해군 때 서궁(西宮)에 유폐되었다가 인조반정이 일어난 뒤에 대왕대비가 되었다. 능은 목릉(穆陵)이다.

124 부시(婦寺)의 인(仁) : 여자와 환관(宦官)의 어짊이라는 말로, 순종만 하고 바르게 보필하지 못한다는 뜻으로 쓰인다.

125 예와……상소문 : 《창석집》 권5 〈청행예양지교소(請行禮讓之敎疏)〉이다.

"주자(朱子)가 '모름지기 우레가 하늘에 있는 것처럼 해야 바야흐로 예에 맞지 않는 것을 제거할 수 있다.'[126]라고 하였습니다. 신은, 요망한 것이 빌미가 되어 병환이 생겼다는 이야기에 대해 아뢸 말씀이 있습니다. 귀신의 덕은 총명하고 정직하니, 귀신에게 지각이 있다면 앙화(殃禍)가 반드시 흉악한 짓을 하는 자보다 앞서 나타날 것입니다. 더구나 국가의 운수가 오랫동안 막힌 끝에 하늘이 성인을 내어 예악과 인륜의 종주로 삼았는데, 어찌 다시 음험하고 사악한 요괴가 감히 태양의 청명함을 범하는 일이 있겠습니까. 그러나 마음이란 동요하는 것이 있으면 외부의 사악한 기운이 올라타기도 합니다. 《대학》에서 '마음에 두려워하는 것이 있으면 그 바름을 얻지 못하고, 걱정하는 것이 있으면 그 바름을 얻지 못한다.'라고 하였습니다. 신은 삼가 그것이 지나치게 우려되어 견디지 못하겠습니다."

하니, 식견 있는 자들이 탄식하며 말하기를,

"조정에 참된 유신(儒臣)이 있다."

하였다.

계유년(1633)에 휴가를 얻어 돌아왔다.

126 모름지기……있다 : 우레가 하늘에 있다는 것은 《주역》 대장괘(大壯卦)를 의미한다. 〈대장괘 상(象)〉에 "우레가 하늘 위에 있는 것이 대장이니, 군자가 이를 본받아 예가 아니면 행하지 않는다.〔雷在天上, 大壯, 君子以, 非禮弗履.〕" 하였다. 혹자가 "자신을 이기는 자가 강한 자가 된다."라는 정이의 말에 대하여 묻자, 주희가 말하기를 "우레가 하늘 위에 있는 것은 몹시 위엄이 있는 것이니, 사람이 자신을 이기기를 마치 우레가 하늘 위에 있는 것처럼 하면 위엄과 과단성으로 자신의 악을 제거하고 반드시 선한 사람이 될 수 있다. 만약 반 정도 올라갔다가 아래로 떨어진다면 일을 성사할 수 없으니 어떻게 군자가 되겠는가. 모름지기 우레가 하늘 위에 있는 것처럼 해야 바야흐로 예에 맞지 않는 것을 제거할 수 있다."라고 하였다. 《朱子語類 卷72》

갑술년(1634)에 상이 대원군의 묘호를 원종(元宗)으로 추숭하고 태묘에 합사(合祀)하려 하는데, 공이 상소문을 올려 그 잘못을 아뢰기를,

"예(禮)에 이르기를 '아버지가 사(士)이고 아들이 제후이면, 제사는 제후의 예로 하고 그 시신은 사의 옷을 입힌다.'라고 하였습니다. 또한 '아들이 아버지에게 작위를 내리는 도는 없다.'라고 하였습니다. 또한 '제후의 아들이 공자(公子)가 되면 아버지를 선군(先君)이라 부를 수 없다.'라고 하였습니다. 또한 '신분이 낮은 손자는 선조의 사당에 부묘(祔廟)할 수 없다.'라고 하였습니다. 또한 '공자나 공손으로서 사가 되거나 대부(大夫)가 된 자는 선군의 사당에 부묘할 수 없다.'라고 하였습니다. 또한 '공자의 자손으로서 임금으로 봉해진 사람이 있으면 후손은 이 사람을 조(祖)로 삼지 공자를 조로 삼을 수 없다.'라고 하였습니다. 예에서 찾아보면 추숭할 수 없는 것이 이와 같은데, 지금 말하는 자들이 반드시 전하를 오도하기를 태묘에 부묘하는 것으로 하는데, 이것은 무슨 예입니까. 전하께서는 지극한 정리에 마음이 가려서 예에 맞지 않은 일을 하지만, 대원군이 어찌 예에 맞지 않은 것을 편안히 누리겠습니까. 위로는 공적이 있는 성조(聖祖)를 조묘(祧廟)[127]에 모시고 아래로는 온 나라의 공론을 어긴다면 신이 어찌 초야에 있다고 해서 말을 하지 않아 결국 성상으로 하여금 후세에 기롱을 받게 하겠습니까."

하였다. 또한 김 승평부원군(金昇平府院君 김류(金瑬))에게 편지를 보내서 태묘에 부묘하는 것은 예에 맞지 않음을 극진하게 말하고, 편지

127 조묘(祧廟) : 4대의 대수(代數)가 다한 신주를 옮겨서 모시는 사당이다. 곧 종묘(宗廟)의 위패(位牌)를 영녕전(永寧殿)으로 모시는 것이다.

끝에 말하기를,

"장총(張璁)과 계악(桂萼)[128]은, 헌황제(獻皇帝)[129]가 천자가 되지 못하였으므로 태묘에 세실(世室)을 세워 제향하는 것은 부당하다고 하였습니다. 저 장총과 계악은 임금의 뜻에 영합하는 사람인데도 그것이 불가함을 간쟁했는데, 어찌 상공(相公)은 예를 지키는 바른 사람으로서 간쟁을 하지 않으십니까."

하였다. 승평부원군이 편지를 보고 차자를 올려 간쟁했는데, 끝내 견책을 받았다.

당시에 장령 강공 학년(姜公鶴年)[130]이 상소문을 올려 절실하게 직간했는데, 대간(臺諫)이 법률에 따라 그에게 벌을 줄 것을 청하기에 이르자, 공이 대사간으로서 상소하여, 상소문을 올린 것 때문에 외직에 보임되거나 변방으로 쫓겨난 자들을 속히 방환(放還)해 줄 것을 청하

128 장총(張璁)과 계악(桂萼) : 명 세종(明世宗) 때 사람들로 소생 부모를 추존하려는 세종에 영합하여 조정의 의론을 꺾고 세종의 총애를 받았다. 《明史 世宗本紀》

129 헌황제(獻皇帝) : 명 세종의 생부인 흥헌왕(興獻王)의 추존(追尊) 존호이다. 흥헌왕은 헌종(憲宗)의 넷째 아들로 이름은 우원(祐杬)이고, 흥왕(興王)에 봉해졌다. 죽은 후 2년 만에 아들 후덕(厚德)이 무종(武宗)의 뒤를 이으니 이가 곧 세종이다. 세종은 즉위한 다음 예관(禮官)에게 명하여 추존할 것을 의논하게 하였는데, 예관은 전례가 없다 하여 크게 높이지 않을 것을 주장하니 세종은 매우 못마땅해하였다. 이 때문에 3년 동안이나 의론이 분분하던 끝에 결국 추존하여 황고(皇考)라 하고 묘호(廟號)를 예종(睿宗)이라 하였다. 《明史 睿宗興獻皇帝傳》

130 강공 학년(姜公鶴年) : 강학년(1585~1647)으로, 본관은 진양(晉陽), 자는 자구(子久), 호는 복천(復泉)·자운(紫雲)이다. 1634년 11월 3일 장령으로서 상소하여 임금의 실정과 실덕을 거론하였는데, 언사가 지나치다 하여 12월 9일 삭탈관작되고 이듬해 유배되었다. 《記言 別集 卷22 復泉姜公墓銘》

였다. 이어서 아뢰기를,

"강학년의 상소문은 말이 비록 맞지 않지만 끝내 성상의 덕에 무슨 손해가 있겠습니까. 대각이 그에게 죄줄 것을 청하기까지 한 것은 신이 이해하지 못하겠습니다."

하였다.

을해년(1635) 4월에 부제학에 제수되었다. 그 한 달 전에 이기안(李基安)[131]이란 자가 폐조(廢朝)의 잔당으로서 체포되었는데, 그가 진술한 말에 연루된 사대부들이 매우 많았다. 상이 특별히 이준, 정온(鄭蘊), 최현(崔晛)[132]은 불문에 부치라고 명하였다. 부제학에 제수하는 임명장이 내려오자, 공이 행장을 꾸려 출발했는데 충주(忠州)에 이르러 병이 났다. 상소문[133]을 올렸는데, 그 대략에,

"신은 살아서 성상께 사은숙배하지 못할 듯합니다. 멍에를 재촉하여 길을 나서 아침부터 저녁까지 치달리며 쉬지 않았는데, 중간도 못 와서 병이 나 쓰러져 누웠습니다. 천지 같은 은혜를 다시 보답할 길은 없는데 죽어서 구렁을 메울 때가 머지않은 듯하니, 북으로 대궐 쪽을 바라보면 눈물과 콧물이 줄줄 흐릅니다. 또 나아갈 수 없는 이유가 있으니, 호씨(胡氏)의 말에 '임금의 걱정은 강관(講官)이 학

131 이기안(李基安) : 삼례(參禮)의 생원(生員)으로, 사근 찰방(沙斤察訪) 김경(金坰)과 만난 자리에서 "인조는 믿을 만한 사람이 못 된다. 어찌 오래갈 수 있겠는가."라고 한 말을 삼례 찰방 민희안(閔希顔)이 전라도 관찰사 원두표(元斗杓)에게 알려, 의금부에 보고되었는데, 추국청(推鞫廳)에서 이기안을 추국하자 사실을 자백하면서 정온 등 많은 사람을 끌어댔던 일을 말한다. 《仁祖實錄 13年 2月 24日》

132 최현(崔晛) : 1563~1640. 본관은 전주, 자는 계승(季昇), 호는 인재(訒齋)이다.

133 상소문 : 《창석집》 권6 〈사부제학소(辭副提學疏)〉이다.

문을 알지 못하는 것보다 심한 것이 없다. 강관이 학문을 알지 못하면 임금이 대도(大道)를 들을 수 없어서 세속의 말이 들어가기 쉽고 의리의 말이 나아가기 어렵다.'라고 하였습니다.[134] 신은 몹시 배우지 못한 데다 시험해 보셨으나 효험이 없었습니다. 더구나 장차 비상한 대례(大禮)[135]를 거행하고자 하는 성상의 결정이 이미 단호하여 형세상 되돌릴 수 없다고 들었는데, 배우지 못한 신이 어찌 조금이나마 성상의 덕에 보탬이 되겠습니까."

하고, 마침내 돌아왔다.

6월 17일 지팡이 끌고 꽃 핀 섬돌을 따라 걷다가 섬돌을 정리하라고 명하였다. 날이 저물자 "기운이 편치 못하구나." 하고, 시중드는 사람에게 마당과 실내를 깨끗하게 청소하라고 명하였다. 공은 눈을 감고 단정히 앉아 있다가 잠시 후 자리를 바르게 하고 눕히라고 명하고 신시(申時)에 정침(正寢)에서 숨을 거두니, 향년 76세이다. 부음을 받자 탄식하고 애석해하지 않는 사람이 없었다.

이듬해 1월에 살던 곳에서 5리 떨어진 대현(大峴)에 장사 지냈다가, 훗날 도장산(道莊山) 묘향(卯向)의 언덕에 이장하고, 부인 두 분을 합장하였다. 공이 일찍이 원종훈(原從勳)에 참여되었고 조정이 은택을 베풀어 이조 참판에 증작(贈爵)되었다.

공은 타고난 자질이 남다른 데다 학문의 힘으로 채웠으니, 대개 유선생(柳先生)을 뵙고부터 성현의 학문을 들었던 것이다.[136] 몸을 닦은

134 호씨(胡氏)의……하였습니다 : 《대학연의보(大學衍義補)》 권80에 나오는 말이다. 호씨는 송나라 때 사람인 호인(胡寅)이다.

135 비상한 대례(大禮) : 1635년 3월 원종(元宗)을 부묘한 것을 말한다.

것으로 말하자면, 공이 일찍이 말하기를,

"이치를 궁구하는 것은 지식을 지극하게 하기 위해서이고, 자신을 반성하는 것은 실천하기 위해서이다. 그러나 지식을 지극하게 하는 것을 경(敬)으로 하지 않으면 미혹되고 어지러워져 무지한 사람이 되고, 실천을 경으로 하지 않으면 게으르고 방자해져 위태로운 사람이 된다. 두 가지는 반드시 경으로 아울러 지켜야 학문에 나아갈 수 있다."

하였다. 이런 까닭에 한가롭게 지내거나 홀로 거처할지라도 큰손님을 뵙는 듯이 엄숙하였다. 새벽에 일어나면 즉시 세수하고 의관을 정제하고 나가서 선영 쪽을 바라보고 두 번 절하고, 오로지 종일토록 단정히 앉아 어깨와 등을 꼿꼿하게 세웠는데, 무더위에도 흐트러진 기색을 보이지 않았다. 독서는《논어》,《맹자》,《중용》,《대학》을 근본으로 하고 다른 책을 두루 읽어 읽지 않은 것이 없었다. 높고 밝게 사색하고 의리를 찾아서 얻음이 있으면 생각하고, 생각하면 또한 의심이 없는 경지를 추구하여 한밤중에도 일어나 촛불을 켜고 깨달은 것을 써 놓았다.

공이 집안에서 행동한 것으로 말하자면, 공은 부모의 마음을 자신의 마음으로 삼아, 보여 주지 않아도 알아보고 말해 주지 않아도 알아들었다. 예순의 연세에도 "슬프고 슬프다, 부모여."라고 한 시[137]를 읊을 때마다 눈물을 흘리며 말하기를 "지난날 부모님을 곁에서 모실 때는 살림이 궁핍해도 맛난 음식을 빠트리지 않고 드렸다. 지금 녹봉을 받기

136 유……것이다 : 이준은 1580년(선조13) 21세 때 유성룡(柳成龍)을 찾아뵙고 가르침을 청하였다.

137 슬프고……시 :《시경》〈소아(小雅) 육아(蓼莪)〉에 "슬프고 슬프다 부모여, 나를 낳으시느라 몹시 수고하셨다.〔哀哀父母, 生我劬勞.〕"라고 하였다.

위해 벼슬을 살지만 누구를 위해 효도하겠는가."라고 하였다.

제사를 받들 때에는 반드시 정성으로 하고 반드시 경건하게 하여 숙연하고 개연하였다.[138] 제사가 흠 없이 끝나면 매우 기뻐하고, 조금이라도 제대로 되지 않으면 종일 즐거워하지 않았다. 일찍이 말하기를,

"세속에서는 묘소를 중시하고 사당을 경시하는데 몹시 예에 맞지 않다. 만약 이로 인하여 묘제(墓祭)를 완전히 폐지한다면 인정상 또한 마음이 편치 않다. 지금 문공(文公)의 예[139]를 따라 단지 한식 및 10월 상순에 묘소에서 제사를 지내고, 그 외 나머지 속절(俗節)[140]에는 다과를 차릴 뿐이다."

하고, 편지로 우복옹에게 묻자, 우복옹도 그것을 옳다고 여기고 따라서 시행하였다.

월간공(月澗公 이전(李㙉))이 공보다 두 살 많았는데, 공은 아버지를 섬기는 마음으로 월간공을 섬겼다. 일찍이 말하기를 "전쟁 속에 굶주리고 전염병을 앓던 날에 우리 형이 없었으면 내 몸도 없었다."라고 하고, 화가에게 그림을 그리게 하고 글을 써넣어 이름을 〈급난첩(急難帖)〉[141]

138 숙연하고 개연하였다 : 제사를 정성스럽게 드려서 영령이 강림하였다는 뜻이다. 《예기》〈제의(祭義)〉에서 온 말이다.

139 문공(文公)의 예 : 《주자가례(朱子家禮)》를 말한다.

140 속절(俗節) : 기제(忌祭) 외에 단오(端午), 중추(仲秋), 중양(重陽) 등 계절이 바뀔 때마다 사당이나 묘소에서 차례를 지내던 민간 절일(節日)을 가리킨다.

141 급난첩(急難帖) : 임진왜란 때 백화산 아래 의병 진영에서 이준이 전염병에 걸려 심하게 앓고 있는데 왜군이 기습하였다. 이준은 형 이전에게 혼자라도 탈출하라고 했으나 이전은 이준을 업고 백화산 위로 올라갔다. 왜군을 만나는 위험한 상황이 있었지만 이전이 용감하게 왜군을 물리쳐 두 사람은 무사하였다. 훗날 이준이 이 일을 화가에게 그리게 하고 여러 문인에게 글을 받았는데 이것이 현재 전하는 《형제급난도(兄弟急難圖)》이다.

이라 하였다.

아래로 집안에 이르러서도 화목하게 질서가 있었고 엄숙하게 법도가 있었다. 종족을 보살필 때는 고아와 과부를 더욱 우선시하였으며 가진 것을 모두 주고 자신을 위해서는 조금도 계산하지 않았다. 공이 세상을 떠나자 기년복을 입은 자가 10여 명이나 되었다.

공이 조정에서 활동했던 것으로 말하자면, 공은 평소 공손하기가 마치 말도 잘하지 못하는 것 같았으나 일을 만나면 곧 마치 못을 끊고 쇠를 자르는 것 같이 의리로써 판단하였으며, 늠름하여 범할 수 없는 점이 있었다. 임금에게 허물이 있거나 조정 정사에 잘못이 있는 것을 보면 아는 것은 말하지 않은 것이 없고 말은 남김없이 다 하였는데 간절하고 정성스럽게 하여 성상이 마음을 돌려 따르게 하는 데에 힘썼다. 국가의 큰 의리나 의론에 관련된 일에는, 탄식하고 분발하여 용감하게 임금 앞에 곧장 나아가 안색을 범하고 진노를 저촉하며 날마다 상소문을 번갈아 올렸고, 훈신이나 귀족이 성을 내며 위협하더라도 그 때문에 조금도 중지하지 않았다.

공의 말은 처음에는 쓰이지 않아도 결국 나중에는 증험되지 않은 것이 없어서 마치 촛불을 비추고 숫자를 센 것 같았으니, 식견 있는 자들은 열복하지 않음이 없었다. 다만 시기하는 자들이 매우 많았으니, 그들은 옆에서 공을 노려보다가 그림자를 쏘며[142] 반드시 맞추려고 하

142 그림자를 쏘며 : 소인배가 군자를 중상모략하는 것을 뜻한다. 《시경》 〈소아 하인사(何人斯)〉에 "저 사람은 도깨비도 되었다가 또 물여우도 되었구나." 했는데, 주희(朱熹)의 주에 "이 물여우가 입에 모래를 머금고 사람의 그림자에 뿜으면 그 사람에게 바로 피부병이 생긴다." 하였다.

였는데, 인조(仁祖)의 성명(聖明) 덕분에 예로써 대우하는 은총이 처음부터 끝까지 변함없었다. 그러나 권력을 잡은 자와 의견이 맞지 않았으니, 지위가 크게 현달하지 못한 것은 이 때문이다. 강대하고 방정한 기개가 백세토록 더욱 빛나게 되는 것도 이 때문일 것이다. 공을 평론하는 자가 무슨 유감을 갖겠는가.

공이 저술한 몇 권의 책은 지극한 이치가 담겨 있지 않은 것이 없다. 내면을 수양한 지 오래되어 광채가 절로 드러났으니, 이것이 어찌 근본이 없는 것이겠는가. 진실로 그 가지와 잎을 따라 그 뿌리를 찾을 수 있다면 백세 후에도 속일 수 없는 것[143]이 남아 있을 것이다.

공이 숨을 거두기 한 달 전에 글을 지어 자제들을 경계하기를,

"늙은이가 혹시라도 어느 날 세상을 떠나면 아무리 말을 하고 싶어도 할 수가 없으니, 이것이 말하는 까닭이다. 무릇 상례(喪禮)를 치르는 데에는 정해진 제도가 있으니 절대로 참람하게 분수를 넘어서는 안 된다. 시신을 염할 때는 입던 옷을 써야지 새로 옷을 지어서는 안 되며, 구의(柩衣)는 비단을 써서는 안 된다. 광(壙)의 깊이는 1장(丈)이고, 봉분의 높이는 4자이다. 나무는 부족하면 또한 판자를 연결해도 된다. 곽(槨)을 쓰는 것은 사마(司馬)의 설[144]에 따라 비록 곽을 쓰지 않더라도 또한 괜찮다. 유회(油灰)와 송진은 절대로 써서는 안 된다."

143 속일……것 : 근원이 있는 학문, 학문의 공력, 이치와 도리를 뜻한다.

144 사마(司馬)의 설 : 북송 대의 사마광(司馬光)이 지은 《서의(書儀)》에 있는 설을 뜻한다. 《서의》는 후대에 주희의 《주자가례》에 많이 반영되었다. 곽(槨)에 대해 사마광은 세월이 흘러 판목이 썩으면 무덤이 무너져 시신을 훼손하게 되므로 사용하지 않는 것만 못하다고 하였다. 《朱子家禮 喪禮 初終》

하였다. 또 말하기를,

"앙화와 경사는 선과 악이 쌓여서 일어나는 것이다. 예경(禮經)이 무너지자 요망한 학설이 일어나서 음양가(陰陽家)와 풍수가(風水家)의 학설에 빠지게 하여 법도 있는 가문일지라도 그것을 벗어나지 못하였으니, 깊이 경계해야 한다."

하고, 또 말하기를,

"《가례(家禮)》 한 부를 따라 행하며 실수하지 않는다면 증민(曾閔)[145]이 될 수 있다. 죽을 먹고 지나치게 애훼하여 중도에 맞지 않으면 모두 불효가 되니, 유념해야 한다."

하고, 또 말하기를,

"제물(祭物)은 살림에 걸맞게 하되, 희생 대신 닭을 쓰는 것을 일정한 법식으로 삼아라. 그러나 만약 재물이 있어 희생을 준비할 수 있다면 또한 어찌 너희를 막을 수 있겠느냐.'

하였는데, 이것들은 모두 공이 작고한 후 오랜 뒤에 글 상자 안에서 찾은 것이라고 한다.

공은 처음에 선산 문씨(善山文氏) 문수민(文秀民)의 딸에게 장가들어 2남 1녀를 낳았는데, 장남 대규(大圭)는 관직이 현감에 이르고, 차남 원규(元圭)는 문과에 급제하여 정랑(正郎)에 이르렀으며, 사위는 이혐(李馦)이다. 나중에 능성 구씨(綾城具氏) 구충윤(具忠胤)의 딸이자 이조 참판을 지낸 구봉령(具鳳齡)의 손녀에게 장가들어 2남 2녀를 낳았는데, 문규(文圭)는 지행(志行)이 있었으나 일찍 죽고, 광규(光

145 증민(曾閔) : 공자의 제자 중 효행이 뛰어난 증삼(曾參)과 민자건(閔子騫)을 말한다.

圭)는 성균관 생원이 되고, 사위는 조흥원(趙興遠), 유천지(柳千之)이다. 측실 소생으로는 아들이 산규(山圭)이고, 딸은 이제전(李悌傳)에게 시집갔다.

대규의 아들은 재관(在寬)이고, 사위는 이동야(李東野), 이렴(李濂)이다. 원규의 아들 재발(在發)은 불치병에 걸렸다. 이협의 외아들은 이유후(李裕後)이다. 문규의 아들은 재청(在清), 재명(在明)이다. 광규의 아들은 재아(在雅)이다. 산규의 아들은 재시(在始)이다. 증손과 현손 이하는 기록하지 않는다.

아, 공이 세상을 떠난 지 100여 년이 지났는데, 공의 덕을 기록한 글[146]이 아직 지어지지 않았으니, 이것은 참으로 사문의 전장(典章)에 결함이 있는 것이고, 사림(士林)이 한스러워하는 것이다. 공의 5세손 현감 이화국(李華國)[147]이 나를 용렬하다고 여기지 않고, 공의 아들 정랑공 이원규가 지은 가장(家狀) 한 부를 보여 주며 내게 행장을 부탁하였다. 제공(濟恭)은 절하고 일어나 손을 씻고 그 가장을 살펴보며 세 번 읽었다. 대개 공이 조정에 선 이래 당시의 정치를 끊임없이 논평하고 임금의 과실을 지적하여 진술한 것은 천지간 제1등의 의리 아님이 없었다. 만약 광해군이 공의 말을 썼다면 반드시 그 덕을 전복하는 데에 이르지 않았을 것이고, 중흥(中興) 이후의 훈신이나 귀족이나 대신 들이 공의 말을 썼다면 예악의 다스림이 반드시 삼대(三代)의 아래에 있지 않았을 것이니, 이것이 참으로 고산경행(高山景行)[148]을

146 덕을 기록한 글 : 행장(行狀)을 말한다.

147 이화국(李華國) : 1728～1788. 본관은 흥양(興陽), 자는 유기(由己)이다.

148 고산경행(高山景行) : 이준의 큰 덕행(德行)을 비유한 말이다. 《시경》 〈소아 거

끝없이 존경하고 흠모하는 까닭이다. 그러나 정묘년(1627) 이후에 입술이 타고 입이 해지도록 깊이 근심하고 분명하게 말하며 국토를 침략당할 우환이 아침이나 저녁에 일어날 것처럼 두려워하였으니 "이 문정(李文靖)은 참으로 성인이다."[149]라는 탄식을 더욱 견디지 못한다.

이때를 당하여 권세를 잡은 신하들의 부귀가 이미 극에 달하고 지혜와 사려가 막혀, 참으로 이른바 "제비와 참새가 서로 즐기면서 굴뚝에서 불길이 치솟는 것을 알지 못한다."[150]라는 것이었으나, 공만이 홀로 "이후의 근심이 바야흐로 커질 것이다."라고 말하였다. 조정에서 아침부터 저녁까지 계획하고 크고 작은 것을 경륜하는 것들이 자강(自彊)하는 큰 근본이 아니므로, 공은 곧 장수를 선발하고 군대를 다스리는 계책을 조정에 올렸는데, 우활하여 적용하지 못할 것이라 비웃지 않는 자가 거의 없었다. 그러나 공이 세상을 떠난 다음 해인 병자년(1636)에

할(車舝)〉에 "높은 산처럼 우러르고 큰 길처럼 따라간다.〔高山仰止, 景行行止.〕"라고 한 구절에서 온 말이다.

149 이……성인이다 : 이준의 선견지명을 칭송하는 뜻에서 인용한 구절이다. 이 구절은 원래 이항(李沆)이 선견지명이 있었음을 말한다. 이항이 재상으로 있으면서 어린 황제 진종(眞宗)이 장래에 토목(土木), 병갑(甲兵), 제사(祭祀) 등의 일을 일으킬 것을 미리 걱정하여 그렇게 하지 말 것을 경계했는데, 이항이 죽은 후 진종이 과연 태산에 봉선하고 궁실을 크게 짓는 역사를 일으켰다. 당시에 이 일을 예상하지 못했던 왕단(王旦)이 탄식하기를 "이 문정은 참으로 성인이다.〔李文靖眞聖人也〕"라고 하였다.《宋史 李沆列傳》 문정(文靖)은 이항의 시호이다.

150 제비와……못한다 : 재앙이 임박하였는데도 모르는 것을 비유한 말이다.《공총자(孔叢子)》〈논세(論勢)〉에 "굴뚝에 불길이 치솟아 집이 불타려 하는데 제비와 참새는 낯빛도 변하지 않고 재앙이 미치려 하는 것을 모른다.〔竈突炎上, 棟宇將焚, 燕雀顏色不變, 不知禍之將及也.〕"라고 한 데서 온 말이다.

남한산성에서 항복한 치욕은 천고에 씻을 수 없다. 아, 공이 미리 헤아려 앞일을 안 것은 마치 신명한 눈을 높이 매달아 놓고 보는 것과 같았는데, 이것에 어찌 다른 방법이 있겠는가. 바로 거경궁리(居敬窮理)하여 밝음이 비추지 않은 곳이 없고 의리가 정밀하지 않은 것이 없기 때문이다. 그러나 공의 평소 언론과 행동을 삼대 이후에 특별히 저명했던 사람들과 비교하면 오직 한나라의 가의(賈誼),[151] 당나라의 육지(陸贄),[152] 송나라의 이강(李綱)[153]·진덕수(眞德秀)[154]가 가깝고, 나머지 사람들은 모두 적막할 뿐이다. 아, 성대하도다.

제공은 참람함을 헤아리지 않고 오직 그 아래에 이름을 의탁하는 것을 행운으로 여기고 삼가 가장 안에서 천하 국가에 관련된 일들을

151 가의(賈誼) : B.C.200~B.C.168. 한 문제(漢文帝) 때 장사왕 태부(長沙王太傅)로, 흉노의 변경 침입 및 제후의 발호로 인한 국가의 위기 상황을 타개하기 위해 상소를 올려 시무책(時務策)을 건의하였다. 《漢書 賈誼傳》

152 육지(陸贄) : 754~805. 자는 경여(敬輿), 시호는 선(宣)이다. 당나라 덕종(德宗) 때 관원으로, 병법에 밝고 문장을 잘 지어 많은 조서가 그의 손에서 나왔다. 덕종에게 필요한 간언을 잘한 것으로 유명하다.

153 이강(李綱) : 1085~1140. 송(宋)나라의 충신으로 자는 백기(伯起)이다. 금(金)나라가 맹약을 어기고 남하(南下)할 때 팔뚝을 찔러 피를 내 소장(疏章)을 써서, 휘종(徽宗)이 태자에게 선위(禪位)하고 천하에 조서를 내려 근왕병(勤王兵)을 내릴 것을 청하여 흠종(欽宗)이 즉위하였다. 그리고 화의(和議)를 반대하고 결사 항전을 주장하다가 파직되었다. 그리고 금나라 군대가 변경(汴京)을 포위하였을 때 태학생(太學生) 진동(陳東) 등이 군민(軍民) 수만 명을 거느리고 대궐로 와서 상소하자 파직되어 있던 이강을 다시 기용하여 상서 우승(尙書右丞)으로 삼았다. 《宋史 李綱列傳》

154 진덕수(眞德秀) : 1178~1235. 자는 경원(景元)·희원(希元), 호는 서산(西山)이다. 남송(南宋)의 성리학자로 주자학을 계승하여 '소주자(小朱子)'로 불렸다. 조정에 있던 10년 동안 수십만 언의 상소를 올리며 직간하였다.

뽑아 편집하였다. 집안에서의 행적 중에 세상의 모범이 될 만한 것들은 또한 많이 생략하였는데, 이것은 그 큰 것을 들면 그 작은 것은 기록하지 않아도 되기 때문이다. 세상에 붓을 쥔 군자들이 채택하기를 바란다.

성상(聖上) 8년 갑진년(1784, 정조8)에 보국숭록대부(輔國崇祿大夫) 행 판중추부사 원임 겸 병조판서 판의금부사 지경연춘추관사 홍문관제학 예문관제학 세손좌빈객 규장각제학(行判中樞府事原任兼兵曹判書判義禁府事知經筵春秋館事弘文館提學藝文館提學世孫左賓客奎章閣提學) 채제공은 삼가 짓다.

역양 문공[155] 행장
嶧陽文公行狀

남평 문씨(南平文氏)는 고려 때 평장사(平章事)를 지낸 문다성(文多省)의 후예이다. 평장사를 시조로 모시는 자들은 여러 대 고관대작을 지내며 대대로 이름난 공경(公卿)을 냈는데 역사서를 살펴보면 확인할 수 있다. 문승욱(文承郁)이 처음 조선에서 벼슬하여 소감전(少監典) 중부 영(中府令)을 지내고, 소감전의 아들 문극정(文克貞)은 첨정(僉正)을 지냈는데, 이분들이 공의 5, 6대조이다.

공의 휘는 경호(景虎), 자는 군변(君變)이며, 역양(嶧陽)은 호이다. 고조 휘 중보(仲輔)는 성균관 생원이고, 증조의 휘는 진국(振國)이고, 조부 휘 한(翰)은 참봉을 지냈으며, 아버지는 휘 응수(應洙)이다. 어머니 진주 하씨(晉州河氏)는 승지에 증직된 하천수(河千壽)의 딸이자, 영의정을 지낸 문효공(文孝公) 하연(河演)[156]의 현손녀로, 가정 병진년(1556, 명종11) 8월 16일 영남 합천(陜川) 야로현(冶爐縣)에 있는 저택에서 공을 낳았다.[157]

155 역양(嶧陽) 문공(文公) : 문경호(文景虎, 1556~1619)로, 본관은 남평(南平), 자는 군변, 호는 역양이다. 정인홍의 문인이다. 임진왜란 때 창의하였다. 유일(遺逸)로 천거되어 찰방을 지냈다. 저서로 《역양집》이 있다.

156 하연(河演) : 1376~1453. 본관은 진주(晉州), 자는 연량(淵亮), 호는 경재(敬齋), 시호는 문효(文孝)이다. 영의정에 이르렀고, 문종(文宗)의 묘정에 배향되었다.

157 가정……낳았다 : 문경호는 1556년 8월 16일 외가인 합천 야로현 묵촌리(默村里)에서 태어났다.

공은 7, 8세에 이미 글을 읽고 문장을 지을 줄 알았다. 성장해서 억지로 과거 공부를 한 것은 부모님이 계시기 때문이었다. 을유년(1585, 선조18)에 사마시에 합격하였다. 이듬해에 부친상을 당하자 죽을 먹으며 삼년상을 마쳤는데, 이때부터 다시는 벼슬할 생각을 하지 않았다.

선조(宣祖) 임진년(1592)에 난리가 일어나자, 공은 칼을 잡고 홍의장군(紅衣將軍) 곽재우(郭再祐)의 군진에 달려갔는데, 종숙부 문응로(文應魯)[158]와 재종제 문경진(文景晉)[159]이 함께했다. 얼마 지나지 않아, 종숙부가 군진에서 죽자, 공은 충분(忠憤)을 더욱 돋우었으며, 왜적이 평정되자 곧 돌아왔다.

이보다 앞서 수우(守愚) 최공(崔公)[160]이 기축년(1589) 옥사에 죽었는데, 그의 죄가 아니었다. 나라 사람들은 그가 억울한 죄를 받았다고 여겼으나 간사한 무리의 기염과 함구령이 두려워 감히 한마디 말도 하지 못하였다. 공이 의연히 상소문을 갖춰 거리낌 없이 지적하며 임금을 감동시킬 때까지 상소를 그치지 않으니, 선조가 그 올곧음을 가상히

158 문응로(文應魯) : 1539~? 본관은 남평, 자는 희성(希聖)·사성(師聖), 호는 우재(愚齋)이다. 합천군 용주면 가호리에 살았다. 임진왜란 때 곽재우의 휘하에 들어가 싸웠다.

159 문경진(文景晉) : 1577~? 본관은 남평, 자는 자소(子昭), 호는 송계(松溪)이다. 합천군 야로면 돈평 출신이다. 임진왜란 때 곽재우의 휘하에 들어가 싸웠다.

160 수우(守愚) 최공(崔公) : 최영경(崔永慶, 1529~1590)으로, 본관은 화순(和順), 자는 효원(孝元), 호는 수우이다. 1589년 정여립 모반 사건이 일어나자 가공의 인물인 길삼봉(吉三峯)으로 무고받아 위관(委官)인 정철(鄭澈)에게 국문(鞫問)을 받다가 죽었다. 1591년 신원(伸冤)되어 대사헌에 추증되었으며 1611년(광해군3) 덕천서원에 배향되었다.

여겼다. 이로 말미암아 사림이 공을 더욱 의지하고 중시하였다.

임인년(1602)에 유일로 천거되었다. 10년 동안 송라(松羅), 성현(省峴), 황산(黃山), 김천(金泉) 4곳의 찰방(察訪)에 잇따라 제수되었는데, 공은 부임하거나 부임하지 않거나 오직 의에 맞게 하였다.

처음에 적신(賊臣) 정인홍(鄭仁弘)이 유학자라는 명성을 감쪽같이 도둑질하고 공과 같은 고을에 살았으므로, 공이 동계(桐溪) 정온(鄭蘊) 선생[161]과 함께 그를 스승으로 섬겼는데, 광해군이 즉위하자 간신 이이첨(李爾瞻)이 정인홍을 숭상하였다. 광해군의 살육이 형제에게까지 미치자, 동계옹이 항의하는 상소문을 올렸는데, 그 안에 "상방검(尙方劍)을 빌려주소서."[162]라고 하고, 또한 "거칠고 독한 무부(武夫)의 손을 빌린 것입니다."[163]라고 하였는데, 이것은, 정항(鄭沆)이 영창대군을 볶아 죽인 것[164]은 참으로 광해군이 몰래 시킨 것임을 지적한 것이다. 광해군

161 동계(桐溪) 정온(鄭蘊) 선생 : 정온(1569~1641)으로, 본관은 초계(草溪), 자는 휘원, 호는 동계·고고자(鼓鼓子), 시호는 문간(文簡)이다. 영창대군(永昌大君)이 피살되자 격렬한 상소를 올려 정항의 처벌과 당시 일어나고 있던 폐모론의 부당함을 주장하다가 제주도에 유배되었다. 저서로 《동계집》이 있다.

162 상방검(尙方劍)을 빌려주소서 : 임금의 칼을 빌려서 이이첨의 목을 베고 싶다는 말이다. 상방검은 임금이 간악한 신하를 제거할 때 쓰는 날카로운 칼을 말한다. 상방(尙方)은 원래 한(漢)나라 때 천자가 쓰는 물건을 담당한 벼슬이나 기구이다. 《한서(漢書)》 〈주운전(朱雲傳)〉에 의하면, 주운은 언관이 아니었는데도 당대의 권신인 태부(太傅) 장우(張禹)를 간신으로 지목하여 탄핵하면서 상방에 보관하던 좋은 칼을 하사받아 참수할 것을 청한 데서 나온 말이다.

163 거칠고……것입니다 : 임금인 광해군이 거칠고 독한 무부의 손을 빌려서 자신의 형제인 영창대군을 죽인 것이라는 뜻이다.

164 정항(鄭沆)이……것 : 1614년 강화 부사(江華府使) 정항이 광해군의 뜻에 영합하여 이이첨이 시키는 대로 영창대군을 밀실에 가두어 두고 아궁이에 불을 뜨겁게 때서

이 크게 진노하여 동계옹을 의금부에 잡아 가두고 국문하였다.

이때를 당하여 조정의 의론이 모두 "정온은 역적이고, 정온을 돕는 자도 역적이다."라고 하였는데, 공이 분개하여 옥중에 있는 동계옹에게 편지를 보내 말하기를,

"처음 공의 일을 듣고 어찌할 바를 몰랐습니다. 상황이 지연되면 반드시 성상의 보살핌을 받을 것입니다. 오직 이것만을 기도할 뿐입니다."

하였다. 동계옹이 바다 멀리 제주도로 유배되자,[165] 공이 자주 편지로 안부를 묻고, 나중에는 또한 시를 보내기를,

"곧은 주장 용납받지 못함이 어찌 부끄러우랴. 충성의 말로 재앙 만남은 오히려 영화로다.〔論直不容寧有愧 言忠遭禍亦榮華〕"

하니, 동계옹도 감사해 마지않았다.

당시에 흉론(凶論)을 주장한 자는 이이첨이고, 이이첨이 의지하고 믿는 것은 정인홍이었다. 공이 일찍이 정인홍에게 말하기를,

"상공은 어찌하여 이이첨과 절교하지 않습니까."

하였다. 정인홍의 종질(從姪) 정결(鄭潔)[166]과 종생질(從甥姪) 한회

답답하게 만들어 죽인 것을 말한다.《燃藜室記述 卷20 朴應犀之獄》

165 동계옹이……유배되자 : 정온은 1614년 2월 〈갑인봉사(甲寅封事)〉를 올려, 영창대군을 죽게 한 강화 부사 정항을 참(斬)하고 영창대군의 위호(位號)를 추복(追復)하여 예장(禮葬)할 것을 청하고, 폐모론(廢母論)을 발의한 인물들을 극변에 안치할 것을 청하였다. 8월에 제주도 대정현(大靜縣)에 위리안치되었다.

166 정결(鄭潔) : 1572~1623. 본관은 서산(瑞山), 자는 이정(而淨)이다. 정인홍의 종질이다. 1623년(인조1) 4월 11일 폐모론을 주장한 말이 매우 흉악했다는 죄명으로 사형을 당하였다.

(韓會)[167] 등이 성균관 유생들을 이끌고 상소문을 올려 동계옹을 죽일 것을 청하자, 공이 또한 정인홍에게 말하기를,

"정결과 한회는 모두 상공의 가까운 친척입니다. 이 상소문을 의논하는 사람들이 장차 이 상소문이 어디에서 나왔다고 여기겠습니까."

하였다. 공이 마침내 뜻을 같이하는 사람들과 함께 통문을 내니, 온 고을 사람들이 그들의 죄를 성토하며 그들의 과거 응시를 허락하지 않았다. 정결 등이 몹시 성을 내며 소인배들에게 멋대로 말하기를,

"우리가 상소문을 조정에 올린 것은 참으로 선생의 뜻을 따랐는데 문경호가 우리를 공격한다. 우리를 공격하는 것은 곧 선생을 공격하는 것이다."

하였다. 이에 이이첨이 대사간 이성(李惺)[168]을 사주하여 발계(發啓)하도록 했는데, 이성이 발계하여 아뢰기를,

"문경호가 감히 스승을 공격하는 의론을 외쳤으니, 하루라도 관원의 반열에 두어서는 안 됩니다. 사판(仕版)과 청금록(靑衿錄)[169]에서 이름을 삭제하소서."

167 한회(韓會) : ?~1629. 정인홍의 종생질로, 1614년 정결과 함께 상소하여, 귀양간 정온을 죽일 것을 청하였다. 1629년 역모에 가담했다는 죄명으로 처형되었다.

168 이성(李惺) : 본관은 완산(完山), 자는 자성(子省)이다. 이산해(李山海), 정인홍, 이이첨과 함께 대북파의 당여(黨與)로, 선조 말에 광해군 대신 영창대군을 옹립하려 했던 소북파의 영수 유영경(柳永慶)의 옥사에 깊이 관여하여, 1613년 정운 공신(定運功臣) 3등에 책록되고 완계군(完溪君)에 봉해졌다.

169 청금록(靑衿錄) : 성균관, 향교, 서원 등에 있던 선비들의 명부이다. 중국 고대 선비들이 청백색의 깃을 단 옷을 입었다는 데에서 유래한 명칭으로, 여기에 오르면 유림 사회에서 선비로 인정받고 특권을 누렸다.

하였는데, 그가 스승이라 하고 선생이라 한 것은 정인홍을 가리킨 것이다.

을묘년(1615)에 성균관 유생 민결(閔潔)[170] 등이 상소하기를, "온 나라 사람들로 하여금 임금과 신하의 대의(大義)를 알지 못하게 한 자는 정온이 으뜸이고, 이명(李溟)[171]과 오장(吳長)[172]은 겉과 속이 되어 서로 호응하며, 강대진(姜大進)[173]과 송홍주(宋興周)[174]는 앞과 뒤에서 돕고 있습니다. 역적 정온에 대해 충신이라 하기도 하고 그의 주장이 올곧다고 하기도 하며, 정온을 백이(伯夷)[175]와 우탁(禹

170 민결(閔潔) : 1571~? 본관은 여흥(驪興), 자는 성흥(聖興)이다. 1615년 1월 19일 관학 유생들과 함께 상소하여, 오장과 강대진이 임금을 무시하고 역적 정온과 어울린 죄를 다스려 먼 곳으로 귀양 보내 국시를 정할 것을 청하였다.

171 이명(李溟) : 1570~1648. 본관은 전주(全州), 자는 자연(子淵), 호는 구촌(龜村)이다. 광해군 초에 평안도 어사, 이조 정랑 등을 지내면서 이이첨 등의 정책에 반대하여 사임하고, 1613년 응교로 있으면서 영창대군에게 죄주는 것은 부당하다고 주장하다가 파직되었다.

172 오장(吳長) : 1565~1616. 자는 익승(翼承), 호는 사호(思湖)이다. 1614년 영창대군의 살해를 비판하던 정온이 제주로 유배되자 영남의 유생들을 이끌고 반대 상소를 하였다가 토산(兎山)으로 유배되었으며 그곳에서 죽었다.

173 강대진(姜大進) : 1591~1658. 본관은 진주(晉州), 자는 학안(學顔)·면재(勉哉), 호는 추간(秋澗)·한사(寒沙)·정와(靜窩)이다. 강대수(姜大遂)로 개명하였다. 1614년 정언으로서 인피하며, 정온을 지지하는 말을 했다가 성균관 유생 민결·조덕겸 등의 탄핵을 받고 삭출되어 1615년 회양(淮陽)으로 부처되었다. 《溪堂集 卷14 通政大夫承政院右承旨兼經筵參贊官春秋館修撰官知製教寒沙先生姜公行狀》

174 송홍주(宋興周) : 자는 용아(用我), 본관은 진천(鎭川)이다. 광해군 때 상소를 올려 정온의 충성스러움과 이이첨(李爾瞻)의 간사함에 대해 극언하였다가 금고(禁錮)되었다.

175 백이(伯夷) : 은(殷)나라 고죽군(孤竹君)의 아들로, 주(周)나라 무왕(武王)이

倬)[176]에 견주기까지 하였는데, 그렇다면 저들이 전하를 어떠한 군주에 견주겠습니까. 문경호와 이대기(李大期)[177]가 기꺼이 스승을 등지고 간사한 주장에 빌붙었으니, 임금을 무시하고 역적 정온을 편든 죄를 다스려서 역적을 토벌하는 춘추 대법(春秋大法)을 엄하게 시행하소서."

하였다. 조덕겸(趙德謙)이란 자가 이어서 상소하기를,[178]

"전하께서 처음에 정온을 주벌하지 않은 것이 송홍주가 일어난 까닭이고, 송홍주를 주벌하지 않은 것이 강대진 등이 이어서 나온 까닭이며, 문경호는 강대진의 말에 미혹되어 이웃 고을에 통문(通文)을 보냈습니다. 빨리 정온의 머리를 베고 장대에 걸어서 거리에 세우고, 그다음에는 송홍주를 주벌하여 역적에게 편든 죄를 보이고, 그다음에는 강대진과 문경호 등이 임금을 버리고 스승을 등진 죄를

은나라를 무력으로 정벌할 적에, 무왕이 탄 말을 잡고 신하로서 임금을 치는 것은 부당하다고 간언하였다. 무왕이 듣지 않자, 수양산에 들어가 고사리를 캐 먹으며 살다가 굶어 죽었다. 《史記 伯夷列傳》

176 우탁(禹倬) : 1263~1342. 본관은 단양(丹陽), 자는 천장(天章)・탁보(卓甫), 호는 백운(白雲)・단암(丹巖), 시호는 문희(文僖)이다. 충선왕(忠宣王)의 잘못을 지적하는 상소를 올리면서, 간언을 받아들이든지 자신을 죽이든지 하라는 의미로 도끼를 함께 가지고 갔다. 《高麗史 卷109 禹倬列傳》

177 이대기(李大期) : 1551~1628. 본관은 전의(全義), 자는 임중(任重), 호는 설학(雪壑)이다. 경상남도 초계 출신이다. 통문을 만들어 경상도에 전파하여 정결(鄭潔) 등이 정온을 성토한 상소에 대해 신랄하게 공박하였는데, 그 당시의 대론(臺論)을, 본말이 전도되고 진실을 상실한 것이라고 하면서 정결 등을 도깨비와 물여우에 비유하였다.

178 조덕겸(趙德謙)이란……상소하기를 : 조덕겸(1568~?)은 본관은 순창(淳昌), 자는 여익(汝益)이다. 그가 올린 상소는 《광해군일기》 7년 1월 17일 기사에 보인다.

다스리시어 국시(國是)를 정하소서."

하였다.

이때 흉론(凶論)을 주장한 자는 반드시 동계를 역적의 괴수로 여겼고, 동계를 공격하는 자 또한 반드시 공을, 역적을 편든 자로 여겼다. 흉악한 상소문이 떼 지어 몰려들어 재앙의 빌미가 누구에게 이를지 알 수 없게 되자, 공을 불쌍하게 여기지 않는 사람이 없었으나, 공은 태연하게 처신하였다. 그 때문에 자제들이 해명하는 상소문을 올리고 싶어 하자, 공이 번번이 중지시키며 말하기를,

"상소문을 올려 해명하는 일은 군자가 할 짓이 아니다. 죄가 있든 없든 공의를 따를 뿐이다."

하였다.

정사년(1617)에 폐모론(廢母論)이 일어나자, 공은 우려와 분노로 강개해져 정인홍에게 편지를 보내 말하기를,

"아들로서 어머니를 폐위하는 것이 무슨 도리입니까. 옛사람은 계지술사(繼志述事)[179]를 제왕의 더없이 큰 효로 여겼습니다. 그렇다면 지난날 아들인 이의(李㼁 영창대군)의 죽음은 선왕의 뜻이 아니었는데, 더구나 국모를 폐위하는 일이겠습니까. 삼가 바라건대 엄중한 결단을 내려 계문을 올리십시오. 비록 상의 뜻에 크게 어긋난다 하더라도 벼슬을 내놓고 물러나는 데에는 문제가 없을 것입니다."

179 계지술사(繼志述事) : 계지는 어버이의 뜻을 잘 계승하는 것을 말하며, 술사는 어버이의 일을 잘 따라서 하는 것을 말한다. 공자가 말하기를 "문왕(文王)과 주공(周公)은 세상 사람들이 모두 칭찬하는 효자일 것이다. 효라는 것은 어버이의 뜻을 잘 계승하며, 어버이의 일을 잘 따라 행하는 것일 뿐이다." 하였다. 《中庸章句 第19章》

하였다.

문의(問議)가 서울에서 내려오자, 공이 또 편지로 정인홍에게 권하기를,

"검상(檢詳)이 와서 이웃에 묵고 있는데, 그가 유지(有旨)를 지녔다고 합니다. 큰 논의를 위에서 문의하는 일이 있으면 상공은 형세상 대답하지 않을 수 없습니다. 상공은 국가의 경중이 매인 몸으로서 이 막중한 일을 당하였는데, 만약 조금이라도 도리에 어긋나게 대답한다면 이는 만세의 공론에 비난을 받을 수 있으니 상공을 위해서 염려합니다. 옛날 한 위공(韓魏公)[180]이, 영종(英宗)과 조 태후(曹太后)[181] 양궁(兩宮)의 사이가 벌어졌을 때 혼자 영종을 알현하였습니다. 영종이 이르기를 '조 태후는 나를 각박하게 대하였다.'라고 하자, 한기(韓琦)가 아뢰기를 '예로부터 성스러운 제왕과 현명한 왕은 각박하게 대했다고 여기지 않았습니다. 유독 순(舜)을 대효(大孝)라고 일컫는 것[182]이 어찌 그 나머지 사람들이 모두 불효(不孝)했기 때문이겠습니까. 부모가 자애롭고 자식이 효도하는 것은 늘 있는 일이니 말할 것도 못 됩니다. 부모가 자애롭지 못한데 자식이 효도를 잃지 않는 것이 칭송할 만한 것이 됩니다. 다만 폐하께서 조 태후를 섬기는 것이 지극하지 못한 듯합니다.'라고 하니, 황제가 바로 감동

180 한 위공(韓魏公) : 송(宋)나라 한기를 가리킨다. 영종 때 우복야(右僕射)로 위국공(魏國公)에 봉해졌다.

181 조 태후(曹太后) : 송나라 인종(仁宗)의 비(妃)이다.

182 순(舜)을……것 : 맹자가 순 임금에 대해 "대효는 종신토록 어버이를 사모하니, 50세까지 어버이를 사모한 자를 나는 순 임금에게서 보았다."라고 하였다. 《孟子 萬章上》

하여 깨달았습니다. 오늘날의 일로 말하자면 사람들이 아무리 '국모의 자애롭지 못함이 이미 드러난 것이 순이 당한 변고 정도일 뿐만이 아니다.'라고 말하더라도, 그러나 만약 순이 이런 상황에 처했다면 응당 또한 스스로 다할 도리를 찾아서 할 것입니다."

하였다. 아, 공이 대의를 개진하며 간절하게 권고하고 깨우쳐 준 것이 두 번에 이르고 세 번에 이르러도 그칠 줄 몰랐던 것은 대개 자신의 도리를 다하려 한 것일 뿐이니, 공이 저 정인홍을 어찌하겠는가.

기미년(1619) 7월 18일 공이 정침에서 별세하니, 향년 64세이다. 고을 북쪽 무산(無山) 임좌 병향(坐壬丙向)의 언덕에 장사 지내니, 유명을 따른 것이다.

공이 세상을 떠난 다음 해 설학(雪壑) 이대기(李大期)가 근방의 여러 선비를 이끌고 사당을 세워 공을 향사할 것을 의논하였다. 장령 채겸길(蔡謙吉)은 이이첨의 무리인데, 상소하여 이대기를 배척하기를,[183]

"이대기는 일찍이 정결 등을 도깨비와 물여우에 비유하였습니다. 문경호는 의리에 밝지 못하여 정온을 죽일 것을 청한 정결의 상소를 흉악한 상소라고 지목했습니다. 이대기는 곧 아직 죽지 않은 문경호인데, 지금 문경호의 죄를 덮고자 사당을 세워 제향하려고까지 하며, 문경호를 옛날의 향선생(鄕先生)[184]에 비겼습니다. 이대기가 방

183 채겸길(蔡謙吉)은……배척하기를 : 채겸길(1559~1623)은 본관은 평강(平康), 자는 길원(吉元)이다. 광해군 말년 대북파와 친교를 맺고 활동하다가 1623년 인조반정 때 처형당하였다. 그가 올린 상소는 《광해군일기》 12년 1월 26일 기사에 보인다.

184 향선생(鄕先生) : 옛날 치사(致仕)한 뒤 시골로 내려온 중대부(中大夫)를 태사(太師)로 삼고 치사한 사(士)를 소사(少師)로 삼아, 향학(鄕學)에서 자제들을 가르치

자하게 자기의 뜻을 행하려 하니, 아, 또한 심합니다."

하였다. 정결이 사서(司書)로서 감히 채겸길을 이어 상소하여 아뢰기를,

"문경호와 이대기는, 한 사람은 정온을 '고고하고 정직한 사람'이라 하고, 한 사람은 정온을 '옛사람의 유풍을 지닌 곧은 사람'이라 하며, 신들에 대하여는 '망녕되이 상소를 올렸다.'라고 말하면서 통문을 내어 정거(停擧)하기까지 하였습니다. 그때 삼사(三司)와 성균관 유생들이 서로 이어서 성토했는데, 지금 이대기가 문경호를 신원한다고 핑계 대고 자신을 구제하는 계책을 이루려고 합니다. 이대기와 문경호는 그 죄가 같습니다."

하였다. 이에 양사가 이공(李公)을 발계(發啓)하니, 이공은 결국 해서(海西) 백령도(白翎島)로 유배 가고, 사당을 세우려던 의론은 마침내 중지되었다.

아, 공의 큰 절개는 사람들이 눈과 귀로 분명하게 보고 들어 알고 있으니, 그중 작은 것들은 생략하더라도 괜찮다. 그러나 나라의 근본은 가정에 있고 가정의 근본은 몸에 있으니, 만약 단지 나라에 드러난 것만을 논하고 몸을 닦아 가정에 넓힌 것을 논하지 않는다면 또한 어찌 체용(體用)을 밝히고 본말(本末)을 갖춘 의리이겠는가.

공의 본성은 화려한 것을 좋아하지 않고, 고요하고 담박하여 과거 공부를 물리쳐 버리고, 역산(嶧山) 남쪽에 두세 칸 모정(茅亭)을 지었는데[185] 그 규모가 매우 간략하였다. 모정 주위에 오동나무를 심고 푸른

게 하고 이들을 명명한 호칭인데, 이들이 죽으면 서당에 위패를 모시고 제사하였다. 《儀禮 士冠禮》

185 역산(嶧山)……지었는데 : 문경호는 22세 때인 1577년 합천군 야로면 못가에 역

대나무와 푸른 소나무를 심고, 새벽마다 반드시 그곳으로 나갔다. 부인이나 어린이는 가까이 오지 못하게 하고 경전에 잠심하며 성현의 말씀을 마주 대하였다. 공은 늘 "경의(敬義)는 곧 몸을 닦는 큰 근본이다." 라고 말하며, 왼쪽 벽에는 성의근독(誠意謹獨)의 비결[186]을 써 놓고 오른쪽 벽에는 경의협지(敬義夾持)의 요체[187]를 써 놓고서 스스로 반성하였다.

공은 성품이 지극히 효성스러워 늘 부친을 끝까지 봉양하지 못한 것[188]을 지극한 슬픔으로 여기며, 모부인 섬기는 것을 직분으로 삼아 공경을 다하였으니, 오로지 좌우에서 봉양하기만 한 것이 아니었다. 아무리 작은 일이라도 혹 어머니의 뜻을 따르지 못할까 걱정하였다.

공이 병에 걸렸을 때 모부인은 80여 세였다. 공은 심려를 끼칠까 두려워 비록 기력이 점점 쇠약해져도 반드시 억지로 일어나 가만히

산재(嶧山齋)를 짓고 강학하는 장소로 삼았다. 《嶧陽集 嶧陽先生年譜》

186 성의근독(誠意謹獨)의 비결 : 성의는 뜻을 성실히 한다는 것이고, 근독은 홀로 있을 때를 삼가는 신독(愼獨)과 같은 말이다. 《대학장구》 성의장(誠意章)에는 "이른바 뜻을 성실히 한다는 것은 자기함이 없는 것이다. 악을 미워하되 악취를 싫어하듯 하고 선을 좋아하되 미색(美色)을 좋아하듯 하는 것을 자겸이라 한다. 이 때문에 군자는 반드시 그 홀로 있을 때를 삼간다.〔所謂誠其意者, 毋自欺也. 如惡惡臭, 如好好色, 此之謂自謙. 故君子必愼其獨也.〕"라고 하였다.

187 경의협지(敬義夾持)의 요체 : 《근사록(近思錄)》 권2에 "경과 의가 좌우에서 자신을 잡아 주면 곧바로 위로 올라가니, 천덕에 도달함이 이 경과 의로부터 시작된다.〔敬義夾持直上, 達天德自此.〕"라고 하였다. 경(敬)과 의(義)에 대해서는 《주역》 〈곤괘(坤卦) 문언(文言)〉에 "군자는 공경심으로 안을 바루고 의리에 입각하여 밖을 바르게 한다.〔君子, 敬以直內, 義以方外.〕"라는 말이 있다.

188 부친을……것 : 문경호는 31세 되던 해인 1586년 2월 부친상을 당하였다.

앉아서 병세가 호전된 것처럼 행동하였다. 운명하던 날 저녁에는 오히려 한글로 글을 써서 어머니의 마음을 위로해 드렸으니, 그 효성에 감동하고 그 일을 슬퍼하지 않는 사람이 없었다.

자제들을 가르칠 때는 늘 말하기를,

"무릇 일을 할 때 만약 진정을 숨기고 꾸며 남을 기쁘게 하려 힘쓴다면 마음이 밖으로 달려가게 되니 인(仁)을 하는 것이 드물게 된다."

하고, 또 말하기를,

"무릇 불선(不善)한 마음은 작은 것에서 시작되나 큰 것에 이른다. 만약 작은 것에서 그것을 경계하면 큰 것에 이르지 않을 것이다."

하고, 또 말하기를,

"일 처리와 몸가짐은 반드시 남명(南冥)이 말한 '경의(敬義)의 실제'[189]를 체인(體認)한 후에야 곧 인(仁)을 구하는 방도가 된다."

하였다.

젊은 후학을 대할 때는 반드시 그들의 타고난 자질에 따라 가르치고 이끌었다. 혹 불선한 사람이 오면 그를 접대하기만 할 뿐 안색을 바르게 하고서는 말을 하지 않았다. 자제들이 그 까닭을 물으면 말하기를,

"간사한 사람은 가까이해서는 안 되지만, 물리쳐서도 안 된다."

하였다.

공의 교유 관계를 말하자면, 공은 늘 한강(寒岡) 정 선생(鄭先生)과

189 경의(敬義)의 실제 : 《주역》 〈곤괘 문언〉에 "경으로 안을 곧게 하고 의로 밖을 바르게 한다." 하였는데, 남명 조식(曺植)이 '경의' 두 글자를 신명처럼 섬겨서 〈패검명(佩劒銘)〉을 지어 "안으로 밝히는 것은 경이고, 밖으로 결단하는 것은 의이다.〔內明者敬; 外斷者義.〕"라고 하였다. 《南冥集 卷1 佩劒銘》

종유하며 지극한 가르침을 전수받았고, 가까이 모시게 된 기쁨이 시편에 드러나기까지 하였다.[190] 도를 수호한 것으로 말하자면, 용암(龍巖)[191]과 남계(藍溪)[192] 두 서원을 건립하고, 또한 송계(松溪) 신공(申公)[193]을 예림서원(禮林書院)[194]에 추가로 배향했는데, 이 서원들은 모두 공이 창도한 것이다. 공이 현인을 사모하고 덕을 숭상하며 사문(斯文)에 힘쓴 것이 또한 이와 같았다.

190 공은……하였다 : 문경호는 21세 되던 해인 1576년 정구(鄭逑)를 만났고, 1579년에는 정구와 가야산을 유람하였으며, 1587년에는 정구가 내방하였다. 1589년 7월 정구 등과 함께 동래 온천을 다녀오고, 9월에는 문경호가 정구를 모시고 제현(諸賢)과 회연정사(檜淵精舍)에 모여 이야기를 나누었다. 동래 온천을 다녀온 여정을 기록한 〈동행록(東行錄)〉이 《역양집》 권3에 실려 있다.

191 용암(龍巖) : 합천군 삼가면에 있던 용암서원(龍巖書院)으로, 조식을 제향하던 서원이다. 이 서원은 원래 회산서원(晦山書院)이었는데, 1601년 재건립할 때 터가 협소하여 황강 앞으로 옮겨 건립하였다. 1609년 '용암'이라 사액(賜額)되었다. 흥선대원군의 서원철폐령에 의해 훼철되었다.

192 남계(藍溪) : 함양군 수동면 원평리에 있는 남계서원(藍溪書院)으로, 1552년 정여창(鄭汝昌)을 제향하기 위해 세워져, 1566년 사액을 받았다. 1597년에 소실되었다가, 1603년에 복원되고 1612년에 중건되었다.

193 송계(松溪) 신공(申公) : 신계성(申季誠, 1499~1562)으로, 자는 중성(仲誠), 호는 송계이다. 1637년 예림서원에 추가로 배향되었다.

194 예림서원(禮林書院) : 밀양시 부북면 후사포리에 있다. 김종직(金宗直)의 학덕을 기리기 위하여 건립한 것으로, 1567년 이도우(李度祐)가 창건하여 덕성서원(德城書院)이라 이름 붙였다. 뒤에 퇴계(退溪) 이황(李滉)이 이름을 점필서원(佔畢書院)으로 바꾸고 친필로 쓴 편액을 걸었다. 1635년 지금의 상남면 예림리로 이건하였고 1637년 사림의 공의로 예림서원으로 이름을 바꾸고 박한주(朴漢柱)와 신계성을 추가로 배향하였다. 1669년(현종10) 사액서원(賜額書院)이 되었다. 1680년(숙종6) 묘우(廟宇)가 소실되어 지금의 위치로 다시 이건하였다.

사간(司諫) 강익문(姜翼文)[195]이 일찍이 공의 유집(遺集)을 초록하고 권말(卷末)에 쓰기를,

"역양(嶧陽) 문공(文公)의 마음가짐과 몸가짐은 밝은 해와 같은 점이 있으니, 다만 우리 고을의 종장(宗匠)이 될 뿐만이 아니다. 군자다운 사람이라 할까? 군자다운 사람이라 할 것이다."

하였는데, 사람들이 지언(知言)[196]이라 하였다. 공이 지은 시문이 화재로 소실되어 몇 편만이 본가에 남아 있으니, 애석하다.

부인 성산 이씨(星山李氏)는 중랑장 이부(李傅)의 딸로, 시부모 봉양을 정성으로 하고 남편 섬기기를 예로 하며 부인의 도리에 매우 맞게 하였다. 공보다 20년 뒤에 세상을 떠나니, 향년 80세이며, 공의 묘소 아래에 안장되었다.

공은 아들이 없어 문경진(文景晉)[197]의 아들 문필양(文必陽)[198]을 양자로 삼았는데, 문필양은 어질었으나 요절하였다. 동계옹이 제문을 지어 문필양에게 제사를 지냈는데,[199] 그 제문에 "온화하고 공손하며

195 강익문(姜翼文) : 1568~1647. 본관은 진주, 자는 군우(君遇), 호는 당암(戇菴)으로, 합천(陜川) 출신이다. 1613년 계축옥사(癸丑獄事) 때 관직에서 물러났다. 1618년 아들 강대수(姜大遂)가 유배되자 충원 현감으로 좌천되었다. 뒤에 광해군의 난정(亂政)을 항소하다가 그 역시 유배되었는데 아들 강대수의 상소로 풀려난 뒤 고향에서 만년을 보냈다. 저서로는 《당암집》이 있다.

196 지언(知言) : 사람의 말을 듣고 그 진의를 잘 파악하는 것으로, 《맹자》 〈공손추 상(公孫丑上)〉에 나오는 말이다.

197 문경진(文景晉) : 1576~1647. 본관은 남평(南平), 자는 자소(子昭), 호는 동산(東山)·송계(松溪)이다. 합천 야로 출신이다. 문경호의 재종제이다.

198 문필양(文必陽) : 1600~1632. 본관은 남평, 자는 강재(剛哉), 호는 노천(爐川)이다. 생부는 문경진이고, 양부는 문경호이다.

단아하니 선대의 덕을 빼 닮았네. 어찌하여 봉과 같은 그대가 날기 전에 날개가 꺾였던가.〔溫恭端雅 克肖厥德 如何鳳兒 未飛摧翎〕"라고 하였으니, 문필양이 선생 장자(先生長者)에게 받은 사랑이 이와 같았다.

문필양은 점필재(佔畢齋) 김 선생(金先生 김종직(金宗直))의 현손인 김성률(金聲律)의 딸에게 장가들어, 2남 2녀를 낳았다. 장남 한경(漢經)은 장악원 정에 증직되고, 차남 한장(漢章)은 동지중추부사이고, 사위는 파평 윤씨(坡平尹氏) 윤심(尹深)과 연안 이씨(延安李氏) 이덕기(李德基)이다.

공의 7세손 문재박(文再博)이 천 리 길을 고생하며 걸어와서 제공(濟恭)에게 공의 덕을 기록하는 글을 부탁하였다. 제공은 손을 씻고 가장을 읽고 절하고 말하기를,

"아, 자식으로서 어머니를 폐위하는 것은 천하 만고의 변고이다. 그런 시대에 태어나 그런 일을 만난 사람이 탄식하고 분개하는 것은 진실로 떳떳한 본성을 지닌 것이니, 괴이하게 여길 필요가 없다. 공은 젊었을 때 정인홍을 스승으로 모신 사람이다. 스승이 있는 곳은 도가 있는 곳이니, 정인홍의 소행을 당연한 도(道)로 인식해야 할 듯한데, 정인홍이 제멋대로 결국 간적(奸賊)의 당파에 돌아가서 국모를 폐위하는 것을 불가하다고 하지 않는 데에 이르자, 공은 단연코 다시는 정인홍을 스승으로 보지 않고, 직접 만나서 타이르고 편지로 깨우쳐 주어, 혹시라도 정인홍이 잘못된 길에서 돌아 나오기를 바랐으나 정인홍은 반성하고 깨닫지 못할 뿐만 아니라, 그의 문도들은

199 동계옹이……지냈는데 : 정온이 지은 제문은《동계집》속집 권2에 있는〈제문강재문(祭文剛哉文)〉이다.

도리어 떼 지어 일어나 공을 모함하고 스승을 저버렸다고 힐난하며 탄핵하는 상소를 서로 이어서 올렸다. 한때 공을 곤란하게 만들었던 일이 공이 만세토록 우뚝 세우려던 절개를 성취시키기에 마침 알맞았다. 이것은 뛰어나다고 할 만하다."

하였다. 동계 선생이 설학의 묘비명을 지었는데,[200] 그 묘비명에서 말하기를,

"경신년(1620)에 공이 문경호의 원통함을 바로잡고자 온 도내(道內)에 통문을 냈다가 소인배들의 모함을 받아 해서로 유배되었다."라고 하고, 그 명문(銘文)에서 또한 말하기를 "벗의 어려움을 다급하게 여겨 탄식만 하지 않고 일어났으니, 어쩌면 그리도 굳세단 말인가. 〔急友之難 不但永歎 何其勁也〕"

하였다. 훗날 공을 논평하는 자는 설학의 행적을 말미암아 공의 절개를 알 수 있을 것이고, 또한 이것을 말미암아 동계옹이 함께 세상을 살며 마음을 같이했던 사람은 오직 공 한 사람뿐이었음을 알 수 있을 것이다. 제공이 어찌 감히 군더더기를 보태겠는가. 효성스러운 후손의 요청을 거절하기 어려워, 사적(事跡)의 시말을 차례대로 서술하여, 붓을 잡은 군자가 채택하기를 기다린다.

200 동계……지었는데 : 〈형조정랑이공묘갈명(刑曹正郎李公墓碣銘)〉이다. 《桐溪集 卷4》

번암집

제40권

행장
行狀

백종조 조부 승의랑 홍문관수찬 지제교 겸 경연검토관 춘추관기사관 오시재 선생[1] 행장

伯從祖祖父承議郎弘文館修撰知製敎兼經筵檢討官春秋館記事官五視齋先生行狀

우리 백종조 조부 오시재(五視齋) 선생의 휘는 명윤(明胤)이고, 자는 중선(仲宣)이며, 서재 이름은 이극(李克)이 문후(文侯)에게 답한 말[2]에서 취한 것이다. 채씨는 본래 평강(平康)의 대성(大姓)으로 신라 부마(駙馬)의 후손[3]이다. 고려 시대에 휘 송년(松年)[4]은 전쟁터에 나가면 명장이 되고 조정에 들어오면 명재상이 되었으며, 시호는 경평공(景平公)이다. 경평공의 아들 휘 자화(子華)[5]는 평장사(平章事)이다. 평

1 오시재(五視齋) 선생 : 채명윤(蔡明胤, 1652~1720)으로, 본관은 평강, 자는 중선(仲宣), 호는 오시재이다. 번암의 백종조부(伯從祖父)이다.

2 이극(李克)이……말 : 위(魏)나라 문후가 위성(魏成)과 책황(翟璜) 두 사람 중에서 누구를 정승으로 삼을지 이극에게 묻자, 이극이 "그들이 거처할 때 누구와 가까이하는지, 부유할 때 누구에게 베풀었는지, 높은 자리에 있을 때 누구를 천거하였는지, 곤경에 처했을 때 무엇을 하지 않았는지, 가난할 때 무엇을 취하지 않았는지, 이 다섯 가지를 살펴보면 충분히 정하실 수 있을 것입니다."라고 답한 것을 말한다. 《史記 魏世家》

3 신라 부마(駙馬)의 후손 : 평강 채씨의 먼 조상인 채원광(蔡元光)이 신라 제17대 내물왕의 사위 채보한(蔡輔漢)의 후손이라는 말이 전한다.

4 송년(松年) : 채송년(蔡松年, ?~1251)으로, 본관은 평강, 자는 천로(天老), 시호는 경평(景平)이다. 평강 채씨의 시조이다. 추밀 승선(樞密承宣), 북계병마사(北界兵馬使), 어사대부(御史大夫), 중서시랑평장사(中書侍郎平章事) 등을 지냈다.

5 자화(子華) : 채자화(蔡子華)로, 고려 때 평장사를 지냈다. 《평강채씨대동보》에는 '채화(蔡華)'라고 하였다.

장사의 아들은 모(謨)이고, 모의 아들은 종린(宗麟)[6]인데 모두 평장사이니, 대개 4대가 정승을 지낸 것이다.

우리 조정이 천명을 받자, 휘 양생(陽生)[7]은 송경(松京 개성)에서 식솔을 이끌고 배를 타고 바다로 나가 호남의 임피현(臨陂縣)에 정박하여 그곳에서 살았으니, 망복(罔僕)[8]의 의리를 지킨 것이며, 삼대(三代)[9]의 분묘가 모두 그곳에 있다. 돈녕부 주부 휘 자침(子沉)[10]에 와서 경기 과천 막계(幕溪)에 처음으로 장사 지냈다. 그의 아들 휘 중경(仲卿)[11]은 용양위 부호군(龍驤衛副護軍)을 지냈다.

부호군의 아들 휘 난종(蘭宗)[12]은 사헌부 집의를 지냈는데 아름답게 도를 지키며 문절(文節) 유희춘(柳希春)[13]과 도의(道義)로써 사귀었

6 종린(宗麟) : 채종린(蔡宗麟)으로, 고려 때 정승을 지냈다. '채종린(蔡宗璘)'이라 한 곳도 있다.

7 양생(陽生) : 채양생(蔡陽生)으로, 고려 때 군기감 소감(軍器監少監)을 지냈다. 조선이 개국하자 전라도 임피(臨陂)로 가서 은둔하였다.

8 망복(罔僕) : 망국의 신하로서 의리를 지켜 새 왕조의 신복이 되지 않으려는 절조를 말한다. 은(殷)나라가 망할 무렵 기자(箕子)가 "은나라가 망하더라도 나는 남의 신복이 되지 않으리라.〔商其淪喪, 我罔爲臣僕.〕"라고 한 말에서 유래하였다. 《書經 微子》

9 삼대(三代) : 채양생, 채왕승(蔡王承), 채효순(蔡孝順)의 세대를 말한다.

10 자침(子沉) : 채자침(蔡子沉)으로, 《평강채씨대동보》에는 '채침(蔡沉)'이라 하였다.

11 중경(仲卿) : 채중경(蔡仲卿)으로, 채자침의 둘째 아들이다.

12 난종(蘭宗) : 채난종(蔡蘭宗, 1513～1573)으로, 본관은 평강, 자는 문원(聞遠)이다.

13 유희춘(柳希春) : 1513～1577. 본관은 선산(善山), 자는 인중(仁仲), 호는 미암(眉巖), 시호는 문절(文節)이다.

다. 그 아들 휘 경선(慶先)[14]은 홍문관 응교를 지냈고 호는 죽촌(竹村)이며, 대신이 재능과 덕행으로 천거하여 장차 크게 쓰려 했으나 오래 살지 못하였는데, 실은 선생의 고조부이다. 증조부 휘 충연(忠衍)[15]은 성균관 진사로서, 높은 명성이 한 시대를 압도하고 왕좌(王佐)가 되리라 사림이 기대했는데 불행히 수명이 중년에 이르지 못하였다. 아들을 두 명 낳으니, 장남은 대총재(大冢宰)이자 태학사(太學士)[16] 휘 유후(裕後)[17]로 호는 호주(湖洲)이고 시호는 문혜공(文惠公)이며, 차남은 이조 참판 행 화순 현감(行和順縣監)에 증직된 휘 진후(振後)[18]인데 이분이 선생의 조부이다. 아버지 휘 시상(時祥)[19]은 음직으로 벼슬길에 올라 현감을 역임하였으며, 아들 세 명이 입신양명하여 조정의 반열에 오른 것과 본인이 노년에 받은 노직(老職)[20]으로 가의대부(嘉義大夫)

14 경선(慶先) : 채경선(蔡慶先, 1559～1610)으로, 자는 자장(子長), 호는 죽촌이다.

15 충연(忠衍) : 채충연(蔡忠衍, 1580～1617)으로, 자는 연지(衍之), 호는 애려(愛廬)이다.

16 대총재(大冢宰)이자 태학사(太學士) : 대총재는 이조 판서의 이칭이고, 태학사는 홍문관과 예문관 대제학의 이칭이다.

17 유후(裕後) : 채유후(蔡裕後, 1599～1660)로, 자는 백창(伯昌), 호는 호주, 시호는 문혜(文惠)이다.

18 진후(振後) : 채진후(蔡振後, 1602～?)로, 자는 계창(季昌)이다.

19 시상(時祥) : 채시상(蔡時祥, 1636～1718)으로, 자는 문징(文徵)이다.

20 노직(老職) : 노인직(老人職)으로, 실직(實職)이 아닌 고령자를 우대하기 위한 뜻에서 주어진 관직이다. 《경국대전(經國大典)》〈이전(吏典)〉 노인직조(老人職條)에 의하면 "나이 80세 이상이면 양인(良人)이나 천인(賤人)을 막론하고 1품계(品階)를 수여하고 원래 품계가 있는 자에게는 1품계를 더 수여하되, 당상관(堂上官)은 왕의 전지(傳旨)가 있어야 수여한다."라고 규정되어 있다.

동지중추부사(同知中樞府事)에 오르고, 나중에 이조 판서에 증직되었다. 어머니 안동 권씨(安東權氏)는 현감을 지낸 권흥익(權興益)의 딸로 효종(孝宗) 임진년(1652, 효종3)에 선생을 낳았다.

선생은 어려서부터 몸가짐을 삼가고 품행을 닦으며 학문에 뜻을 둔 것이 매우 확고하였으며 향리에서는 효의(孝義)로 이름이 알려졌다. 호주옹(湖洲翁 채유후(蔡裕後))이 세상을 떠난 이래로 가문이 점점 쇠퇴한 것을 슬프게 생각하여, 글을 읽고 부모를 모시는 여가에는 혼자 스스로 공령문(功令文)[21]을 익혔으며, 동생들을 가르치고 감독할 때는 엄한 아버지나 스승처럼 하였다.

둘째 아우는 경조 아윤(京兆亞尹)[22]으로 세상을 떠난 구봉공(九峯公) 휘 성윤(成胤)[23]이고, 셋째 아우는 성균관 진사 휘 정윤(禎胤)[24]이고, 넷째 아우는 예문관 제학(藝文館提學)으로 세상을 떠난 희암공(希菴公) 휘 팽윤(彭胤)[25]인데, 아동기부터 모두 선생에게 배웠다. 선생은 비록 동생들을 지극히 사랑했지만 그들이 배워야 할 때가 되면 학업 과정을 엄격하게 세워 조금도 봐주지 않았다. 매일 동생들을 새벽에

21 공령문(功令文) : 과거 보는 데 소용되는 여러 가지 문체의 글, 즉 과체문(科體文)을 말한다.

22 경조 아윤(京兆亞尹) : 한성부의 좌윤과 우윤을 뜻하는데, 채성윤은 한성부 좌윤을 지냈다.

23 성윤(成胤) : 채성윤(蔡成胤, 1659～1733)으로, 자는 중미(仲美), 호는 구봉(九峯)이다.

24 정윤(禎胤) : 채정윤(蔡禎胤, 1666～?)으로, 자는 중응(仲應)이다.

25 팽윤(彭胤) : 채팽윤(蔡彭胤, 1669～1731)으로, 본관은 평강, 자는 중기(仲耆), 호는 희암(希菴)·은와(恩窩)이다.

깨워 전날 배운 글을 읽게 했는데, 물을 쏟아붓듯 좔좔 외우지 못하면 해가 기울어도 밥을 주지 않았고, 해가 저문 뒤에는 여러 가지 문체로 글짓기 시험을 보았는데, 마치지 못하면 한밤중에도 밥을 주지 않았다. 10년을 하루같이 하였으므로 동생들이 문장과 덕행으로 당대에 명성이 자자했다.

숙종 기미년(1679, 숙종5)에 선생이 사마시에 합격하였다. 갑자년(1684)에 구봉공이 대과(大科)에 급제하고, 기사년(1689)에 선생이 희암공과 함께 원자(元子) 정호(定號) 증광(增廣) 회시(會試)에 응시하였다. 급제자 발표 소식이 날 때 희암공의 급제 소식이 먼저 왔는데, 이때 희암공의 나이는 21세였다. 선생은 기쁨을 금치 못하고 어루만지며 "네가 급제했는데 나까지 급제할 필요 있겠느냐."라고 하였다. 잠시 후 선생의 급제 소식이 뒤따라 왔는데 선생은 담담한 표정이었다.[26]

이때 인현왕후(仁顯王后)가 폐위되자,[27] 선생이 의연히 앞장서서 의론을 제창하며 함께 급제했던 사람들과 혈성을 쏟아 상소문을 써서

26 선생이 희암공과……표정이었다 : 1688년 10월 숙원(淑媛) 장씨(張氏)가 왕자 이윤(李昀) 즉 후일의 경종(景宗)을 낳자 1689년 1월 10일 숙종이 왕자의 명호를 정할 것을 거론하고, 1월 15일 왕자를 원자(元子)로 봉하고 종묘사직에 고하였으며, 이에 대해 축하하는 과거인 경과(慶科) 증광시(增廣試)를 열었다. 이때 채팽윤은 갑과에 급제하고, 채명윤은 병과에 급제하였다. 《肅宗實錄 15年 1月 10日, 11日, 15日》

27 인현왕후(仁顯王后)가 폐위되자 : 인현왕후(1667~1701)는 숙종의 계비(繼妃)이다. 1681년 가례(嘉禮)를 올려 숙종의 계비가 되었으나 왕자를 낳지 못해 왕과의 관계가 원만하지 못했는데, 1688년 숙원(淑媛) 장씨(張氏)가 왕자 이윤을 낳자, 1689년 1월 11일 숙종은 즉시 그를 원자로 책봉하고 장씨도 희빈(禧嬪)으로 삼았으며 남인들의 주장에 따라 인현왕후를 폐위하고, 1690년 10월 희빈 장씨를 왕비로 책봉하였다. 《肅宗實錄 15年 1月 11日, 15日》

간쟁하려 했는데, 함께 급제했던 사람들 중에 다른 의견을 지닌 자가 있어서 상소문을 올리지 못하였다. 이때부터 마침내 세상일에 뜻이 없어져 밝은 창가에 깨끗한 책상을 놓고 날마다 성현의 글을 마주하고, 정주(程朱)의 말을 음미하며 예악의 근원을 탐색하여 거의 늙음이 닥쳐오는 것조차도 알지 못하였다. 국조(國朝)의 유현(儒賢) 중에서는 오직 퇴계(退溪)를 스승으로 여기며 한 글자 한 단어도 정밀하게 연구하고 깊이 생각하지 않은 것이 없었으며, 영달의 길이나 화려한 관직을 볼 때는 마치 자신을 더럽힐 것처럼 여겼다.

이조(吏曹)가 선생의 이름을 승문원(承文院)에 분속하였다. 그 후 몇 년 동안 잇따라 제원(濟原), 율봉(栗峯) 두 곳의 찰방(察訪)에 제수되었는데, 잠시 부임했다가 곧 관직을 버렸다. 찰방으로 있는 동안에 털끝만큼도 이끗을 가까이하지 않고 생활에 쓰고 남은 돈은 모두 우인(郵人)[28]들에게 나누어 주었다. 시골집으로 돌아올 때, 우인들이 서로 함께 포목을 싣고 집 앞에 잇따라 찾아와서 가져가실 것을 힘껏 청하였으나 공은 웃으며 물리쳤다.

정축년(1697)에 전적(典籍)에 올랐다가, 곧 예조 좌랑, 병조 좌랑에 제수되었다.

기묘년(1699)에 홍문관의 선발에 들었다. 당시에 당인(黨人)이 정권을 잡고 뜻이 다른 자들의 진출을 몹시 거세게 막아 삼사(三司)에는 반걸음도 접근하지 못하게 하였는데, 선생에 대해서는 비록 엄선하는 경연관에 임명할지라도 딴말이 없었다. 이것은 선생의 경학과 품행, 명예와 절조를 부러워하고 열복했기 때문이다.

28 우인(郵人) : 찰방 아래의 여러 하급 관리를 말한다.

부수찬(副修撰)에 제수되었으나 사양하고 부임하지 않았다. 이보다 앞서, 인조 을해년(1635, 인조13)에 조부 참판공(參判公)이 동지들을 이끌고 상소문을 올려 율곡(栗谷)과 우계(牛溪)를 문묘(文廟)에 종사하는 것은 온 나라의 공통된 의론이 아님을 논하였고,[29] 기사년(1689)에 희암공이 출향(黜享) 상소에 동참하여 당인들에게 미움을 사 이미 완성된 홍문록(弘文錄)과 도당록(都堂錄)에서 이름이 삭제된 지 이미 여러 해가 지났다.[30] 선생은 이것을 벼슬길에 나아가기 어려운 단서로 여기고, 이후에도 수찬에 여러 번 제수되었으나 번번이 사직하고 나아가지 않았다.

갑신년(1704) 겨울에 결성 현감(結城縣監)에 보임되었다. 이때 양친(兩親)이 모두 살아 계셨으나 가난하여 봉양할 수 없었으므로 억지로 부임하여, 맛있고 좋은 음식으로 봉양을 극진히 하며 아침과 저녁에는 반드시 직접 음식을 살펴보았다. 남녀 조카들 중에 고아가 되어 의지할 데 없는 이들을 모두 데려와 친자식처럼 돌보며 시집가고 장가들게 해 주었다. 제사를 지낼 때마다 관복을 입고 앉아 베고 삶는 과정을 지켜보며 낮부터 밤까지 게을리하지 않으니, 아전들이 감화되었다.

29 참판공(參判公)이……논하였고 : 채명윤의 조부 채진후(蔡振後)가 1635년 성균관에 입학하여 수학하고 있었는데, 유생들과 함께 상소를 올려서 이이(李珥)의 문묘 배향 건의를 반대하다가 성균관에서 퇴교를 당하고, 더 이상 과거에 응시하지 못하는 처분을 받았다. 사후에 손자들이 현달한 덕분에 이조 참판 행 화순 현감(行和順縣監)에 증직되었다.

30 희암공이……지났다 : 기사년(1689)에 이현령(李玄齡)이 이이와 성혼(成渾)을 문묘에서 출향하도록 상소하였는데, 채명윤의 셋째 아우 채팽윤이 이 일에 참여하여 홍문록에서 삭제되었다. 《承政院日記 肅宗 15年 3月 12日, 20年 11月 7日·8日》

결성에 머문 2년 동안 온 경내가 크게 다스려지고 토호들이 숨을 죽여 백성들이 안도하고 아래로 어부나 승려까지 모두 부모처럼 믿었다.

을유년(1705)에 기근이 들자 곧 남강(南康)의 황정법(荒政法)[31]에 의거하고 하남(河南)에서 임의대로 곡식 창고를 연 의리[32]를 본받아, 결성현의 그해 납부해야 할 대동미(大同米)를 자의로 조달하여 나누어 주고 진휼하며 마음을 다해 어루만지며 온갖 계책을 내어 모두 살려 주었다. 이보다 앞서, 선혜청(宣惠廳)에 공문을 보내 대동미를 머물러 둘 것을 요청했으나 회답이 내려올 때까지 형세상 기다릴 수 없어 마침내 자의로 곡식을 빌려 지급해 주었다. 나중에 동의하지 않는다는 선혜청 당상의 뜻이 내려오자 경사(京司) 및 관찰사의 감영에 급히 보고하여 자신의 죄를 물을 것을 청하였는데, 허락받지 못하였다. 이에 상소문을 올려, 자의로 지급한 것을 아뢰며 죄를 청하고, 아울러 지급한 800섬을 특별히 잠시 유예해 줄 것을 청했으나 비답을 받지 못하였다.

병술년(1706) 가을에 수찬으로 부르자, 평소 읽던 서책 몇 권만을 가지고 결성현을 떠나며 다른 물건은 하나도 가지고 오지 않았다. 타던 말도 관아에서 산 것이라고 하며 타고 오지 않았다. 얼마 지나지 않아,

31 남강(南康)의 황정법(荒政法) : 주희(朱熹)가 1179년 지남강군(知南康軍)에 제수되어 시행한 황정에 관한 법규를 말한다. 그는 황정을 시행하여 굶어 죽는 백성이 생기지 않게 하였다. 《宋史 道學列傳 朱熹》

32 하남(河南)에서……의리 : 법규와 절차보다 굶주린 백성을 먼저 생각하는 의리이다. 한 무제(漢武帝) 때 하남 지방에 화재가 나서 1000여 가호가 불에 타자, 무제가 급암(汲黯)에게 살피게 하였는데, 급암은 백성들이 수재와 한재로 비참한 상황에 처한 것을 보고 임의대로 부절(符節)을 사용하여 하남 창고의 관곡(官穀)을 풀어 빈민들을 진휼했다. 돌아와서 조칙(詔勅)을 가탁한 죄를 청하자, 무제가 어질게 여겨 그를 용서하였다. 《史記 汲鄭列傳》

결성현 재임 시에 자의로 대동미를 조달한 것을 가지고 선혜청에서 선생을 파직할 것을 청하여 윤허를 받았는데, 갑자기 관찰사와 감진어사(監賑御史)가 앞뒤로 포창하는 보고서를 올리니, 상이 특별히 유지를 내려 포창하며 타이르기를 "편의에 따라 곡식을 옮기고 백성을 어루만지며 골고루 진휼하였으니, 참으로 가상하다."라고 하고, 특별히 표리(表裏) 1벌을 하사하였다. 선생은 죄를 지었다고 인책하며 감히 공경히 받지 못하고, 삼가 선정신(先正臣)의 고사를 본받아 상소문을 지어 공손히 받들고 대궐에 나아와 표리를 되돌려 바쳤는데, 승정원에서 거절하였다.

무자년(1708)에 지평에 제수되었다가 오래 지나지 않아 수찬에 제수되었다. 상소문을 올렸는데, 그 대략에,

"신의 아우 신 채팽윤이 한 번 홍문록에 오르고 한 번 삭제된 것은 참으로 신의 아우에게는 손해될 것이 없으나 세상의 도의는 더욱 험악해지고 사람들의 말은 망극합니다. 아, 이것은 무슨 까닭이겠습니까."

하였다. 이때 임공 수간(任公守幹)[33]이 옥당에서 숙직하면서 뒤따라 상소문 한 통을 올려, 희암공의 이름을 홍문록에 그대로 둘 것을 청했는데, 상이 특별히 의논하여 처리할 것을 명하였다.

적신(賊臣) 조태구(趙泰耉)[34]가 상소하여 임공을 배척하는 말을 몹

33 임공 수간(任公守幹) : 임수간(1665~1721)으로, 본관은 풍천(豐川), 자는 용여(用汝), 호는 돈와(遯窩)이다. 1708년 4월 이이와 성혼을 문묘에서 출향할 것을 청하는 상소에 참여한 채팽윤을 소통(疏通)시킬 것을 청하였다가, 파직하고 서용하지 말라는 처분을 받고 조태구의 탄핵을 받았다.

34 조태구(趙泰耉) : 1660~1723. 본관은 양주(楊州), 자는 덕수(德叟), 호는 소헌(素軒)·하곡(霞谷)이다. 소론의 영수로 신임사화를 일으켜 사촌 조태채 등 노론 사대

시 패악스럽게 하자, 선생이 상소를 올려 변론하기를,

"신의 아우 신 채팽윤이 양현을 출향할 것을 청하는 성균관 유생들의 상소문 끝에 이름을 썼는데, 이것은 《통기(通紀)》의 '오징(吳澄)[35]에게 사적인 원한을 지닌 것이 아니다.'라는 것입니다. 한 줄기 공론이 10여 년 뒤에 비로소 나왔는데, 준엄하게 배척하기를 한마디에 한마디를 더하니, 세도(世道)가 지극히 위험합니다."

하였다. 이에 당인들이 떼 지어 일어나 날뛰며 삭출할 것을 청하였다. 심공 득원(沈公得元)[36]이 장령으로서 상소문을 올려 신원하려 하다가 역시 파직당하였다. 이로부터 오래도록 조정을 사직하여 관직에 제수하는 일이 있어도 끝내 응하지 않았다.

기축년(1709)에 구봉공이 지방으로 나가 여산(礪山)[37]을 다스릴 때 양친을 모시고 갔는데, 선생도 따라서 남쪽으로 가서 이웃한 가까운 고을에 우거하였다. 이것은 양친을 늘 찾아뵙기에 편리해서였다.

신을 역모죄로 죽이고 영의정에 올랐다. 영조가 즉위한 뒤 신임사화의 원흉으로 탄핵을 받고 관작이 추탈되었다.

35 오징(吳澄) : 송말 원초의 문신이자 학자로, 자는 유청(幼淸), 호는 초려(草廬)이다. 송나라가 망한 뒤 원나라의 국자감 승(國子監丞)이 되고 경연강관(經筵講官)을 지냈다. 저서로 《의례일경전(儀禮逸經典)》, 《오문정공집(吳文正公集)》, 《초려정어(草廬精語)》 등이 있다. 한족 출신으로 원나라에서 벼슬했다고 비난을 받았는데, 조선에서는 송시열(宋時烈)이 그가 호족(胡族)인 원나라에서 벼슬하였다고 하여 문묘에서 출향하였다.

36 심공 득원(沈公得元) : 심득원(1644~1709)으로, 본관은 청송(靑松), 자는 선장(善長)이다. 1694년 갑술옥사에 관련되어 파직되었다. 1706년 조정에서 장령, 필선을 제수하였으나 나아가지 않았다.

37 여산(礪山) : 지금의 전라북도 익산시 여산면이다.

선생은 성품이 준엄하고 냉정하여, 종일토록 단정히 앉아 있었으니, 말하고 웃는 일이 거의 없었다. 손님으로 와서 뵙기를 청한 자는 마음속으로 두려워하여 마치 고개를 들고 대화를 하지 못할 것 같았으나, 마주 앉으면 온화한 기운이 넘쳐 각자 해야 할 말을 하고 그쳤는데, 물러 나오면 만족하지 않은 사람이 없었다.

부모를 섬기는 데 사랑하고 공경하는 성품을 타고나서 부모를 기쁘고 즐겁게 해 드리려고 힘썼으며《소학(小學)》한 부의 내용을 조금도 어긴 적이 없었다. 선생이 여산의 관아에서 부모를 모실 적에 부녀자들이 태부인(太夫人) 곁에서 즐겁게 웃으며 자유롭게 있다가도 선생의 신발 소리가 밖에서 들려오면 모두 두려워하며 몸을 피하여 방 안이 조용하였다. 그러나 선생이 위엄과 엄격한 태도를 내려놓고 온화한 말로 가족을 불러 모아 줄지어 단란히 앉게 하고서 옛날이야기를 돌아가면서 하거나 윷놀이 같은 놀이로 내기를 하게 하여 한밤중이 될 때까지 끝내지 않으면서 태부인을 기쁘게 해 드렸으니, 화락하여 온 관아가 봄날과도 같았다.

이듬해 겨울에 태부인이 세상을 떠났다. 선생은 당시에 연로하고 기력이 쇠했으나 곡하고 가슴을 치며 슬퍼하니 관아의 하인들이 모두 슬퍼서 차마 그 소리를 듣지 못하였다. 홍주(洪州)[38]의 정곡(程谷)에 반장한 뒤에는 근신하고 매우 삼가며, 여막 위에 비바람이 쳐도 밖을 나가지 않았으며 여름에도 상복을 벗지 않았다.

이때 동추공(同樞公)[39]은 오히려 건강하여 구봉공의 어촌(漁村) 집에 가서 봉양을 받았다. 선생이 있는 여막에서 어촌까지의 거리는 5리

38 홍주(洪州) : 지금의 충청남도 홍성군(洪城郡)이다.

39 동추공(同樞公) : 채명윤의 아버지 채시상(蔡時祥)이다.

남짓이고, 정곡의 선영까지의 거리는 10리 남짓이었는데, 5일 동안은 정곡의 선영에서 곡을 하고 며칠에 한 번씩 어촌에 문안을 갔는데, 비록 큰비나 큰 눈이 내리더라도 한 번도 거른 적이 없었으나 남루한 옷차림으로 어린 종 한 명 데려 가지 않으며 오직 늙은 말에만 의지하여 빨리 가든 천천히 가든 돌아가든 곧장 가든 말이 가는 대로 맡겨 둘 뿐이었으니, 원근의 사람들 중에 보고 감동하지 않는 이가 없었다.

무술년(1718)에 동추공을 모시고 희암공이 다스리는 서천(舒川)의 임소에 갔는데 갑자기 동추공의 상을 당하였다. 선생은 노쇠한 나이에 스스로 다해야 할 정성을 다하고, 홍주로 반장한 뒤에는 예제(禮制)를 더욱 엄중하게 지켜, 선영을 5일 동안 돌보기를 한결같이 모친상 때처럼 하였다. 마침 거센 눈보라가 치고 혹한에 손가락이 얼 정도로 추워 자제들이 재차 간하였으나 굳이 가기를 마지않았다. 저녁이 되어서야 돌아왔는데 사지가 모두 얼어 거의 스스로 움직이지 못할 정도여서 안고 부축해서 말에서 내리니, 궤연에 나아가 예를 올렸다. 희암공이 앞으로 나아와 말하기를 "오늘의 추위는 비록 장년으로 하여금 감당하게 하더라도 함부로 나가지 못할 것인데, 더구나 노인이겠습니까. 만약 병에 걸린다면 후회한들 무슨 소용이 있겠습니까. 형님은 다시는 그러지 마세요."라고 하였는데, 선생은 틀린 말이라고 여기지 않았다. 그러나 끝내 행동을 바꾸지 않다가 마침내 혹한에 몸을 상하여, 결국 경자년(1720)에 여막에서 세상을 떠나니, 곧 1월 21일이며, 향년 69세이다.

조정과 재야가 모두 탄식하고 애석해하였다. 호남(湖南)의 사림이 서원을 건립하고 제향하자는 논의를 발의했으나, 선생이 생전에 늘 말하기를,

"근래의 서원은 권세가 크면 세우고 관직이 높으면 세우고 자식의

신분이 귀하면 세워, 한 사람을 그가 지나갔던 곳마다 중첩해서 세워 여러 서원에서 널리 제향하기까지 하니, 폐해가 이루 말할 수 없을 정도로 많다."

했으므로, 문하에 들어와 가르침을 받은 문생들은 선생의 마음을 마음으로 삼아 모두 응하지 않으니, 의론이 드디어 그쳤다.

아, 선생은 관직에 나아간 이래로 전심으로 정신을 모아《대역(大易)》의 의리를 탐색하고 태극(太極)의 뜻에 침잠하였으며, 공부가 깊어진 뒤에는 널리 구수(九數)[40]에까지 미쳐 반드시 궁구하여 근원에 도달하였다. 저 황극(皇極)[41]의 준칙이나 종률(鍾律)[42]의 심오함이나 설시(揲蓍)[43]의 오묘함에 이르러서는 연구하는 데로 술술 분석되지 않는 것이 없었다. 더욱이 성리(性理)에 관한 서적들을 좋아하여, 지경(持敬)[44]과 존성(存誠)[45]을 한결같이 정주(程朱)의 법도를 따라 하였으

40 구수(九數) : 고대의 수학(數學)에서 아홉 가지의 산법(算法)을 말한다.《주례》〈지관(地官) 보씨(保氏)〉에 "여섯 번째는 구수이다." 하였는데, 이에 대한 정씨(鄭氏)의 주에서 "첫 번째는 방전(方田), 두 번째는 속미(粟米), 세 번째는 차분(差分), 네 번째는 소광(少廣), 다섯 번째는 상공(商功), 여섯 번째는 균수(均輸), 일곱 번째는 방정(方程), 여덟 번째는 영부족(贏不足), 아홉 번째는 방요(旁要)이다." 하였다.

41 황극(皇極) : 군주가 나라를 다스리는 바른 법으로 한쪽으로 치우치지 않는 표준을 세움을 이른다.《서경》〈홍범(洪範)〉에 "다섯 번째는 세움을 황극으로써 함이다.〔次五, 曰建用皇極.〕"라고 하였는데, 채침(蔡沈)은《집전(集傳)》에서 "황극은 군주가 극을 세우는 것이다.〔皇極者, 君之所以建極也.〕"라고 설명하였다.

42 종률(鍾律) : 황종(黃鍾)과 율(律)로, 음악을 뜻한다. 황종은 악률 12율 가운데 제1율을 말하고, 율은 음악의 육률(六律)과 육려(六呂)인 십이율(十二律)을 말한다.

43 설시(揲蓍) : 시초점(蓍草占)을 칠 때 산가지를 세어 괘(卦)를 배설(排設)하는 것으로, 자세한 내용은《주역대전(周易大全)》권수 서의(筮儀)에 실려 있다.

44 지경(持敬) : 공경하는 마음을 항상 지니고서 지켜 나가는 것을 뜻한다.

며 거의 즐거워서 배고픔을 잊을 정도였다.

밖으로 드러난 것으로 말하자면, 효제(孝悌)가 신명(神明)에 통하고, 청렴하다는 명성이 고을에 드러났다. 친척과 마을 사람 들이 모두 신명처럼 우러러보고, 향리의 평범한 사람들에 이르러서는 혹 그른 일을 했을 경우에는 불안해하며 선생이 듣고 아실까 봐 두려워하였다. 참으로 만약 선생을 들어 천하 국가에 썼다면 태평성대를 이루는 데에 무슨 어려움이 있었겠는가. 한스러운 것은 간사한 붕당이 많은 시대에 태어나 세상에 용납되지 못할 것을 스스로 알고 욕심 없이 산림에 묻혀 은거한 것이다.

조정의 명단에 이름을 올린 40년 동안 비록 찰방과 현감 지위에 잠시 지내기는 했지만 그것은 선생의 뜻이 아니었다. 저 학문을 토론하고 기강을 바로잡는 직임의 경우는 은혜로운 소명으로 임금이 마음을 비우고 선생을 기다리지 않은 것은 아니었으나, 한 번도 조정에 발을 들여놓지 않았다.

바른 길을 열고 후학을 인도할 수 있는 것은 종이 위에 써 놓은 평소의 바른말들일 뿐이다. 성정(性情)과 이기(理氣)의 변(辨)에 대해서는 늘 말하기를,

"이것은 더욱이 학문 중에서 제일 중요한 의리이다. 퇴계(退溪)가 '사단이발(四端理發)과 칠정기발(七情氣發)의 설'[46]이라 한 것은 참

45 존성(存誠) : 성실한 마음을 보존하는 것을 뜻한다.

46 사단이발(四端理發)과 칠정기발(七情氣發)의 설 : 이황(李滉)이 사단과 칠정에 대하여 "사단은 이가 발하여 기가 따르는 것이고, 칠정은 기가 발하여 이가 타는 것이다.〔四端理發而氣隨之, 七情氣發而理乘之.〕"라고 주장한 것을 말한다. 《退溪集 卷36 答李宏仲問目》

으로 《주자어류(朱子語類)》 중 단전밀부(單傳密付)[47]의 뜻에 부합한다. 이른바 '분별(分別)하여 말하고, 혼륜(渾淪)[48]하여 말한다.'라고 한 것은 또한 〈태극도해(太極圖解)〉에서 '혹은 떨어지고 혹은 합하며 혹은 다르고 혹은 같다.'라고 한 것과 서로 부합한다. 이것이 고봉(高峯)이 처음에는 힘써 변론하다가 마지막에는 성심으로 복종한 까닭이다.[49] 이로부터 그 뒤에 문인이나 지인의 물음에 답할 때 반복하여 깨우쳐 준 것이 명백하고 친절하였으니, 참으로 '백세 뒤에 성인이 나온다 하더라도 의혹이 되지 않을 것이다.'라고 한 것이다.

퇴계가 세상을 떠난 뒤 우계(牛溪)가 처음으로 논란을 일으켰는데,[50] 율곡(栗谷)은 번번이 '성정에는 본래 이기호발(理氣互發)의 이치가 없고, 단지 기가 발하여 이(理)가 타는 것이다.'[51]라고 하고,

47 단전밀부(單傳密付) : 종지(宗旨)를 뜻한다. 단전은 불교에서, 경전에 의지하지 않고 정법(正法)을 마음에서 마음으로 전한다는 말이고, 밀부는 불교 선종에서 조사(祖師)가 교외별전(敎外別傳)의 심인(心印)을 제자에게 맡기는 것을 말한다.

48 혼륜(渾淪) : 이(理)와 기(氣)가 원래 서로 분리될 수 없다는 측면에서 이와 기가 합쳐진 상태를 말한다.

49 고봉(高峯)이……까닭이다 : 고봉은 기대승(奇大升)으로, 본관은 행주(幸州), 자는 명언(明彦), 시호는 문헌(文憲)이다. 1559년부터 1566년까지 이황과의 사칠논변(四七論辯)을 통해 조선의 유학 사상에 깊은 영향을 끼쳤다. 저서에 《고봉집(高峯集)》이 있다. 사칠논변의 초기, 기대승은 사단과 칠정을 나누어 보아야 한다는 이황의 의견에 반박하였으나, 논변의 마지막에 이황의 호발설을 받아들였다.

50 우계(牛溪)가……일으켰는데 : 우계 성혼(成渾)이 이황의 학설을 지지하고 율곡 이이(李珥)와 문답 형식을 취하여 서로 의견을 교환했던 것을 말한다.

51 성정에는……것이다 : 이기호발은 사단은 이가, 칠정은 기가 발한다고 하여, 이와 기가 각각 발한다고 보는 이황의 관점이다. 430쪽 주46 참조. 반면 이이는 이황의 호발

또한 '이가 발하여 기가 따른다는 설에는 분명히 선후가 있다.'라고 하고, 또한 '양(陽)이 움직이는 것은 이가 움직이는 것이 아니고, 음(陰)이 고요한 것은 이가 고요한 것이 아니다.'라고 하고, 또한 '사단(四端) 역시 기가 발한 것이다.'라고 하고, 또한 '칠정(七情)을 주재(主宰)라고 불러서는 안 된다.'라고 하였다.

내가 일찍이 경서(經書)에서 찾아보고 선유(先儒)의 여러 설을 참작해 보니, 마음이 적연부동(寂然不動)[52]한 것은 성(性)이고, 감이수통(感而遂通)[53]하는 것은 정(情)이다. 성은 이(理)이고, 정은 기이다. 그러나 성에는 본연지성(本然之性)과 기질지성(氣質之性)이 있다.[54] 그러므로 정에도 사단지정(四端之情)과 칠정지정(七情之情)이 있다. 또한 어찌 일찍이 기는 움직이는 데만 치우치고 이(理)는 고요한 데만 치우쳤겠는가. 주자(朱子)가 말하기를 '이(理)는 곧

설을 비판하여, 사단과 칠정 모두 기가 발하여 이가 탄다는 '기발이승일도설(氣發理乘一途說)'을 주장하였다.

52 적연부동(寂然不動) : 고요히 움직이지 않는 상태를 뜻한다. 감응하면 마침내 통한다는 뜻의 감이수통과 대응되어 쓰이는 성리학의 용어이다. 《주역》 〈계사전 상(繫辭傳上)〉에 "역은 생각도 없고 하는 것도 없어서, 고요히 움직이지 않고 있다가, 감응하면 마침내 천하의 일을 통하나니, 천하의 지극히 신령스러운 자가 아니면 그 누가 여기에 참여할 수 있겠는가.〔易, 无思也, 无爲也, 寂然不動, 感而遂通天下之故, 非天下之至神, 其孰能與於此.〕"라는 말이 나온다.

53 감이수통(感而遂通) : 감응하여 모든 이치에 통함을 현상 면에서 형용한 말이다. 위의 주52 참조.

54 성에는……있다 : 본연지성은 모든 사람이 본래부터 가지고 있는 착하고 평등한 천성(天性)을 말하며, 기질지성은 형태가 갖추어진 뒤에 있게 된 성인데, 기질지성을 잘 키워야만 본연지성이 그대로 있게 된다 하였다. 《張子全書 卷3 誠明篇 第6》

마음속에 있는데 일에 따라 발한다.'라고 하고, 진안경(陳安卿)에게 답한 글에는 '움직이지 않으면서 움직일 수 있게 하는 것은 이(理)이다.〔不動而能動者理也〕'라고 한 말이 있고,[55] 호광중(胡廣仲)에게 답한 글에는 '감응하면 곧 이 이(理)가 발한 것이다.'라고 한 말이 있고,[56] 황면재(黃勉齋)가 말하기를 '혹은 기가 움직여 이(理)가 따르고, 혹은 이(理)가 발하여 기가 대동한다.'라고 하였다.[57] 이와 같은 종류가 적지 않은데, 만약 율곡의 견해와 같이 단지 기가 발하는 것이라면 이러한 여러 가지 말이 모두 틀렸단 말인가.

이(理)는 기에 깃들고 기는 이에 뿌리박아 서로 운용하며 타기도 하고 따르기도 하는데, 이것은 성정에 나타난 것이 그러한 것이다. 이(理)가 기를 탄 것은 주재하는 것 없이 한갓 기에 탄 것이 아니고, 기가 이를 따르는 것은 또한 이가 발하는 처음에 서로 간여하지 않다가 도리어 기가 발한 뒤에 이를 따르게 되는 것이 아니다. 이(理)는 본래 반드시 기에 의지하는데, 기는 유독 이에 의지하지 않는단 말인가. 이기는 비록 선후가 없지만, 그러나 형이상(形而上)과 형이하(形而下)로 말하자면, 선후가 있는 것이 해가 되지 않는다. 더구나

55 진안경(陳安卿)에게……있고 : 《회암집(晦庵集)》 권57 〈답진안경(答陳安卿)〉에는 '不'이 '未'로 되어 있다. 진안경은 남송의 학자 진순(陳淳)을 말한다.

56 호광중(胡廣仲)에게……있고 : 《회암집》 권42 〈답호광중(答胡廣仲)〉에 나온다. 호광중은 송(宋)나라 사람으로, 이름은 식(寔), 자는 광중이며, 문정공(文定公) 호안국(胡安國)의 조카이다.

57 황면재(黃勉齋)가……하였다 : 《성리대전(性理大全)》 권2 주석에 나온다. 황면재는 송나라 사람으로, 이름은 간(榦), 자는 직경(直卿), 호는 면재, 시호는 문숙(文肅)이다. 주희의 제자이자 사위이다. 주희의 《의례경전통해(儀禮經傳通解)》를 완성하였다.

설명하는 사이에서 그 주된 뜻을 따르면 선후를 두지 않을 수 없으니, 어찌 이(理)에 해가 되겠는가."

하였다. 이것은 선생이 조금씩 꾸준히 쌓아 올리고 그 속에서 자득한 것을 말로 표현하여 후학을 깨우친 것이다.

예(禮)에 있어서는 고금의 예설(禮說)을 널리 채집하고 내용과 형식을 둘 다 극진하게 하려고 힘썼다. 태부인의 상이 났을 때 선생이 말하기를,

"노이빙(盧履氷)이 말하기를 '예에 따르면, 아버지가 계실 적에 어머니를 위해서는 1주년이 지난 뒤에 영(靈)을 제거하고 3년 동안 심상을 행한다.' 했는데,[58] 1주는 기년(朞年)이고, 영을 제거한다는 것은 궤연(几筵)을 치운다는 뜻이다. 《가례(家禮)》 대상장(大祥章)에서 주자(朱子)가 말하기를 '오늘날의 예법에 궤연은 반드시 3년이 지난 뒤에 치운다.' 하였다.[59] 이것으로 볼 때 1주년이 지난 뒤에 영을 제거하는 것이 예이나 궤연을 3년이 지난 뒤에 치우는 것도 예이다. 궤연을 치우지 않았다면 조석상식(朝夕上食)을 유독 정지할 수 있겠

58 노이빙(盧履氷)이……했는데 : 노이빙은 당나라 때의 학자로 유주(幽州) 범양(范陽) 사람이다. 이 말은 당 현종(唐玄宗) 개원(開元) 5년에 우보궐(右補闕)로서 복제(服制)에 대하여 건의하며 한 말이다. 《唐書 盧履氷列傳》

59 가례(家禮)……하였다 : 제자가 "자식이 어머니를 위해 대상 및 담제를 지낼 경우 남편은 이미 상복이 없는데 그 제사를 어떻게 해야 합니까?〔子爲母大祥及禫, 夫已無服其祭當如何?〕"라고 질문하자, 주희가 "오늘날의 예법에 궤연은 반드시 3년이 지난 뒤에 치우니, 소상과 대상의 제사는 모두 남편이 주재하는 것이다. 다만 소상 이후에 남편은 상복을 벗으니, 대상의 제사는 남편이 또한 평상복 차림으로 제사를 지내야 할 듯하다.〔今禮几筵必三年而除, 則小祥大祥之祭, 皆夫主之. 但小祥之後, 夫卽除服, 大祥之祭, 恐須素服.〕"라고 대답한 적이 있다. 《家禮 附錄》

는가. 퇴계 역시 심상을 행할 적에 조석제(朝夕祭)에 입는 의복에 대한 질문에 답하기를 '백포의(白布衣)를 입는 것이 마땅하다.' 하였다. 그렇다면 조석상식은 옛사람 중에 본래 행했던 사람이 있는 것이다. 《가례》의 '소상(小祥) 때는 조석곡(朝夕哭)을 그친다.'에 대한 주(註)에서 '오직 초하루와 보름에는 아직 제복하지 않은 사람들이 모여서 곡한다.'라고 하였다. 이것은 비록 삼년상을 입는 자의 예법이지만 심상을 행하는 자가 이것을 본떠 행하지 않고 무엇을 본떠 행할 수 있겠는가."

하였다. 이에 동추공에게 여쭙고 아우들과 의논하여 마침내 13개월이 되는 소상 뒤에 조석제를 행하면서 곡을 그쳤고, 초하루와 보름에 전(奠)을 드리고 곡하면서 3년을 마쳤다. 이것은 예법을 참작하여 반드시 후한 쪽을 따르려 한 것으로 자손의 법식이 되었다. 이 외에도 학문을 논하고 예법을 논한 것을 다 기록할 수 없다.

묘소는 홍주 치소 동쪽 모곡(茅谷)의 집 뒤편 간좌(艮坐)의 기슭에 있다. 선생은 저술을 좋아하지 않아 원고를 쓸 때마다 찢어 버렸는데, 선생의 노년에 태어난 장남 응손(膺孫)[60]이 뒤를 따르며 주워서 이름을 산록(散錄)이라 붙이고 집에 소장한 것이 겨우 약간 편이다.

전배(前配) 의인(宜人) 기계 유씨(杞溪兪氏)는 유명성(兪命成)의 딸로 딸 하나를 낳았는데, 그 딸은 이만하(李萬夏)에게 시집갔다. 계배(繼配) 의인 청주 한씨(淸州韓氏)는 감찰 한세장(韓世章)의 딸로 딸 둘을 낳았는데, 딸들은 이미년(李眉年)과 한도원(韓道垣)에게 시집갔다. 계배 의인 초계 정씨(草溪鄭氏)는 정수하(鄭洙夏)의 딸이고 팔계

60 응손(膺孫) : 채응손(蔡膺孫, 1694~1756)으로, 자는 세언(世彦)이다.

군(八溪君) 정종영(鄭宗榮)의 현손녀로, 4남 1녀를 낳았다. 장남 응손은 문장을 잘 지었으나 곤궁하여 뜻을 이루지 못하니, 선비들이 애석해 하였다. 차남 응동(膺仝)은 양자로 나가 희암공(希菴公 채팽윤(蔡彭胤))의 후사를 이었다. 삼남은 응모(膺謩)이고, 사남은 응겸(膺謙)이다. 딸은 참봉 박천(朴泉)에게 시집갔다.

응손의 아들 헌공(獻恭)은 재능이 있었으나 이른 나이에 죽었고, 서자는 유공(愈恭)이다. 응동은 조카 희공(希恭)을 양자로 삼았다. 응모의 아들 민공(敏恭)은 음직으로 벼슬하여 관직이 현감이고, 딸 둘은 사인(士人)들에게 시집갔다. 응겸의 두 아들은 지공(趾恭), 이공(履恭)이다. 이만하의 세 아들은 이지엽(李之曄), 이지창(李之昶), 이지업(李之嶪)이다. 이미년의 외아들 이재망(李載望)은 성균관 진사이다. 한도원의 외아들은 한석범(韓錫範)이다. 박천의 세 아들은 장남이 박도맹(朴道孟)이고, 차남 박도천(朴道天)은 문과에 급제하여 현감을 지냈고, 삼남 박도인(朴道仁)은 문과 중시(重試)에 급제하여 군수를 지냈다.

헌공의 외아들은 홍준(弘俊)이다. 민공은 3남 1녀를 두었다. 장남 홍원(弘遠)은 현재 이조 참의인데 종숙부 영의정 제공(濟恭)이 양자로 삼았고, 차남은 홍진(弘進)이고, 삼남은 홍정(弘定)이며, 딸은 사인에게 시집갔다. 지공의 두 아들은 홍규(弘逵), 홍선(弘選)이다. 이공은 2남 1녀를 두었는데, 아들은 홍벽(弘璧), 홍박(弘璞)이고, 딸은 사인에게 시집갔다.

아, 소자(小子)의 아버지이자 영의정에 증직된 휘 응일(膺一)은 선생의 조카이다. 선생은 친아들처럼 여기고 아우들을 가르쳤던 방법으로 가르치며 아침부터 밤까지 면려하여 성취하게 하였으니, 경학과

품행이 오직 선생을 닮았다. 일찍이 소자에게 알려 주며 말하기를,

"내가 선생의 곁에 있은 지가 30여 년이니, 평소의 언행은 아무리 작은 것이라도 모르는 것이 없다. 그러나 지금 이렇게 늙은 뒤에 묵묵히 되새겨 보니, 대개 말씀과 행동에 조금이라도 의심스러운 점이 한마디나 한 가지도 없더구나. 조행(操行)의 순수하고 독실함은 근세의 학자들이 지니지 못한 것이다."

하였는데, 소자는 말씀을 듣고 감히 잊지 못하였다.

소자 같은 자는 학문이 거칠고 품행이 볼 것 없어, 선생의 가훈을 본받지 못하고 선생의 가문을 부지하지 못하여 송구하고 부끄러운데, 지금 덕을 형용하는 글에 어찌 한 글자라도 과장하여 선생의 더없이 엄중한 법도에 죄를 거듭 질 수 있겠는가. 지난날을 생각하면 눈물이 눈에 가득하고 붓을 잡으면 땀이 얼굴을 적셔 글을 짓는 동안에 전전긍긍할 뿐이다. 입언 군자(立言君子)가 굽어보고 채택해 주기를 바랄 뿐이다.

상(上)의 21년 정사년(1797, 정조21) 동지(冬至)에 종손(從孫) 대광보국숭록대부(大匡輔國崇祿大夫) 의정부좌의정 겸 영경연사 감춘추관사 원임 규장각제학(議政府左議政兼領經筵事監春秋館事原任奎章閣提學) 제공이 삼가 쓰다.

가선대부 경주 부윤 병와 이공[61] 행장

嘉善大夫慶州府尹甁窩李公行狀

공의 휘는 형상(衡祥)이고, 자는 중옥(仲玉)이며, 병와(甁窩)는 호이다. 선계(先系)는 선원(璿源)에서 나왔고, 태종대왕(太宗大王)의 둘째 아들 효령대군(孝寧大君) 휘 보(補)는 왕세자의 지위를 양보하는 지극한 덕이 있었는데, 공은 그 10세손이다.

효령대군은 서원군(瑞原君) 시호 이안(夷安) 휘 친(寀)을 낳았고, 서원군은 청거수(淸渠守) 휘 혜(蕙)를 낳았고, 청거수는 밀산부수(密山副守) 휘 신손(信孫)을 낳았다. 이로부터 친진(親盡)하여 작위가 계승되지 않았다. 3대를 내려와서 참판에 증직된 행 현감(行縣監) 휘 승기(承器)에 이르렀는데, 이분이 공의 고조부이다. 증조부 휘 사민(師閔)은 좌랑(佐郞)을 지냈고, 조부 휘 장형(長馨)은 문과에 급제하고 현령을 지냈으며 도승지에 증직되었고, 아버지 휘 주하(柱廈)는 성균관 진사이며 참판에 증직되었다. 어머니 정부인(貞夫人) 파평 윤씨(坡平尹氏)는 진사 윤세구(尹世耈)의 딸이자 군수 윤정립(尹貞立)의 손녀이며 판서 윤국형(尹國馨)의 증손녀로, 효묘(孝廟) 계사년(1653, 효종4) 5월 23일에 인천 소암촌(踈巖村)의 저택에서 공을 낳았다.

공은 4, 5세 때부터 이미 덕을 이룬 사람처럼 의젓하였다. 매일 새벽 일어나 부모의 침소 곁에 서서 모셨는데 참판공이 자주 칭찬하기를 "훗

61 병와(甁窩) 이공(李公) : 이형상(李衡祥, 1653~1733)으로, 본관은 전주, 자는 중옥, 호는 병와·순옹(順翁)이다.

날 우리 집안을 창성하게 할 사람은 반드시 이 아이일 것이다." 하였다.

계묘년(1663, 현종4)에 《독동사기(讀東史記)》를 지었는데, 공의 동무들이 학문을 좋아하는 장로(長老)에게 전해 보여 주었다. 나중에 공이 동무들을 따라 장로의 집에 갔는데, 장로가 일어나 읍을 하고 말하기를 "이 책은 숙유(宿儒)가 미칠 수 있는 바가 아니로구나."라고 하였다.

갑진년(1664)에 대사성(大司成)이 《서경》의 기삼백(朞三百) 주(註)[62]를 강의하는 것을 들었는데, 성균관 유생 중에는 구두를 떼는 자가 없었으나 공은 혼자 계산하여 깊이 탐구해 내고야 말았다. 이때부터 과거 공부에 뜻을 두지 않고 경사(經史)와 예서(禮書)에 있는 힘을 다하며 노력을 몹시 지극하게 하자, 양친이 아들이 병들까 걱정되어 밤에는 글을 읽지 말라고 경계하니, 공은 왕골로 짠 발로 등불을 가리고 남몰래 글을 읽었다. 공이 공부를 독실하게 한 것이 이와 같았다.

기유년(1669)에 장가들기 위해 강령현(康翎縣) 관아로 길을 떠났는데, 길이 황해도 감영을 경유하였다. 황해도 관찰사 정공 륜(鄭公錀)[63]은 곧 공의 이모부였다. 정공이 어느 날 반자(半刺)[64]와 마주 앉아 있는데,

62 기삼백(朞三百) 주(註) : 《서경》 〈요전(堯典)〉의 "기는 366일이다.〔朞三百有六旬六日〕"라는 구절에 대한 채침(蔡沈)의 주를 말한다. 이것은 월력(月曆)을 만드는 기본이 되는 계산법을 설명한 것으로, 하늘 둘레가 365와 4분의 1도이므로 그에 맞추어 월력을 만들되 1년을 355.56일로 정하고, 그 나머지 수를 모아 3년마다 한 번 또는 5년에 두 번의 윤월(閏月)을 두는 것인데, 구체적인 계산법이 난해하다.

63 정공 륜(鄭公錀) : 정륜(1609~1686)으로, 본관은 초계(草溪), 자는 극념(克恬)이다.

64 반자(半刺) : 주군(州郡) 장관(長官)의 속관(屬官)으로, 장사(長史), 별가(別駕), 통판(通判) 등의 관직을 일컫는 말이다.

아전이 문서를 안고서 들어왔다. 반자가 일어나려고 하는데, 정공이 말하기를,

"앉게."

하고, 이어서 공을 곁에 바짝 붙어 앉게 하고 말하기를,

"네 재능을 시험해 보려 한다. 너는 이 문서들을 처결할 수 있을 것이다."

하니, 공이 아뢰기를,

"어찌 감히 공사(公事)로 장난을 하겠습니까."

하며, 누차 사양하였다. 그러나 누차 강권하자, 입으로 내용을 불렀다. 정공이 반자를 돌아보고 말하기를,

"어떻게 생각하는가?"

하니, 반자가 감탄하며 아뢰기를,

"참으로 재상이 될 인재입니다."

하였다.

신해년(1671)에 참판공의 상을 당하여 예를 지키다가 야위었고 여러 번 기절했다가 소생하였다. 인천의 농장에서 대부인을 봉양하였으며, 상복을 벗은 뒤에는 자력으로 농사를 지으며 봉양하였다. 이때 인천에는 청금록(青衿錄)[65]으로 인하여 싸움이 심해져 사람들이 각각 원수가 되어 더불어 말하기 어렵게 된 지가 오래되었다. 어느 날 시골 노인 10여 인이 서로 부축하며 장차 공을 방문하려고 하면서 말하기를

65 청금록(青衿錄) : 성균관, 향교, 서원 등에 있던 선비들의 명부이다. 중국 고대 선비들이 청백색의 깃을 단 옷을 입었다는 데에서 유래한 명칭으로, 여기에 오르면 유림 사회에서 선비로 인정받고 특권을 누렸다.

"공의 도움을 받고 싶습니다."라고 하였으나, 공은 또한 정중히 거절하였다. 다음 날 공을 추천하여 장의(掌議)로 삼자, 공은 세 번을 사양한 뒤에 경중을 따라 그 사람들을 처벌하니, 영구히 문안(文案)에서 삭제된 사람이 아홉 집에 이르렀는데, 아홉 집은 원망하거나 매도하는 말이 없었다.

숙종(肅宗) 정사년(1677, 숙종3)에 사마시에 합격하였다.

경신년(1680)에 별시 문과에 급제하고, 승문원에 선발되어 들어갔다.

임술년(1682)에 율봉 찰방(栗峯察訪)에 보임되었다. 호서(湖西) 지역의 과거 고시관으로 가서 12인을 선발했는데 그중에 문과에 급제한 자가 8인이나 되어, 공이 인재를 선발한 것을 연석에서 아뢴 대신(大臣)이 있었다. 얼마 지나지 않아 관직을 버리고 돌아왔다.

갑자년(1684)에 부정자(副正字)에 올랐다. 이때 윗자리에 있는 두 사람에게 벼슬하기 어려운 혐의가 있어 대신이 진달하고 아랫자리에 있는 사람을 등급을 뛰어넘어 승진시켰는데, 공이 불가함을 고집하며 천장(遷狀)[66]을 지으려 하지 않았다. 대신이 또 천장법(遷狀法)을 혁파할 것을 아뢰었으나 공은 명령을 봉행하지 않았고, 공을 의금부로 잡아다 신문하여 고신(告身)을 빼앗는 데에 이르렀으나 오히려 공은 안색을 변하지 않았다. 상이 한림으로 하여금 편지로 자문하게 하고 공의 뜻을 꺾을 수 없다는 것을 알고 분부하기를 "이형상 같은 자는 나도 그의 뜻을 굽히게 할 수 없다."라고 하였다. 나중에 대신이 상에게 아뢰어 끝내 모두 공의 말대로 하였다.

을축년(1685)에 정자(正字)에 올랐다. 저작(著作)으로서 관례대로

66 천장(遷狀) : 인사 이동 임명장이다.

봉상시 직장을 겸임하였다. 봉상시에는 신실(神室)이 있는데, 봉안한 위판(位版)은 34위이다. 이전에 이 직임을 맡은 자는 절사(節祀) 및 기우제를 지낼 때마다 관아의 노복에게 일을 맡겨 위판의 순서가 많이 뒤섞이고 글자의 획이 얼룩져 공이 개수(改修)할 것을 보고하였다. 그리고 이안제(移安祭)와 환안제(還安祭)[67]를 설행할 때 도제조가 잘못된 사례를 인용하여 5위를 한 탁자에 함께 모실 것을 계하받았는데, 공이 천지와 사람은 기운의 종류가 다르므로 한 탁자에 함께 모시는 것이 마땅하지 않다고 여기고, 널리 예설(禮說)을 증거로 삼아 따져 각각 설행하게 하였다. 그런 뒤에 술을 빚는 방식을 바로잡고 포(脯)를 만드는 방식을 고쳤는데, 제사에 쓰이는 물품을 정결하게 하고 공물 바친 백성을 후대하는 데 힘썼다. 대신이 연석에서 진달하여 시행하였다.

박사로 옮겼다가 곧 전적에 올랐다. 감찰을 지내다가 병조 좌랑에 제수되었으나 상피(相避) 때문에 호조 좌랑으로 옮겼다. 이때 동지사(冬至使)가 출발해야 하는데 세폐포(歲幣布)의 길이가 해마다 길어져 병자년(1636, 인조14)의 보포(報布)에 비해 길이가 9자나 늘었으므로 공이 보포를 기준으로 하여 세폐포를 자르고 대신을 만나 아뢰기를,

> "제 마음대로 세폐포를 자른 것은 훗날의 무궁한 폐해를 제거하기 위해서입니다. 보포를 들여보내어 증거로 삼게 하고, 만약 이것 때문에 문제가 발생하면 수역(首譯)을 나라 팔아먹은 형률로 논하십시오."

하였다. 조정 신하들이 모두 낯빛을 잃었는데, 상사(上使) 정재숭(鄭

67 이안제(移安祭)와 환안제(還安祭) : 이안제는 위판을 다른 곳으로 옮기면서 지내는 제사이고, 환안제는 다시 원래 자리로 봉안하고 지내는 제사이다.

載嵩)[68]만이 공의 말을 옳게 여겼고, 나중에 끝내 아무 일이 없었다. 그리고 병조 좌랑으로 옮겼다가 정랑에 올랐다.

병인년(1686)에 지평의 망단자(望單子)에 올라 통의(通擬)되었다. 이에 앞서 어떤 명부(命婦)의 아들이 이조 전랑이었는데, 아들에게 묻기를,

"이형상이 대선(臺選)에 통의되었느냐?"

하니, 대답하기를,

"아닙니다."

하자, 명부가 이르기를,

"일찍이 듣건대 이형상은 당대의 위인이라고 하던데, 너는 어찌 관직을 잘못 아끼느냐."

하여, 그 아들이 즉시 공을 의망하였다고 한다.

광주 경력(廣州經歷)에 제수되었다. 다음 해 겨울 성주 목사(星州牧使)에 이배(移拜)되었다. 광주를 다스릴 적에 강직함과 명석함이 한 도에 드러나서 소송하는 자들이 모두 광주로 달려왔고, 들어온 금시(金矢)[69]를 산골짜기의 조 5000섬과 바꾸어 봄 기근을 진휼하였다. 성주를

68 정재숭(鄭載嵩) : 1632~1692. 본관은 동래(東萊), 자는 자고(子高), 호는 송와(松窩)이다. 1685년 함경도 지역 백성들이 국경을 넘어가 청나라 사람을 창으로 찌른 일이 발생하자, 청나라에서 칙사를 파견하여 직접 관련자들을 조사하였고, 우리나라에서는 청나라에 진주사(陳奏使)를 보내어 사건 처리를 보고하고 사죄하였는데, 이때에 정재숭이 진주사의 상사가 되어 청나라에 갔다.

69 금시(金矢) : 옥송(獄訟)을 벌일 때 소송 쌍방이 관가(官家)에 맡기는 물건인데, 판결이 나면 이긴 자는 금(金)과 시(矢)를 돌려받고, 패한 자는 몰수당한다. 《주역》〈서합괘(噬嗑卦) 구사(九四)〉의 《본의(本義)》에 "《주례(周禮)》에 '옥송을 할 경우 균금(鈞金)과 속시(束矢)를 납입한 뒤에 송사(訟事)를 다스린다.' 하였다."라는 말이 있다.

다스릴 적에는 유학(儒學)을 더욱 중시하여 20조의 훈첩(訓帖)을 반포하고, 유생 150명을 선발하여 관아의 비용으로 양성하며 날마다 학업을 닦게 하고, 이사룡(李士龍)[70]의 묘에 제사를 지내고 충렬사(忠烈祠)를 세워서 충의를 권면하니, 온 고을의 인사들이 모두 감격하였다.

성주에는 독용산성(禿用山城)[71]이 있는데, 성벽이 무너진 지 이미 오래되었다. 이때 조정에서 성주 목사에게 산성을 보수하게 하였는데, 공은 곧 집집마다 장정을 한 명씩 뽑아 1만여 명을 모으고 군법(軍法)으로 공사를 감독하여 3일 만에 성 쌓기를 마쳤다. 이어서 독진(獨鎭)[72]을 설치할 것을 청하였으며, 성을 쌓고 남은 재물로 성 안에 있는 돌을 파서 절구를 천 개 만드니, 사람들이 모두 공의 원려(遠慮)에 감복하였다. 절도사가 보고하자 상이 공에게 말을 하사하며 위로하였다.

기사년(1689, 숙종15) 봄에 상국 권대운(權大運)[73]이 유배 도중에

70 이사룡(李士龍) : 1638년 청나라에서 명나라를 치기 위해 조선에 군사를 요구했는데, 성주에 살던 이사룡도 징발되었다. 그는 포수(砲手)로 참전하여 명나라 조대수(祖大壽)의 군대와 접전하게 되자 공포를 쏘아 응전하다가 청군에게 발각되어 고문을 당하였으나, 임진왜란 때 도와준 명나라의 은덕을 배반할 수 없음을 역설하다가 살해되었다.

71 독용산성(禿用山城) : 경북 성주군 가천면 금봉리에 있는 산성이다.

72 독진(獨鎭) : 각 도(道)의 중요한 고을과 해안 지대에 독립하여 편제한 군대의 진영(鎭營)으로, 첨절제사(僉節制使)나 그 지방의 수령(守令)이 다스렸다. 세조(世祖) 때 혁파되었다가, 숙종 대 이후 지방군이 편성되지 않은 변방과 연해의 일부 지역에 다시 설치했다.

73 권대운(權大運) : 1612～1699. 본관은 안동(安東), 자는 시회(時會), 호는 석담(石潭)이다. 1680년 경신대출척으로 남인이 실각하고 서인이 득세하게 되자, 파직당하고 영일(迎日)에 위리안치(圍籬安置)되었다. 1689년 기사환국으로 남인이 집권하자 풀려나와 영의정에 올라 유배 중인 서인의 영수 송시열(宋時烈)을 사사(賜死)하게 하는 등, 서인을 가혹하게 탄압하였다. 벼슬에서 물러난 뒤 기로소(耆老所)에 들어갔다.

영의정에 제수되어 조정으로 돌아올 때 공을 차원(差員)으로 삼았는데, 행차가 문희관(聞喜館)에 도달하자 사람들을 물리치고 말하기를,

"그대의 말을 듣고 나의 처신을 결정하고 싶은데 괜찮겠는가?"

하여, 공이 말하기를,

"상공은 힘써 사직하고 공무를 보지 말기를 바랍니다. 성조(聖朝)에서 비상한 거조가 있을 것 같습니다."

하였다. 나중에 박태보(朴泰輔)[74]가 형벌을 받을 때 권 상공이 국문하는 자리에 나와서 말하기를,

"내가 무슨 낯으로 성주 백(星州伯)을 다시 보겠는가."

하였다.

정재(定齋) 박공(朴公 박태보)은 공이 마음으로 사귄 벗이다. 공은 박공이 상소문을 올렸다가 형벌을 받게 되었다는 소식을 듣고 박공이 기필코 목숨을 버리려 하는 것을 알고 발 빠른 심부름꾼을 사서 편지를 보냈다. 편지가 노량진에 도착한 때는 박공이 세상을 떠나기 전날 저녁이었다. 박공이 공의 자를 부르면서 말하기를,

"이형상이 아니면 지금 세상에 그 누가 나를 가엾게 여기겠는가."

하였다.

이때 공과 서로 잘 알고 가깝게 지내는 세 명의 조신(朝臣)이 있었는

그러나 1694년 갑술환국으로 관직을 삭탈당하고 절도(絶島)에 안치되었다가 이듬해 풀려나 고향에 돌아갔다. 죽은 뒤 왕의 특명으로 직첩이 환급되었다.

74 박태보(朴泰輔) : 1654~1689. 본관은 반남(潘南), 자는 사원(士元), 호는 정재(定齋)이다. 1689년 기사환국 때 인현왕후(仁顯王后)의 폐위를 강력히 반대하는 소를 올리는 데 주동적인 구실을 하였다가 심한 고문을 받고 진도로 유배 도중 옥독(獄毒)으로 노량진에서 죽었다. 저서로 《정재집》이 있다.

데, 그들이 말을 보내와 곤궁한 처지를 도와줄 것을 요청하였다. 공은 후하게 구휼해 주려고 여러 달을 머물게 했는데, 조정의 정국이 변하여 세 명의 조사가 모두 요직에 앉았다는 소식을 듣자 세 집안의 노복을 불러 양식을 주어 보내며 말하기를,

"너희 주인이 청요직을 맡았다고 하니, 내게 도움을 받아 굶주림을 구제받을 필요가 없게 되었다. 나는 풍족한 사람을 보태 주지는 않는다."

하였다. 오래 지나지 않아 관직을 버리고 돌아왔다.

이때 금산(錦山) 사람이 상소문을 올려 덕유산(德裕山)에 있는 큰 도적이 팔도의 도적들과 세력을 연합한 상황을 진달하였다. 조정은 그것을 염려하여 문관, 음관, 무관 중에서 사람을 엄선하여 금산 군수로 임명하고 별도로 사목(事目)을 작성하여 세 도의 감사(監司)와 병사(兵使)를 압박할 것을 청하였다. 상이 이르기를,

"그런 사람을 찾기 어렵지 않겠는가?"

하자, 대신이 아뢰기를,

"이미 얻었습니다."

하고, 곧 공을 추천하여 임명하고 부임을 재촉하였다. 도적들은 공이 온다는 소식을 듣자 모두 뿔뿔이 흩어져 다시는 도적이 나타났다는 보고가 오지 않았다.

경오년(1690) 가을에 청주 목사(淸州牧使)에 이배되었다. 청주의 풍속은 붕당의 폐습이 고질이 되어서 갑(甲)과 을(乙)이 되어 관아에서 서로 비난하는 자들이 각각 4, 5백 명이나 되었는데, 공은 그들을 타이르고 꾸짖어 유감을 풀게 하고야 말았다. 이때 굶주린 백성들이 공에게 먹여 주기를 바라는 마음이 자못 지극하였는데, 8월에 동래

부사(東萊府使)에 승진하자, 청주의 선비들과 백성들이 밤낮으로 성을 에워싸고 공이 나오기를 기다렸다가 가마채를 잡고 가마를 되돌렸다. 이와 같이 하기를 두 번 세 번 하자, 관찰사가 공에게 편지를 보내 말하기를,

"관원과 백성이 서로 버텨 부임할 기약이 없습니다. 장차 조정에 보고하면 죄가 관원에게 미칠 것입니다."

하니, 성문을 지키던 선비와 백성 들이 먼저 편지를 뜯어보고 서로 눈물을 흘리면서 물러났다.

동래에 든 흉년은 청주보다 몇 배는 더 심하였다. 공은 부임하자 쌀 3만 섬, 벼와 보리 각 3000섬, 백금(白金) 5000냥, 무명 400동(同)을 마련하고, 동래 백성 3만 명과 떠도는 거지 4만 명을 뽑아서 일곱 곳에 나누어 놓고 진휼하였다. 동짓달부터 다음 해 6월까지 진휼하고 그쳤다. 진휼을 마친 뒤에는 유랑민들에게 양식을 주어 각각 향리로 돌려보냈다. 백성이 납부해야 할, 이를테면 양세(兩稅),[75] 신포(身布), 환곡(還穀)을 관아에서 스스로 막으면서도 백성들이 알지 못하게 하였다. 백성들은 공이 부모를 생각할까 근심하여 단을 쌓고 날마다 하늘에 축원하기를,

"태부인이 병들지 않게 해 주소서."

하였다. 7월에 사직을 일곱 번이나 청하자, 상이 공의 개인 사정을 불쌍히 여기고 교체를 윤허하였다. 고을 백성들은 모두 여기저기 모여 울면서 인사하고, 길가 사람들은 곳곳에 무리를 지어 수레를 붙잡고 울면서 말하기를,

75 양세(兩稅) : 전세(田稅)와 대동세(大同稅)를 말한다.

“저희가 오늘 살아 있는 것은 모두 공 덕분입니다.”

하였다. 동래 백성들이 청동 비석을 세워 잊지 않으려는 마음을 담았다. 9년 뒤에 공이 경주 부윤(慶州府尹)에 제수되어 조령(鳥嶺)을 넘어가자, 앞에서 공을 맞이하여 절을 하고 손을 모으고 선 백성들이 있었는데, 이들은 모두 지난날 동래에 가서 진휼을 받은 자들이었다.

공은 처음부터 왜노(倭奴)의 이른바 구송사(九送使)[76]가 한 도(道)의 폐해가 되는 것을 걱정하였다. 동래에 있을 때 훈도(訓導)[77]로 하여금 재판차왜(裁判差倭)[78] 평성상(平成尙)[79]을 은밀히 격동시켜 구송사 중 제1선(第一船)과 일특송선(一特送船) 외에는 모두 폐지하거나 감축할 것을 요청하게 하여, 조선으로 응당 나와야 하는 차왜(差倭)[80]와

76 구송사(九送使) : 팔송사(八送使)에 세견선(歲遣船)을 하나 더 더한 것이다. 팔송사는 대마도주(對馬島主)가 연례적으로 여덟 차례 보내오는 세견선이다. 팔송사는 제1선이 일송사(一送使), 제2선이 이송사(二送使), 제3선이 삼송사(三送使), 제4선에서 제17선까지가 사송사(四送使), 일특송선(一特送船)에서 삼특송선(三特送船)까지가 오송사(五送使), 부특송선(副特送船)이 육송사(六送使), 만송원사(萬松院使)가 칠송사(七送使), 이정암사(以酊菴使)가 팔송사이다. 특송선은 해마다 정해진 예대로 보내는 세견선과는 달리 특별한 일로 보내오는 배를 말한다.

77 훈도(訓導) : 사역원(司譯院) 등에 딸린 정9품직이며, 여기서의 훈도는 동래부(東萊府)에 딸려 일본과의 무역, 접대, 의식 등의 일을 보던 직임이다.

78 재판차왜(裁判差倭) : 일본에서 5년마다 한 번씩 공무역(公貿易)을 할 목적으로 우리나라에 파견하던 사신이다. 1651년(효종2)부터 갑년(甲年)과 기년(己年)마다 파견하게 하였는데, 이를 연한 재판(年限裁判)이라고도 칭하였다. 《通文館志5 交隣 差倭》《萬機要覽 財用編5 公貿公作米下納》

79 평성상(平成尙) : 대마도주 종의진(宗義眞)이 파견했던 사자이다.

80 차왜(差倭) : 차견왜(差遣倭), 차송왜(差送倭) 등과 같이 선발하여 보낸 왜인이란 의미이지만, 보다 구체적으로는 ‘일본의 막부장군(幕府將軍) 또는 그 명을 받은 대마도

격왜(格倭)로 하여금 관례대로 주는 물품을 앉아서 받게 하고, 그렇게 하여 남는 쌀 수백 섬은 대마도주(對馬島主)가 마음대로 쓰게 하며, 우리나라에서도 그들을 접대하는 연향(宴享) 비용을 아낄 수 있게 하였다. 이렇게 편리한 계책을 세워 주었으나 공이 교체되어 돌아왔다.

평성상이란 자는 과연 저쪽에서 성취를 꾀하고 나서 우리 조정에 요청했는데, 조정의 의론이 일치하지 않고 도리어 방계(防啓)[81]하였다. 평성상이 통역을 마주하고 탄식하기를,

"이 부사(李府使) 외에 너희 나라에는 사람이 없다고 할 만하다."

하였다. 묘당(廟堂)이 그 뒤에 후회하고 다시 도모하고자 하여 일부러 도해역관(渡海譯官)[82]을 보내어 요청하였으나, 평성상이 크게 웃으며 말하기를,

"처음에 차임된 차왜를 다른 직임으로 옮긴 뒤에야 겨우 성취를 꾀할 수 있습니다. 지금은 다시 할 수 없습니다."

하였다.[83]

10월 양주 목사(楊州牧使)에 제수되었다. 상이 분부하기를,

"나는 그에게 노모(老母)가 있다는 것을 안다. 그가 노모를 봉양하는 데 편리하게 하려고 말의(末擬)[84]이지만 제수한다."

주가 특별한 임무의 수행을 위해 파견한 왜인'이라는 의미로 조선 후기 일본이 보낸 임시 외교사절을 지칭하는 용어이다.

81 방계(防啓) : 상주(上奏)된 안건에 대하여 담당 관원이 그 일의 부당함을 아뢰어 반대하는 것을 말한다.

82 도해역관(渡海譯官) : 조선에서 일본에 파견하는 사신이다.

83 공은 처음부터……하였다 : 《병와집(甁窩集)》 권5 〈답유예판(答柳禮判)〉에 자세한 내용이 나온다.

하였다. 관찰사가 경기 전체의 송사를 모두 공에게 맡겨서, 금시(金矢)의 양이 수천 금이 넘을 정도로 많았다. 이 돈으로 춘궁기의 백성을 진휼하기를 광주에 있을 때처럼 하였다. 때마침 임금의 능행(陵幸)에서 사대(賜對)[85]하자, 당(唐)나라 때의 봉선현(奉先縣)의 고사[86]를 인용하여 아뢰었다. 상이 봄철 대동미(大同米)와 포적(逋糴)[87] 1만여 섬과 아직 거두지 못한 신포 80동(同)을 영원히 감면할 것을 특별히 명하고, 또한 쌀 1말씩을 내려 주니, 백성들이 그 쌀로 은택에 감사드리는 잔치를 열었다.

이 당시 칙사 다섯 명이 온다는 말에 백성들이 놀라 소란이 일어나자, 조정의 공론이 공을 원수(元帥)에 의망하였는데 끝내 아무 일도 일어나지 않아 중지되었다.

가을에 경주 부윤(慶州府尹)에 제수되기도 하고 나주 목사(羅州牧使)에 제수되기도 하였으나 공이 한창 피폐한 백성을 소생시키는 일을 맡고 있다는 이유로 양주 목사에 그대로 잉임되었다.

계유년(1693)에 어떤 사건으로 파직되어 돌아왔는데 백성들이 송덕비를 세웠다.

84 말의(末擬) : 말망(末望)으로 주의(注擬)함을 이른다. 관리를 임명할 때 전형(銓衡)을 맡은 아문에서 합당하다고 여기는 세 사람의 후보자로 삼망(三望)을 갖추어 올리는데, 삼망의 끝자리에 추천된 사람을 말한다.

85 사대(賜對) : 임금이 신하를 불러서 특별히 접견하는 것이다.

86 봉선현(奉先縣)의 고사 : 당 경종(唐敬宗)이 제왕의 능이 8곳이나 있는 봉선현에 조세(租稅)의 절반을 감해 준 것을 말한다. 《全唐文 卷68 減奉先縣租役勅》

87 포적(逋糴) : 포흠(逋欠)된 관적(官糴)으로, 관에서 대여하였다가 제 시기에 거두어들이지 못한 곡식이다.

갑술년(1694)에 조정의 정국이 다시 바뀌면서 공을 꺼리는 사람이 많아지자 공은 강화도(江華島)에 들어갔다. 안주 목사(安州牧使)에 제수되었으나 사직하여 교체되었다. 《강도지(江都誌)》[88] 2권을 지어 방어 대책을 상세하게 논술하여 조정에 올리려고 했으나 올리지는 않았다.

정축년(1697)에 어머니 윤씨 부인의 상을 당하여 묘의 곁에 여막을 차려 놓고 날마다 두 번 성묘하는 것을 비바람이 쳐도 중지하지 않았으며, 곡하고 울면서 애도하기를 3년 동안 하루같이 하였다.

기묘년(1699)에 중추부(中樞府)에 제수되고 또다시 나주 목사에 임명되었으나 모두 사양하고 부임하지 않았다. 이때에 경주 금주산(金住山)[89]에 있는 도적 떼 수천 명이 대낮에도 서로 불러 모여서 원근 지역을 노략질하였다. 이에 공을 특별히 경주 부윤에 제수했는데, 공은 경주부에 도착하여 아무 일도 하지 않은 채 목패(木牌)를 만들어서 한쪽 면에는 '기찰(譏察)' 두 글자를 새기고 다른 면에는 '사(使)' 자와 관인(官印)을 새기며 새긴 글자는 붉은 물감으로 메우고, 장교(將校) 한 명, 아전 한 명, 병졸 한 명으로 하여금 그것을 장대에 걸고 하루 종일 경내(境內)와 인근의 시장을 돌아다니게 하였다. 이렇게 하기를 한 달 남짓 했을 때 토포사(討捕使)가 와서 말하기를,

"조정에서는 도적을 깊이 우려하여 공을 별도로 파견하였는데 공께서는 목패만 들고 시장을 돌아다니게 하고 있으니, 목패를 든 자들이

88 강도지(江都誌) : 이형상이 1694년부터 1696년까지 강화도에 머물면서 지은 강화도 지리지(地理誌)로, 강화도의 전략적 가치를 설명하고 방어 대책을 서술하였다.

89 금주산(金住山) : 《병와집》 부록 〈병와선생이공행장(甁窩先生李公行狀)〉에는 '운주산(雲住山)'으로 되어 있다.

과연 도적을 몇이나 잡아들였습니까?"

하여, 공이 천천히 말하기를,

"목패를 들고 다니게 한 것은 도적을 잡기 위해서가 아니라 도적을 흩어지게 하려 한 것이네. 내가 여기에 오기 전에 각 읍리(邑里)에서 도적질을 당하여 본영에 보고한 것이 하루에 몇 건이며, 내가 온 뒤에는 또한 하루에 몇 건이나 되는가?"

하니, 토포사가 한참 있다가 말하기를,

"공께서 부임하기 전에는 하루에 최하 4, 5건이었는데 요즘에는 아직 한 건도 없습니다."

하자, 공이 말하기를,

"이 도적 떼는 추위와 굶주림을 견디지 못해서 무리를 모아 입에 풀칠을 해 보려고 도모한 자들에 불과하네. 그리고 도적 떼가 약탈을 할 때는 반드시 시장에 모여서 의논하는데, 지금 목패를 든 자들이 시장을 돌아다녀서 도적들이 겁을 먹고 감히 모여서 의논하지 못하네. 이미 모여서 의논하지 못하였다면 돌아가 농사를 짓고 있을 것이네. 농사를 지으러 돌아가면 바로 선량한 백성인데, 어찌 꼭 잡아 죽이는 것만이 능사이겠는가."

하였다. 이에 토포사가 깊이 감복하고 돌아갔으며, 도적들은 그대로 저절로 흩어졌다. 이에 향교나 서원(書院)에 학업을 권장하고 감독할 것을 거듭 타이르고, 향음주례(鄕飮酒禮)를 행하고, 향약(鄕約)을 시행하며, 충(忠), 효(孝), 열(烈)을 실천한 사람들을 뽑아서 잔치를 베풀어서 권장하였다. 이때 어떤 9세 되는 아이가 손가락을 잘라서 아버지를 살리는 일이 일어나자, 관아에서 아이를 사서 양민이 되게 해 주었다.

고을에 음사(淫祀)가 있는데, 관청이 대동미를 가지고 신당(神堂) 두 채를 설립하여 매월 초하루와 보름에 백성들의 돈을 거두어서 제사를 지냈고, 바깥 마을에도 성황당이 36곳 있었다. 공이 말하기를,

"폐단이 이보다 더 큰 것이 있겠느냐."

하고, 제문을 지어서 직접 성황당에 제사를 지내고 각각 소속한 곳으로 돌아가라고 고한 뒤에 모두 불사르고, 성황당 터는 학궁(學宮)에 귀속하였다. 원전(轅田)의 터를 측량하고 그 경계를 범하는 것을 금지하였다.[90]

경진년(1700) 상관(上官)에게 미움을 받자 관직을 버리고 영천(永川)에 집터를 정하고, 성고(城皐)에 정자를 짓고 '호연정(浩然亭)'[91]이란 편액을 걸었는데, 이는 그곳에서 노년을 마칠 계획이었던 것이다.

신사년(1701) 겨울에 제주 목사에 제수되었다. 공은 제주에 도착하자 제주도의 비루한 풍속을 혁신할 생각으로 세 곳의 읍[92]에 있는 성묘(聖廟)를 보수하고 이름 있는 선비를 선발하여 훈장(訓長)으로 정하여 학업을 독려하게 하였다. 고(高), 부(夫), 양(良)의 삼성사(三姓

90 원전(轅田)의……금지하였다 : 《병와집》 권18 〈경주정전기지범할청립금첩(慶州井田基址犯割請立禁牒)〉에 상세히 나온다. 원전은 직전(直田)이라고 하는데, 곧 정전(井田)이다. 경주에 남아 있었다고 하는 고대의 토지 제도의 유허지이다. 이형상이 옛 토지 형태를 복구하려 했으나 관찰사의 반대로 뜻을 이루지 못했다. 《東史綱目 附錄 上卷下 題久庵韓氏箕田說後》

91 호연정(浩然亭) : 영천시 성내동 금호강 가에 있는 정자로, 이형상이 벼슬을 그만두고 영천 성고에 지었다. 이형상은 여기서 주희(朱熹)의 〈무이구곡(武夷九曲)〉에 차운하여 〈성고구곡(城皐九曲)〉을 지었다. 《甁窩集 卷1》

92 세 곳의 읍 : 제주도의 제주(濟州), 대정(大靜), 정의(旌義)를 말한다. 이 세 곳에는 향교가 있었다.

祠)[93]를 세웠다. 동성(同姓) 간의 혼인, 이성(異姓)이라도 공친(功親)[94] 간의 혼인, 혼례 때에 맞절을 하지 않는 것, 처(妻)를 두고 또 처를 취하는 것, 남녀가 함께 목욕하거나 여자가 나체로 있는 것 등을 조례(條例)로 만들어서 금지하고, 그 밖에 스스로 결정할 수 없는 것은 모두 장계를 보내어 보고했는데 그 조목이 14가지였으며 상이 모두 윤허하였다. 제주도 백성 700명이 건포(巾浦)[95]에 모여서 임금의 은혜에 절을 올리고 공에게 와서 감사의 인사를 올렸다. 공이 곧 음사의 폐해를 자세히 말하니, 모두들 말하기를,

"공이 명령을 하셨는데, 어찌 감히 받들지 않겠습니까."

하고, 나와서는 스스로 서로 전달하여 신당(神堂) 129채 및 사찰 2채를 일시에 불사르고 불상(佛像)을 바다에 던져 버렸으며, 1000여 명의 무당과 박수 들이 모두 그들의 탁자를 불사르고 농사를 지으러 돌아갔다.

이전에는 관에서 민가의 우황(牛黃)을 취했기에 담당자는 주머니가 자못 두둑하였다. 공이 부임했을 때 마침 심약(審藥)이 몇 개의 우황을 가지고 감영에 들어왔는데, 공이 말하기를,

"백성의 소에게 우황이 생겼으면 백성이 스스로 취해야 하거늘 관이 어찌하여 관여하는가."

하고, 드디어 종전의 법을 고쳐 버렸다.

93 삼성사(三姓祠) : 제주도 제주시 이도동에 있는 사당으로, 고(高), 양(良), 부(夫) 세 신인(神人)을 모신 곳이다.

94 공친(功親) : 대공(大功), 소공(小功)의 상복을 입는 친척이다.

95 건포(巾浦) : 제주도 건입동 일대에 있는 포구를 말한다. 건입포(健入浦) 또는 건입포(巾入浦)라고도 불렸다.

계미년(1703)에 어떤 사건으로 교체되어 돌아왔다. 돌아오는 행장(行裝)에는 아무 것도 없고, 단지 백록담 가에서 저절로 말라 죽은 박달나무로 만든 거문고 1장(張)과 시를 써 놓은 책 몇 권뿐이었다. 백성들이 네 곳에 비를 세우고 각기 덕을 기록하여 칭송하였다.

공이 제주도에서 돌아올 때 호남에 들렀는데, 당시 그곳에서 몰래 숨어 살아오던 노비들이 공 앞에 모습을 드러냈다. 그 수가 거의 1000명이고 살림도 풍족하였다. 공은 그들의 바람대로 속량(贖良)을 허락하였다.[96] 어느 날 아들들을 불러 놓고 말하기를,

"현종(顯宗) 때의 수교(受敎)에 '무릇 노비에 관하여는 60년 이전의 일로 당사자가 살아 있지 않으면 소장을 받아 처리하는 것을 허락하지 말라.'라고 한 것이 있는데, 나는 평소에 이 법을 매우 굳게 지켜왔다. 지금 호남의 노비들은 이미 당사자가 현재 살아 있지 않으며 또한 60년이 넘었다. 나는 문득 그 햇수를 헤아리다가 깨달았다. 비록 1년이라도 실수한다면 이것은 스스로를 속이는 것이다. 어찌 공사(公私) 간에 법을 달리할 수 있겠느냐. 나는 이 논리로써 저들을 해방시키려 하는데 너희 마음은 어떠하냐?"

하니, 아들들이 아뢰기를,

"삼가 명령대로 따르겠습니다."

하였다. 공이 말하기를,

"약 1000명의 노비를 재물로 여기지 않는 것에 대해 너희가 난색을 표하지 않으니, 다행히도 내가 너희를 가르치는 데에 그리 엉성하지

96 당시……허락하였다 : 노비를 속량한 일은 《병와집》 권13 〈약가노인발문(約家奴仁發文)〉에 상세히 나온다.

는 않았던 모양이구나."

하고, 드디어 옛날 문서를 태워 버리고 그들을 놓아 주었다.

을유년(1705) 겨울에 영광 군수(靈光郡守)에 임명되었다. 이해는 크게 흉년이 들고 공의 부임 시기도 늦었다. 그런데도 공은 쌀 4000섬을 마련해 진휼하고 백성으로 하여금 기근이 든 해라는 것을 알지 못하게 하였다. 영광의 풍속은 사람이 죽으면 산에 임시로 빈소를 만들었는데, 어쩌다 몇 년이 지나도록 장사를 지내지 못한 사람들이 400명이 넘어서, 공이 필요한 용품을 헤아려 모두에게 주어 장사 지내게 하였다. 혼기를 놓치고 시집가지 못한 처녀가 386명에 이르렀는데, 공이 또한 혼수를 헤아려 주어 혼례를 치르게 하였다.

병술년(1706)에 휴가를 얻어서 호연정으로 돌아갔는데 이것이 영원히 낙향한 것이 되었다. 이때에 백성들이 공이 돌아오기를 목마른 듯이 바랐으며 관찰사도 공이 돌아오기를 매우 급하게 재촉하였다. 어사가 마음속으로 공을 미워하여 성상께 아뢰어 파직하였는데, 그가 "일을 처리하는 솜씨가 실제와는 너무 거리가 멀다."라고 한 것은 대개 혼인시키고 장사 지내 준 것을 가리켜 말한 것이었다. 뒤에 그 사람은 사람들을 만날 때마다 자신이 공을 미워하여 파직하게 한 일이 잘못된 처사였음을 후회했다고 한다. 공은 이때부터 날마다 성현의 글을 읽으면서 다시는 세상에 나갈 생각을 하지 않았다.

무자년(1708) 경원 부사(慶源府使)에 제수되고, 경인년(1710)에 판결사(判決事)에 제수되고, 신묘년(1711)에 장단 부사(長湍府使)에 제수되고, 경종(景宗) 임인년(1722, 경종2)에 또다시 판결사에 제수되고, 금상(今上) 을사년(1725, 영조1)에 첨지중추부사에 제수되고, 정미년(1727)에 호조 참의에 제수되었으나 모두 부임하지 않았다. 대개 호연정을 지은 뒤로 이때까지 30년 동안에는 서울에 한 발자국도 걸음을 들여놓지 않았다.

일찍이 1만 자에 달하는 〈팔외십요소(八畏十要疏)〉[97]를 지었는데 원고를 완성하던 날 밤 꿈에 이런 것을 보았다. 장식한 활 한 자루는 화살통에 든 채 엷은 판자로 막혀 있고 합죽선 세 자루는 접힌 채 종이갑에 들어 있는데, 부채 한 자루는 가장 길어서 거의 한 자에 이를 정도였으며, 이 모두는 가죽 주머니에 꽂혀 있었다. 스스로 꿈풀이하기를,

> "활은 쏘아야 마땅한데 반대로 화살통이 막혀 있고, 부채는 흔들어야 마땅한데 반대로 접힌 채 모두 주머니 속에 묶였으니, 아마도 둔서(遯筮)[98]의 조짐이로다."

하고, 그대로 책 이름을 《둔서록(遯筮錄)》[99]이라 하였다.

무신년(1728)에 흉적(凶賊)[100]이 반란을 일으키자 대신과 연신(筵

97 팔외십요소(八畏十要疏) : 나라를 운영하는 데 8가지 두려워할 일과 그것에 대처하는 10가지 요령을 진술한 상소문이다. 8가지 두려워할 일은 국내외의 여러 가지 어려운 상황을 말하고, 10가지 요령은 8가지 두려워할 일에 대한 대비책을 제시한 것으로, 국가의 근본을 함양할 것〔養國本〕, 인재를 취할 것〔取人材〕, 장수가 될 만한 인재를 비축할 것〔儲將材〕, 군사 제도를 바꿀 것〔變軍制〕, 군량미를 비축할 것〔備軍食〕, 탐욕의 구멍을 막을 것〔塞利竇〕, 민심을 모을 것〔收民心〕, 국경의 방비를 안정시킬 것〔定關防〕, 조정을 바로잡을 것〔正朝廷〕, 기회를 소중히 여길 것〔惜機會〕이다. 《瓶窩全書 遯筮錄》

98 둔서(遯筮) : 《주역》의 둔괘(遯卦)를 뜻하는데, 둔괘는 세상을 피해 숨어 사는 것이 좋다는 것을 보이는 괘다.

99 둔서록(遯筮錄) : 〈팔외십요소〉가 들어 있는 서명(書名)이다. 《瓶窩全書》

100 흉적(凶賊) : 이인좌(李麟佐, ?~1728)를 가리킨다.

臣) 들이 아뢰어 공을 가선대부(嘉善大夫)에 발탁하고 경상하도(慶尙下道)의 호소사(號召使)[101]에 제수하였다. 공이 명을 받자마자 급히 관찰사의 감영에 달려가서 군사를 모집하고 역적을 토벌할 일을 의논하는데, 갑자기 체포 명령이 내려서 조옥(詔獄 의금부)에 잡혀갔다.[102] 상이 직접 문초한 뒤에 무고(誣告)로 끌려온 정상을 알고 즉시 석방하려 했으나 연신들이 아뢰기를,

"뒷날을 기다려서 석방해도 늦지 않습니다."

하여, 상이 억지로 그 말을 따랐다. 그러나 그 뒤에 동지의금부사 송인명(宋寅明)[103]에게 명하여 성상의 분부를 타이르고 전하며 공을 석방하게 하였다. 이때 공의 나이는 76세였다.

공이 옥에 갇혀 있을 때 목에 쓴 칼은 무겁고 수갑은 꽉 조여서 목에 굳은살이 생기고 손은 찢어져 피가 흘렀다. 이때는 또 무더운 날씨라서 수졸이 불쌍하게 여겨 칼을 벗길 것을 청하자, 공이 말하기를,

"안 된다."

하고, 다음 날 또다시 청하자, 공이 또 말하기를,

"안 된다."

101 호소사(號召使) : 전쟁 때 군대나 물품을 모으는 임시 관원을 말한다.

102 갑자기……잡혀갔다 : 1728년 이인좌의 난이 일어나자, 이형상은 경상하도 호소사에 임명되어 경상도 관찰사의 감영에 달려갔으나, 관찰사 황선(黃璿)의 무고로 적당(賊黨)과 내통한다는 혐의를 받고 체포되어 서울로 압송되어 국문을 받고 옥에 갇혔다가, 그해 6월에 석방되었다.

103 송인명(宋寅明) : 1689~1746. 본관은 여산(礪山), 자는 성빈(聖賓), 호는 장밀헌(藏密軒), 시호는 충헌(忠獻)이다. 붕당을 막도록 건의하여 영조의 탕평책(蕩平策)에 적극 협조하였으며 영조의 신임을 받았다.

하였으며, 그다음 날 또 청하자, 공이 말하기를,

"나의 운명이며, 임금의 명령이다. 자신의 운명은 피할 수 없고 임금의 명령은 어길 수 없다."

하였다. 그동안 국기일(國忌日)을 한 번 만나고 집안의 기일을 두 번 만났는데 그때마다 밥 먹을 때 고기를 빼냈다. 수졸이 말하기를,

"80세의 나이로 이곳에 들어왔는데 어찌하여 소밥을 드십니까."

하니, 공이 말하기를,

"평소에 하던 것을 지금 차마 중단하지 못하겠네."

하였다. 구료관(救療官)[104]이 이야기를 듣고 감격하여 소찬(素饌)을 갖추는 데 더욱 정성을 썼다고 한다. 석방되어 돌아올 때 얼굴의 모습이 지난날과 같아서 이상하게 여기지 않는 사람이 없었다. 어떤 사람이 그 이유를 묻자, 공이 말하기를,

"몸은 비록 칼을 쓰고 수갑을 찼으나 마음은 태연하여 나의 정자에 있는 것과 다름이 없었네. 고문(古文)을 생각하거나 전에 읽었던 경서의 뜻을 다시 궁리하면서 70일 동안 먹고 자는 것을 평소처럼 하였네. 이 때문에 병들지 않았네."

하였다. 이때부터 공은 임금이 있는 곳에서 차마 멀리 떠나지 못하고 서울에 머물면서 가끔 인천에 다녀왔다.

기유년(1729)에 서반(西班)[105]의 직함을 받았다. 공이 말하기를,

104 구료관(救療官) : 옥에 갇힌 죄인의 병을 고치는 관리이다.

105 서반(西班) : 벼슬하는 사람이 사직하면 군직을 주거나 중추부(中樞府) 벼슬을 주는 것을 말한다. 대개 문관은 동반(東班), 무관은 서반인데, 문관도 서반을 할 수 있다. 또 벼슬하는 사람이 죄가 없는 한 벼슬을 아주 없애는 것이 아니고 녹이 끊어지지 않게 하니, 서반을 주는 것은 휴직봉(休職俸)을 주는 것과 같다.

"죄 없이 크게 놀란 뒤에 보살펴 주는 은혜를 받았으니 의리상 사양할 수 없다."

하고, 녹봉을 받아오게 하여 친척과 이웃에게 나누어 주어서 임금이 하사한 것을 영광되게 하였다.

계축년(1733)에 인천에서 양강(楊江)[106]으로 옮겨 가 살기 위해 길을 떠나 과천(果川)에 도착했는데 병이 들어 한 달을 머물다가 11월 30일 여관에서 세상을 떠나니, 향년 81세이다. 부고를 들은 임금은 조제(弔祭)를 지내고 부의를 후하게 하라고 명하였다.

갑인년(1734) 1월에 양산(楊山)의 정부인(貞夫人) 묘 오른쪽에 장사 지냈다가, 기묘년(1759) 10월에 광주(廣州) 동편 우산(牛山) 묘좌(卯坐)의 언덕으로 이장하며 부인과 합장하였다.

공은 타고난 자질이 뛰어나고 얼굴 생김새도 빼어나서, 멀리서 바라보면 범하기 어려운 위엄이 있고 가까이 다가가 보면 상서롭고 온화한 기운을 느낄 수 있었다. 훌륭한 기량에다 총명한 식견을 갖추었고, 활기찬 흉금은 세상만사에 막힘이 없었다. 예컨대 이유재 현석(李游齋玄錫)[107]이 공을 찬양하는 시에서 읊기를 "천 이랑 파도치는 드넓은 바다요, 열 길 푸른빛 드리운 낙락장송일세.〔洋洋大海波千頃 落落長松翠十尋〕"라고 하였다. 이근곡 관징(李芹谷觀徵)[108]이 공의 풍도를 품평

106 양강(楊江) : 경기도 양평 근처의 남한강을 말한다.

107 이유재 현석(李游齋玄錫) : 이현석(1647～1703)으로, 본관은 전주, 자는 하서(夏瑞), 호는 유재이다.

108 이근곡 관징(李芹谷觀徵) : 이관징(1618～1695)으로, 본관은 연안(延安), 자는 국빈(國賓), 호는 근옹(芹翁)·근곡이다.

하기를,

"언제나 조정의 반열에 서서 눈을 들어 위에서 아래로 훑어볼 때도 반드시 공에게 눈길이 머물고, 아래에서 위로 훑어볼 때도 반드시 공에게 눈길이 머문다. 다른 사람들의 눈길을 시험 삼아 살펴보니 역시 모두 공을 보고 있었다."

하였다. 한 시대의 인물을 논평한 어떤 사람이 말하기를,

"병와공의 눈동자는 마치 잘 익은 청포도 같아서 한 점의 물욕도 없이 반짝인다."

하였다. 공보다 후대에 태어나서 마음으로 공을 사모하는 사람이 이상의 시와 말을 음미해 본다면 아마도 공의 실상을 7분은 이해할 것이다.

부모에 대한 공의 효성으로 말하자면, 8세 때 마침 참외밭에 가게 되었는데 밭주인이 참외를 올리자 공이 밭주인에게 맛이 없는 것을 골라 달라고 한 다음에 그것을 먹었다. 밭주인이 묻기를,

"왜 그럽니까?"

하자, 공이 대답하기를,

"맛이 좋은 참외는 부모님께 드리려고 그런다네."

하니, 밭주인이 감탄하여 맛이 좋은 참외를 더 따서 직접 집에까지 가져다주었다.

입신(立身)한 뒤에는 어머니를 집에서 모셨는데, 그것은 공의 녹봉이 어머니를 모실 만했기 때문이다. 늘 큰형님과 두 분의 자형 및 조카들까지 단란하게 모이게 하고, 녹봉은 적었지만 자주 조촐한 술자리를 마련하여 언제나 어머니 앞에 화목한 기운이 가득하게 하였다. 막 업무를 마치고 돌아온 때라도 곁에서 모시고 주선했는데 태도를 재빠르게 교묘히 변화하여 점잖은 모습을 차리지 않았다. 부모가 다 세상을 떠난

뒤에는 누가 돌아가신 부모의 옛날 일을 말하기라도 하면, 문득 눈물을 머금고 흐느끼곤 했기에 사람들이 차마 말을 꺼내지 못하였다.

남쪽으로 낙향한 뒤에는 매번 부모의 제삿날을 당하면 선유(先儒)의 고사를 따라 영위(靈位)를 마련하고 제사 지냈으며, 재계(齋戒)를 극진히 하고 제사 때 울부짖고 그리워하는 모습은 사람들의 마음을 감동시켰다. 어떤 때는 제사를 마치고 나면 탄식하며 말하기를,

"오늘의 제사는 헛되이 지낸 듯하구나. 제사 지내는 이치는 지극히 미묘해서 칠일계(七日戒)와 삼일재(三日齋)[109] 동안 반드시 기쁜 마음으로 정성스럽게 생각하기를 잡념 없이 순수하게 해야 바야흐로 영령을 강림하게 할 만했다고 말할 수 있다. 그렇게 하지 못하면 아무리 진수성찬을 차려 놓아도 제사 지내지 않은 것과 같다."

하였다.

임금을 섬긴 것으로 말하자면, 공은 늘 말하기를,

"인재를 취하고 버리는 것이 공정하지 못하고 죽이고 해치는 것이 서로 이어지는 것은 붕당이 그 빌미를 제공해서이다. 끝내는 반드시 국가를 망하게 하고야 마는 것이니, 우리 임금의 신하 된 사람으로서 어찌 차마 국가를 망하게 하는 말을 하겠는가."

하고, 자손들에게도 사람들을 만나 말할 때에 감히 당론을 거론하지 못하게 엄금하였다. 간혹 나라를 다스리는 요령을 묻는 사람이 있으면 번번이 붕당을 없애는 것이 제일 좋은 방법이라고 말하였다.

공이 처음 벼슬에 올랐을 적에, 당시 공과 잘 지내던 어떤 재상이

109 칠일계(七日戒)와 삼일재(三日齋) : 제사 지내기 7일 전부터 계(戒)하고 3일 동안 재(齋)하는 것을 말한다.《論語集註 八佾》

와서 공에게 말하기를,

"근래에 여러 재상도 그대의 재능이 쓸 만하다고는 여기지만 그대를 임금의 측근에 두면 임금의 마음이 그대에게 쏠릴 것이 걱정되어 단지 음직(蔭職)의 사례에 따라 지방 수령에만 쓰려고 하니, 그대는 끝내 높은 벼슬은 하지 못할 것이네."

하였다. 대개 서인과 남인 두 붕당이 일진일퇴(一進一退)하여 서인이 세력을 잡으면 그들의 말이 이와 같았고, 남인이 세력을 잡으면 공이 늘 민(閔)과 유(柳)가 권력을 탐하는 것을 배척하였으므로, 민과 유도 공이 자신들에게 아부하지 않는 것을 괘씸하게 여겨 세상에서 필요로 하는 재목인 공으로 하여금 팔다리와 몸을 펴지 못하게 하였다. 그리고 만언소(萬言疏)와 《강도지(江都誌)》를 써서 올리려 한 것은 진실로 원대한 계획으로 국가의 근본을 견고히 하는 도리에 힘쓴 것인데 끝내 시행되지 못한 공언(空言)이 되어 버렸으니, 애석하다.

집안을 다스린 것으로 말하자면, 온 집안을 화목하게 만드는 데 주로 힘쓰면서도 남녀의 예법과 적서(嫡庶)의 명분을 엄정하게 나누었고, 늘 재물을 각자 소유하지 못하게 자녀들을 단단히 타일렀으며, 재산이 없는 앙역노(仰役奴)[110]가 부모의 제삿날이나 명절을 만나면 제수 용품을 주어서 제사 지내게 해 주었다.

공의 관직 생활로 말하자면, 처음 광주(廣州)를 다스릴 적에 크고 작은 일을 가리지 않고 마음과 힘을 쏟았으며, 성주 목사(星州牧使)에 제수된 뒤에는 마음속에서 깨닫고 말하기를,

110 앙역노(仰役奴) : 가솔 노비에 속하는 부류로, 상전의 집 문 밖에 초막을 짓고 따로 생활하는 종을 이른다. 《承政院日記 顯宗 7年 7月 25日》

"포부는 지극히 크나 총명에는 한계가 있다. 한계가 있는 총명을 아주 작은 일들에 허비해서는 안 된다."

하였다. 이때부터 단지 대체를 지킬 뿐이었으며, 늘 관문을 활짝 열어 놓고 동헌 가득 손님을 맞아들이고 각각의 손님들에게 다정하게 대해 주었는데, 싫증을 내거나 번거로워하는 기색을 볼 수 없었다. 아전들을 단속할 때는 엄중함을 위주로 하였으나 엄중함 속에 온화함이 있었고, 백성을 부릴 때에는 온화함을 위주로 하였으나 온화함 속에 엄중함이 있었다. 공이 말하기를,

"백성이 나의 자식이라면 아전들도 나의 백성인데 어찌 너무 편협하게 억누를 필요가 있겠는가. 단지 백성과 아전 모두를 편리하게 하는 것이 옳다."

하였다. 그리고 유정지공(惟正之供)[111]에 관련된 것은 매우 극심한 흉년을 당한 해가 아니면 관용(官用) 물품으로 백성의 조세를 대신 납부하거나 감면해 주지 않았다. 공이 말하기를,

"곡식과 삼실 등을 생산하여 윗사람을 섬기는 것이 백성의 직분이다."[112]

111 유정지공(惟正之供) : 경상적(經常的) 세공(稅貢)으로, 국가의 기본 조세인 조(租), 용(庸), 조(調)를 모두 아우른 것이다. 《서경》 〈무일(無逸)〉에 "문왕이 감히 유람과 사냥에 빠지지 아니하여 각국에서 납부하는 유정지공으로 나라를 운영하였다.〔文王不敢盤於遊田, 以庶邦惟正之供.〕"라고 한 데서 온 말이다. 조(租)는 전세(田稅)이고, 용(庸)은 군역(軍役)이고, 조(調)는 공납(貢納)이다.

112 곡식과……직분이다 : 한유(韓愈)의 〈원도(原道)〉에 "백성은 곡식과 삼실을 생산하고 그릇을 만들고 재화를 유통하여 윗사람을 섬기는 자이다.〔民者, 出粟米麻絲, 作器皿, 通貨財, 以事其上者也.〕"라고 한 데에서 인용한 말이다. 《唐宋八大家文鈔 卷9》

하였다.

옥사(獄事)를 다스린 것으로 말하자면, 공은 늘 말하기를,

"죄인이라고 해서 어찌 반드시 사람마다 몹시 억울하겠으며, 형벌이라고 해서 어찌 반드시 매번 매를 가혹하게 쳐야 하겠는가."

하였다. 가벼운 죄를 지은 사람은 즉시 죄를 다스렸으나 무거운 죄를 지은 사람은 반드시 옥에 가두고 말하기를,

"막 화가 난 때에는 일의 처결이 중도를 얻기가 쉽지 않다."

하였다.

공이 광주를 다스릴 적에, 아전으로서 재물을 잘 훔친 주흥(周興)[113]이란 자가 있었는데, 고을 백성들이 모두 죽이기를 바랐고, 감영에서도 속히 죽이라고 명령하였다. 공이 그의 죄상을 조사해 보니 죄가 사형에 해당하였다. 막 공초(供招)를 받아서 사형을 집행할 무렵에 그의 용모를 보니 잘생겼고, 또한 그의 서명을 보니 필력이 환부(萑苻)[114] 무리의 솜씨가 아니었다. 이에 공은 "그를 교화하는 것이 어찌 안 될 것이 있으랴."라고 하고, 이런 뜻을 감영에 보고한 뒤에 주흥을 불러 놓고 타이르기를,

"네 애비가 너를 끌고 강물로 뛰어들려 하다가 눈물을 흘리면서 차마 하지 못한 것이 여러 번이었다고 들었는데, 네가 만약 부모가 키워 준 은혜를 생각한다면 은혜를 갚지는 못할망정 어찌 차마 늙은 아비

113 주흥(周興) : 《병와집》 부록 〈병와선생이공행장(甁窩先生李公行狀)〉에는 '한주흥(韓周興)'으로 되어 있다.

114 환부(萑苻) : 출몰하는 도적 떼를 말한다. 춘추 시대 정(鄭)나라의 도적들이 환부라는 늪지대에서 많이 나온 데에서 비롯된 말이다. 《春秋左氏傳 昭公20年》

의 속을 이처럼 썩이고 애타게 하겠느냐."

하니, 주홍이 아뢰기를,

"죽을죄를 진 저를 용서해 주신다면 반드시 마음을 고쳐먹겠습니다."

하여, 곧 그를 옥졸에 충원하고 잠시도 떠나지 못하도록 명령하였다. 공이 천천히 그를 살펴보았는데, 얼굴이 벌겋고 눈동자가 튀어나왔으며 정신과 마음이 서로 결합되지 못하였다. 기운이 차츰 가라앉고 눈동자도 점점 안정되기를 기다려서 지인(知印)[115]으로 승직하고, 얼마 뒤에 형리(刑吏)로 진급시켰는데, 마침내 청렴하고 근면한 아전이 되었다.

그리고 공이 동래 부사로 있을 때, 동래에는 이름이 족곤(足昆)이라는 도둑이 있었는데 체포에 실패하여 그 아버지를 잡아왔다. 공이 그 아버지의 생김새가 도둑질을 하는 아들과 같지 않은 것을 보고 말하기를,

"나쁜 아들 때문에 차마 그 아비를 가혹하게 때리지 못하겠다."

하고, 곧 풀어 주었다. 그 며칠 뒤에 어떤 동판(銅版)을 지고 온 사람이 아뢰기를,

"저는 관아에서 현상금을 걸고 찾고 있는 족곤입니다. 관아에서 저의 아비를 처벌하지 않고 타이르고 용서해 주었다는 소식을 듣고 감동하여 사형을 받기 위해 스스로 왔습니다."

하였다. 공이 말하기를,

"등에 짊어진 것은 무슨 물건이냐?"

하니, 족곤이 아뢰기를,

"이것은 도둑질한 물건인데 지금 사형을 받기 위해 오는 길이므로 관아에 가져왔습니다."

115 지인(知印) : 지방 관아에서 잔심부름하는 사람으로 통인(通引)과 같다.

하였다. 이때 어사가 마침 동래부에 도착했다가 묻기를,

"이 사건을 어떻게 처리할 것인가?"

하자, 공이 대답하기를,

"이 사람이 선(善)을 향해 나아왔으니 죄를 주고 싶지 않습니다."

하고, 곧 그를 풀어 주니, 마침내 족곤은 양민이 되었다. 어사가 이 사실을 돌아가서 보고하였다.

공의 청렴결백함으로 말하자면, 공은 늘 말하기를,

"어찌하여 꼭 청렴하다는 명성을 얻으려고 하는가. 오직 스스로 부끄러운 마음이 없어야 한다."

하였다. 이런 까닭에 큰 고을을 아홉 번 맡을 적에 기쁜 마음으로 베풀어 주었으며 재물을 쓸 때도 아까울 것이 없는 것처럼 하였다. 그러나 집에는 송곳 꽂을 땅도 없었다. 백형(伯兄)[116]이 재산을 나누어 주려 할 때 공이 굳이 사양을 하자 백형이 말하기를,

"이것은 세업(世業)[117]이다. 내가 어찌 독차지할 수 있겠느냐. 아무 곳의 전장(田莊)은 네가 소유하거라."

하니, 공이 말하기를,

"형님의 말씀도 옳습니다."

하면서, 억지로 받았다. 그러나 큰집 조카며느리가 처음 뵈러 왔을 때 곧 그 전장을 주었다. 재물에 대한 공의 청렴은 집안에서나 관직에

116 백형(伯兄) : 이형징(李衡徵, 1651~1715)으로, 본관은 전주이다. 이형상의 형이다.

117 세업(世業) : 대대로 물려 오는 가업(家業) 또는 토지 같은 한 집안의 경제적 기반을 말한다.

서나 차이가 없었던 것이다.

공의 문장으로 말하자면, 공은 평소의 저술이 많게는 수백 권에 이르렀지만 애써 다듬은 적이 없고 오직 이치가 순하여 말이 잘 통하는 것을 위주로 하였으며, 그것을 본 사람들은 도(道)를 지닌 사람의 말로 여기며 탄복할 뿐이었다.

공의 예악(禮樂)에 대해 말하자면, 공은 일찍이 예는 논쟁이 일어나는 문이고, 또한 선조의 예절을 따르기 때문에 집안마다 각기 같지 않으며, 길사(吉事)와 흉사(凶事)를 치를 때 자기의 견해를 치우치게 고집하며 한쪽만으로 단정해서는 안 된다고 여기고, 곧 《가례(家禮)》의 조목을 죽 벌여서 기록하고 그 아래에 의심나는 절목을 모아서 분류하니, 가지 위에 또 가지가 나고 잎 위에 또 잎이 났는데, 위로는 《의례(儀禮)》로부터 아래로는 우리나라의 문집에 이르기까지 모두 모아서 책을 만들어 《가례편고(家禮便考)》, 《가례혹문(家禮或問)》, 《가례부록(家禮附錄)》, 《가례도설(家禮圖說)》 등 30여 권을 이루었다. 이 책들을 취하여 상고하는 사람으로 하여금 책을 펴면 분명하게 알 수 있게 하였으니, 정력을 쏟아 후인에게 은혜를 베푼 것이 실로 이에 있었다.

공은 또한 말하기를,

"예와 악(樂)은 한쪽을 버려서는 안 된다. 예가 지나치면 사이가 멀어진다. 그러므로 송나라 때에 예교(禮敎)가 극도로 성하여 말엽에 이르러서는 삼당(三黨)[118]으로 나뉘었고, 우리나라에서도 오로지

118 삼당(三黨) : 송(宋)나라 철종(哲宗) 때의 세 당파이다. 낙양(洛陽) 사람 정이(程頤)를 영수로 하는 낙당(洛黨), 촉인(蜀人) 소식(蘇軾)을 영수로 하는 촉당(蜀黨),

번거로운 예문을 일삼고 악학(樂學)을 익히지 않았으니, 근래의 당화는 역시 예가 지나쳐 생긴 오래된 폐단이다."

하고, 이에 《시경》의 〈관저(關雎)〉, 〈종사우(螽斯羽)〉, 〈인지지(麟之趾)〉의 가사를 종류별로 시조의 평조(平調), 계면조(界面調), 우조(羽調)에 화음을 맞추어서 《악학편고(樂學便考)》 1권을 지었는데, 장차 후세의 자운(子雲)을 기다려야 할 것이다.[119]

공의 학문으로 말하자면, 공은 중년에 은거한 이후에는 성리학에 전념하며 새벽에 일어나 글을 읽었는데, 글자마다 연구하며 깨닫는 대로 기록하였다. 겨울에는 언 붓에 입김을 불어 넣지 않고[120] 여름에는 땀을 뿌리지 않아[121] 맑은 창과 깨끗한 책상은 마치 사람이 없는 것처럼

유지(劉摯)를 영수로 하는 북쪽의 세력인 삭당(朔黨)을 말한다. 철종의 연호를 따서 원우 삼당(元祐三黨)이라고도 한다.

119 후세의……것이다 : 후세에 알아주는 사람을 기다린다는 말이다. 자운은 한(漢)나라 양웅(揚雄)의 자(字)이다. 그가 《태현경(太玄經)》을 지었는데, 사람들이 모두 비웃자 말하기를 "세상에서 나를 알아주지 않음이 해로울 것이 없다. 후세에 다시 양자운이 있어 반드시 좋아할 것이다.〔世不我知無害也. 後世復有揚子雲必好之.〕"라고 하였다.

120 언……않고 : 붓으로 글도 쓰지 않고 조용히 앉아 독서와 사색에 몰입했다는 말이다. 언 붓에 입김을 불어 넣는다는 것은 겨울에 저술 활동을 하는 것을 뜻한다. 《개원천보유사(開元天寶遺事)》 권4 〈미인가필(美人呵筆)〉에 "10월 이백(李白)이 조서(詔書)를 작성하려고 하였는데 그때 날씨가 매우 추워 붓이 꽁꽁 얼어붙었다. 그러자 황제가 궁녀 10명에게 명하여 각각 붓에 입김을 불어 넣으라고 하였다."라고 한 데서 온 말이다.

121 땀을 뿌리지 않아 : 찾아온 사람이 없다는 말이다. 《사기》 〈소진열전(蘇秦列傳)〉에 "제(齊)나라 서울 임치에 가면, 도로에 수렛대가 서로 부딪치고 사람들의 어깨가 서로 닿아 옷깃을 연결하면 휘장을 이루고 소매를 치켜들면 장막을 이루고, 땀방울을 서로 흩뿌리면 금방 비를 이룬다.〔臨淄之途, 車轂擊, 人肩摩, 連衽成帷, 擧袂成幕, 揮汗成雨.〕"라는 말이 나온다.

적막하였다. 밤을 새우는 것이 일상이 되었으며, 잠자리에서 깊이 생각했던 의리를 때로는 꿈속에서 깨닫기도 하였다. 전후로 끝까지 30여 년 동안 부지런하고 돈독하게 하기를 이와 같이 하였다.

만년에는 순(順)과 시(是) 두 글자를 마음가짐과 몸가짐의 요체로 삼고 말하기를,

"이(理)는 본디 시(是)이니 시는 대본(大本)이고, 기(氣)는 또한 순(順)이니 순은 달도(達道)이다. 시를 체(體)로 삼고 순을 용(用)으로 삼아서 지(知)와 행(行)을 서로 합치하고 내(內)와 외(外)를 함께 갖추어, 우리 사람의 천만 가지 일을 순과 시를 따라서 해 나가야 한다."[122]

하고, 때로는 자신을 순옹(順翁)이라 불렀다. 일찍이 손자인 약송(若松)[123]에게 분부하기를,

"훗날 병와순옹(甁窩順翁)이란 네 글자를 내 무덤의 명정(銘旌)에 쓰거라."

하였다.

공이 사람을 가르친 것으로 말하자면, 공은 학생이 찾아와서 가르침

122 이(理)는……한다 : 《중용장구》 제1장에 "희로애락이 미발한 것을 중이라 하고, 발해서 다 절도에 맞는 것을 화라 하니, 중은 천하의 대본이요, 화는 천하의 달도이다. 〔喜怒哀樂之未發, 謂之中; 發而皆中節, 謂之和. 中也者, 天下之大本也; 和也者, 天下之達道也.〕"라고 한 말을 바탕으로 하였다. 주희는 이 구절에 대해 주석하기를 "대본은 하늘이 명한 성이다. 천하의 이치는 모두 여기에서 나오니 도의 체이다. 달도는 성을 따름이다. 천하와 고금에 함께 행하는 것이니 도의 용이다.〔大本者, 天命之性. 天下之理, 皆由此出, 道之體也. 達道者, 循性之謂. 天下古今之所共由, 道之用也.〕"라고 하였다.

123 약송(若松) : 이약송(李若松)으로, 이형상의 맏손자이다. 이여항(李如沆)의 아들로 태어나 이여강(李如綱)의 양자가 되었다.

을 받을 때는 말로 가르쳐 주며 대체로 스스로 분발하고 고심하게 하였다. 일찍이 사서삼경(四書三經)을 강의하는 글[124]을 지어 학생으로 하여금 참고하게 하였으며, 배운 각 장(章) 안에서 가장 긴요한 구절을 뽑아 제목으로 삼아서 날마다 글짓기 과제를 내주었다. 공은 늘 말하기를,

> "후진들을 지도할 때는 오직 몸은 삼가고 조심스럽게 행동하도록 하고 마음은 명쾌하고 평이하게 갖도록 해야 한다. 어찌 반드시 곡경(曲擎)과 섭제(攝齊)[125]의 말단에 얽매여서 끝내 도(道)는 듣지 못하고 한갓 선비라는 이름을 빌리게 하겠는가."

하였다. 고을 사람이 오면 비록 글을 배우러 온 경우가 아닐지라도 반드시 몸가짐이나 제사 지내는 절차에 대해 자상하게 일러 주어서 그 지방 사람들로 하여금 한 번 변하는 효과[126]를 보게 하였다.

배위(配位) 정부인(貞夫人) 은진 송씨(恩津宋氏)는 통덕랑 송지규(宋之奎)[127]의 딸이자, 사복시 판관 송석복(宋錫福)[128]의 손녀이고, 세

124 사서삼경(四書三經)을 강의하는 글 : 《병와강의(甁窩講義)》를 말한다.

125 곡경(曲擎)과 섭제(攝齊) : 공손한 예의를 말한다. 곡경은 《장자(莊子)》 〈인간세(人間世)〉에 "손을 높이 들어 무릎을 꿇고 몸을 굽혀서 절을 하는 것은 신하로서의 예의이다.〔擎跪曲拳, 人臣之禮也.〕"라고 한 데서 온 말로, 윗사람을 공경하는 뜻을 표하는 예법이다. 섭제는 《논어》 〈향당(鄕黨)〉에 "옷자락을 잡고 당에 오를 적에 몸을 구부렸다.〔攝齊升堂, 鞠躬如也.〕"라고 한 데서 온 말로, 공손한 몸가짐을 말한다.

126 한……효과 : 과거의 습관을 말끔히 씻고 새로운 경지에 이르는 것을 말한다. 《논어》 〈옹야(雍也)〉에서 공자가 "제나라가 한 번 변하면 노나라의 경지에 이르고, 노나라가 한 번 변하면 도의 경지에 이른다.〔齊一變至於魯, 魯一變至於道.〕"라고 한 데서 온 말이다.

127 송지규(宋之奎) : 1629~1691. 본관은 은진(恩津), 자는 문백(文伯)이다.

128 송석복(宋錫福) : 1610~1679. 자는 여수(汝受)이다.

상 사람들이 쌍청당(雙淸堂)이라 부르는 송유(宋愉)[129]의 9세손이다. 가난 속에서도 효성을 극진히 하여 봉양에 필요한 맛있는 음식이 떨어지는 일이 없었고, 간혹 밥이 적을 때를 당하여 자신이 함께 먹지 못할 것 같으면 반드시 빈 밥그릇을 앞에 놓고 짐짓 시어머니와 멀리 떨어져 앉아서 숟가락 소리를 내어 밥 뜨는 시늉을 해서 시어머니를 안심시켰다. 전후로 남편의 임소를 따라다닐 때도 옷은 여벌이 없었으며, 맑은 덕행과 검소한 행동에 대해 모든 사람이 부부의 아름다움이 서로 잘 맞는다고 하였다. 효종 경인년(1650)에 태어나 숙종 기해년(1719)에 세상을 떠났으니, 향년 70세이다.

4남 2녀를 두었는데, 장자는 여강(如綱)이고, 둘째 아들은 생원인 여항(如沆)이며, 셋째 아들은 생원인 여성(如晟)이고, 넷째 아들은 진사인 여적(如廸)이며, 장녀는 문과에 급제한 정랑 김징경(金徵慶)에게 시집갔고, 차녀는 오명운(吳命運)에게 시집갔고, 여극(如克)은 측실에서 난 아들이다.

여강의 계자(繼子)는 약송(若松)이다. 여항은 약송, 지송(志松), 후송(後松), 만송(晩松)과 권숙징(權淑徵)의 처, 안취삼(安就三)의 처를 낳았다. 여성은 제송(齊松), 우송(友松), 유송(惟松), 기송(期松)과 권복인(權復仁)의 처를 낳았다. 여적의 계자는 만송이고, 두 딸은 권세석(權世錫)과 김정봉(金廷鳳)의 처이다.

아, 제공(濟恭)은 공보다 후대에 태어나 직접 뵙지는 못하였다. 그러나 통가(通家)한 집안의 자손으로서 공의 훌륭한 행적과 아름다운 모범을 들어서 이미 다 상세히 알고 있었으므로 일찍부터 존경하는

129 송유(宋愉) : 1388～1446. 호는 쌍청당이다.

마음을 간직하고 있었다. 지금 만송 씨[130]가 엮은 가장(家狀)을 말미암아 나의 못난 솜씨를 헤아리지 않고 미더워서 고증이 될 만한 것을 골라 이상과 같이 차례대로 엮었다. 제공의 붓은 여기에서 부끄럽지 않고 또한 천리마의 꼬리에 붙는 행운[131]을 절로 갖게 되었다. 그러나 가령 공께서 때를 만나 포부를 펼쳐 치군택민(致君澤民)의 뜻을 실행했더라면 죽백(竹帛)과 이정(彝鼎)[132]에 공의 업적이 반드시 많이 기록되었을 것이니, 이 행장 따위는 없어도 또한 괜찮았을 것이다. 그렇다면 이 행장은 공의 불행인가, 아니면 이 세상의 불행인가? 세상에 언론을 남길 만한 군자가 이것을 보면 또한 반드시 느끼는 것이 있을 것이다.

130 만송 씨 : 이만송(李晩松)으로, 이형상의 손자이다. 1774년(영조50) 《병와집》을 편집하고 간행하였다.

131 천리마의……행운 : 이형상의 행장을 기록하는 것을 좋은 행운으로 여긴다는 말이다. 《사기(史記)》 〈백이열전(伯夷列傳)〉에 "안연(顔淵)이 비록 학문에 독실했으나 공자(孔子)라는 천리마의 꼬리에 붙어서 가는 바람에 더욱 이름이 드러났다."라고 한 데서 온 말이다.

132 이정(彝鼎) : 종묘 제기의 하나인 이와 정을 말한다. 이는 돼지 머리 모양의 솥 형태인 주기(酒器)이며, 정은 세 발과 두 귀가 달린 큰 솥이다. 여기에 공이 있는 사람의 행적을 새기기도 하였다.

통훈대부 행 홍문관 교리 권공[133] 행장

通訓大夫行弘文館校理權公行狀

공의 휘는 세숙(世橚)이고, 자는 무숙(茂叔)이며, 성은 권씨(權氏)이고, 자호(自號)는 도계(道溪)이다. 고려(高麗) 태사(太師) 행(幸)[134]의 후손이다. 태사는 아부공신(亞父功臣)으로서 고창군(古昌郡)에 봉해졌는데, 고창군은 바로 안동(安東)이니, 이제는 안동 사람이다. 고려 시대에 줄지어 나온 이름난 석학은 역사서에서 이루 헤아릴 수 없다. 추밀사(樞密使) 수평(守平),[135] 문정공(文貞公) 단(胆),[136] 부원군(府院君) 국재(菊齋) 부(溥)[137]는 더욱 저명하였다.

조선에 들어와서 휘 극관(克寬)은 감역(監役)을 지냈으나 자식이 없어 형인 이조 판서 휘 극례(克禮)[138]의 둘째 아들 득기(得己)[139]를

133 권공(權公) : 권세숙(權世橚, 1707~1758)으로, 본관은 안동, 자는 무숙, 호는 도계이다.

134 행(幸) : 권행(權幸)으로, 안동 권씨의 시조이다. 본성은 김(金)인데 견훤(甄萱)과 싸울 때 공을 세워, 고려 태조로부터 사태의 조짐을 잘 파악하고 권도에 능란하다 하여 권씨 성을 하사받고 대상(大相)에 제수되었으며, 뒤에 벽상삼한삼중대광 아부공신(壁上三韓三重大匡亞父功臣) 태사(太師)에까지 이르렀다.

135 수평(守平) : 권수평(權守平, ?~1250)이다. 관직이 추밀원부사(樞密院副使)에 이르렀다.

136 단(胆) : 권단(權胆, 1228~1311)으로, 자는 회지(晦之), 호는 몽암(夢巖), 시호는 문청(文淸)이다. 《高麗史 卷10 權胆列傳》

137 부(溥) : 권부(權溥, 1262~1346)로, 초명은 영(永), 자는 제만(齊滿), 호는 국재(菊齋), 시호는 문정(文正)이다. 아버지는 찬성사(贊成事) 권단이다.

양자로 삼았으니 득기는 공에게 5대조이다. 득기는 예조 좌랑으로서 광해군의 패륜을 보고 성문을 걸어 나와 바닷가에 은둔해 살다가 삶을 마치니, 세상 사람들이 만회(晩悔) 선생이라 불렀다.

고조 휘 시(諰)[140]는 유현(儒賢)으로 등용되어 관직이 우윤(右尹)에 이르렀고 좌참찬(左參贊)에 증직되었는데, 이분이 탄옹(炭翁) 선생이다. 이어서 아버지와 아들이 도산서원(道山書院)에 제향되어 학자들이 존경하였다. 증조 휘 기(愭)[141]는 대사간(大司諫)을 지냈고 가학을 이어받아 명망이 높았으며, 조부는 휘 이종(以鍾)이다.

아버지 휘 한징(漢徵)은 성균관 진사(成均館進士)이고 문장과 덕행으로 선비들에게 존중받았다. 어머니 동래 정씨(東萊鄭氏)는 부사(府使) 정행백(鄭行百)의 딸이자 대사간 정지호(鄭之虎)[142]의 손녀로, 자애로우면서도 엄하여 부인의 규범이 정연하였고, 숙종 정해년(1707, 숙종33)에 공주(公州)의 도산(道山)에서 공을 낳았다.

공은 6세 때부터 글을 배워 시를 지었다. 8세 때 여종이 종이를 다듬이질하던 방망이를 공의 손가락에 잘못 떨어뜨려 손톱이 빠졌다. 어머

138 극례(克禮) : 권극례(權克禮, 1531~1590)이다.

139 득기(得己) : 권득기(權得己, 1570~1622)로, 자는 중지(重之), 호는 만회이다. 1610년(광해군2) 식년 문과에 장원급제하여 예조 좌랑이 되었으나 광해군의 실덕으로 정치가 혼란해지자 관직을 버리고 은거하였다.

140 시(諰) : 권시(權諰, 1604~1672)로, 자는 사성(思誠), 호는 탄옹(炭翁)이다. 기호학파의 거두로 예론(禮論)에 밝았다.

141 기(愭) : 권기(權愭, 1633~?)이다.

142 정지호(鄭之虎) : 1605~1677. 본관은 동래(東萊), 자는 자피, 호는 무은(霧隱)이다. 부친은 증 이조 참판 정응원(鄭凝遠)이다. 승지, 형조 참판, 대사간 등을 지냈고, 죽은 뒤 이조 판서에 추증되었다. 《記言 別集 卷18 贈判書鄭公墓碑銘》

니가 몹시 진노하여 여종에게 죄주려 하자 공이 말하기를,

"여종은 잘못이 없습니다. 왜 죄주려 하십니까."

하니, 어머니가 미소를 지으면서 말하기를,

"아이의 아량이 이러하단 말인가."

하였다.

10세 때 진사공(進士公)[143]의 상(喪)을 당하였다. 한창 병든 아버지를 모실 때는 한 해 넘도록 간호하며 밤낮으로 게을리하지 않았으며, 상을 당하자 몹시 슬퍼하며 그리워하였다. 형[144]이 밖에 나갔을 때 한 조문객이 왔는데, 그의 행동거지에 실수가 많아 곁에 있는 사람들이 모두 입을 가리고 웃었으나, 공은 마치 보지 못한 듯이 곧게 서서 서글피 통곡했으니, 어른처럼 예를 지킨 것이 이와 같았다.

상복을 벗고 나서는 형을 따라 함께 지내면서 강독했는데 마치 돌아가신 아버지가 계신 듯이 하였고, 역병에 걸려서 땀을 흘릴 때도 책 읽는 소리가 입에서 멈추지 않았다. 일찍이 밤에 일어나 탄식하며 말하기를,

"나는 고아이다. 또한 나이는 지학(志學)의 나이에 가까운데 학문이 이루어지지 않은 것은 뜻이 서지 않았기 때문일 뿐이니, 이것은 참으로 나에게 달렸다."

하고, 이에 학문 탐구에 더욱 힘썼으며, 《증전(曾傳)》[145]에 더욱 독실

143 진사공(進士公) : 권한징(權漢徵)으로, 권세숙의 아버지이다.

144 형 : 권세헌(權世櫶, 1702～?)으로, 자는 문숙(文叔)이다.

145 증전(曾傳) : 증자(曾子)가 공자의 가르침을 전한 것, 곧 《대학(大學)》을 가리킨다.

하였다.

영조 을사년(1725, 영조1)에 형과 함께 사마시에 합격하였다. 돌아오는 길에 합격 소식이 뒤따라 왔으나 공은 말고삐를 돌려 서울로 들어가지 않고 고향으로 돌아와 어머니께 절하고 나서는 문득 전에 본 책을 다시 펼쳐 보자, 형이 놀리며 말하기를,

"사람은 참으로 만족할 줄 모른다."

하자, 공이 말하기를,

"어머니가 몸소 밥을 지어 우리 형제로 하여금 학업에 전념하게 하고 계십니다. 마땅히 어머니가 계실 때 분발하여 입신양명한다면 어쩌면 노고에 보답할 수 있을 것입니다. 작은 성취를 했다고 하여 게을리할 수 있겠습니까."

하였다. 족조(族祖)인 판서공이 자주 칭찬하여 말하기를,

"이 사람은 속유(俗儒)로 보아서는 안 된다. 장차 나를 이어서 흥기할 것이다."

하였다.

을묘년(1735)에 어머니의 상을 당하였다. 시신을 목욕시키고 염하는 것을 사람들이 대신하지 못하게 하면서 말하기를,

"자식으로서 어머니 은혜에 보답하는 것은 이 하루에 달렸다."

하였다. 무더운 여름에도 최질(縗絰)을 입고 앉아서 조금도 몸을 기대지 않았으며, 죽 끓이는 장소를 따로 두어 집안사람들이 맛있는 조미료 섞는 것을 막았다. 소상복을 입은 뒤에는 채소나 과일 따위도 맛이 좋은 것은 먹지 않았다. 겨우 3년이 지났을 때 형이 오래 병을 앓다가 세상을 떠났다. 공이 애통함으로 중병이 들어서 피를 토하며 여러 번 위태롭게 되었다.

경신년(1740)에 증광 문과 회위(會闈)에 급제하였다.[146] 시험을 관장한 사람이 말하기를,

"훗날 문형(文衡)을 맡을 솜씨로구나."

하고, 사람을 통해 말을 전하기를,

"만나 보고 싶다."

하였으나, 공은 사양하며 말하기를,

"신진(新進)이 권문세가에 빌붙어서야 되겠습니까."

하였다.

신유년(1741)에 승문원에 소속되었다.

갑자년(1744)에 조정에서 한림천법(翰林薦法)[147]을 중지하고 한림소시(翰林召試)[148]를 창시하였는데, 공이 선발에 들었다. 시험 보는 날이 되자 공은 머뭇거리며 나가지 않으면서 말하기를,

"기예를 겨루는 한림이란 것이 정면어사(呈面御史)[149]와 무엇이 다른가. 옛날 사람이 부끄러워한 것을 나도 부끄러워한다."

하였다. 날이 저물자 재촉하는 하교가 엄하여 마지못해 응시했다가

146 경신년에……급제하였다 : 권세숙은 1740년 증광시(增廣試) 을과(乙科) 3위로 급제하였다. 회위는 대과(大科)를 가리킨다.

147 한림천법(翰林薦法) : 예문관 검열(藝文館檢閱)을 한림이라 하는데, 이 한림을 뽑는 법이다. 전임(前任) 또는 현임(現任) 한림과 의정(議政), 제학(提學) 등이 검열 후보자의 명단에서 가장 적격한 사람을 선발하였다.

148 한림소시(翰林召試) : 예문관 검열 후보자에 대한 특별 시험이다. 적임자를 선정하여 상주(上奏)하면, 왕명으로 불러 위원(委員)을 시켜 시(詩), 부(賦), 논(論), 책(策) 등을 시험 보여 합격한 자를 임용하였다.

149 정면어사(呈面御史) : 고관에게 인사하여 자신의 얼굴을 알림으로써 벼슬에 오르려고 하는 행위로, 정신어사(呈身御史)와 같은 말이다.

그만두었으니, 합격을 달가워하지 않은 것이다.

병인년(1746)과 무진년(1748)에 잇따라 만녕전 별검(萬寧殿別檢)[150] 과 강릉 별검(康陵別檢)에 제수되었는데 부임하였다가 두어 달 뒤에 모두 버리고 돌아왔다. 공은 늘 말하기를,

"왕릉을 봉심하면 저절로 공경하게 되고 저절로 엄숙해져 감히 하루도 게을리하지 못하였다. 나는 여기에서 자못 힘을 얻은 것이 없지 않다."

하였다.

기사년(1749)에 전적(典籍)으로 승진했다가 곧 병조 좌랑으로 옮겼다. 대궐 문에서 근수(跟隨)를 제한하는 것은 오래된 법규이다. 공은 대궐에서 입직(入直)할 때 엄중히 징계하여 들어오는 것을 막았는데, 마침 상신(相臣)의 하례(下隷)가 횡포를 부리는 일이 일어나서 법대로 잡아 다스렸다. 상신이 원한을 품고 훗날 어떤 일 때문에 공을 불러 곤욕을 주려 하였다. 공은 상신과 겨루지 않고 웃으면서 나와 말하기를,

"재상이 선비를 업신여기는 것이 이와 같으니, 떠날 만하구나."

하였다. 얼마 지나지 않아 정랑(正郎)에 올랐는데, 홀연히 잠 가주(岑嘉州)의 "가련하다, 머리 하얗게 세어서야 낭관이 되었네."라는 구절[151] 을 읊고, 드디어 관직을 버리고 돌아왔다. 공이 입직할 때면 밤마다 등불이 창에 비쳤으나 사람이 없는 것처럼 적막하였다. 장관이 사람을 시켜 공을 엿보게 했는데 공은 책을 마주하고 조용히 사색을 하고 있었

150 만녕전 별검(萬寧殿別檢) : 만녕전은 영조의 영정(影幀)을 두었던 곳으로, 강화도에 있었다. 뒤에 장녕전(長寧殿)으로 영정을 옮겼다. 관원(官員)으로는 별검 1명, 참봉(參奉) 1명이 있었다.

151 잠……구절 : 당나라 때 가주 자사(嘉州刺史)를 지낸 적이 있는 잠삼(岑參)의 〈추석독서유흥헌병부이시랑(秋夕讀書幽興獻兵部李侍郞)〉에 나오는 구절이다.

다. 장관이 탄식하며 말하기를,

"학문에 독실한 선비로구나."

하였다.

경오년(1750)에 연일 현감(延日縣監)에 부임하였다. 연일현은 동남해(東南海)에 닿아 있고 잘 다스리는 사람이 수령으로 온 적이 없어서 온갖 부족한 부분을 수습하지 못하였다. 공은 부임하자 억울한 옥사를 다스리고 교활한 아전을 단속하며 명분을 삼가고 예속(禮俗)을 진작하여 민풍(民風)을 권면하였다. 연일현에는 해세전(海稅錢)[152]이 있어 해마다 균역청(均役廳)에 수송했는데 관리들이 기화(奇貨)로 보고 소금과 미역을 헐값에 거두어 비싸게 팔아 수천 금의 이익을 얻었다. 공이 말하기를,

"이것은 농단(壟斷)하는 일이다."

하고, 돈을 거두는 것으로 결정하고 충분히 세금을 완납하면 그쳤다. 또한 매일 쓰는 물품을 줄이고 명분 없는 세금을 중지시켜 백성의 힘을 펴게 하였다.

그런 뒤에 공은 고을의 자제들이 학문의 방향을 알지 못하는 것을 근심하여 말하기를,

"집 안에 있을 때는 나의 자제를 가르쳤다. 고을의 수령이 되어 도리어 고을의 자제를 가르치지 않는다면 되겠는가."

하고, 이에 준수한 자제들을 뽑아 학교에 모아 놓고 선(善)을 분명하게 알고 독실하게 행하는 방법을 가르치니, 원근의 학생 중에 소문을 듣고

152 해세전(海稅錢) : 어선(漁船)에 부과된 세금이다. 균역법(均役法)의 시행 규정을 실은 《균역사목(均役事目)》에 규정되어 있다.

찾아오는 이가 많았다. 어사가 고을의 경계를 지나다가 일부러 들어가지 않고 돌아가 상에게 아뢰기를,

"연일 한 고을은 태평을 누리고 있습니다."

하였다.

그동안에 누님의 상을 당하여 휴가를 얻어 돌아왔는데, 백성들이 서울로 달려가 하소연하고 관찰사가 급히 장계하고 돌아올 것을 독촉하여, 마지못하여 할 수 없이 다시 부임하였다.

계유년(1753) 봄에 사헌부 지평으로 부름을 받았다. 아전이 말하기를,

"녹봉으로 받으실 금전이 수백 민(緡) 남아 있고, 창고 곡식 중에 아전의 간교를 적발한 것이 또한 수백 섬입니다. 노자(路資)에 보태십시오."

하여, 공이 말하기를,

"녹봉이 남은 것은 관직을 비웠기 때문이다. 관직을 비우고서 매달 녹봉을 받아서야 되겠느냐. 그리고 아전을 죄주고 그 곡식을 사사로이 갖는 짓은 내가 하지 못하겠다."

하고, 금전과 곡식의 수량을 장부에 기재하고 남겨 두었다. 이대산 상정(李大山象靖)[153]이 공을 대신하여 부임해서 탄식하며 말하기를,

"정사를 따를 만하구나. 남은 녹봉을 남겨 둔 것은 탐하지 말 것을 사람들에게 가르친 것이다."

하였다.

공이 돌아오자, 어떤 사람이 "지나치게 청렴하였으니, 명예를 가까

153 이대산 상정(李大山象靖) : 이상정(1711~1781)으로, 본관은 한산(韓山), 자는 경문(景文), 호는 대산(大山), 시호는 문경(文敬)이다.

이한 것이 아니겠는가."라고 말하자, 공이 말하기를,

"돌아와서 두어 달 굶주림을 면한 것은 아침에 체직되어 저녁에 쌀을 빌리셨던 나의 증조부에 비하면 참으로 부끄럽다."

하였다.

갑술년(1754)에 다시 지평에 제수되었다. 이때 세자(世子)가 대리청정을 하고 있어서,[154] 현(縣)과 도(道)를 통해 상소를 올려 아뢰기를,

"신의 선조 우윤 권시가 효종(孝宗)께 말씀을 올리기를 '매사는 반드시 옳음을 구해야 하니, 제이의(第二義)[155]에 떨어지게 하지 마소서.' 하였습니다. 권시의 아들 대사간 권기도 이 말을 숙종께 올렸습니다. 신이 듣건대 제일의(第一義)는 수연(粹然)히 섞임이 없어 천리의 공변됨에 순수한 것이고, 제이의는 인심의 사사로움에 섞임을 면치 못한 것이라고 합니다. 일이 아무리 선(善)을 위한 것이라 하더라도 한 터럭만큼이라도 사적인 목적을 위하여 하는 것이 있으면 제일의가 아니고,[156] 겉보기에 아무리 아름다운 것 같아도 혹시라도 마음에 겸연쩍은 것이 있으면 제일의가 아닙니다. 이른바 '이것도 하나의 도리이다.',[157] '허물을 보면 알 수 있다.'[158] 등의 말은 모두

154 세자(世子)가……있어서 : 당시 영조가 일선에서 물러나고 장헌세자(莊獻世子)가 1749년부터 대리청정을 하고 있었다.

155 제이의(第二義) : 최선책이 아닌 것이다. 원래는 불교 용어로, 궁극적인 진리를 제일의, 방편적인 진리를 제이의라고 한다.

156 한……아니고 : 《근사록(近思錄)》 권7 〈출처류(出處類) 맹자변순척지분(孟子辨舜跖之分)〉의 주(註)에 "사적인 목적이 없이 하는 것이 의이고, 사적인 목적을 위하여 하는 것은 이이다.〔無所爲而爲之者義也, 有所爲而爲之者利也.〕"라고 한 데서 온 말이다.

제이의입니다. 일을 할 때는 반드시 참으로 옳은 것이 있는 곳을 찾고, 참으로 옳은 것을 찾았으면 단연코 그것을 실행하여, 혹시라도 흔들리거나 빼앗기지 않아야 합니다. 마음을 세우고 행동을 제어하는 것이 늘 제일의 위에서 이루어져 혹시라도 제이의에 떨어지지 말게 해야 하니, 하늘의 마음을 감동시키고 세상의 도를 만회하는 계책은 이것을 벗어나지 않습니다."

하였는데, 상소가 전달되기 전에 체직되었다.

잠시 이조 좌랑에 제수되었다. 겨울에 사간원 정언에 제수되어 부름에 응하며 수천 자의 상소를 지었는데, 첫머리에서는 황정(荒政)을 거행하는 것을 물에 빠진 사람을 건지고 불난 집에서 구하듯이 해야 한다고 말하고, 또한 근세에 이끗만을 탐하는 습속을 금지할 것과 칠진(七鎭)에 드는 동래진(東萊鎭)[159]을 복구할 것을 말하고, 나라의 큰

157 이것도 하나의 도리이다 : 최선의 도리가 아닌 차선의 방편을 말한다. 《맹자》 〈공손추 하(公孫丑下)〉에서, 제 선왕(齊宣王)이 맹자를 방문하려 하다가 자신이 감기에 걸려서 방문할 수 없게 되었다며 조회 때 보기를 청하자, 맹자가 자신도 병에 걸려 조회에 나갈 수 없다고 대답하였다. 이에 대하여 경추씨(景丑氏)가 맹자에게 임금이 부르면 멍에 하기를 기다리지 않고 달려가는 것이 예인데 왜 그렇게 하지 않았느냐고 따지자, 맹자는 인과 의로 부유함과 작위에 맞서겠다고 한 증자의 말을 인용하며 "이것도 혹 하나의 도리이다.〔是或一道也〕"라고 말하였다.

158 허물을……있다 : 《논어》 〈이인(里仁)〉에 "사람의 허물은 그 무리에 따라 각각 다르다. 허물을 보면 그 사람의 인을 알 수 있다.〔人之過也, 各於其黨. 觀過斯知仁矣.〕"라고 한 데서 온 말이다.

159 칠진(七鎭)에 드는 동래진(東萊鎭) : 《반계수록(磻溪隨錄)》 보유 권1 〈군현제(郡縣制)〉에 경상도에서 경주, 안동, 대구, 상주, 진주, 김해를 묶어 육진(六鎭)이라 하는데, 육진에 동래를 넣어 칠진이라 하기도 한다는 내용이 있다.

근본은 예학(睿學)의 진보에 있다는 것으로 결론을 맺고, 다시 매사를 제이의에 떨어지게 하지 말 것을 거듭 말하였다. 그러나 상소가 들어가기 전에 또 체직되었다.

을해년(1755)에 흉년이 크게 들어, 조정이 황산역(黃山驛)의 피폐함을 염려하여 별도로 공을 뽑아 찰방으로 삼았다. 공이 부임한 뒤에 민가의 지붕이 모두 하얗게 덮인 것을 이상하게 여기고 그 까닭을 물어보니, 백성들이 양식이 없어서 소나무 속껍질과 칡뿌리를 햇볕에 말리는 것이라고 하였다. 이에 자신의 녹봉을 박하게 하고 징수할 공물을 줄이며 속히 이웃 고을에서 조를 옮겨 와 마음을 다해 구휼하니, 백성은 여위지 않고 말도 튼튼하였다.

병자년(1756)과 정축년(1757)에 잇따라 지평에 제수되었는데, 혹은 길에서 체직되고 혹은 국장(國葬)을 만나서 서울에 들어가기는 했으나 들어간 지 얼마 안 되어 경상 도사(慶尙都事)에 제수되었다. 이에 앞서 도사가 재차 조사하는 법이 폐기된 지 오래되었는데, 이때에 이르러 흉년 때문에 특별히 공을 파견한 것이다. 공은 곧 조령을 넘어가서 날마다 말을 몰아 주현(州縣)에 달려가 재해를 검사하고 사실을 밝혔는데 엄정하게 하면서도 가혹하게 하지 않으니, 조사를 받는 자도 스스로 억울하지 않다고 여겼다.

이때는 추위는 심한데 공이 옷을 받기 전이어서, 관찰사와 읍재(邑宰)가 새 옷을 지어 서로 이어서 공에게 입을 것을 권했으나 공은 모두 사양하고 받지 않았다. 복명(復命)할 때 병이 심해진 것은 여러 달 동안 마른 땅과 젖은 땅에서 추위 속에 엷은 옷을 입고 다녔기 때문이다.

무인년(1758) 여름에 홍문록(弘文錄)에 올랐는데, 이조(吏曹)가 미처 주의(注擬)하지 못하자 상이 특명으로 교리(校理)에 제수하고 이르

기를,

"권세숙은 전에 겸사(兼史)로서 출입했는데 행동거지가 보통 법도와 달랐다. 등용이 늦었도다."

하고, 이어서 도신(道臣)에게 명하여 공을 재촉하여 길에 오르게 하였다. 이때 공은 지난날 걸린 병이 점점 심해져 마침내 글을 올려 대조(大朝)[160]의 은명(恩命)에 사례하고, 이어서 힘써 경계할 것을 진술하였다. 그 대략에 아뢰기를,

"시골 선비가 부모상을 치르고 나면 학업이 갑절 진보하는 것은 대개 화려한 물건이나 오락 기구를 모두 물리치고 눈과 귀로 접하지 않기 때문에 의지와 기운이 맑고 밝으며 생각이 한결같아 덕이 날로 새롭고 학업이 날로 넓어지기 때문입니다. 제왕(帝王)이 공손히 침묵하며 치도(治道)를 생각하는 것도 이것을 벗어나지 않을 것입니다."

하였다. 체직되었다가 다시 수찬(修撰)에 제수되었다. 상이 또한 도신에게 명하여 공이 길을 떠나게 할 것을 재촉하게 하였는데, 연신(筵臣)이 아뢰기를,

"권세숙의 병은 사실입니다."

하였다. 상이 타이르기를,

"그대가 병에 걸렸다는 말을 듣고 내가 잠을 이루지 못하였다. 조섭하고 올라와서 나의 뜻에 부응하라."

하였다. 공은 명을 듣고 한없이 감격하여 울었다. 그러나 병이 이미 어떻게 해 볼 수가 없는 상태였다. 그해 9월 8일 도산(道山)의 시골집

160 대조(大朝) : 당시 영조가 일선에서 물러나고 장헌세자가 1749년부터 대리청정을 하고 있었으므로, 영조를 대조, 장헌세자를 소조(小朝)로 구분하였다.

에서 세상을 떠나니, 향년 52세이다.

부음이 들려오자 상이 애도하며 부의(賻儀)를 더 내릴 것을 명하고 분부하기를,

"권세숙은 영남의 제일인자이다. 지금 이에 이르니 애석하다."

하였다.

처음에는 옥천(沃川) 보우동(普雨洞)에 장사를 지냈다가, 경자년(1780, 정조4)에 진산(珍山) 막현동(莫顯洞) 미좌(未坐)의 언덕에 이장하니, 곧 대간공의 묘소 아래였다.

공은 덕기(德器)가 점잖고 무게가 있으며 풍도가 공손하고 엄숙하였다. 몸가짐을 태만히 하지 않았고 비루하거나 패악한 말을 하지 않았다. 마음가짐이 평탄하면서도 과감함과 확고함으로 견지했으며, 식견이 매우 뛰어난 데다가 공평함을 더하였다. 공은 평소 거처할 때 무릎 꿇고 앉아 있으면 마치 범접할 수 없을 것 같았고, 다가가서 보면 해맑은 얼굴이 온화하고 순수하여 공경하고 사랑하지 않는 사람이 없었다. 선행을 한 사람이 있다는 말을 들으면 칭찬해 주기를 좋아하고, 허물을 저지른 사람이 있다는 말을 들으면 말하는 것조차 부끄러워하였다. 그러나 말을 받아들일 만한 사람에게는 반드시 충심으로 말해 주고 잘 인도해 주었다.

어머니를 모실 때는 어머님이 말씀하시기 전에 미리 그 뜻을 받들어 행했으며, 글을 읽거나 학업을 익히는 경우가 아니면 잠시도 곁을 떠나지 않았다. 공은 어머니가 살아계실 때 녹봉으로 봉양하지 못한 것을 가슴 아파하며 관아에서 내려 준 음식을 받을 때마다 번번이 눈물을 흘렸다. 연일에 있을 때 집안사람이 엷은 이불을 두꺼운 이불로 바꾸려 하자 공이 울면서 말하기를,

"필요 없다. 지난날 돌아가신 아버지를 염할 때 가난해서 큰 이불을 쓰지 못했는데, 내가 어찌 차마 이것을 쓰겠느냐."

하였다. 선대의 제사를 받들 때에 가제(家祭)보다 한 그릇 더 놓고 말하기를,

"만일 풍족하게 받던 녹봉을 받지 못하면, 녹봉을 받지 못해 범죄를 저지르게 되니, 범죄를 저지르고 올린 제사를 나의 선조가 흠향하시겠느냐."

하였다.

바야흐로 백씨의 상이 났을 때 공도 박 숙인(朴淑人)의 상중이었는데, 의지할 데 없는 어린 자식들을 개의치 않고 종가의 일만을 급하게 여겼다. 형수를 섬기는 데 정성을 다하며 바깥일을 주간하는 데 마음을 다하여 종가는 유지될 수 있었으나 공의 집은 더욱 쇠락해져 아침과 저녁을 보리밥 한 사발로 때웠는데, 어떤 때는 그것마저 없기도 하고 겨우 잇기도 하였다. 어떤 이가 말하기를,

"어찌하여 종가의 재물 중에 남는 것을 빌려서 자급하지 않습니까?"

하자, 공이 말하기를,

"내가 어찌 차마 종가의 일을 대신 봐 주면서 스스로 그 재물을 건드릴 수 있겠는가."

하였다. 얼마 뒤에 형의 아들이 죽자, 곡하며 말하기를,

"어떻게 하면 내 두 아들로 형의 한 아들을 바꿀 수 있을까."

하였다.

장사 지낼 무렵 선공(先公)의 묘 옆에 장지를 정했는데, 풍수가가 말하기를,

"남겨진 아이에게는 이로우나 고인의 아우에게는 이롭지 못할 것입

니다."

하여, 친한 이웃들이 모두 말리자, 공이 말하기를,

"진실로 아이에게 이롭다면 어찌 내게 이롭지 못함을 근심하겠습니까."

하였다.

얼마 지나지 않아 형의 아들의 아이가 또 어린 나이에 죽었다. 형수가 공의 둘째 아들 상병(尙炳)을 그의 양자로 삼고 싶어 하자, 공이 말하기를,

"예(禮)에 옳지 않고, 또한 종가의 맏며느리가 처음 남편의 상을 당하였다. 나는 차마 또한 그 세대를 끊어지게 하지 못하겠다."

하고, 드디어 종조형제(從祖兄弟)의 손자로 후사를 세워 주었다. 자제들에게 경계하여 말하기를,

"나의 형수를 섬기고 과부가 된 며느리를 대할 때 반드시 정성을 다하고 반드시 공경을 다하며, 농지와 노비를 감히 범하지 말아야 한다."

하였다. 서책의 목록을 만들어서 맡기며 말하기를,

"종손이 아직 성장하지 못했다. 너희가 가져가서 읽다가 잃어버리거나 심지어 혹 자기 소유로 삼을까 염려해서이다."

하였다. 일찍이 공이 서울에 들어갔을 적에 둘째 누이 집이 전염병에 감염되어서 그 집에 들어가 보기를 매우 자주 하였으나 끝내 탈이 없자, 사람들이 찬탄하고 기이하게 여겼다.

공은 관직에 임명되면 나아가고 관직에서 해임되면 물러났는데, 오직 의(義)에 맞는지를 따져 볼 뿐이었다. 자신을 단속하기를 마치 벼슬하지 않은 선비처럼 하고 몸가짐을 처녀처럼 하였다. 공은 벼슬길에 나아가려고 다투는 세태를 개탄하면서도 벼슬자리에 대하여 말한 적이

없었으며, 공적인 일이 아니면 대문과 골목을 나간 적이 없었다. 사람들은 처음에 공이 당론에 준엄한 것을 이상하게 생각했으나 곧은 도(道)로 자신을 지키는 것을 알게 되자 공경하고 탄복하지 않는 이가 없었다. 공은 늘 말하기를,

"한번 마시고 한번 먹는 것에 모두 정해진 분수가 있다. 아무 일도 경영해서는 안 되니, 경영하는 것이 또한 수고롭지 않은가."

하였다.

공이 일찍이 관직을 버리고 돌아올 때 사람들이 간혹 "오래 벼슬하는 것이 앞길에 이로울 수 있다."라고 말했는데, 공은 웃으면서 말하기를,

"관직을 어찌 계교(計較)로 할 수 있겠는가."

하였다. 공이 조정에 선 19년 동안 외직에 보임된 것은 겨우 두어 해이고 임금 앞에서 기주(記注)[161]를 맡은 것도 겨우 수십 일이었으나 용모와 의표와 진퇴의 사이에서 임금에게 인정을 받았으니, 어찌 중심에 쌓인 것이 절로 외면으로 드러나지 않을 수 없어서 그런 것이 아니겠는가. 공은 평소 북쪽을 등지고 앉은 적이 없었다. 공은 늘 말하기를,

"내가 어찌 세상을 잊은 자이겠느냐. 감히 하루도 국가를 잊지 않았으나 신하가 되어 섬기는 의(義)를 이루지 못하였으니, 운명이로구나."

하였다.

벗들 중에 공이 마음을 허락한 자는 참의 김변광(金汴光),[162] 정언

161 기주(記注) : 주서(注書)가 사료(史料)를 만들기 위해 임금과 신하의 대화 등을 글로 적는 것이다.

162 김변광(金汴光) : 1694~? 본관은 안동(安東), 자는 경실(景實)이다.

이종연(李宗延), 참판 정언충(鄭彦忠), 승지 이수일(李秀逸), 흡곡 현령(歙谷縣令) 김광악(金光岳)인데, 당시에 호중육군자(湖中六君子)라 불렸다. 공은 별세하기 며칠 전에 간곡한 어투로 잠꼬대를 했는데 모두 이 정언, 김 흡곡에게 공손하게 대답하는 것이었으나 임금을 사모하고 나라를 걱정하는 말 아닌 것이 없었다. 이공과 김공은 공보다 앞서 별세한 지 이미 여러 해 되었다.

공이 살던 집은 비바람을 가릴 수 없고 거친 밥도 늘 이어지지 않았으나, 공은 오직 방문을 닫고 조용히 앉아 깊이 생각하며 익히고 탐구하여 경전(經傳)에서 정수가 되는 말들을 외우며 마음으로 터득하지 않은 것이 없었다.

공은 문장을 지을 때는 반드시 이치가 지극하고 말이 전달되게 했는데, 모두 시무(時務)에 절실하면서도 일용(日用)에 도움이 되었으며 아로새겨 실속 없이 화려하게 꾸미는 습관이 없었다. 저술에는《근사록차의(近思錄箚疑)》및 잡록(雜錄)과 시문(詩文) 약간 권이 있다.

공은 자식들을 훈계할 때마다 말하기를,

"말과 행동은 정성과 공경에서 나오고 효도와 우애는 몸과 마음을 근본으로 삼는다. 내가 해야 할 바를 다 할 뿐이지, 남에게 아름답게 보일 필요가 없다. 가문이 장구하게 유지되는 것은 조상이 쌓은 덕이 미친 바이고, 가문을 망치는 것은 곧 선조의 덕을 잃고 가문의 전통을 무너뜨리는 것에서 시작될 따름이다."

하였다.

〈언계(言戒)〉[163]를 지어 말하기를,

163 언계(言戒) : 말을 조심할 것을 훈계한 글이다.

"말이 근본으로 삼는 것은 마음이고, 마음을 잡는 것은 공경이다. 사람들의 말을 전하지 말고, 사람들을 비방하지 말며, 사람들을 기리지 말라. 자기가 한 일을 말하지 말고, 아직 일어나지 않은 일을 말하지 말며, 내게 관계되지 않는 일은 말하지 말라."

하고, 또한 말하기를,

"마음에서 싹튼 것은 아무리 감추려 해도 반드시 낯빛에 드러나고, 입에서 나온 것은 아무리 숨기려 해도 반드시 사람들에게 퍼진다. 기뻐할 만한 것이라 해도 갑자기 기뻐하지 말고, 그 끝을 천천히 살펴보면 기뻐할 필요 없는 점이 있다. 성낼 만한 것이라 해도 가벼이 성내지 말고, 그 실정을 천천히 살펴보면 성낼 필요 없는 점이 있다. 네게 뛰어난 재능이 있더라도 자족하지 말고, 네게 작은 능력이 있더라도 자만하지 말라. 오직 고요해야 일을 생각할 수 있고, 오직 주밀해야 일을 처리할 수 있다. 해야 하는 것은 기필코 반드시 하고, 해서는 안 되는 것은 기필코 반드시 하지 않는다. 일을 할 때는 반드시 강직하고 굳세게 하고, 집에 있을 때는 반드시 엄숙하고 장중해야 한다."

하였다. 후세 사람이 공의 마음가짐과 몸가짐을 알고자 한다면 이것으로 다 알 수 있을 것이다.

초배(初配) 숙인(淑人) 함양 박씨(咸陽朴氏)는 진사 박내신(朴來新)의 딸로 공보다 22년 먼저 별세하였으며, 아들 둘을 두었으니 상탄(尙炭), 상병(尙炳)이다. 계배(繼配) 숙인 보성 오씨(寶城吳氏)는 학생 오덕주(吳德周)의 딸로 3녀 1남을 낳았으니, 사위는 조영보(趙永寶), 박헌묵(朴憲默), 윤재(尹縡)이고 아들은 상신(尙昚)이다. 손자와 손녀 약간 명이 있다.

아, 공은 당세에 군자라고 불렸다. 삼대(三代) 이후 상하 수천 년 사이에 군자들이 무리 지어 나온 것은 전혀 없거나 겨우 있었으며, 설령 있더라도 또한 끝을 맺지 못함을 면하지 못하였으니, 이것은 천수(天數)이다. 지난날 육군자(六君子)[164]는 성스러운 영조께서 임금이었으나 오히려 침체되고 실의하여 백에 하나도 능력을 베풀지 못하였다. 공 같은 자는 상이 막 알고 등용하려 했으나 갑자기 죽음을 알리고 수명이 중년에 그쳤다. 비록 성스러운 군주가 탄식하며 아쉬워하였으나 천수를 어찌하겠는가.

공은 세상에 살아 있을 때 세도(世道)에 대한 걱정으로 이미 끝없이 뜬 눈으로 잠을 이루지 못하였으나 제공 같은 후생은 쓸쓸히 이 세상에 몸과 그림자만 남아서, 사람들의 마음이 더욱 추락하고 참소하는 혀가 더욱 참혹해지는 것이 지난날보다 백배가 될 뿐만이 아님을 눈으로 보고 있으나 누구와 모욕을 막고 누구와 곧음을 함께하겠는가. 때때로 간혹 글을 읽다가 "훌륭한 사람이 죽으니, 나라가 끊기고 병이 들리라."[165]라고 한 구절에 이르면 반복해 읽으며 눈물을 흘리지 않은 적이 없다. 그러나 다래나무처럼 아무것도 모르는 존재[166]가 되고 싶은 바람을 지닌 나는 육군자가 황천 아래에서 함께 따르는 것을 부러워하지

164 육군자(六君子) : 호중육군자인 권세숙, 김변광, 이종연(李宗延), 정언충(鄭彦忠), 이수일(李秀逸), 김광악(金光岳)이다.

165 훌륭한……들리라 : 《시경》 〈대아(大雅) 첨앙(瞻仰)〉에 나오는 내용이다.

166 다래나무처럼……존재 : 정사가 번거롭고 사회가 혼란하여 아무것도 모르는 다래나무가 부럽다는 말이다. 《시경》 〈회풍(檜風) 습유장초(濕有萇楚)〉에 "진펄에 다래나무 그 가지 곱기도 하다. 예쁘고도 윤기 나는 모습 아무것도 모르는 너가 부럽기만 하다.〔隰有萇楚, 猗儺其枝. 夭之沃沃, 樂子之無知.〕"라고 하였다.

않을 수 없으니, 그 마음이 또한 슬프다. 지금 공의 아들 상탄의 요청으로 말미암아 거칠고 졸렬한 문장력을 헤아리지 않고 공의 평소 언행을 차례대로 서술하였으며 여기에 재삼 뜻을 표현하고 전달하여 언론을 남길 만한 군자의 취사선택을 기다린다.

성상(聖上) 6년 임인년(1782, 정조6) 보국숭록대부(輔國崇祿大夫) 행 판중추부사 원임 겸 병조판서 판의금부사 지경연춘추관사 홍문관제학 예문관제학 세손좌빈객 규장각제학(行判中樞府事原任兼兵曹判書判義禁府事知經筵春秋館事弘文館提學藝文館提學世孫左賓客奎章閣提學) 채제공이 짓다.

목사 풍암 문공[167] 행장

牧使楓菴文公行狀

공의 휘는 위세(緯世)이고, 자는 숙장(叔章)이며, 성은 문씨(文氏)이다. 선조 다성(多省)은 신라 시대에 현달하여 남평 현주(南平縣主)가 되어 자손들이 마침내 남평(南平) 사람이 되었다. 고려 시대에 공유(公裕)는 태학사(太學士)이고 시호는 경정(敬靖)이며, 극겸(克謙)은 평장사(平章事)이고 시호는 충숙(忠肅)인데, 조선조에 이르러서 두 공(公)의 공업(功業)이 빛난다는 이유로 고려왕을 모시는 마전(麻田)의 숭의전(崇義殿)에 배향하였다. 익점(益漸)은 끊어진 학문을 창도하여 학자들의 스승이 되고 부모에게 효도하여 살던 마을에 정려문이 세워졌는데, 이분이 삼우(三憂) 선생이다. 익점은 고려 말에 벼슬하여 일찍이 사명을 받들고 중국에 들어가 목화씨를 얻어서 돌아오니, 동국(東國)의 백성들이 만세토록 영원히 힘입었으며, 우리 열성조께서 그 공덕을 추념(追念)하여 강성군(江城君)이라는 호를 하사하고 부민후(富民侯)에 봉하며 충선(忠宣)이라는 시호를 내렸는데, 공에게 9대조가 된다. 공의 7대조 화(和)는 도승지(都承旨)를 지냈고, 5대조 상행(尙行)은 예조 참의를 지냈으며, 증조 창(昌)은 현령을 지냈다. 현령공은 봉사(奉事)를 지낸 현(賢)을

167 풍암(楓菴) 문공(文公) : 문위세(文緯世, 1534～1600)로, 본관은 남평, 자는 숙장, 호는 풍암이다. 이황(李滉)의 문인이다. 진사를 한 뒤에 은거하다가 임진왜란이 일어나자 의병을 일으켰다. 전공이 있어 용담 현령(龍潭縣令)에 제수되어 고을을 잘 지켰으며, 노년에 파주 목사에 제수되었으나 병으로 사양하였다.

낳았는데, 봉사공은 중종(中宗) 기묘년(1519, 중종14)에 사화(士禍)에 걸려 금고(禁錮)를 당했으며 다시는 벼슬하지 않았다. 봉사공은 공의 아버지 량(亮)을 낳았는데, 량이 국자 생원(國子生員)으로 있을 때 변방에 사변이 일어나자 조정은 억지로 선전관(宣傳官)으로 삼았다. 량은 얼마 안 되어 적신(賊臣)인 이기(李芑)[168]에게 미움을 받아 집에 거처하며 나가지 않았다. 량은 어초은(漁樵隱) 윤공 효정(尹公孝貞)의 딸에게 장가들고, 부인은 장흥(長興)의 풍산(楓山) 저택에서 공을 낳았다.

공은 어릴 적에 외삼촌인 귤정(橘亭) 윤구(尹衢)[169]에게 배웠다. 외삼촌은 공이 남달리 똑똑하고 단정한 것을 사랑하여 《소학(小學)》을 권하며 늘 말하기를,

"아이는 끝내 반드시 큰 학자가 될 것이다."

하였다.

공은 차차 성장하자 통렬히 스스로 각고의 노력을 다하여 서책들을 널리 보아 통달하고 그것을 성현의 경전으로 요약하였으며, 벼슬길에 나가는 것을 생각하지 않았다.

일찍이 미암(眉菴) 유공 희춘(柳公希春)[170]에게 나아가 경의(經義)의 차이를 질문했는데, 유공이 칭찬하였다.

공은 31세 때 도산(陶山)에 계시던 이 선생(李先生)[171]을 찾아뵈었

168 이기(李芑) : 1476~1552. 명종 즉위 후 우의정으로 소윤(小尹) 윤원형(尹元衡) 일파와 함께 대윤(大尹) 윤임(尹任)을 제거하는 을사사화를 일으켜 권력을 장악하였다.

169 윤구(尹衢) : 1495~? 본관은 해남(海南), 자는 형중(亨仲), 호는 귤정이다.

170 유공 희춘(柳公希春) : 유희춘(1513~1577)으로, 본관은 문화(文化), 자는 인중(仁仲), 호는 미암, 시호는 문절(文節)이다.

171 이 선생(李先生) : 이황(李滉)을 가리킨다.

다. 비록 어머니가 연로하기 때문에 이 선생을 오래 모시지는 못했지만 몇 년 동안을 오고 가며 직접 배우기를 매우 지극하게 하였다. 이 선생이 일찍이 무후(武侯)의 〈팔진도(八陣圖)〉[172]를 공에게 주면서 말하기를,

"이것 역시 격치(格致)[173]의 한 단서이다. 독서하는 여가에 잠심(潛心)하여 익히고 연구하라."

하였다.

공은 34세 때 어머니의 명에 따라 과거에 응시하여 진사가 되었으나 은거하며 다시는 나가지 않고 효도로 부모를 섬기고 법도에 맞게 집안을 다스리니, 마을 사람들이 본받아 법칙으로 삼았다.

부모가 다 별세한 다음에는 백씨(伯氏), 중씨(仲氏)와 강 언덕을 나누어 오두막을 짓고 화목을 다할 따름이었다. 또한 가지산(迦智山) 속에 들어가 수석(水石)과 기이한 경치를 사랑하여 작은 집 둘레에 매화와 대를 심고 그 가운데 단정히 앉아 날마다 성인의 글을 읽고 퇴도(退陶 이황)의 글들을 깊이 연구하였으며, 찾아와 배우는 사람이 있으면 권면하고 타이르기를 게을리하지 않았다.

기축년(1589, 선조22)에 사화(士禍)가 일어나자 공은 사람들과 교제하는 것을 더욱 기뻐하지 않고 사라진 듯이 목소리와 모습을 드러내지 않았다.

만력 임진년(1592)에 섬 오랑캐가 뱀처럼 침범하여[174] 우리의 어가

172 무후(武侯)의 팔진도(八陣圖) : 무후는 중국 촉(蜀)의 전략가인 제갈량(諸葛亮)이고, 〈팔진도〉는 군진(軍陣)을 형성하는 작전도이다.

173 격치(格致) : 《대학》의 격물치지(格物致知)를 말한다.

174 뱀처럼 침범하여 : 성질이 포악하고 잔혹한 자들이 침략한 것을 말한다. 《춘추좌

(御駕)가 파천하였다. 이때를 당하여 7개 도(道)는 무너지고 호남(湖南)만이 한 모퉁이를 보존했는데, 두 절도사가 관할하는 군대를 거느리고 근왕(勤王)하기 위하여 서울로 가다가 조헌(趙憲)[175]과 고경명(高敬命)[176] 등 여러 의사가 전투에서 패하여 죽으니, 사람들이 모두 아침저녁으로 죽을 때를 기다리며 어찌할 바를 몰랐다. 공은 박공 광전(朴公光前)[177]을 찾아가 뵙고 울면서 말하기를,

"나라에서 병졸에게 군량미를 먹이는 것을 오직 호남에 의지하고 있는데 지금 호남이 비어 사람이 없습니다. 호남을 보존하지 못하면 나라도 따라서 망합니다. 참으로 두세 명의 현명한 선비를 얻어 흩어지고 도망간 병졸을 불러 모아 험한 지형에 의지하고 있다가 적을 맞이하여 친다면 훗날 나라를 회복하는 것이 어찌 이에 힘입지 않을 줄 알겠습니까. 또한 군자도 죽는데 죽을 때 제 자리를 찾아야지, 새나 쥐가 엎드려 있다가 구차하게 살기를 꾀하는 것처럼 해서는 안 됩니다."

씨전》 정공(定公) 4년에 "오나라는 큰 돼지와 기다란 뱀이어서 끊임없이 상국을 침범하고 있다.〔吳爲封豕長蛇, 以荐食上國.〕"라는 말이 나온다.

175 조헌(趙憲) : 1544~1592. 본관은 배천(白川), 자는 여식(汝式), 호는 중봉(重峯)·도원(陶原)·후율(後栗), 시호는 문열(文烈)이다. 이이(李珥)와 성혼(成渾)의 문인이다. 임진왜란 때에 의병을 모아 분전(奮戰)하다 전사하였다.

176 고경명(高敬命) : 1533~1592. 본관은 장흥(長興), 자는 이순(而順), 호는 제봉(霽峯)·태헌(苔軒), 시호는 충렬(忠烈)이다. 임진왜란 때에 의병을 모아 싸우다 전사하였다.

177 박공 광전(朴公光前) : 박광전(1526~1597)으로, 본관은 진원(珍原), 자는 현재(顯哉), 호는 죽천(竹川), 시호는 문강(文康)이다. 이황의 문인이다. 임진왜란 때 의병을 일으켰고, 정유재란 때도 의병을 일으켜 동복(同福)에서 적을 크게 무찔렀으나 병이 악화되어 죽었다.

하니, 박공이 의연히 말하기를,

"그대가 말한 것이 바로 나의 뜻이다."

하고, 즉시 편지를 써서 임공 계영(任公啓英)[178]에게 알렸다. 임공은 일찍이 박공과 함께 이 일을 의논하면서 함께 일을 계획할 사람이 없는 것을 한스러워했는데, 즉시 달려와서 공의 손을 잡고 말하기를,

"나는 그대가 문을 닫고 조용히 들어앉아 과연 세상을 잊은 줄 알았는데, 뜻밖에 오늘 우뚝 의사(義士)의 주창자가 되었구려."

하고, 드디어 계책을 정하였다. 마침 능성 현령(綾城縣令) 김익복(金益福)[179]이 본현으로부터 왔고, 이에 격문을 지어 여러 군현을 효유하였다. 공이 이에 말하기를,

"이것은 중대한 일입니다. 한갓 오합지졸(烏合之卒)을 믿어서는 안 됩니다. 우리가 각자 병졸을 불러 모아 한 도의 선두가 되는 것이 어떻겠습니까?"

하니, 모두가 답하기를,

"예!"

하였다.

공은 충의(忠義)로 친지와 족당(族黨)을 격려하고 자제들을 주변 고을에 나누어 보내 장사(壯士) 200여 명을 얻어 7월 모일(某日)에

178 임공 계영(任公啓英) : 임계영(1528~1597)으로, 본관은 장흥(長興), 자는 홍보(弘甫), 호는 삼도(三島)이다. 임진왜란 때 박광전, 문위세 등과 보성에서 의병을 일으켰으며, 당시 와병 중이던 박광전 대신 의병장으로 추대되었다.

179 김익복(金益福) : 1551~? 본관은 부안(扶安), 자는 계응(季膺), 시호는 충경(忠景)이다. 임진왜란 때 영광 군수로서 현감 임계영과 함께 인근의 여러 고을에 격문을 돌려 의병을 모아 여러 차례 전공을 세우고 결국 군중에서 전사하였다.

보성(寶城)의 관아 문 밖에 이르니, 임공과 박공도 기약한 대로 이르렀는데 그들이 모집한 사람 역시 수백 명이었다. 공이 말하기를,

"장수가 없으면 군대를 운영할 수 없습니다."

하고, 이에 임공을 추대하여 의병장으로 삼고, 공과 박공은 전략을 주관하였다. 드디어 북을 울리며 행군하여 동쪽으로 가면서 병사를 모은 것이 또한 1000여 명이 되어 군대의 성세가 점점 떨쳐졌다. 지나가는 여러 성에서 혹은 유병(儒兵)[180]이라고 얕보며 군량미를 주어 도와주지 않자, 임공이 근심하며 공에게 말하기를,

"양식을 풍족하게 준비하는 것은 군대를 운용할 때 제일 먼저 해야 할 일입니다. 지금 이렇게 군량미가 떨어졌으니, 여러 군사가 중도에 흩어질까 염려됩니다. 공이 아니면 누가 이 일을 맡을 수 있겠습니까. 공이 만약 대책을 세워 군대의 일이 이루어지게 한다면 전공이 장수를 베고 적의 깃발을 빼앗은 자와 같을 것입니다."

하자, 공이 드디어 급히 원근 지역으로 달려가서 읍재(邑宰)와 부유한 백성을 만나 지성으로 깨우쳤는데, 말을 한마디 할 적마다 눈물을 몇 줄기씩 흘리니, 감격하여 나라에 보답할 것을 생각하지 않는 사람이 없었으며, 군량을 운반하는 자들이 길에 서로 이어졌다. 이에 말은 기운이 오르고 군사들은 배불리 먹었으며, 마침내 여러 도의 의병장과 합세하여 금산(錦山)과 무주(茂朱)의 적들을 베고 개령(開寧)[181]의 적을 격파하고 성주(星州)의 적을 몰아낼 수 있었으니, 이것은 모두 공이, 군량미 공급이 끊어지지 않게 노력한 덕분이었다.

180 유병(儒兵) : 선비들이 주축이 된 의병을 말한다.

181 개령(開寧) : 경상북도 김천 지역의 옛 지명이다.

10월 임공이 종사관 정사제(鄭思悌)로 하여금 휘하 장병의 전공을 상소로 진달하게 했는데 공이 으뜸이었다.

계사년(1593)에 순찰사 권공 율(權公慄)이 행재소에 급히 장계하여 전공을 논의했는데 역시 공을 으뜸으로 삼았다.

갑오년(1594) 여름에 적이 물러나 남해에서 버티자 대가(大駕)가 비로소 서울로 돌아와 여러 의병을 해산할 것을 명하였다. 이에 공은 다시 가지산 속으로 돌아갔다.

을미년(1595)에 조정의 진신들이 번갈아 가며 공의 재능과 학식을 천거하자, 상이 특별히 6품에 승진시킬 것을 명하고, 용담[182] 현령(龍潭縣令)에 제수하였다. 벼슬살이하는 것은 공의 뜻이 아니었으나 국가의 우환이 한창 큰 것을 생각하여 감히 사양하지 못하였다. 용담현은 적이 지나가는 요충지로서 공사(公私)가 땅을 쓸어 낸 것처럼 아무것도 남지 않았으나 공이 마음을 다해 따뜻하게 돌보고 폐단을 고쳐 신용을 보이자 백성들이 부모를 대하듯 소중히 떠받들었다.

정유년(1597)에 적이 다시 방자하게 마구 쳐들어와 남쪽 지방이 소란스러워지자 수령과 읍재가 모두 짐승처럼 달아나 제 몸을 보전하고 처자를 보호할 계책으로 삼았는데, 공은 홀로 읍민(邑民)을 묶어 1군을 만들어 적의 길목을 끊고 자제 4, 5명으로 하여금 죽음을 각오한 자들을 이끌고 나타났다 사라지며 기습 작전을 벌이게 하여 적을 참획한 것이 매우 많았으며, 온 경내가 그 덕분에 온전하였다. 명나라 장수가 그 경내에 들어와 보고 탄식하며 말하기를,

"호남과 영남이 전란의 피해를 입어 백성의 재물이 모두 무너졌는데,

182 용담(龍潭) : 전라북도 진안(鎭安)의 옛 지명이다.

유독 이 고을은 평소처럼 편안히 지내고 있으니, 태수의 현명함을 알 만하다."

하였다.

다음 해에 적이 평정되어 공이 인끈을 풀고 돌아가려 하자, 백성들이 울면서 머물 것을 청하였고, 이미 어쩔 수 없게 되자 비석을 세워 사모하는 마음을 담았다. 공은 산으로 돌아온 뒤에는 세상일을 마음에 두지 않았고, 책 보는 것을 즐겨서 질병이 아니면 책을 손에서 잠시도 놓은 적이 없었다.

경자년(1600) 봄 선조(宣祖)께서 공의 업적을 생각하고, 등급을 뛰어넘어 파주 목사에 제수하였으나, 공은 이미 병든 상태였고, 끝내 3월 14일 침소에서 별세하니, 향년 67세이다. 장흥(長興) 늑룡동(勒龍洞) 건향(乾向)의 언덕에 장사 지냈다. 사림(士林)이 공의 의(義)를 사모하여 관산(冠山)의 월천(月川)에 사당을 세우고 봄가을에 제향을 올렸다.

배위(配位) 광주 이씨(廣州李氏)는 참봉 이경춘(李景春)의 딸이고, 5남 1녀를 낳았는데, 원개(元凱)는 주부(主簿)이고, 영개(英凱)는 선전관(宣傳官)이고 중부(仲父)의 후사를 이었으며, 형개(亨凱)는 직장(直長)이고, 홍개(弘凱)도 직장이고, 막내는 여개(汝凱)이며, 사위는 사인(士人) 백민수(白民秀)이다. 손자는 9명이니, 주욱(周郁), 재욱(再郁), 현욱(顯郁), 취욱(就郁), 사욱(斯郁), 현감 익준(益晙), 치욱(致郁), 치괴(致畦), 만욱(晩郁)이고, 6녀는 모두 사인에게 시집갔다. 증손자와 증손녀는 39인이고, 현손자와 현손녀는 60인이고, 내손자와 내손녀는 100여 인이다.

공의 자호(自號)는 풍암(楓菴)이고, 저술한 것은 모두 불에 타 버려 남아 있는 것이 없다. 일찍이 달빛 타고 앞 시내 바위의 대(臺)에 걸어

올라가 쓸쓸히 북쪽을 바라보며 시를 지었는데, 그 시에 "북쪽 대궐은 아득히 소식 끊기니 종남산과 위수가 꿈속에도 그립네.〔北闕迢迢消息斷 終南渭水夢依依〕"라고 하였다. 남쪽의 선비들이 지금까지 전하고 외우며, 그 대를 '사군대(思君臺)'라고 부른다고 한다.

아, 우리의 도는 체용(體用)일 뿐이다. 천하의 일은 그 체는 있으나 그 용이 없는 것은 없었고, 또한 그 용은 있으나 체에 근본을 두지 않은 것은 없었다. 무릇 공이 대현(大賢)의 문하에서 주고받은 것은 요컨대 부모에 대한 효도, 임금에 대한 충성, 백성의 떳떳한 본성, 사물의 법칙 같은 이치를 넘지 않았다. 또한 더구나 제갈 무후(諸葛武侯)의 요결[183]에 대해 기필코 매우 주밀하게 터득하기를 기다렸고 보면, 공이 은거할 때 접어서 가슴에 간직한 것은 말라죽은 나무나 불 꺼진 재가 아니었고, 공이 세상에 나갔을 때 의(義)에 의지하고 지혜로 도모하자 벌과 전갈이 그 독침을 꺾고 사직이 그 힘에 의지했으니, 성대하게 사람들이 지금까지 이야기하는 것은 대개 평소 마음에서 강구하고 밝힌 것이 그것의 근본이 되지 않은 것이 없기 때문이다. 사람으로서 배우지 않고 그 누가 이에 참여할 수 있겠는가.

공이 별세한 지 200년이 되었으나 공의 덕을 기록하는 글이 아직 지어지지 않았다. 지금 공의 7세손 사한(史漢)이 천 리 길을 찾아와서, 내가 외람되이 부탁을 받았다. 이것은 효성스러운 후손의 정성이니, 감히 문장력이 없다는 이유로 사양하지 못하고 우선 문사를 엮어서 사적을 열거하여 붓을 잡는 자의 채택에 대비한다.

183 제갈 무후(諸葛武侯)의 요결 : 제갈량(諸葛亮)의 〈팔진도(八陣圖)〉를 가리킨다. 퇴계 이황이 문위세에게 주며 익히고 연구할 것을 명한 내용이 앞에 보인다.

지은이 **채제공(蔡濟恭)**

1720년(숙종46)～1799년(정조23). 조선 후기의 문신으로, 본관은 평강(平康), 자는 백규(伯規), 호는 번암(樊巖)·번옹(樊翁)이며, 시호는 문숙(文肅)이다. 1743년 정시 문과에 병과로 급제하여 승문원 권지부정자에 임명되면서 관직 생활을 시작하였다. 1748년 11월 영조의 특명으로 시행한 한림 소시(翰林召試)에서 수석을 차지하여 예문관 검열과 대교가 되었고, 이후 대사간, 한성부 판윤, 병조 판서, 예조 판서, 호조 판서 등을 역임하였다. 1780년 역적 홍국영과의 친분, 사도세자에 대한 신원 주장으로 공격을 받자 사직하고, 명덕산(明德山)과 노량(鷺梁) 등지에서 은거하였다. 1788년 우의정이 되었으며 2년 후 좌의정으로 승진하면서 3년간 혼자 정승을 맡다 국정을 운영하였다. 영조가 사도세자의 죽음을 후회하여 기록한 〈금등(金縢)〉을 정조와 함께 보관할 유일한 신하로 채택될 만큼 두 국왕의 깊은 신임을 받았으며, 정조의 탕평책을 추진한 핵심적인 인물이었다. 사후인 1801년 황사영 백서 사건(黃嗣永帛書事件)으로 관작이 추탈되었다가 1823년 영남만인소로 신원되었다. 문장은 소차(疏箚)에 능했고, 시풍은 위로는 이민구(李敏求)·허목(許穆), 아래로는 정약용(丁若鏞)으로 이어진다고 한다.

옮긴이 **김정기(金正基)**

한림대학교 부설 태동고전연구소와 강원대학교 국어국문학과 박사과정을 수료하였다. 현재 한국고전번역원 고전문헌번역실 교점번역위원이며, 한국국학진흥원 영남선현문집번역 객원연구원이다.

번암집 10

채제공 지음 | 김정기 옮김

2021년 12월 31일 초판 1쇄 발행

발행인 신승운 | 발행처 한국고전번역원
등록 2008. 3. 12. 제25100-2018-000049호
주소 (03310) 서울시 은평구 진관1로 85
전화 02-350-4800 | 팩스 02-350-4994 | 홈페이지 www.itkc.or.kr

연구총괄 양기정 | 연구기획 김지민 | 자문 정선용

책임편집 하현주 | 편집진행 김태훈 신진호 김지수
편집교정 김상순 서세영 유정님 | 조판 김지현 | 제작 김형석
디자인 씨디자인 | 인쇄 ㈜대유기획인쇄

값 20,000원
ISBN 978-89-284-0864-1 94810
978-89-284-0427-8 (세트)